Büsching Anton-Friedrich

Vollständige Topographie der Mark Brandenburg

Büsching Anton-Friedrich

Vollständige Topographie der Mark Brandenburg

ISBN/EAN: 9783744701877

Hergestellt in Europa, USA, Kanada, Australien, Japan

Cover: Foto ©ninafisch / pixelio.de

Weitere Bücher finden Sie auf **www.hansebooks.com**

Vollständige Topographie der Mark Brandenburg

herausgegeben

von

D. Anton Friderich Büsching

Oberconsistorialrath und Director des vereinigten berlinschen und cölnschen Gymnasii.

Berlin,
im Verlag der Buchhandlung der Realschule 1775.

Vorrede.

Wer sucht der findet. Ich hätte selbst kaum geglaubet, daß ich in kurzer Zeit so viel Hülfsmittel zu diesem Werke zusammenbringen würde, als ich seit 1772 durch unermüdete Bemühung wirklich erlanget habe. Der erwünschte Zusammenfluß vieler günstigen Umstände, war ein so starker Antrieb, das Werk eben jetzt zu unternehmen und auszuführen, daß ich es nicht länger aufschieben konnte. Es ist überhaupt einer meiner practischen Grundsätze, was heute geschehen kann, nicht bis morgen zu versparen, oder die gegenwärtige Zeit als die meinige, die künftige aber als ungewiß anzusehen, und also

Vorrede.

von jener den besten Gebrauch zu machen. Der Anfang der Arbeit hat darinn bestanden, daß mein ältester Sohn Wilhelm David, aus den gesammleten Nachrichten, alle Oerter der Mark Brandenburg in ein alphabetisches Verzeichniß gebracht, auch angemerkt hat, zu welcher Provinz, und zu welchem Kreise, ein jeder Ort gehöre, ob er königlich, oder adelich, ꝛc. sey? Dieses Verzeichniß habe ich hierauf genau geprüft, und also ergänzet, daß daraus die eigentliche Topographie in alphabetischer Ordnung, welche man in diesem Werk findet, entstanden ist. Ich konnte die Geographie der Mark, auf zweyerley Weise abhandeln, entweder systematisch, oder alphabetisch. Das erste war das leichteste, weil meine Hülfsmittel systematisch waren: allein das zweyte war für denjenigen, welcher das Werk gebrauchen, und geschwind einen Ort und desselben Beschreibung finden will, am bequemsten. In den Königlichen Collegiis kommt der Fall, daß man von einem Ort dasjenige was ich angeführet habe, geschwind wissen will, sehr oft vor, und diesen habe ich durch meine Arbeit zunächst dienen wollen. Es sind auch hier zu Lande bey den Königlichen Collegiis und Bedienten ähnliche Tabellen von einzelnen Provinzen und Kreisen ganz gemein, und der häufige Gebrauch erfordert dieselben. Ich will nicht verschweigen, daß es schon gedruckte Namenverzeichnisse von märkischen Oertern gebe. Gundling hat zu Berlin 1724 auf einem Octavbogen ein Register der in seiner Landcharte des Churfürstenthums Brandenburg befindlichen und angränzenden Oerter, drucken lassen, welches mir, so wie unterschiedene andere Dinge, durch unsern eben so dienstfertigen und gefälligen, als gelehrten und berühmten Herrn D. Johann Carl Conrad Oelrichs, bekannt geworden. Der Herr Geheime Kriegsrath von Thiele, hat in seiner Nachricht von der churmärkischen Contributions- und Schoßeinrichtung, die Dörfer aller Kreise der Churmark angegeben, die Namen sind aber oft fehlerhaft gedruckt, und die neu angelegten Dörfer fehlen. Prof. Bekmann hat im zweyten Bande seiner historischen Beschreibung der Chur- und Mark Brandenburg, Verzeichnisse aller namhaften Oerter in der Altmark und Prignitz mitgetheilet, die zugleich durch Zeichen angeben, zu welchem Kreise ein jeder Ort gehöre? Auch hier sucht man die neuesten Oerter ver-

Vorrede.

vergeblich, und meine topographischen Tafeln haben überhaupt eine andere Einrichtung und größere Vollständigkeit als jene. Was ihre Einrichtung anbetrift, so kann es wohl seyn, daß dieser oder jener Leser eine andere, und vielleicht auch bessere vorschlagen würde: man muß aber die Schriftsteller nehmen und gebrauchen wie sie sind. Für die Vollständigkeit des Oerterverzeichnisses, habe ich sehr gesorget, bin auch gewiß, daß sie die Erwartung übertreffen werde. Das ist aber nicht soviel gesagt, als ob ganz und gar kein namhafter Ort fehlen werde. Selbst das scharfsichtige Auge kann bey der Menge der Oerter leicht einen übersehen, den derjenige, welcher ihn eben sucht, ungern vermisset. Es kommt aber noch eine andere Ursach hinzu, wegen welcher ein Verzeichniß der Oerter in der Mark Brandenburg, nur zu einer gewissen bestimmten Zeit vollständig seyn kann: nemlich, es werden noch immer von Jahr zu Jahr neue Vorwerke, Dörfer und andere Oerter angelegt, so daß ein heute wirklich vollständiges Verzeichniß der märkischen Oerter, über ein Jahr mangelhaft seyn muß.

Eine der vornehmsten Bemühungen bey dieser Arbeit, muste auf die Richtigkeit dessen was gesagt worden ist, gehen, und diese hat unsäglich große Schwierigkeit. Blos die richtige Schreibart der Namen, wird einen dazu tüchtigen arbeitsamen Mann, Jahre lang beschäftigen. Muß man Beerwalde oder Bärwalde, Becren oder Bären, ꝛc. gewisse Namen mit einem C oder mit einem K, mit einem F oder V, mit einem G oder J, schreiben? ꝛc. Soll man den hochdeutschen oder plattdeutschen, den vollständigen oder zusammen gezogenen Namen, den Namen welcher in Schriften, oder denjenigen welcher in gemeinen Reden gewöhnlich ist, oder beyde setzen? Einerley Ort, wird von dem Prediger anders, als von dem Amtmann, und von dem jetzigen Prediger und Amtmann anders, als von dem vorhergehenden geschrieben. Will man zu alten Urkunden seine Zuflucht nehmen, so sind die Namen auch in diesen nicht nur gemeiniglich verschieden, sondern auch oft offenbar unrichtig geschrieben. Kurz, die Schwierigkeit der Rechtschreibung ist größer, als die meisten Leser glauben werden. Wie schwer es sey, richtig zu bestimmen, ob ein Ort, eine Stadt,

Vorrede.

Stadt, oder ein Flecken, oder ein Dorf, und auf welche Art und Weise er das erste, oder zweyte, oder dritte sey, kann man aus dem vierten vorläufigen Hauptstück ersehen. Die ganze Mark ist in Kreise abgetheilet, und diese werden mehr genennet, als die Provinzen: nun würde es sehr gut seyn, wenn auch die geistlichen Inspectionen, und die Königlichen Domainenämter, sich also nach den Provinzen und Kreisen richteten, daß jede Inspection und jedes Amt aus Oertern einerley Kreises bestünde: so ist es aber nicht, und daraus kann leicht eine Unrichtigkeit entstehen. Das Amt wird in den Kreis gesetzt, in welchem der Sitz desselben liegt; aber die Oerter dieses Amts, können zu mehr als einem Kreise, ja zu mehr als einer Provinz, gehören. Wenn man also nicht genaue Verzeichnisse aller Oerter eines jeden Kreises hat, dieselben sorgfältig nachsiehet, und zugleich gute Landcharten von einzelnen Provinzen und Kreisen zu Hülfe nimmt: kann sich leicht eine Unrichtigkeit einschleichen, welche man erst alsdenn wahrnimt, wenn man einzelne Artikel prüfet. Viele Oerter haben einerley Namen, werden auch nicht allemal durch einen Zusatz von einander unterschieden, und ihre Entfernung von einander beträgt auch bisweilen so wenig, daß eine sehr große Kenntniß der Oerter und Gegenden nöthig ist, um sie nicht mit einander zu verwechseln, wenn sie nach den Kreisen, Inspectionen, Aemtern und Besitzern richtig unterschieden werden sollen. Die Kirchliche Geographie hat noch besondere Schwierigkeiten. Wenige Personen und Nachrichten unterscheiden richtig und genau, ob ein Ort unicum oder mater, unicum combinatum und mater combinata, oder filia, filia oder eingepfarrt sey? u. s. w. und daraus entspringt erst Ungewißheit, und hernach Irrthum. Ich habe mir große Mühe gegeben, allen diesen Schwierigkeiten abzuhelfen: da es aber nicht wohl thunlich ist, Vollständigkeit und Richtigkeit gleich zum erstenmal vollkommen zu verschaffen: so beschliesse und verspreche ich, auf gleiche Weise als jetzt schon am Ende des Werks Ergänzungen und Verbesserungen geliefert worden, künftig fortzufahren, und alles mitzutheilen, was ich selbst beobachten und von andern erhalten werde. Vor der Hand, findet ein jeder dem daran gelegen ist, so viel Platz zwischen den Artikeln der Topographie, daß er alles selbst eintragen kann, was er ergänzen will.

Mein

Vorrede.

Mein Plan gieng anfänglich nur auf Städte, Flecken, Dörfer und Vorwerke, nachher dehnte ich ihn, in Ansehung der Churmark, auch auf die adelichen Güter, Förster- und Jägerhäuser, und alle Arten der Mühlen aus, und brachte, in Absicht auf dieselben alles an, was ich wußte. Dieses alles gehöret nicht zu der Hauptabsicht des Buchs, daher der Leser mit demjenigen was er von dieser Art findet, zufrieden seyn, was er aber nicht findet, auch nicht verlangen muß.

Es wäre eben nicht schwer gewesen, in der letzten Columne einer jeden Seite alle jetzige gräfliche, adeliche und bürgerliche Besitzer der Dörfer, adelichen Güter, und Vorwerke zu nennen, und ich zweifle nicht, daß es nicht nur diesen Besitzern angenehm seyn würde, ihre Namen bey ihren Oertern zu finden, sondern daß auch andere, welche untersuchen wollen, wie die Familien jetzt mehr oder weniger begütert sind, diese namentliche Anzeige der Besitzer gern sehen würden: allein ich habe sie vorsetzlich weggelassen, weil mit den Besitzern der Güter gar zu viel Veränderung vorgehet. Ich weiß wohl, daß viele als Majorat- und Fide-Commißgüter bey gewissen Familien bleiben: es ist aber die Anzahl derselben vergleichungsweise nicht groß; hingegen von den meisten Gütern muß man sagen, daß sie heute diesen und morgen einen andern Besitzer haben, und viele stehen jetzt zum Kauf feil. Wem an den Namen gelegen ist, und wer es nicht achtet, oft einen auszustreichen, und einen andern dafür zu setzen, der kann sie hinzuschreiben. Nur in einigen wenigen Fällen, da der Kirchenpatron ein anderer, als der Gerichtsherr ist, habe ich jenen und diesen genannt.

Am Ende eines jeden Buchstaben ist etwas lediger Platz gelassen worden, damit man, wenn man will, die verschiedenen Arten der Oerter nach ihrer Anzahl daselbst berechnen, und am Ende eine allgemeine Summe aller Städte, Flecken, Dörfer, adelichen Güter, Vorwerke, u. s. w. ziehen könne. Wer aber diese mühsame Ausrechnung anstellen will, wird sehr viel Vorsichtigkeit gebrauchen müssen, um nicht zu irren; und wenn er dieselbige angewendet hat, kann er doch nur sagen, daß er

alle

Vorrede.

alle in diesem Buch genannte Oerter zusammengezählet habe, nicht aber, daß er genau wisse, wie viel Oerter in der Mark Brandenburg sind, denn der Anbau vieler Oerter gehet beständig fort, und es werden insonderheit jetzt neue Anstalten dazu gemacht.

Die fünf Hauptstücke, welche vor der Topographie hergehen, werden den Lesern so wenig misfallen, daß sie vermuthlich noch mehrere wünschen werden. Es kann wohl seyn, daß einer und der andere genaue Kenner märkischer Sachen, dieses und jenes noch besser weiß, als ich ein Fremdling, der ich mich erst seit acht Jahren in der Mark aufhalte, und erst seit einigen Jahren angefangen habe, von den Materien welche in diesen Hauptstücken abgehandelt worden, etwas zu sammlen: allein ich bin ganz gewiß, daß die besten Kenner der Mark, doch manches ihnen unbekannte in den vier ersten Hauptstücken finden werden. Von dem ersten Hauptstück ist hier noch etwas besonderes zu sagen. Es gründet sich fast ganz auf meine eigne Sammlung, und völlig auf meinen unmittelbaren Anblick. Ein oder das andere Stück, welches ich weder selbst besitze, noch gesehen habe, z. E. Wolfs Prospect von Berlin, ist nicht angeführet worden, um Irrthum zu vermeiden. Auch dieses Verzeichniß aller Landcharten, Grundrisse und Perspective kann niemals eine unveränderliche Vollständigkeit erlangen, denn es kommt von Zeit zu Zeit etwas neues hinzu, ja ich wünsche von Herzen, daß die Menge der Kupferstiche dieser Art, bald so groß werden möge, daß mein Verzeichniß sehr mangelhaft werde. Selbst unter dem Druck desselben, ist etwas neues hinzu gekommen, nemlich die 7te Charte in des Herrn Abt *Courtalon* Atlas elémentaire de l'empire d'Allemagne, welche den Titul hat, partie septentrionale du cercle de la Haute Saxe, contenant *le Brandebourg & la Pomeranie*, 1774. Die Abbildung der Mark auf derselben, ist zwar sehr klein, aber aus der Gundlingschen Charte gezogen, und die Namen sind richtig.

Meine Topographie, wird viele Leser an die Bekmannsche historische Beschreibung der Chur- und Mark Brandenburg, erinnern, und veranlassen, zu fragen,

Vorrede.

ob nicht die Fortsetzung und Vollendung derselben zu hoffen sey? Ungeachtet mir weder der Plan, noch die Ausführung des Werks, gefällt, so wünsche ich doch, daß es ganz ausgeführt seyn mögte, weil es viel gute und nicht gemeine Nachrichten begreift und begreifen würde. Allein nach der Nachricht die ich davon habe, ist keine Fortsetzung und Vollendung desselben zu erwarten. Die Umstände und der Geschmack, haben sich seit der Zeit, da die beyden ersten Bände erschienen sind, sehr geändert. Das Werk kann auf die angefangene Weise nicht fortgesetzt werden, und es ist unmöglich, daß ein Buchhändler dem Fortsetzer Kosten und Mühe bezahlen könne, wenn dieser den bekmannischen Erben ihre Papiere abkaufen, die nöthigen neuen Nachrichten sammlen, und alles auf eine würdige Weise ausarbeiten soll. Daher wäre besser, wenn der systematisch-geographische Entwurf der ganzen Mark, den das zweyte der vorläufigen Hauptstücke meines Buchs liefert, topographisch und historisch ausgearbeitet, und mit kluger Wahl so vollständig gemacht würde, daß nichts wesentliches, nothwendiges, und vorzüglich nützliches mangelte. Wenn ich meine Erdbeschreibung zum Ende gebracht hätte, und mit den mir noch fehlenden topographischen und historischen Nachrichten hinlänglich unterstützt würde: so würde ich eine solche vollständige geographische Beschreibung der Mark Brandenburg selbst unternehmen, und dabey von den Urkundensammlungen unsers gelehrten und patriotischen Herrn Gerken, einen für iedermann nützlichen Gebrauch machen. Allein, ars longa, vita brevis. Man muß nicht mehr Entwürfe machen, als man wahrscheinlicher Weise ausführen kann.

Unterdessen wird es allen patriotischen Märkern angenehm seyn, wenn das märkische Landbuch gedruckt wird, welches Kaiser Karl IV hat 1373 in lateinischer Sprache aufnehmen lassen, und dessen im dritten vorläufigen Hauptstück dieser Topographie, einigemahl Erwähnung geschehen ist. Wahrscheinlicher Weise ist dieses Buch das einzige in seiner Art, gewiß aber sehr schätzbar, weil es alle Städte, Flecken, Schlösser und Dörfer, welche in der Mark waren, nennet, ihr Zugehör, die Abgaben, und andere merkwürdige Dinge beschreibet, und zu der Geschichte und Geographie

Vorrede.

phie des Landes gleich brauchbar ist. Es ist nicht nur zu wünschen, daß es gedruckt werden möge, sondern auch zu hoffen, daß solches durch die Vorsorge Sr. Excellenz des Königl. Geheimen Staats = Kriegs = und Cabinets = Ministers Herrn Ewald Friderich von Herzberg, wirklich geschehen werde. Denn dieser gelehrte Herr und gründliche Kenner der Geschichte, hat sich, so wie das ganze Königl. Archiv, also auch dieses vorzügliche Stück desselben, schon seit vielen Jahren sehr bekannt gemacht, den Werth desselben eingesehen, und auf die öffentliche Bekanntmachung desselben gedacht.

Als Erdbeschreiber war ich verpflichtet, der Mark Brandenburg, in welcher ich jetzt lebe, einen Theil meines besondern Fleisses zu widmen. Das ist nun geschehen, würde aber selbst so gut als es jetzt ans Licht trit, nicht zum Stande gebracht worden seyn, wenn mir nicht so viel Gönner und Freunde geholfen hätten. Meine Neigung zur Dankbarkeit ist so groß, daß ich sie gern hier insgesammt mit geziemender Hochachtung nennen möchte: da solches aber nicht angehet, so muß ich mich auf drey derselben einschränken. Diese sind der neumärkische Generalsuperintendent und Consistorialrath Herr Theodor Friderich Hornejus, und der Generalsuperintendent über die Altmark und Prignitz Herr Johann Samuel Werkenthin, welche mich in Ansehung der kirchlichen Geographie ihrer Provinzen, trefflich unterstützt haben, und Herr Hofrath und Einnehmer des Teltowschen Kreises Carl Ludewig Oesfeld, welcher die zweyte Correctur der Bogen meiner Topographie übernommen, und bey derselben vieles verbessert und ergänzet hat. Ich statte diesen hochachtungswürdigen Männern, und allen übrigen Beförderern meiner Arbeit, den größten Dank ab, und wünsche, daß meine Arbeit sehr vielen Personen nützlich und angenehm seyn möge. Berlin den 1. Dec. 1774.

Erstes

Erstes Hauptstück,
welches
die Landcharten von der Mark Brandenburg angiebt.

Erster Zeitabschnitt der Charten.

Die erste Landcharte von der Mark Brandenburg, hat Elias Camerarius, Professor mathematum superiorum zu Frankfurt an der Oder, welcher, wie Beckmann in notitia univers. Francof. p. 73. anmerket, 1581 gestorben ist, verfertiget, und dem berühmten Gerhard Mercator zugeschicket, sie ist aber erst nach Camerarii Tode in Kupfer gestochen worden.

Marca Brandenburgensis et Pomerania, ist ihr Titul, welcher unten zur linken Hand stehet. Unter demselben lieset man die Worte: per Gerardum Mercatorem, cum privilegio. Oben in der Ecke zur rechten, ist ein Maaßstab von fünf deutschen Meilen angebracht. Mercator giebt folgende Nachricht von derselben. Hanc Brandenburgicæ Marchiæ descriptionem, primus solusque nobis præstitit doctissimus mathematicus et Professor in Academia Francofordiana ad Oderam, Elias Camerarius, vir a quo multa in astronomicis desideratissima expectabamus, si longiorem illi vitam concessisset dominus. — — Conscripsit autem hanc tabulam non geometricis instrumentis vsus, vt cui propter academica negotia id integrum non fuit, sed ex suis aliorumque profectionibus, idque adeo solerter et circumspecte, vt longitudinis latitudinisque regionis symmetriam vix melius potuisset attingere, etiamsi adminiculo dioptræ geographicæ per triangulos eam fuisset emensus. Id me docuit experientia, quandoquidem vt reliquis circumsitis regionum tabulis eius descriptionem conciliarem, vix vlla contractione aut extensione opus fuit, sed in eam quam proxime longitudinem ac latitudinem exterioris loci iuxta ipsius dimensiones positi inci-

incidebant, quam circumuicinæ tabulæ diligentissime a me castigatæ et conciliatæ, requirebant. Admiratus sum eius dexteritatem, nullius instrumenti vsu subnixam, et gauisus sum, exquisite omnia meis dispositionibus quadrare: latitudo enim vrbis Francofurtensis, quam ille sæpe dimensus est, elegantissime in meam regionum symmetriam et dispositionem consentiebat. Itaque est quod illi gratias agamus, et pia memoria eius nomen recolamus. Diese Charte ist freylich noch sehr roh, jedoch als erster Versuch gut genug gerathen, und ihre Mängel und Fehler sind leicht zu entschuldigen. Das beste in derselben ist die Bestimmung der Polhöhe der Stadt Frankfurt, auf welche Camerarius viel Zeit und Fleiß verwandt hat. In der beygesetzten historisch-geographischen Erklärung, wird gesagt, die ganze Mark Brandenburg enthalte 55 vornehme Städte, 64 Städtchen, 16 Marktflecken, 38 adeliche Schlösser, 10 Thiergärten, (viuaria) 17 Klöster. Die Charte bildet auch Mecklenburg und den grösten Theil von Pommern ab.

Brandenburg et Pomerania. Ein Quartblat, ist ein Auszug aus Mercators grössern Charte, welchen sein Atlas minor enthält.

Brandenburgensis Marchiæ descriptio, in Abraham Ortelii Theatro orbis terrarum, welches zu Antwerpen aus der Plantinianischen Werkstäte 1601. ans Licht getreten. Der Titul stehet oben quer über der Charte. Unten zur linken lieset man eine lateinische Anmerkung vom Ursprung dieser Markgrafschaft, und unter derselben die Zahl 1588. mit römischen Ziffern. Unten zur rechten ist ein Meilenmaaß von 12 deutschen Meilen zu sehen. Die Charte ist roh.

Marca Brandenburgensis et Pomerania. Dieser Titul stehet oben zur rechten. Unten zur linken ist des Churfürsten Johann Georg Bildnis, und über demselben ein Meilenmesser von 19 gemeinen deutschen Meilen, zu sehen. Unten neben dem Bildnis, zur rechten, stehet I. B. excudit. Ist Mercators Charte, welche Matthias Quade nach einem kleinern Maasstab gezeichnet und gestochen, und Joh. Bussemecher abgedrucket hat.

Brandeburgum Marchionatus, cum ducatibus Pomeraniæ et Mecklenburgi. Stehet unten zur linken, unter dem rothen märkischen Adler. Gegen über, unten zur rechten, findet sich ein Meilenmaas von 7 gemeinen deutschen Meilen, und neben demselben zur rechten, Amsterdami apud *Guilielmum et Ioannem Blaeu*. Ist Mercators Charte, aber besser gezeichnet und gestochen, hat auch ausser einigen andern kleinen Veränderungen, in der Ukermark und Prignitz auf der mecklenburgischen Gränze, mehr Oerter. Die beygefügte geographische Erklärung, ist aus der mercator-sten gezogen. Der novus Atlas von Wilhelm und Johann Blaeu, Amst. 1641. enthält diese Charte im ersten Theil. Sie stehet auch in *Meriani* Topographia Brand.

Electoratus Brandenburgi, Mekelenburgi, et maximæ partis Pomeraniæ nouissima tabula. Es stehet dieser Titul oben zur lincken, und demselben gegen über, oben zur rechten, ist ein doppeltes Meilenmaas zu sehen, nemlich eins von 9 gemeinen deutschen Meilen, und eins von 10 franzöfischen gemeinen Meilen. Unten in der rechten Ecke lieset man, *Nicolaus Vitscher excudebat*. Als Schenk die Platte dieser Charte an sich gebracht hatte, setzte er unter dem angeführten Titul: Nunc apud Petr. Schenk junior. Auf dieser Ausgabe stehet noch unten zur rechten, apud Nicolaum Visscher cum priuil. ordin. General. Belgii Fœderati. Diese Charte ist ganz die blaeuische, ausser das Mecklenburg und Pommern mit mehr Oertern angefüllet sind.

Zwey-

von der Mark Brandenburg angieht.

Zweyter Zeitabschnitt der Charte.

Marchionatus Brandenburgici pars, quæ Marchia vetus, vulgo *Alte - Mark* dicitur. Stehet oben zur rechten Hand in der Ecke, und weiter nach der linken zu ein Meilenmaas von 3 deutschen Meilen. Unten zur linken ist ein leerer Schild, und darunter ein leerer eingefaßter Platz. Im blaeuischen Atlas B. 3. Als Covens und Mortier zu Amsterdam nachmals diese Platte an sich gebracht, haben sie ihre Namen in oben erwähnten leeren Platz gesetzt.

March. Brandenburgici pars, quæ Marchia media, vulgo *Mittel - Mark* audit. Stehet unten zur Rechten, in der Ecke, gegen über unten zur linken, ein Meilenmaaß von 4 deutschen Meilen, und zwischen diesen beyden Ecken, Amstelaedami exeud. *Joannes Blaeu.* Oben zur rechten in der Ecke, ein eingefaßter leerer Platz. An die Stelle wo Blaeu Name stehet, haben nachmals Covens und Mortier ihre Namen gesetzt.

Marchionatus Brandenburgici partes duæ, Nova Marchia et Uckerana. Auctore Olao Joannis Gotho, Gustavi magni cosmographo. Stehet oben um die Mitte der Charte. Gleich darneben nach der linken Seite, ein Maaßstab von 4 deutschen Meilen, und in der rechten und linken Ecke ein eingefaßter leerer Raum. So findet man diese Charte im Atlas des Blaeu. Nachher haben Covens und Mortier ihre Namen oben in die linke Ecke gesetzt.

Marchionatus Brandenburgici partes duæ, Ruppin comitatus et Prignitz regiuncula. *Auth.* Olao Johannis Gotho, Gustavo magno Cosm. Stehet unten zur linken Hand. Oben in der Mitte ist ein Meilenmaaß von 3 deutschen Meilen, in der rechten und linken Ecke ein eingefaßter leerer Raum. In Blaeu Atlas. Als Covens und Mortier die Kupferplatte bekommen, setzten sie oben in den eingefaßten leeren Raum zur rechten, das falsche Latein, Amstla ex officina Joannem Covens et Cornelium Mortier.

Diese vier Blätter hat man nachher auf drey Blätter gebracht, unter folgenden Titeln.

Marchia vetus vulgo *Alte - Mark* in March. Brandenburgico. Stehet unten zur rechten in der Ecke, und darunter ein doppelter Meilenzeiger, einer von dritthalb gemeinen brandenburgischen Meilen, und einer von 3 gemeinen deutschen Meilen. Beyde haben einerley Länge, so daß also nach diesem Maasstab 2½ brandenburgische Meilen 3 deutschen Meilen gleich sind. Unten zur linken in der Ecke stehet: Christiano *Moll* serenissimi electoris Brandenburgici ad præpotentes fœderatarum provinciarum ordines generales legato ordinario D. D. consecratque *Joh. Janssonius.* Ueber dieser Zuschrift zeigt sich das Mollische Wapen. Neben der Zuschrift zur rechten, stehet: Amstelodami apud Joannem *Jansonium.* Die Charte ist verkehrt gezeichnet. Abend ist unten, Morgen oben, Mitternacht zur linken, Mittag zur rechten. Also zeiget sich die Prignitz, wenn man die Charte vor sich hat, zur linken der Charte und Elbe, und die Alte - Mark zur rechten der Elbe. Sonst ist die Charte sichtbarlich nach der olaischen gezeichnet.

Auf die Platte eben dieser Charte haben Schenk und Valk oben zur rechten ihre Namen auf folgende Weise gesetzt: Prostant Amstelaedami apud Petrum Schenk & Gerardum *Valk* cum priv. nachdem sie unten zur linken Hand Jansons Namen und Zuschrift nebst dem mollischen Wapen weggeschliffen, und eine leere Einfassung nebst einem leeren Schild dafür gesetzt.

Marchia media vulgo Mittel - Mark in March. Brandenb. Dieser Titul stehet unten zur linken, und gegen über zur rechten, auch unten, stehet ein doppeltes Meilenmaaß, nemlich eins von drey gemeinen brandenburgischen Meilen, und eins von vier gemeinen deutschen Meilen. Das letzte ist eine etwas längere Linie als das erste. Oben zur rechten in der Ecke, zeigt sich folgende Zuschrift: illustri viro domino Danieli de *Weinas* ICto serenissimo Electori de Brandenburg a Consiliis secretioribus et Cancellario Clivensi, Marcano etc. D. D. D. Joannes *Janssonius.* Ueber der

Erstes Hauptstück, welches die Landcharten

Einfassung dieser Zuschrift, ist der Weimannische Name zu sehen. Schenk und Valk haben nachmals die Zuschrift und den Namen aus der Platte weggeschliffen, und über den leeren Schild gesetzt: Prostant Amstelaedami apud Petrum Schenk et Gerardum Valk c. priv. Ich habe auch ein Exemplar, in welchem die Namen Schenk und Valk nicht stehen, alles übrige ist wie in dem vorhergehenden Abdruck. Dieses Blat enthält auch die Ukermark, und Grafschaft Ruppin, welche hier Rappin genennet wird. Da aber auch dieses Blat falsch gezeichnet ist, indem unten Mittag, oben Morgen, u. s. w. so stehet die Ukermark der Mittelmark zur linken.

Marchia nova vulgo *Neu-Mark* in March. Brandenburg. Dieser Titul stehet unten zur linken, und gegen über zur rechten ein doppeltes Meilenmaaß, eines von 3½ gemeinen brandenburgischen, und eines von vier gemeinen deutschen Meilen. Oben zur linken zeigen sich die Worte: Prostant Amstelaedami apud Petrum *Schenk* & Gerardum *Valk* c. priv. Ist eben so verkehrt wie die vorhergehenden beyden Blätter gezeichnet.

Ausser den bisher beschriebenen 4 und 3 Blättern, hat Olaus, oder vielmehr Blaeu aus Olai Zeichnungen, noch ein einziges Blat von der ganzen Mark geliefert, welches folgenden Titul hat: Marchionatus Brandenburgicus Auth. *Olao* Johannis Gotho, Gustavi mag. R. S. Cosm. Er stehet unten zur Rechten, und darüber ein doppeltes Meilenmaas, eines von 5 gemeinen deutschen, und eines von 5 gemeinen brandenburgischen Meilen. Dieses ist grösser als jenes. Unten zur linken lieset man in einer Einfassung folgende Zuschrift: Serenissimo ac celsissimo principi *Friderico Guilielmo* D. G. Marchioni Brandenburgico, S. R. S. Electori et Archicamerario, Borussiae, Juliae, Cliviae, Montium, Stetini, Pomeraniae, Cassubiorum, Vandalorum, & in Silesia, Crossiae, Carnoviae ac Jægerndorffii Duci, Burggravio Norici, Rugiæ Principi, Marchiæ & Ravensbergii Comiti, Ravensteinii Toparchae etc. Tabulam hanc D. D. *J. Blaeu.*

Als Hondius diese Kupferplatte bekam, setzte er unten zur linken den Titel also: Marchionatus Brandenburgicus authore *Olao* Johannis Gotho Gustavi Mag. R. S. Cosmographo, und gegen über unten zur rechten: Nobili ac magnifico domino Michaeli Blondo, sacrae regiae Majestatis Sueciae, apud sereniss. magnae Britanniae regem Agenti, D. dedicat H. *Hondius.* Ueber der Zuschrift stehet das blondische Wapen, und neben der Zuschrift zur linken, das doppelte Meilenmaaß. Man findet diese Charte auch in Joh. Jansson neuem Atlas von 1618, und neben dem Titul zur rechten stehen die Worte: Apud Joannem Janssonium. Nachmals kam in die Stelle dieses Namens zu stehen: Apud *Jansonio-Waesbergios, Mosem Pitt & Stephanum Swart,* und unten zur rechten folgende Zuschrift: To y honorable Sr. *Lyonel Jenkins* Judge of y Admiralty this mapp is Humbly Dedicated. Ueber derselben siehet man Jenkins Wapen. Endlich kamen in die Stelle der Namen der vorher genannten Verleger, folgende Worte zu stehen: Prostant Amstelaedami apud Petrum Schenk et Gerardum Valk. c. p.

Brandenburgensis Marcha, heist das kleine Chärtchen auf einem octav Blat, welches in *Levini Hulsii* Auszug aus *Abrah. Ortelii* theatro orbis S. 82. stehet. Es ist fast für nichts zu rechnen.

Marchionatus & Electoratus Brandeburgicus una et Ducatus Pomeraniae in suas subdivisi Ditiones, atque noviter descripti a *Gerardo Valk.* Der Titel stehet oben zur rechten. Unten, auch zur rechten, zeiget sich ein doppeltes Meilenmaaß, eines für deutsche, und eines für französische Meilen. Die Namen sind sehr fehlerhaft, Dörfer sind mit grober Schrift und mit den Zeichen der Städte, und Städte mit kleiner Schrift und dem Zeichen der Dörfer gestochen.

Marchionatus Brandenburgici et Ducatus Pomeraniae Tabula, quæ est pars septentrionalis circuli Saxoniae superioris. Authore *F. de Witt.* Amstelodami. Stehet oben zur rechten Hand. Unten zur rechten, Ist ein dreyfacher Maasstab von deutschen, französischen und italiänischen oder englischen Meilen zu sehen. Diese Charte ist schon besser als die vorhergehende.

Marchionatus Brandenburgensis in quo sunt vetus, media et nova marchia, et Ducatus Pomeraniæ Tabula, quæ est pars septentrionalis circuli Saxoniæ superioris, authore *T. Dankert*, Amstelodami cum privil. Ist genau die unmittelbar vorher genannte Charte, und von derselben weiter in nichts unterschieden, als in dem Titul, unter welchem hier auch das Churfürstliche Wapen stehet.

Tabula Marchionatus Brandenburgici et Ducatus Pomeraniæ, quæ sunt pars septentrionalis circuli Saxoniæ superioris, novissime edita a *Joh. Bapt. Homanno* Noriberg. Oben fast um die Mitte der Charte. Unten zur rechten Hand ein doppeltes Meilenmaas, ein deutsches und französisches. Ist zwar die Wittische Charte, aber verbessert, viele Namen sind richtiger gemacht, aber noch viel fehlerhafte übrig geblieben. Man findet zweyerley Ausgaben von dieser Charte. In einer sind die Namen der Kreise in welche die Mark abgetheilet ist, selbst in die Kreise hineingesetzt worden, in der andern aber stehen anstatt der Namen nur grobe Zahlen in den Kreisen, und zur rechten neben dem Titul ist angegeben, welchen Kreis eine jede Zahl anzeige; es sind auch die Gränzen der Kreise, und die Zahlen welche sie bezeichnen, illuminirt. In der Churmark sind die Alte- und Ukermark nicht mitgezählt, und der Crossensche, Züllichausche und Cotbusische Kreis sind nicht zu der Neumark gerechnet worden.

Tabula marchionatus Brandenburgici. Ein halber Bogen fast von dem gewöhnlichen Papierformat. Der Titul stehet unten zur rechten. Unten zur linken zeigt sich ein doppeltes Meilenmaas, nemlich eines von 8 deutschen Meilen, und eines von gleicher Grösse, welches 10 Stunden Weges beträgt. Ist eine kleine Weigelsche Charte, ganz aus der vorhergenannten Homannischen Charte gezogen.

Le Marquisat et Electorat de Brandebourg, qui fait partie du cercle de la haute Saxe, divisé en ses principales Marches, sçavoir vieille, moyenne et nouvelle Marche, les Quartiers de Sternberg, Uckermark, Prignitz et le Comté de Ruppin. Dressé sur les memoires les plus nouveaux par le Sr. *Sanson*, Geographe ordinaire du roy. 1692. Dieser Titul stehet oben über der Charte, und nimmt die ganze Länge derselben ein. Unten zur linken Hand ist der Titul wiederholet, und zwar auf folgende Weise: Le Marquisat — — Saxe, divisé en ses principales parties, par le Sr. *Sanson*, — — a Paris chez *H. Jaillot*, joignant les grandes Augustins, aux deux globes. Avec privilege du roy pour vingt ans. 1692. Ueber diesem zweyten Titul stehet das Churfürstlich Brandenburgische Wapen, und unter dem Titul ein fünffacher Maasstab. Sanson hat diese aus zwey zusammen geklebten Blättern bestehende Charte, neu, groß und deutlich gezeichnet, sie ist aber in Ansehung der Gränzen der Provinzen, und der Namen der Oerter, sehr fehlerhaft. Auf einem besondern Blat ist eine table alphabetique aller auf dieser Charte befindlichen Oerter enthalten, mit der Jahrzahl 1696. So stehet die Charte in Sansons Atlas den Jaillot verkauft hat. Auch Covens und Mortier haben diese Charte verkauft. Sie solte der Zeit nach vor der angeführten Homannischen Charte stehen, ich führe sie aber nach derselben an, weil sie neu gezeichnet ist, da hingegen Homann die Wittische Charte beybehalten hat.

Carte generale des Villes et des endroits les plus remarquables des quatres Marches electorales de Brandenbourg, de la Pommeranie citerieure et ulterieure, des iles Usedom et Wollin, de la Prignitz, du Comté de Ruppin, du duché de Magdebourg, d'une partie de Halberstadt, de la Pommeranie suedoise et Ile de Rugen, du duché de Mecklenbourg, et d'une partie de la Saxe et Anhalt. Telle qu'etoit la situation l'année 1640. Das ist der lange Titul einer Charte, welche zu den Memoires pour servir à l'histoire de la maison de Brandenbourg, gezeichnet und gestochen, aber aus alten Charten gezogen worden. Sie hat Fehler in den Gränzen der Provinzen und in den Namen, auch nur wenige Oerter, und ist überhaupt unerheblich. In dem Titul stehet zwar

zwar, daß ▓▓▓▓ ▓▓▓▓▓▓ nach ihrer ▓▓▓▓▓▓▓▓▓ Jahr ▓▓▓▓▓, sie hat ▓▓ doch den Fried▓▓▓▓ ▓lms Graben, ▓▓▓▓▓ ▓▓▓ ▓ u▓▓ verhan▓ war.

Generalcharte der Städte und vornehmsten Oerter der vier ▓▓▓▓▓stlichen brandenburgischen M▓r▓▓n, es vor der und hinter Pom▓ern, der J▓▓▓l Usedom und Wollin, Peignitz, der ▓rafschaft Ruppin, des Her▓▓thum Magdeburg, ▓▓▓▓▓ ▓▓eils von ▓alberstadt, des ▓▓▓▓edis▓en Pommerns, d▓▓ Insel Rügen, des Herzogthums Mecklenburg, und eines Stücks von Sachsen und Anhalt. Ist die vor▓▓▓ genannte Charte, deutsch übersetzt, aber nicht verbessert.

In die▓en Zeitabschnitt der märkischen Charte▓, gehören auch 2 ▓▓▓▓▓charten. ▓▓▓▓▓▓ und a▓curate Charte des Ober ▓▓▓▓▓imschen Creyses, vo▓ Ludolp▓ ▓▓▓ von Strans, Commissarius dieses Creyses 1683. Dieser Titul ste▓▓ oben zur linken, unten zur rechten ist ▓▓▓ ▓▓asstab von 5 Meilen. Ba▓▓▓▓ ▓▓r sie ▓▓▓ochen. Ist ein ▓▓▓▓ im ge▓ wöhnlichen L▓▓▓char▓ ▓ormat. So selt▓▓ und theu▓ auch diese Charte ▓▓▓▓▓▓▓ ist, ▓ hat sie doch die erw▓▓▓▓schte Vo▓ ▓om▓▓▓▓▓ und Brauchbarkeit nicht, insond▓▓▓▓▓ ▓ ▓▓ e ▓▓.

Charte von dem Frie▓▓▓ch▓▓▓ilhelms▓Graben. Sie hat keinen T▓▓ul, sondern anstat▓ dessen eine ▓a▓▓▓ic▓t von die▓em s▓h▓ nützli▓▓▓ Canal, welcher die Oder und ▓pree ▓▓▓indet. ▓▓ C. ▓les▓ndorf hat di▓se ▓iemli▓▓ g▓▓▓e C▓arte gezeichnet, und G. ▓artsch hat dieselbige in ▓▓fer gesto▓▓▓▓. Nachmals i▓▓ sie n▓▓▓ ▓i▓▓▓▓ mal g▓▓tochen worden, ▓▓▓▓ sich auch in Beck▓ manns ▓▓▓▓ibung der ▓▓▓t ▓rankfurt an der ▓der. Außer ▓em ▓▓al, zeigt si▓▓ auch die ▓▓liege▓be Gegend.

Dritter Zeitabschnitt der Charten.

Die▓n hat Jacob Paul v▓n Gundling angefangen, w▓l▓ 1713, 1714 und 17▓▓ die Mark von ▓tadt zu Stadt dur▓reisete, die Unri▓▓▓▓▓ ▓er bisherig▓n Ch▓rten en▓ de▓▓▓, die ▓age des ▓andes und der Städte, und den ▓auf der Ströme beoba▓▓▓▓, und Materialien so wie zu einer ▓▓▓▓n Beschreibung, also auch ▓u einer neuen Landcharte von der ▓▓rk, samm▓ lete. ▓eine neue Landcharte ▓▓▓▓▓▓ von J. C. ▓▓h zu Berli▓ ▓▓stochen, und auf zwey ▓▓▓▓▓▓ men▓a ▓den Blätte▓ ▓bg▓▓uckt. Sie zeigt unten ▓u▓ der linken Seite das Königl. Preuß. ▓▓pen, unter demsel▓▓▓ den Titul, ▓andcharte des Churfürstenthums Brandenburg ausgefertiget von J. P. ▓r. von Gundling, Königl. Geheimenrath und Präsidenten der Königl. Societ. der W▓▓▓senschaft, und alsdenn ein Meilenmaaß, ▓▓▓▓ welc▓▓▓ ▓▓▓eine Meilen, 6 großen Meilen ▓leichen. D▓▓ dicht d▓▓▓n stehende N▓▓▓▓▓rk, l▓▓ vor ▓▓▓▓▓, daß die Mark Brandenburg Ackerbau, ▓▓▓▓▓▓, Fischerey, ▓▓▓▓▓▓, Handel und Schiffahrt habe. Unten in der Mitte ste▓▓ die ▓▓rte, mit Kön▓▓. Preu▓. ▓▓nd▓▓▓▓▓ Privile▓▓▓, und ▓▓▓▓▓ unten, aber in de▓ ▓e zur rechten Hand, er▓▓▓nt der gekrönte Preuß. schw▓▓ze Adler, ▓it dem in ▓inandergeschl▓▓▓▓▓▓ Namen ▓. W. auf der ▓▓▓ust, un▓ unter dem▓▓▓ stehen die Worte: an seine Königl. ▓▓▓▓jestät in Preußen allerunterthänigst. Unmittelbar unter demselben findet sich eine Erklärung der gebrau▓▓▓ten ▓eichen, und ganz unten der Na▓▓ des Kupferstechers und ▓▓drucke▓s. D▓▓ ▓harte wird 1725. im ▓▓▓▓ fertig geworden seyn. Gundling schreibet in der ▓orrede zu seinem brandenburgischen Atlas, oder zu der ▓▓graphi▓▓en ▓▓schreibung der Chu▓▓▓▓▓, von dieser ▓▓▓rte selbst ▓lso: „Sie ist mit ▓▓▓ ve▓▓▓rtet, die Ei▓theilung wird sich ri▓▓tig ▓▓▓▓▓, alle Ströme, Flüsse, Städte, Aemter sind benannt un▓ bezeichnet, die Nam▓▓ der O▓▓▓ler abgeschrieben, ▓▓▓ alle Städte, Aemter und Dörfer liegen „richtig in ihren Gränzen ange▓▓rket: biewohl aber so viel tausend im Lande seyn, so ▓önen solche a▓ „eine ▓▓▓▓alcharte nicht gebracht werden„. In diese ▓▓▓▓te ist freylich Fleiß gewandt worden, und

sie

sie hat große Vorzüge vor allen vorhergehenden, könte aber aus den Hülfsmitteln welche G. gehabt, viel vollkommener geliefert worden seyn. Von den Fehlern derselben will ich zur Probe nur zwey anführen. Die Stadt Joachimsthal, und das Amt Chorin, welche zu der Ukermark gehören liegen hier in der Mittelmark, jene im Nieder-Barnimschen, dieses im Ober-Barnimschen Kreise. Der Fehler rührt, wie es scheinet, daher, daß Gundling den sogenannten Königl. Wildzaun in der Ukermark, für die Gränze dieser Landschaft genommen hat. Das Ländchen Beerwalde, wird auf der Gundlingischen Charte Beerfelde genannt. Es ist 1725 zu Berlin in octav ein Register der in dieser Charte vorkommenden Oerter, gedruckt.

Electoratus siue Marchia Brandenburgensis, iuxta nouissimam delineationem in mappa geographica accurate aeri incisa, opera et sumtibus Matthæi Seutteri, S. Cæs. reg. cath. Maj. Geogr. August. Vind. Dieser Titul stehet unten zur linken, unter dem Königl. Preuß. Wapen, unter dem Titul aber ist ein Meilenmaaß von 6 gemeinen, und 5 großen Meilen zu sehen. Unten um die Mitte der Charte, lieset man in meinem Exemplar die Worte: cum grat. et priv. S. R. I. Vicariatus in part. Rheni, Suev. et Iur. Francon. welche in andern Exemplarien fehlen. Noch erblickt man unten zur rechten, eine Erklärung der Zeichen. Ist die Gundlingische Charte, auf 1 Bogen von gewöhnlichem Format gebracht.

Nova Electoratus et Marchionatus Brandenburgici tabula nuper edita ab I. P. Fr. Gundlingio, nunc vero aucta et emendata a *Rein.* et *Ios Ottens* Geogr. Amst. 1 Bogen im gewöhnlichen Landcharten Format. Der Titul stehet eben um die Mitte der Charte. Zur linken, lieset man einen französischen, und zur rechten einen deutschen Titul. Unten zur linken ist ein genaueres Chärtchen von der Gegend zwischen Berlin und Spandow angebracht, unter dem Titul: nouvelles plans et environs du Berlin et du Spandouw. Der Maaßstab ist eine halbe Meile. Hierinn bestehet die Vermehrung der Gundlingischen Charte. Zur rechten findet man die Erklärung der Zeichen, und um die Mitte ein gedoppeltes Meilenmaaß, eines von 7 gemeinen deutschen Meilen, und eines von 10 französischen Meilen oder Stundenweges. Die Charte hat wirklich etwas verbessertes, nemlich die südliche Gränze der Ukermark ist richtiger gezogen, so daß Joachimsthal und Chorin in derselben liegen, und der Wildzaun ist angedeutet worden. Es ist aber doch selbst bey dieser Gränze etwas versehen, denn das Dorf Lichterfelde und die Stadt Oderberg, welche beyde zu dem Ober-Barnimschen Kreise gehören, sind zu der Ukermark geschlagen worden. Das Ländchen Beerwalde, ist unter dem Namen Beerfelde, zur linken bey Treuenbriezen gesetzt. u. s. w.

Reisecharte durch das Churfürstenthum Brandenburg, verfertiget von J. G. Schreibern in Leipzig. Ein kleines Blatt, im gewöhnlichen Schreiberschen Format. Ist aus Gundlings Charte gezogen. Es sind unterschiedene Namen unrichtig geschrieben und gestochen. Der Titul stehet unten zur linken, und unten zur rechten zeiget sich ein Meilenmaaß von zehn deutschen Meilen.

Marquisat de Brandebourg. Ein halber Bogen im gemeinen Papierformat. Stehet in des Herrn *Julien* Atlas topographique & militaire, welcher 1758. zu Paris ausgegeben worden. Es ist die vorhin erwähnte Charte von Ottens, jedoch mit einiger Verschlimmerung, wie denn z. E. die Gränze zwischen der Ukermark und dem Ober-Barnimschen Kreise, gar nicht gezogen worden. Der Luckenwaldische Kreis stehet mit in der Gränze der Mark.

Mappa geographica exhibens electoratum Brandenburgensem, siue Marchiam veterem, mediam & novam, nec non Marchiam Ukeram, summa diligentia et iuxta hodiernam delineationem aeri incisa, cura et sumptibus *Tobiæ Conradi Lotter.* Calcogr. Aug. Vind. 1758. Ist noch der Seutterschen Charte gezeichnet und gestochen, aber etwas verschlimmert. Das Ländchen Beerwalde fehlet ganz, und von den im Herzogthum Magdeburg liegenden Stücken des Zauchischen Kreises, ist

nur

Erstes Hauptstück, welches die Landcharten

nur Leitzkau bezeichnet. Der Titel stehet unten zur Linken. Unten um die Mitte zeiget sich das Meilenmaas, welches 5 solcher Meilen zeiget, deren 20 auf einen Grad gerechnet werden. Zur rechten ist die Erklärung der Zeichen zu sehen. Die Grade der Länge sind verändert. Martin Albr. Lotter hat die Charte gestochen.

Die Chur-Mark Brandenburg. Ein kleiner halber Bogen. Ist eine Berlinsche Calender-Charte blos von der Gundlingischen abgezeichnet. Der Titel stehet unten zur linken, unter dem gekrönten preußischen schwarzen Adler. Das gedoppelte Meilenmaaß giebt sechs gemeine und fünf grosse Meilen an. Schleuen hat diese Charte gestochen.

Die Charte des Herrn *Beaurain* zu Paris, habe ich nicht gesehen, wohl aber die Carte du Brandebourg et de la Pomeranie avec les pays limitrophes, par le sieur *Brion*, Ingenieur Geographe, à Paris chez le sieur Longchamps Geographe, 1758. Sie stehet in dem Atlas generale welchen Herr *Desnos* 1767 ans Licht gestellt hat, und verdient keine Achtung.

Ausser obigen allgemeinen Charten von der Mark Brandenburg, gehören in diesen Zeitraum noch folgende Charten von einzelnen Provinzien und Gegenden.

Special-Charte der Alt-Mark der Chur-Brandenburg. Cura J. P. d. G. Dieser Titul stehet unten in der Ecke zur rechten. In den linken Ecke ist eine Erklärung der Zeichen, und ein Maasstab von 3 Meilen, jede von 12000 gemeinen Schritten, zu sehen. Unter demselben stehet, gravé pır Busch. Diese Charte würde ganz brauchbar seyn, wenn sie nicht so viel unrichtige Namen hätte. Vor wenigen Jahren brachte sie der hiesige Kupferstecher Schleuen als eine Calenderoharte in ein etwas kleineres Format, und sie ward unter andern dadurch verbessert, daß man die Kreise, in welche die Provinz abgetheilet ist, jedoch nicht richtig genug, bezeichnete.

Die Neumark. Das ist der Titul einer hiesigen unerheblichen Calendercharte, auf welcher der Crossensche, Züllichowsche und Cottbusische Kreis nicht stehen. J. D. Schleuen hat auch diese Charte gestochen. Der Titul stehet unten zur rechten, und gegen über zur linken ein Maasstab von 10 gemeinen deutschen Meilen. Sie macht einen kleinen halben Bogen aus, man hat sie auch von Schleuen als eine Calendercharte auf einem kleinen Quartblat.

Königlich preußisch Territorium in der Nieder-Lausitz. Dieser Titul stehet unten zur linken, und ganz unten lieset man, C. Fabricius Ingenieur imperial Russ. Unten zur rechten zeigt sich eine kleine Nachricht wegen der Illumination, eine Erklärung der Zeichen, ein Maasstab von einer gemeinen deutschen Meile, und ganz unten, L. Zucchi sculp. Sie bildet den Cottbusischen Kreis ab, und ist kleiner als das gewöhnliche Landcharten-Format. Die Abbildung dieses Kreises ist in unterschiedenen Stücken richtiger, als diejenige, welche man in der 1757 von Peter Schenk auf vier Bogen herausgegebenen Charte von der Nieder-Lausitz findet, in einigen aber unrichtiger. Sie könte nunmehr leicht vollkommen gemacht werden.

Vierter Zeitabschnitt der Charten.

Meines wissens ist zwar die ganze Mark Brandenburg noch niemals geometrisch ausgemessen, und solchergestalt in Charten abgebildet worden: es fehlet aber doch nicht an Zeichnungen, von einzelnen Kreisen, welche in Ansehung des mathematischen ziemlich gut, in Ansehung des historischen aber fast ganz zuverläßig sind. Es ist zu wünschen, daß sie mögen in Kupfer gestochen werden. Was bisher von den Gegenden der Städte Berlin und Potsdam gestochen worden, beträgt nicht viel, unterdessen muß es doch angeführet werden.

Gegend der Städte Berlin und Potsdam. Wurde 1770 gestochen, und dem Berlinschen genealogischen Calender auf das Jahr 1771 beygefüget. Dieses Quartblat hat Herr Johann Christoph Rhode aus einer grössern geschriebenen Zeichnung gezogen, die vermöge der Copie welche

ich

ich von derselben habe, der Ingenieur-Hauptmann Herr Gravius gemacht hat. Ich weiß nicht, ob man dieses Chärtchen nicht ganz vollkommen hat machen können, oder wollen? Es zeigt auch die Städte Spandow, Teltow und Cöpenick.

Grundriß der Königlich Preußischen Residenz-Stadt Berlin nebst der umliegenden Gegend, ein halber Bogen. Auch Charlottenburg ist auf dieser Charte zu sehen.

Grundriß der Königlichen Residenz-Stadt Potsdam, nebst der umliegenden Gegend. Ein halber Bogen. Die Charte erstreckt sich bis Werder in der Havel.

Die Stadt Potsdam nebst herumliegender Gegend. Ein Quartblatt. Ist ein Calender-Chärtchen, und weiter nichts, als die unmittelbar vorher gemeldte Charte nach einem kleinern Maasstabe gezeichnet.

Plan von der sogenannten Insel Potsdam nebst den umliegenden Gegenden, mit allerhöchster Königlicher Verwilligung herausgegeben im Jahr 1774. Ist zwey Fuß ins gevierte groß, und die abgebildete Gegend beträgt ungefähr 1¼ Quadratmeilen. Der Königliche Ingenieur-Lieutenant von Bergen und der Conducteur Herr Rielke, haben diese ungemein richtige und genaue Charte aufgenommen.

Diese vier Charten und Grundrisse, hat der Kupferstecher Schleuen zu Berlin gestochen. Unter der Zeit da sie ans Licht getreten sind, ist erschienen:

Nouvelle carte Geographique du Marggraviat de Brandebourg, divisée en ses provinces, savoir la vieille Marche, la moienne Marche, la Marche Ukerane, & la Prignitz, qu'on appelle tout ensemble la Marche electorale, à la nouvelle Marche, avec ses cercles incorporés, dressée avec soin par F. L. Gussefeld, et publié par les Heretiers d'Homann en 1773. Avec privilege de Sa Maj. imperiale. Dieser Titul stehet oben quer über der Charte. Unter demselben, im linken obern Winkel, findet sich ein doppelter Maasstab, einer von 8 gemeinen deutschen Meilen, deren 15 auf einen Grad gehen, und einer von 6 grossen Meilen, deren 12 einen Grad betragen. Unten im linken Winkel stehet, Carte de l'Electorat de Brandebourg, presentée tres humblement à son Altesse royale Monsgr. le Prince Frederic Guillaume, Prince de Prusse et Marggrave de Brandebourg etc. par François Louis Gussefeld 1773. Der Kupferstecher ist Seb. Dorn, und die Charte hat das gewöhnliche Homannische Format. Das ist der Anfang einer wirklichen Verbesserung der Charten von der Mark Brandenburg. Herr Güssefeld ist aus Osterburg in der Alten Mark gebürtig, und jetzt Fürstlicher Cammer-Canzellist zu Weimar. Er hat in seiner ersten Jugend die Geographie, und hernach die Mathematik sehr geübet, und als der Netz- und Warthe-Bruch urbar gemacht wurden, mit an den Zeichnungen von diesen Gegenden gearbeitet. Bey dieser und anderer Gelegenheit, hat er die Neumark der Länge und Breite nach oft durchreiset, und eine Charte von derselben gezeichnet. Daher rühret die vorzüglich gute Abbildung der Neumark in unserer Charte: doch scheinet es, daß Herr G. in den Cottbuser Kreis nicht gekommen sey, an dessen Abbildung verschiedenes zu verbessern. Bey der Altmark hat er sich der Gundlingischen Charte von derselben, und der Charte vom Ohre-Fluß und Drömling in Walthers singularibus Magdeburgicis, bedient. Von der Prignitz hat Herr G. 1765 selbst ein Stück aufgenommen, er hat auch das Stück derselben, welches auf der hier zu Berlin gestochenen Charte von dem Herzogthum Mecklenburg stehet, genutzet. Die Ukermark ist theils aus einer geschriebenen Charte, theils aus dem von der hiesigen Akademie der Wissenschaften herausgegebenen Theatro belli in Pomerania, abgebildet worden, und dadurch auch besser gerathen, als die Abbildung in der Gunblingischen Charte von der Mark Brandenburg, doch hätte der Fehler, durch welchen das Amt Chorin der Ukermark entzogen, und zu dem Ober-Barninschen Kreise gerechnet worden, leicht vermieden werden können, denn auf der erwähnten geschriebenen Charte ist er nicht begangen worden. Von der Mittelmark hat Herr G. auch einige, jedoch nicht hinlängliche Zeichnungen gehabt. Sonst hat er sich der geographischen Beschreibungen von der Mark Brandenburg bedienet, die im zweyten Theile meiner Erdbeschreibung, nach der dritten Ausgabe von 1761, und in Buchholz Versuch einer Geschichte der Churmark Brandenburg, stehen, und durch beyde Bücher ist er zu unterschiedenen Irthümern verleitet worden. Ob nun gleich in seiner Charte noch vieles in den Namen, Zeichen, Gränzen oder sonst verbessert werden muß, um sie mathematisch und historisch richtig zu machen: so verdienet sie doch schon jetzt vielen Ruhm, wird auch ohne Zweifel noch immer vollkommner gemacht werden.

Um das nun geendigte Verzeichniß der Landcharten von der Mark Brandenburg, so vollständig als es mir möglich ist, zu machen, will ich hier noch eine kleine Nachlese anstellen. Des Math. Quade Charte von Bussemeker gestochen, ist auch in And. Angeli Annal. March. Brand. gebracht worden. Das kleine Chärtchen von Brandenburg in *Bertii* tabul. geogr. contractarum libris VII p. 430 aus *Mercators* Atl. min. und der noch kleinere Marchionatus Brandenburgensis in *Joh. Ulrich Müllers* geographia totius orbis comp. num. XXXVI. sind kaum der Anführung werth. Kortum hat in seiner historischen Nachricht von dem alten Bistthum Lebus, ein Chärtchen von dem Amt Lebus. Auf dem Titul der kleinen sehr seltenen Schrift, Sepulchrum Remi fratris Romuli, in monte Remi, vulgo Reinsberge, nuper detectum, -- addita loci topographia et chorographia in aes incisa, opera E. H.L.F. stehet ein Chärtchen von Reinsberg und von der nächstgelegenen Gegend; in der Schrift selbst, ist ein Chärtchen zu finden, welches sich gegen Norden bis Wittstock, und gegen Süden bis Fehrbellin erstreckt. Herr Philip Wilh. Gersen, hat seiner ausführlichen Stiftshistorie von Brandenburg, eine kleine Charte einverleibet, welche Dioecelin episcopatus Brandenburgensis secundum fines in matricula 1459 determinatos, einverleibet.

Es wird der Mühe werth seyn, annoch in einem

Anhang

zu diesem ersten Hauptstück, der Kupferstiche von einzelnen Städten und Schlössern in der Mark Brandenburg, zu gedenken.

Zuvörderst muß man die Prospecte und Grundrisse von Städten und Aemtern, welche in *Merians* Topographia Electoratus Brand. et Duc. Pom. befindlich sind, bemerken. Sie betreffen Arenswalde, Badingen, Bärwalde, Berlin, Berlinchen oder Klein Berlin, Bernau, Boizenburg, Callies, Cartzig, Cöpenick, Dramburg, Driesen, Drossen, Falkenburg, Frankfurt an der Oder, Friedeberg, Fürstenwalde, Gardelegen, Gransee, Havelberg, Küstrin, Königsberg in der Neumark, Landsberg an der Warthe, Liebenwalde, Lippehn, Lychen, Niewendamm, Neuenwedel, Neustadt-Eberswalde, Oranienburg, Peitz, Perleberg, Prenzlau, Priswalk, Rathenow, Reetz, Alt und Neu Ruppin, Salzwedel, Schievelbein, Schönfließ, Soldin, Sonnenburg, Spandow, Stendal, Strasburg, Straußberg, Tangermünde, Temp in, Werben, Wittstock, Wriezen, Zechlin, Zehdenick. In Matthias Dögens Kriegesbaukunst von 1648, sind die Grundrisse von verschiedenen befestigten Städten in der Mark Brandenburg zu sehen, als von Küstrin, Spandow, Peitz, Driesen, u. s. w. Hiernächst nenne ich die neuern Grundrisse und Prospecte.

Von
Berlin.

Grundriß der beyden Churf. Residenz-Städte Berlin und Cölln an der Spree. In Merians vorhergenannten Topographie. Ist auch im ersten Theil von Müllers und Küsters alten und neuen Berlin zu finden. Joh. Gregor. Memhard, Churf. Brand. Ingenieur, hat

ihn

ihn gezeichnet. In eben dieser merianschen Topographie, ist auch ein Prospect von Berlin und Cölln, wie sich diese Städte um die Mitte des 17ten Jahrhunderts den Augen dargestellt haben.

Residentia Electoralis Brandenburgica, quam arte optica curate delineavit calamo, iussuque clementissimo æri incidit, & Seren. ac pot. Princ. ac Domino, Domino *Friderico tertio* — — dedicat, dedicat et offert humillime *Joh. Bernhardus Schultz*, Seren. S. Architectus milit. et cælator MDCLXXXVIII. Stehet auch in Müllers und Küsters alten und neuen Berlin.

Plan der Stadt Berlin, von *G. Dusableau*. Ist 1737 im Landcharten-Format gestochen.

Grundriß der Königl. Preußisch. Residenz Berlin, welche enthält die Stadt Berlin, Cölln, Fridr. Werder, Neustadt, Friederichstadt, Berlinische Vorstadt, vorm Königsthor und Stralauer Thor, Vorstadt vorm Spandauer Thor. *Johann Friderich Walther* delin. *Georg Paul Busch* sculpsit 1 Bogen. Man hat eben diesen Grundriß mit dem Prospect der Stadt von der mitternächtlichen Seite, welcher unter dem Grundriß stehet. Unter dem Prospect lieset man, apud Joann. Peter Schmidt Bibliop. Berol. 1737. Der letzte ist in Müllers und Küsters alten und neuen Berlin, zu finden.

Plan und Prospect der Königl. Preußisch. und Churf. Brandenb. Haupt- und Residenz-Stadt Berlin, wie dieselbe durch des jetzt höchst glücklich regierenden Königs in Preussen Friderich Wilhelms Majestät, erweitert, auch mit neuen Kirchen, schönen Thürmen und andern magnifiquen Gebäuden gezieret worden. Acht Blätter, welche zu vier grossen Bogen, auch wenn man will, zu einem ganzen, zusammengesetzt werden können. Herr Hofrath und Stadt Kämmerer *Job. Frid. Walther*, hat dieses ansehnliche und prächtige Werk, welches aus einem Grundriß und Prospecten bestehet, 1738 verfertiget, und 1766 die unter dem jetztregierenden König vorgefallenen Veränderungen auf den Platten nachstechen und abdrucken lassen. Diese veränderte Platten haben noch folgende Worte: Verbesserung dieses Plans von Berlin, als worinn alle Veränderungen, so unter jetziger glorwürdigsten Regierung Friderichs des zweyten Königs in Preussen Majestät, von 1740 bis 1766 vorgefallen, im Grunde nachgezeichnet, auch solche mit sieben neuen Prospecten vermehret werden, vom ersten Verfertiger desselben J. F. W. und nachgestochen von J. E. Gericken.

Plan de la ville de Berlin, levé & dessiné par ordre & privilege privatif du Roy, sous la direction du Marechall Comte de Schmettau, par Hildner, approuvé par l'Academie royale de science à Berlin, gravé sous la direction de G. F. Schmidt, graveur du Roy. Vier Bogen in ausserordentlich grossem Format. Ist Grundriß und Prospect zugleich, ansehnlich und prächtig, hat auch Prospecte von einigen Gebäuden.

* Plan de la ville de Berlin, capitale de l'Electorat de Brandebourg & la Residence ordinaire du Roi de Prusse, reduit tres exactement d'après le plan en quatre feuilles, levé & dessiné par ordre & privilege privatif du Roi, sous la direction de M. le Feldmarechal Comte de Schmettau, approuvé par l'academie royale des sciences. Ce plan se reduit à l'echelle du plan de Paris, publié en 1751 par Mr. l'Abbé de la Grive. L'on & l'autre se vendent à Berlin & à Amsterdam chez le Sieur Neaulm libraire. 1757. Ein grosser Bogen. Ist zu Paris gestochen.

Die Königl. Residenz Berlin, so wie selbige seit 1734 oder voriger Königl. Regierung ansehnlich erweitert, auch von Sr. jetzt regierenden Königl. Majest. noch mehr verändert, verbessert, und mit vielen prächtigen Gebäuden vermehret worden. Nach dem Plan des weil. Kön. Feldzeugmeisters Herrn von Schmettau aufs accurateste in diesen bequemen Format gebracht, die seit dem geschehenen Veränderungen aufs fleissigste angemerket, und mit den Prospecten der vornehmsten Gebäuden ausgezieret. Fer-

ausgegeben unter Aufsicht J. D. Schleuen, Kupferstecher in Berlin. Zwey große und zwey kleine Blätter, welche zusammengesetzt werden. Zeiget nicht nur am Rande die vornehmsten Gebäude zu Berlin im Prospect, sondern auch die drey ersten oben angeführten Grundrisse.

Grundriß und alphabetisches Verzeichniß der Straßen, Gassen, Kirchen, Thore, und einiger Gebäude in der Königl. Residenz Berlin. 1742. Ist ein schmales und länglichtes Blat, welches zu einem berlinischen Calender gestochen zu seyn scheinet, und übrigens ein Auszug aus dem Schmettauischen Grundriß.

Prospect der Stadt Berlin. Zwey Blätter, gestochen von J. D. Schleuen. Umher stehen die vornehmsten Gebäude.

Grundriß der Königl. preuß. Residenz Stadt Berlin. In des Herrn Nicolai Beschreibung der Kön. Res. Städte Berlin und Potsdam. Ist aus dem großen Schleuenschen Grundriß genommen, aber viel kleiner.

Neuer geometrischer Plan der Königl. Haupt- und Residenz-Stadt Berlin, nach dermaliger Beschaffenheit, auf Veranstaltung der Königl. Akademie der Wissenschaften aufs genaueste verfertiget, im Jahr 1772 von J. C. Rhode. A. G. und gestochen von F. H. Berger dem ältern. Ein Bogen im Landcharten-Format, welcher 1773 zuerst ausgegeben word. n. Ist der neueste Grundriß von Berlin, an welchen der Urheber desselben großen und langwierigen Fleiß verwendet hat. Warum er die Breite der berlinischen Sternwarte auf 52 Gr. 31 Min. 5 Sec., und die Länge derselben auf 31 Gr. 6 Min. 15 Sec. gesetzt hat? ist nicht bekannt.

Geometrischer Plan des Königl. Thiergartens vor Berlin, nach dermaliger Beschaffenheit auf Veranstaltung der Königl. Akademie der Wissenschaften verfertiget. 1763. Ein Bogen im Landcharten-Format.

Prospect des Königl. Schlosses zu Berlin. Zwey Blätter, jedes von einem halben Bogen. Die Prospecte von andern Gebäuden, übergehe ich. Schleuen hat derselben verschiedene gestochen.

Von
P o t s d a m.

Ich habe 14 Blätter oder halbe Bogen, welche die Stadt Potsdam, das Schloß daselbst mit dem Lustgarten, und den Fasangarten mit seinen Gebäuden, im Grundriß und Prospect darstellen, so wie alles unter dem Churf. Friderich Wilhelm beschaffen gewesen.

Die nachmalige Beschaffenheit des Schlosses unter dem König Friderich I, hat Joh. Bapt. Broebes mit unter seinen Vues des Palais & maisons de Plaisance de S. M. le Roi de Prysse, vorgestellt. Der kleine Prospect von Potsdam, den J. D. Schleuen 1748 für ein Gesangbuch gestochen hat, ist vielleicht kaum der Bemerkung werth.

Plan de Sans Souci Maison de Plaisance du Roi prés de Potsdam. Ein Bogen. Weder der Zeichner noch Kupferstecher ist genannt. Er zeiget die erste Anlage von Sans Souci, als die Bilder Gallerie, Grotte, und andere schöne Stücke, noch nicht vorhanden waren. Unten stehen vier deutsche Verse.

Der jetzige Zustand der Stadt und der Schlösser, kann aus folgenden Grundrissen und Prospecten ersehen werden.

Grundriß der Königl. Residenz Potsdam. In Herrn Nicolai Beschreibung der Kön. Res. Städte Berlin und Potsdam. Ein kleiner halber Bogen.

Grundriß von der Stadt Potsdam. Ein kleiner halber Bogen. Am Rande stehen die vornehmsten öffentlichen Gebäude in und um Potsdam.

Prospect

Prospect des Königl. Schlosses und Marstalls zu Potsdam, von der Garten-Seite, so wie solcher sich in einiger Entfernung von der Stadt präsentirt. Ein kleiner halber Bogen.

Prospect des Königl. Schlosses zu Potsdam, wie solches von der St. Nicolai-Kirche her anzusehen. Ein kleiner halber Bogen.

Prospect des Königl. Schlosses zu Potsdam, von der Garten-Seite anzusehen. Ein kleiner halber Bogen.

Prospect des Königl. Lustschlosses und Gartens *Sans Soucy*, bey Potsdam. Ein kleiner halber Bogen.

Prospect der vordern Seite des Königl. Lustschlosses *Sans Soucy* bey Potsdam. Ein kleiner halber Bogen.

Prospect der hintern Seite des Königl. Lustschlosses *Sans Soucy* bey Potsdam. Ein kleiner halber Bogen.

Prospect der Bilder-Gallerie im Königl. Garten *Sans Soucy* bey Potsdam. Ein kleiner halber Bogen.

Prospect der Grotte im Königl. Garten *Sans Soucy* bey Potsdam. Ein kleiner halber Bogen.

Prospect des Japanischen Hauses im Königl. Garten *Sans Soucy* bey Potsdam. Ein kleiner halber Bogen.

Prospect der neuen Colonnade, welche in der Mitten der großen Haupt-Allee zwischen *Sans Soucy* und dem neuen Königl. Palais erbaut ist. Ein kleiner halber Bogen.

Prospect des Königl. Palais bey Potsdam, wie sich selbiges nach *Sans Soucy* und nach Bernstädt hin, präsentirt. Ein kleiner halber Bogen.

Prospect des Königl. Palais bey Potsdam, wie selbiges von der großen Allee von *Sans Soucy* her anzusehen. Ein kleiner halber Bogen.

Prospect des Königl. Palais bey Potsdam, von der Colonnade her, anzusehen. Ein kleiner halber Bogen.

Prospect des Bassin und der Ruinen, welche auf einem Berge, *Sans Soucy* gegenüber, befindlich. Ein kleiner halber Bogen.

Prospect der sämmtlichen Gebäude des neuen Königl. Palais bey Potsdam, so wie sich selbige ausserhalb des Canals gerade vor der Brücke präsentiren. Zwey Blätter welche zusammengesetzt werden.

Plan de Palais de Sans Souci, levé et dessiné sous l'approbation de Sa Majesté, avec l'explication et l'emplacement des Statues, Bustes, Vases &c. par F. S. *Salzmann*, Jardinier du Roi. Ein großer und schöner Bogen, nebst einer Erklärung in deutscher, und einer in französischen Sprache, welche besondere kleine Bücher ausmachen, die 1772 gedruckt sind, von welchem Jahr auch der Plan ist.

Alle vorstehende Blätter, hat Schleuen in Kupfer gestochen.

Prospect des neuen Königl. Palais bey Potsdam, von der Colonnade her, anzusehen. Ein kleiner Bogen.

Prospect des neuen Königl. Palais bey Potsdam, wie selbiges von *Sans Soucy* her anzusehen. Ein kleiner Bogen. Beyde Blätter hat Schuster gestochen, dessen Name auch unten zur rechten Hand stehet.

Jetzt giebt der geschickte Kupferstecher Herr A. L. Krüger zu Potsdam, die Prospecte von den Haupt Gegenden in und um Potsdam, heraus, welche der Mahler Herr J. S. Meyer 1771 und 72 gezeichnet hat, und die des Königs Beyfall gefunden haben. Die Stand-Puncte, aus welchen

Erstes Hauptstück, welches die Landcharten

welchen diese Gegenden abgebildet worden, sind vortreflich gewählt, die Zeichnungen sind gut gerathen, das Format derselben ist ansehnlich, und die guten Abdrücke der von dem Herrn Krüger geätzten Blätter, gefallen dem Auge in gehöriger Entfernung sehr wohl. Es ist bey den Prospecten von Gebäuden, mit auf die Liebhaber der Baukunst Rücksicht genommen worden. Bis hieher sind folgende fünf Blätter auf Royal-Papier fertig.

Vuë du nouveau palais royal, du Belveder, & de ville de Potsdam, & des environs, prisé de la montagne de Eiche. Peint par *J. F. Meyer*, 1771, gravé par *A. L. Krüger*, 1772, par ordre de S. M. le Roi de Prusse.

Premiere vuë du palais neuf de Sans Souci, de la gallerie des tableaux, & ses environs, prisé de la montagne de la Brasserie, vis a vis de Sans Souci. Peint par *J. F. Meyer* 1771, gravé par *A. L. Krüger* 1772, par ordre de Sa Majesté le Roi de Prusse.

Troisieme vuë de la ville de Potsdam, de l'Eglise du Saint-Esprit, de Nova-Wes. (richtiger Wes) & les Environs, prisé de la même montagne vis a vis de Sans Souci. Peint par *J. F. Meyer* 1772, gravé par *A. L. Krüger* 1772, par ordre de Sa Majesté le Roi de Prusse.

Vuë septentrionale du chateau royal de Potsdam, peint par *F. Meyer*, gravé par *A. L. Krüger*.

La seconde vuë du chateau de la ville de Potsdam, du Jardin, & de l'Ecurie royale, de l'Eglise de la garnison, de S. Nicolas, & de l'hotel de ville, & les environs. Prisé de la même montagne vis a vis de Sans Souci. Peint par *J. F. Meyer*, gravé par *A. L. Krüger*, 1772.

Von
Charlottenburg.

Carolineum Augustum, sive Palatium regium civitatis Carolinensis vulgo Charlottenburg, quod Fridericus rex Borussiae a diva regina *Sophia Carolina* inchoatum, maiori adiecta amplitudine absoluit, regifico apparatu instruxit, eidemque urbem nouam nomine coniugis nuncupatam circumsedit. Prospectus septentrionalis contra hortum praetorianum ad fluentia Sueui. *Heinrich Jonas Ostertag* et *Lorenz Beger* sculp. Augusta Vindelicorum. 1 Bogen. Stellet das Schloß in seiner ersten Einrichtung vor.

Prospect des Königl. Lustschlosses zu Charlottenburg von vorn anzusehen. Ein kleiner halber Bogen.

Prospect des Königl. Lustschlosses zu Charlottenburg von der Garten-Seite anzusehen. Ein kleiner halber Bogen. Beyde Prospecte hat Schleuen gestochen.

Von
Schönhausen.

Prospect des Königl. Lustschlosses zu Schönhausen, von der Garten-Seite anzusehen. Ein kleiner halber Bogen von Schleuen gestochen.

Von
Cöpenick.

Prospect des Königlichen Lustschlosses zu Cöpenick. Ein kleiner halber Bogen, von Schleuen.

Von

von der Mark Brandenburg angiebt.

Von Friderichsfelde.

Prospect des Lustschlosses Sr. Königl. Hoheit des Prinzen Ferdinands zu Friderichsfelde, von vorn anzusehen. Ein kleiner halber Bogen, von Schleuen.

Von Oranienburg.

Prospect des Schlosses zu Oranienburg nach der Stadt zu. Ein kleiner halber Bogen.
Prospect eben dieses Schlosses nach dem Garten zu. Auch ein kleiner halber Bogen.
Beyde von Schleuen.

Von Reinsberg.

Außer dem oben (S. 10) erwähnten alten kleinen Chärtchen von Reinsberg und der Gegend des Städtchens, hat man ein neues schönes Werk von 9 Bogen mittlerer Größe, unter dem Titul: Plans et vues du chateau, du jardin, et de la ville de *Reinsberg*, dediés à son Altesse royale Monseigneur le *Prince Henri de Prusse*, Frere du Roi, par son tres humble, tres obeissant et tres fidèle serviteur *Etzl*, Achitecte, levé et dessiné, par le même 1773. Se vend à Berlin chez A. Mylius libraire et Marchand d'estampes, demeurant dans la ruë des freres. Was die einzelnen Blätter enthalten, verdient angezeigt zu werden.

Das erste Blatt von J. C. Krüger gestochen, giebt den Titul ab.
Das zwente, ist ein Plan des Jardins et environs de *Reinsberg*. Ist eine angenehme Charte von der Gegend gegen Norden.
Der dritte, enthält einen Plan du chateau, du Jardin et de la Ville de *Reinsberg*, gestochen von Glasbach.
Die sechs übrigen Blätter, stellen das Schlos und was dazu gehört, von verschiedenen Seiten vor, und sind insgesammt von J. C. Krügern gestochen.

Von Schwedt.

Von dem dasigen markgräflichen Schloß und Garten, von dem Lustschlosse *Mon plaisir*, und von der Stadt Schwedt, hat Schleuen in gleichem Format mit den vorhergenannten Kupferstichen von Berlin und Persdam, 10 Blätter gestochen.

Von Frankfurt an der Oder.

Francofordiæ ad Oderam imago quam misit eiusdem ciuitatis prudentiss. Senatus. In Seb. Münsters Cosmographia vniuersali.
Der Prospect in Merians Topographie, welcher oben schon genannt worden.
In Bekmanns Beschreibung der Stadt Frankfurt an der Oder, findet man sowohl einen Prospect als Grundriß von derselben. Den letzten, hat Prof. L. C. Sturm 1706 aufgenommen, und Johann Wilhelm Michaelis in Kupfer gestochen.

Von

16 Erstes Hauptstück, welches die Landcharten von der Mark Brandenb. angieht.

Von
Freienwalde.

Prospect des Gesund-Brunnens bey Freienwalde an der Oder. Ein kleiner halber Bogen, von Schleuen.

Prospect des Freienwaldischen Gesund-Brunnens. Ein kleiner halber Bogen im zweyten Theil von Bekmanns Beschreibung der Chur- und Mark Brandenburg. Ist gestochen von Berger zu Berlin.

Von
der Altmark und Prignitz.

In Herrn R. Küsters Antiq. Tangermünd. ist ein von G. P. Busch gestochener Prospect von der Stadt Tangermünde zu sehen.

In dem oben genannten zweyten Theil von Bekmanns historischen Beschreibung der Chur- und Mark Brandenburg, findet man auch Prospecte der Städte Stendal, Salzwedel, Perleberg, Wittstock und Havelberg, und in J. G. Pralzows lehrreichen Denkmal der doppelten Ueberschwemmung des Seehausenschen Districts, einen Grundriß von Seehausen. In Joh. Crusii Erneurung des solennen Perlebergischen Denktages, ist auch ein kleiner Prospect von Perleberg gegen dem Titulblatt über.

Von
Königsberg in der Neumark

ist ein kleiner Prospect in Rehrbergs hist. chron. Abriß der Stadt Königsberg in der Neumark, zu finden, wenigstens in der dritten Ausgabe. G. P. Busch zu Berlin, hat ihn gestochen.

Zweytes Hauptstück,

welches

einen systematisch-geographischen Entwurf der ganzen Mark enthält.

Die Mark Brandenburg wird überhaupt in die Churmark und Neumark abgetheilet.

I. Die Churmark

bestehet aus folgenden Provinzen und Kreisen.

I. Die Altmark, welche in sechs Kreise oder Landreutereyen eingetheilet ist, von welchen der Arendseesche und Seehausensche zusammen nur einen, und der Tangermündische und Arneburgische zusammen auch nur einen, die beyden übrigen aber jeder einen besondern Landrath haben.

1. Der Stendalsche Kreis, hat
    1) Zwey immediate Städte nemlich
        (1) Stendal, die Hauptstadt der Altmark, an der Uchte, welche der Sitz des Obergerichts der Altmark, und der altmärkischen und prignitzischen Kriegs- und Domainen-Kammer-Deputation ist, die zu der churmärkischen Kriegs und Domainen-Kammer gehöret. Es ist hieselbst der General-Superintendent der Altmark und Prignitz, und eine luth. geistliche Inspection.
        (2) Osterburg, eine Stadt, bey welcher die Uchte in die Biese fällt. Es ist hier eine lutherische geistliche Inspection.
    2) 64 adeliche Oerter.
2. 3. Der Tangermündsche und Arneburgsche Kreis, haben,
    1) Die immediat-Stadt
        Tangermünde, am Fluß Tanger, welcher sich hier in die Elbe ergießet. Sie gehöret zum Tangermündschen Kreise, und hat eine lutherische geistliche Inspection.
    2) Drey Königliche Aemter.
        (1) Das Amt Burgstal, im Tangermündschen Kreise, zu welchem gehören, zwey Vorwerke die auf Zeitpacht ausgethan sind, eins welches mit Colonisten besetzt ist, und acht Dörfer, unter welchen zwey Colonisten-Dörfer sind.
        (2) Das Amt Neuendorf, im Tangermündschen Kreise, zu welchem gehören, vier Vorwerke, die auf Zeitpacht ausgethan sind, und 22 Dörfer, darunter vier Colonisten-Dörfer sind.
        (3) Das Amt Tangermünde, welches größtentheils zum Arneburgschen Kreise gehöret, und in welchem
            a. Arneburg, ein Städtchen, oder Flecken mit Stadtgerechtigkeiten, an der Elbe. Es liegt im arneburgischen Kreise, welcher davon benannt wird. Es ist hier ein Accise Amt.

c   b. Zwey

18　Zweytes Hauptſtück, welches einen ſyſtematiſch-geographiſchen Entwurf

　　b. Zwey Vorwerke, welche auf Zeitpacht ausgethan ſind, und 26 Dörfer, unter welchen der ehemalige Flecken Buch iſt.
　　c. 85 adeliche Oerter.
4. Der Seehauſenſche Kreis, zu welchem gehören:
　1) Zwey immediate Städte.
　　(1) Seehauſen, eine Stadt, die ganz von dem Fluß Aland umgeben iſt. Es iſt hier eine lutheriſche geiſtliche Inſpection.
　　(2) Werben, eine kleine Stadt unweit der Elbe, welche gegen ihr über die Havel aufnimmt. Es iſt hier eine lutheriſche geiſtliche Inſpection.
　2) 55 adeliche Oerter.
5. Der Arendſeeſche Kreis, in welchem
　1) Das Königliche Amt Arendſee. Es begreift
　　(1) Arendſee, ein Städtchen, oder einen Flecken mit gewiſſen Stadtrechten, an einem davon benannten See. Die Altſtadt, welche ſich von dem Markt bis an das Amthaus erſtreckt, ſtehet unmittelbar unter dem Amt, die Neuſtadt, welche von dem Markt bis an das Thor reichet, hat einen Magiſtrat, welcher aber nur in kleinen Sachen die erſte Unterſuchung und Gerichtsbarkeit hat, und von welchem an das Amt appelliret wird. Es iſt hier ein Acciſe-Amt.
　　(2) Zwey Vorwerke, von welchen eins auf Zeitpacht ausgethan, und eins mit Coloniſten beſetzt iſt, und 20 Dörfer, von welchen einige mit adelichen Unterthanen vermiſcht ſind, ſo wie das Amt auch aus drey adelichen Dörfern einige Hebungen hat.
　2) Drey adeliche Flecken, und 62 andere adeliche Oerter. Jene ſind
　　(1) Calbe oder Kalbe, ein Städtchen, oder Flecken mit gewiſſen Stadtrechten, an der Milde. Gehört der Familie von Alvensleben, welche hier ihr Geſamtgericht hat. Es iſt hier eine lutheriſche geiſtliche Inſpection, und ein Acciſe-Amt.
　　(2) Bismark, ein Städtchen, oder Flecken mit gewiſſen Stadtrechten, doch hat er jetzt keinen Magiſtrat, wohl aber ein Acciſe-Amt. Er liegt ungefähr eine halbe Meile von der Vieſe, und gehört der Familie von Alvensleben.
　　(3) Groß Apenburg, ein Flecken ohne Stadtgerechtigkeit, der aber doch wohl ein Städtchen genannt wird, und ein Acciſe-Amt hat, auch ehedeſſen einen Magiſtrat gehabt haben ſoll. Er gehört der Familie von der Schulenburg, und iſt wechſelsweiſe mit Beezendorf der Sitz der Schulenburgiſchen lutheriſchen geiſtlichen Inſpection.
6. Der Salzwedelſche Kreis, zu welchem gehören
　1) Zwey immediate Städte, nemlich
　　(1) Salzwedel, eine Stadt an der Jeetze, welche in die Alt und Neu-Stadt abgetheilet wird. Beyde haben einen gemeinſchaftlichen Magiſtrat, in jeder aber iſt eine beſondere lutheriſche geiſtliche Inſpection. Der Inſpector in der Altſtadt, wird Superintendent genannt.
　　(2) Gardelegen, eine Stadt an der Milde. Es iſt hier eine lutheriſche geiſtliche Inſpection, welche ein Superintendent verſiehet.
　2) Zwey Königl. Aemter.
　　(1) Das Amt Salzwedel, zu welchem ein Vorwerk, das auf Zeitpacht ausgethan iſt, der Perwer, eine Vorſtadt von Salzwedel, und 15 Dörfer gehören; es ſind aber in allen dieſen Dörfern die Königlichen Unterthanen mit adelichen vermiſcht.
　　(2) Das Amt Diesdorf oder Diſtorf, zu welchem drey Vorwerke, die auf Zeitpacht ausgethan ſind, 40 alte Dörfer, und ein Coloniſten-Dorf gehören.

3) 122 adliche Oerter, unter welchen
1) Bezendorf, ein Flecken welcher keine Stadtgerechtigkeit, und also auch nie einen Magistrat gehabt hat: er wird aber doch wohl ein Städtchen genannt, und hat ein Accise-Amt. Er gehört der Familie von der Schulenburg. Hier und zu Apenburg ist wechselsweise die Schulenburgische lutherische geistliche Inspection.
2) Die Dörfer des Schulamts Dambeck, welches dem Joachimsth. Gymnasio zu Berlin gehört.

Anmerk. Die churmärk. Kriegs- und Domainen-Kammer, rechnete 1773 in der Altmark 13 königliche, 64 adeliche Vorwerke, 115 königliche, 375 adeliche und 4 Kämmerey-Dörfer, 9 königliche, 56 adeliche, 49 Städtische, 241 gewissen Eigenthümern zugehörige Mühlen.

II. **Die Prignitz oder die Vormark**, welche in sieben Districte abgetheilet ist, die Kreise genennet werden, wiewohl denselben insgesamt nur ein einziger Landrath vorgesetzt ist.
1. **Der Perlebergsche Kreis**, in welchem
 1) Die immediat Stadt
 Perleberg, welche die Hauptstadt der Provinz ist. Sie liegt an der Stepnitz, und ist der Sitz einer lutherischen geistlichen Inspection.
 2) Alle übrigen Oerter sind adelich, nemlich
 (1) Wittenberge, ein Städtchen oder Flecken mit gewissen Stadtrechten, an der Elbe. Es gehört den Herren von Puttlitz. Es hat ein Accise-Amt.
 (2) 78 Dörfer.
2. **Der Pritzwalksche Kreis**, in welchem
 1) Die Immediat-Stadt
 Pritzwalk, an der Dömnitz, welche eine halbe Meile von hier entstehet. Es ist hier eine lutherische geistliche Inspection.
 2) Alle übrige Oerter, gehören theils dem Domkapitul zu Havelberg, theils dem Stift zum heiligen Grabe und Kloster Stepenitz, theils Edelleuten, und ein Dorf besitzt der Magistrat zu Pritzwalk. Von diesen Oertern sind zu bemerken
 (1) Puttlitz, ein Städtchen, oder Flecken mit gewissen Stadtrechten, Stammort der Gänse edlen Herren von Puttlitz. Es ist hier eine lutherische geistliche Inspection, und ein Accise-Amt.
 (2) Meyenburg, ein Städtchen, oder Flecken mit gewissen Stadtrechten, der Familie von Rohr zugehörig.
 (3) Freyenstein, ein Flecken ohne Stadtrechte, der Familie von Winterfeld zugehörig. Er giebt keine Accise.
 (4) Das Stift zum heiligen Grabe, für eine Aebtißin und 30 adliche Conventualinnen. Es liegt bey dem dazu gehörigen Dorf Techow.
 (5) Das Kloster Marienfließ an der Stepenitz, gemeiniglich Kloster Stepenitz, genannt, für sechs adliche Fräulein.
 (6) 55 Dörfer.
3. **Der Wittstocksche Kreis**, in welchem
 1) Die immediat Stadt
 Wittstock, an der Dosse. Es ist hier eine lutherische geistliche Inspection.
 2) Zwey Königliche Aemter, nemlich
 (1) Das Amt Wittstock, zu welchem zwey Vorwerke, deren eins auf Zeit- und das andere auf Erbpacht ausgethan ist, vier neue Establissements, und 10 alte Dörfer gehören, von welchen letzten aber eins im ruppinschen Kreise liegt. Zwey dieser Dörfer, sind zum Theil adlich.

20 Zweytes Hauptstück, welches einen systematisch-geographischen Entwurf

(2) Das Amt Zechlin, zu welchem gehören, ein Vorwerk, welches auf Zeitpacht ausgethan ist, 12 neue Etablissements auf Königl. Feldmarken, acht alte Dörfer, (von welchen aber zwey außer der Prignitz liegen) vier Dörfer welche von Ruppin, und sechs welche von Lindau bisher gelegt sind, und also nicht zu der Prignitz gehören. Der Name Zechlin kommt sowohl einem Dorf mit einer Pfarrkirche, als einem Flecken ohne Stadtrechte, zu.

(3) Das Amt Goldbeck, zu welchem ein Vorwerk, welches auf Zeitpacht ausgethan ist, und 4 Dörfer gehören, von welchen aber eins im ruppinischen Kreise liegt.

3) Nur drey abliche Dörfer, nemlich Herrsprung, Zaßke und Christdorf, welche insgesamt Pfarrkirchen haben.

4. Der Ryritzische Kreis, in welchem
 1) Die immediat Stadt
    Ryritz, an Bach Jägelitz, der Sitz einer lutherischen geistlichen Inspection.
 2) 24 abliche Dörfer.

5. 6. Der Havelbergische und Plattenburgische Kreis, zu welchen gehören
 1) Die immediat Stadt
    Havelberg, welche von der Havel umflossen ist. In derselben ist eine lutherische geistliche Inspection. Ein Arm der Havel trennet sie von den Bergen, auf deren einem die Domkirche stehet, bey welcher auch eine lutherische geistliche Inspection ist.
 2) 33 abliche Oerter, nemlich
    (1) Wilenack, ein Städtchen, oder ein Flecken mit gewissen Stadtrechten. Gehört der Familie von Saldern. Vermöge Judicats vom 25 Febr. 1719 bestellt die abliche Herrschaft einen zur Rechtspflege geprüften Stadtrichter, welchem in Gegenwart des Magistrats der Eid abgenommen wird, und der die vorkommenden Klagsachen mit Zuziehung des Magistrats höret und entscheidet. Die Mitglieder des Magistrats werden von dem Rath selbst erwählt, von der ablichen Herrschaft aber bestätiget und eingeführt. Es ist hier eine lutherische geistliche Inspection, und ein Accise-Amt.
    (2) 32 Dörfer, welche theils unterschiedenen Edelleuten, theils dem Domkapitul zu Havelberg gehören, und eines gehöret dem Stift zum heiligen Grabe.

7. Der Lenzensche Kreis, in welchem
 1) Die immediat Stadt
    Lenzen, unweit der Elbe, und an zwey Seen. Sie wird in die Alt- und Neustadt abgetheilet, und ist der Sitz einer lutherischen geistlichen Inspection. Die hiesigen Gerichte, heißen die Königl. Amts- und Stadtgerichte. Dem Amt Eldenburg, stehen zwey Drittel, und dem Magistrat ein Drittel der Gerichtsbarkeit zu. Es sind aber keine Gränzen zwischen beyderley Gerichtsbarkeit bestimmt, sondern es nehmen an der Criminal- und Civilgerichtsbarkeit, an Vormundschaften, Hypothek- und Depositen-Sachen, das Amt zu ⅔ und der Magistrat zu ⅓ Antheil. Der gemeinschaftliche Stadtrichter besorget die Rechtspflege und Ausfertigung aller gerichtlichen Handlungen, allein, und die gerichtlichen Ausfertigungen, werden von dem jedesmaligen Königl. Beamten, dem regierenden Burgemeister, und dem Stadtrichter, unterschrieben. Der Stadt-Secretär, hat nichts mit Justitz- sondern bloss mit Policey- und Rechnungs-Sachen zu thun, daher er auch nur von dem Generaldirectorio bestätiget wird. Hingegen der Stadtrichter empfängt seine Bestallung von dem Justitz-Departement des Königl. Staatsraths, und wird bey dem Churmärkischen Kammergericht in Eid und Pflicht genommen. Also kann diese Stadt gewissermaaßen als immediat, und gewissermaaßen als eine Amtsstadt, angesehen werden.

2) Das

2) Das Königl. Amt Eldenburg, zu welchem gehören, sechs Vorwerke, davon zwey auf Zeit= und vier auf Erb=Pacht ausgethan sind, drey neue Etablissements auf Königl. Feldmarken, und 17 Dörfer, in deren acht, auch adeliche Unterthanen sind.

3) 21 adeliche Dörfer.

Anmerk. 1773 rechnete man bey der Churmärkschen Kriegs= und Domainenkammer, daß die Prignitz enthalte 6 Königl. 176 adeliche Vorwerke, 35 Königl. 246 adeliche, und 3 Kämmerey=Dörfer, 12 Königl. 111 adeliche, und 16 andern Eigenthümern zugehörige Mühlen.

III. Die Mittelmark, welche unter acht Kreise vertheilet ist.

A. Der Havelländische Kreis, welcher aus den Ländern Havelland, Frisack, Rhinow und Bellin bestehet. In demselben sind

1. fünf unmittelbare Städte, nemlich

   1) Brandenburg, eine Stadt auf beyden Seiten der Havel. Sie bestehet aus der Alt= und Neu Stadt, und aus der Burg in welcher die Domkirche ist. In jedem dieser drey Theile, ist eine lutherische geistliche Inspection. Von dieser Stadt hat die ganze Mark und Chur ihren Namen, und sie hat von Alters her das Recht, in öffentlichen und allgemeinen Angelegenheiten unter allen Städten der Mark zuerst die Stimme zu geben, und zu unterschreiben, wiewohl sie heutiges Tages, mit Vorbehalt ihres Rechts, der Stadt Berlin weicht.

   2) Spandow, eine Stadt, an der Havel, welche hier die Spree aufnimt. Die hiesige Vestung, liegt in der Havel. In der Stadt ist eine lutherische geistliche Inspection.

   3) Rathenow, eine Stadt an der Havel, von welcher ein Arm zwischen der Alt= und Neu=Stadt fließet. Es ist hier eine lutherische geistliche Inspection. Die Gegend um Rathenow heißt der Mus=Winkel.

   4) Nauen, eine Stadt an dem schifbaren Haupt=Kanal, welcher bey Nieder=Neuendorf in die Havel gehet. Es ist hier eine lutherische geistliche Inspection.

   5) Potsdam, eine Stadt auf einer Insel, welche die Havel und einige Seen machen. In derselben ist ein Königliches Schloß, eine lutherische und eine reformirte geistliche Inspection. Unweit der Stadt liegt das Königliche Lustschloß *Sans Souci* auf einem Berge, und der neue Königliche Pallast.

2. Folgende Königliche Aemter und Oerter.

   1) Das Amt Spandow, welches seinen Sitz zu Klosterhof hat, und zu welchem drey Vorwerke, die auf Zeitpacht ausgethan sind, 10 Dörfer, imgleichen der Kietz und Damm bey Spandow, und der mit einer Colonisten=Familie besetzte Valentinswerder, gehören.

   2) Das Amt Nauen, welches seinen Sitz zu Berge hat. Zu demselben gehören drey Vorwerke, von welchen zwey auf Zeitpacht ausgethan sind, und eins auf Erbpacht, und vier Dörfer.

   3) Das Amt Potsdam, welches zu Borne seinen Sitz hat. Es begreift 11 Vorwerke, von welchen fünfe auf Zeitpacht, und fünfe auf Erbpacht ausgethan sind, und eins mit Colonisten besetzt ist, und 12 Dörfer.

   4) Das Amt Königshorst, in welchem fünf Vorwerke, die auf Zeitpacht ausgethan sind, eins welches auf Erbpacht ist, und vier Dörfer.

22 Zweytes Hauptstück, welches einen systematisch-geographischen Entwurf

5) Das Amt Febrbellin, welches die kleine Landschaft Bellin ausmacht, und seinen Sitz zu Linum hat. Es begreift drey Vorwerke, die auf Zeitpacht ausgethan sind, acht Dörfer, in welchen auch adeliche Unterthanen sind, und

Febrbellin, eine kleine Stadt am Rhin, über welchen hier ein Paß ist. Sie heißt eigentlich Bellin, und hat den Zunamen von der Fähre, welche hier ehemals über den Rhin gieng. Es ist hier eine lutherische geistliche Inspection.

6) Unter dem Amt Ziesar, welches jetzt zu dem Herzogthum Magdeburg gehöret, stehen

(1) Prizerbe, ein Städtchen an der Havel. Das hiesige Richteramt, ein königlich Lehn, ist nichts mehr als ein Schulzen-Amt auf den Dörfern.
(2) Retzien, ein Marktflecken, ohne Stadtrechte, auch an der Havel.
(3) Sechs Dörfer.

7) Unter dem Amt Tangermünde, stehen zwey Theerbrennereyen und eine Ziegelbrennerey im Havelländischen Kreise.

3. Ein Anzahl adelicher Oerter, nemlich

1) Rhinow, ein Städtchen am Rhin, welches der adelichen Familie von der Hagen zugehöret. Diese hat die obern und untern Gerichte, und bestätiget den Burgemeister und Rath, und dennoch können die Injurien-Sachen, bey welchen keiner blutrünstig geschlagen worden, von dem adelichen Lehnrichter und dem Magistrat zusammen verhandelt werden, wobey doch praeventio statt findet. Von diesem Städtchen hat die kleine Landschaft Rhinow ihren Namen. Nicht weit von hier vereiniget der Bultgraben den Rhin mit der Dosse.

2) Frisack, ein Städtchen am Rhin, von welchem die kleine Landschaft Frisack benannt wird. Es gehöret der Familie von Bredow, welche schon 1335 mit demselben belehnet worden.

3) Plauen, ein Städtchen an einem See durch welchen die Havel gehet. Es gehört dem jetzigen General-Major von Anhalt. Hier fängt der Kanal an, welcher die Havel mit der Elbe verbindet.

4) Dem Potsdamschen Waisenhause gehören im Havelland sieben Dörfer, dem Domkapitul zu Brandenburg 19, dem Magistrat zu Brandenburg 10, den Magiströten zu Potsdam, Nauen, Rathenow und Spandau, vier, und die übrigen 73 Dörfer, sind adelich.

B. Der Glien- und Löwenbergische Kreis, welcher begreift,

1. Drey Königliche Aemter

1) Das Amt Bözow, welches bestehet aus fünf Vorwerken, davon drey auf gewisse Jahre verpachtet sind, eins auf Erbpacht ausgethan, und eins mit Colonisten besetzt ist, und aus acht Dörfern. Eins dieser Vorwerke und drey Dörfer liegen im Nieder-Barnimschen Kreise, und zwey Dörfer sind zum Theil adelich.

2) Das Amt Oehlefanz, welches begreift

(1) Cremmen, eine kleine Stadt, in welcher der König die Gerichte mit den adel. Familien von Reder, von der Lütke, von Pfuhl und von Haack gemeinschaftlich hat, also daß der König 16, und die Edelleute acht Theile daran haben. Der Gesamtrichter, welcher diese Gerichte verwaltet, wird von dem Amt Oehlefanz und den Edelleuten dem Churmärkischen Kammergericht zur Prüfung gestellet, und wenn er tüchtig befunden worden, nach Vorschrift der Jurisdictions-Verordnung vom 19. Junii 1749. bestätiget.

(2) Vier

der ganzen Mark enthält.   23

(2) Vier Vorwerke, welche auf Zeitpacht ausgethan sind, sechs Dörfer, in welchen auch adeliche Unterthanen sind, und eins welches halb königlich und halb adelich ist.

3) Das Amt Badingen, zu welchem gehören, drey Vorwerke, welche auf Zeitpacht ausgethan sind, vier Vorwerke welche auf Erbpacht ausgethan sind, zwey neue Etablissements welche auf Königlichen Feldmarken angelegt worden, 10 alte Dörfer, und vier Colonisten-Dörfer. Es liegen aber von allen diesen Vorwerken nur drey, und von den Dörfern nur vier, im Glien und Löwenbergischen Kreise, die übrigen Vorwerke und Dörfer gehören entweder zum Ukermärkischen, oder zum Ruppinschen Kreise.

4) Einige Dörfer dieses Kreises gehören zu den Aemtern Spandow, und Oranienburg.

2. Folgende adeliche Oerter

1) Cremmen, welche Stadt zum Theil adelich ist, wie kurz vorher gesagt worden.

2) 12 Dörfer, diejenigen ungerechnet, in welchen auch Unterthanen Königlicher Aemter sind.

Anmerkung. 1773 rechnete man bey der Churmärkischen Kriegs- und Domainen-Kammer, daß der Havelländische Kreis begreiffe, 13 königliche und 18 adeliche Vorwerke, 37 königliche, 87 adeliche, und 9 Kämmerey-Dörfer, 3 königliche, 32 adeliche, und 31 gewissen Eigenthümern zugehörige Mühlen; der Glien- und Löwenbergische Kreis aber 7 königliche und 6 adeliche Vorwerke, 23 königliche und 17 adeliche Dörfer, 9 königliche, 3 adeliche, und 3 gewissen Eigenthümern zugehörige Mühlen.

C. Der Ruppinsche Kreis, in welchem

1. Drey immediate Städte, welche sind

(1) Neu-Ruppin, eine Stadt an einem See, durch welchen der Fluß Rhin gehet. Es ist hier eine lutherische und eine reformirte geistliche Inspection.

(2) Wusterhausen an der Dosse, welche der Sitz einer lutherischen geistlichen Inspection ist.

(3) Gransee, eine Stadt, in welcher eine lutherische geistliche Inspection ist.

2. Zwey Königliche Aemter, nemlich

1) Das Amt Neu-Ruppin, zu welchem gehören,

(1) Alt-Ruppin, ein Städtchen am Ruppinschen See.

(2) Lindow, eine kleine Stadt, der Sitz einer geistlichen Inspection.

(3) Fünf Vorwerke, von welchen zwey auf Zeitpacht, und drey auf Erbpacht ausgethan sind, sieben neue auf königlichen Feldmarken angelegte Etablissements, 11 alte Dörfer, (in deren zweyen auch adeliche Unterthanen sind,) 6 Colonisten-Dörfer, 12 von Lindow hieher verlegte Dörfer.

2) Das Amt Neustadt an der Dosse, zu welchem gehören

(1) Neustadt an der Dosse, eine kleine Stadt, in welcher eine lutherische geistliche Inspection ist.

(2) Drey Vorwerke, welche auf Zeitpacht ausgethan sind, fünf alte Dörfer, in deren dreyen auch adeliche Unterthanen sind, und drey Colonisten-Dörfer.

3) Sechs königl. Dörfer in diesem Kreise, gehören zu dem Amt Zechlin.

3. Das prinzliche Amt Reinsberg, dem Prinzen Friderich Heinrich Ludwig von Preussen zugehörig. Es begreift

1) Reinsberg, eine kleine Stadt, deren Magistrat blos mit der Policey, und nichts mit der Justiz zu thun hat, als welche letztere allein das prinzliche Amt verwaltet. Hier komt der Fluß Rhin aus dem See Grünerich.

2) Die Dörfer Sonnenberg und Heinrichsdorf.

4. Zwey und vierzig adeliche Dörfer.

Anmer-

24 Zweytes Hauptstück, welches einen systematisch-geographischen Entwurf

Anmerkung. Bey der Churmärkischen Kriegs- und Domainen-Kammer rechnete man 1773, daß der Ruppinsche Kreis begreiffe, 6 königliche und 29 adeliche Vorwerke, 62 königliche, 56 adeliche, und 4 Kämmerey-Dörfer, 34 königliche, 17 adeliche, 6 städtische, und 8 gewissen Eigenthümern zugehörige Mühlen.

D. Der Ober-Barnimsche Kreis, in welchem
1. Fünf immediate Städte, nemlich
   1) Neustadt-Eberswalde, eine Stadt am Fluß und Kanal Finow, auf welchem hier die Hauptschleuse ist. Die Finow nimt hier die Schwärze auf. Sie bestehet aus zwey Theilen, deren einer, welcher nach dem Berge Drachenkopf zu liegt, Eberswalde, der andere aber, welcher nach der Finow zu liegt, die Neustadt genannt wird. Es ist hier eine lutherische geistliche Inspection. Auf dem Kiehnwerder wohnen lauter Messer- und Scheeren-Schmiede, und Stahlarbeiter, und in der Nachbarschaft der Stadt, sind Kupfer- und Blech-Hämmer, ein großes Meßingwerk, ein Eisen- und Drat-Hammer.
   2) Oderberg, eine kleine Stadt an der Oder.
   3) Freienwalde, eine kleine Stadt an der Oder, unweit welcher ein berühmter Gesundbrunn ist.
   4) Wrietzen oder Brietzen an der Oder. Es ist hier eine lutherische geistliche Inspection.
   5) Strausberg, eine Stadt am See Straus. Es ist hier eine lutherische geistliche Inspection.
2. Vier königliche Aemter, nemlich
   1) Das Amt Freienwalde, welches das Potsdamsche Waisenhaus in Erbpacht hat. Zu demselben gehören zwey Vorwerke, und zwey Dörfer.
   2) Das Bruchamt zu Wrietzen, welches aus 4 alten Dörfern, und 14 im Oderbruch angelegten Colonisten-Dörfern, bestehet. Es liegen aber von allen diesen Dörfern die wenigsten disseits der Oder und also im Ober-Barnimschen Kreise, hingegen die meisten haben ihre Lage zwischen der Oder und dem neuen Oder Kanal, und also in der Neumark.
   3) Das Amt Biesenthal, in welchem fünf Vorwerke, von welchen zwey auf Zeitpacht ausgethan sind, eins auf Erbpacht, und zwey mit Colonisten besetzt sind, und 14 Dörfer, an deren einem der Magistrat zu Bernau Theil hat, und eines ist zum Theil adelich. Noch gehöret zu diesem Amt
      Biesenthal, eine kleine Stadt, der Sitz des Amts. Hier entstehet die Finow unterhalb der Kietzmühle aus vier sich vereinigenden Fließen.
   4) Das Amt Rüdersdorf, in welchem zwey Vorwerke, die auf Zeitpacht ausgethan sind, ein neues Etablissement der Eikner genannt, und 10 Dörfer.
   5) Berneuchen oder Werneuchen, ein Flecken ohne Stadtrechte, gehöret zu diesem Kreise, aber zu dem Amt Alt-Landsberg.
3. Folgende adeliche Oerter.
   1) Klein Buckow, ein Flecken ohne Stadtrechte, welcher doch ein Städtchen genannt wird. Man muß ihn von dem gleich darneben liegenden Städtchen Buckow, im Lebusischen Kreise, unterscheiden. Beyde Oerter gehören der gräflich Flemmingschen Familie.
   2) 52 alte Dörfer, und sieben neue Colonisten-Dörfer.

Anmerkung. 1773 rechnete man bey der Churmärkischen Kriegs- und Domainen-Kammer, daß in dem Ober-Barnimschen Kreise wären, 18 adeliche Vorwerke, 51 königliche und 56 adeliche Dörfer, ein Kämmerey-Dorf, 24 königliche, 29 adeliche, und 14 Städtische Mühlen.

E.

der ganzen Mark enthält.

E. Der Nieder-Barnimsche Kreis, in welchem
1. vier immediate Städte, nemlich

1) **Berlin**, die Haupt- und erste Stadt der gesamten Königl. preußischen und churfürstl. brandenb. Länder. Sie liegt auf beyden Seiten der Spree, da nun diese die Gränze zwischen dem Nieder-Barnimschen und Teltowschen Kreise macht, so liegt das eigentliche Berlin mit seinen Vorstädten oder Vierteln, im Nieder-Barnimschen Kreise, hingegen Cöln, der Friderichswerder, die Dorotheen- oder Neu-Stadt, die Friderichsstadt, und das Cöpnicker Viertel, liegen im Teltowschen Kreise. Alle fünf Städte heißen zwar noch die Kön. Residenzstädte, sind aber seit 1709 unter dem Namen Berlin vereiniget, und stehen unter Einem Magistrat. Dieser besorget die Policey, Kirchen, Schul, Hospital, Wechsel, Vormundschafts-, Gewerks- und Innungs-Sachen, die Bestellung der Vormünder, und die Abnahm der vormundschaftlichen Rechnungen, die Ausfertigung der Kauf- Lehr- und Geburts-Briefe, und andere Dinge. Mit demselben ist das Stadtgericht verbunden, welches aus den 1710 zusammengezogenen Stadtgerichten der besonderen Städte entstanden ist, und dessen Mitglieder der Magistrat erwählet, und der König bestätiget. Die Stadtrichter werden von dem Kammergericht, die Referendarii und Actuarii aber von dem Magistrat, geprüfet. Den Director des Stadtgerichts, ernennet der König, der aber doch hat geschehen lassen, daß der Magistrat diesen Director in Eid und Pflicht genommen, und eingeführet hat. Es verwaltet dieses Stadtgericht die Gerichtsbarkeit in Civil- und Criminal-Sachen über alle Bürger der Stadt, und über alle Einwohner derselben, welche nicht zu den Eximirten gehören, und sonst kein forum privilegiatum haben, auch über die Stadtgerichts-Advocaten, und zwar wenn sie mit einem Character versehen sind, nur in Sachen welche ihre Advocatur betreffen. Es besorget also das Stadtgericht alle Civil- und Criminal-Processe und derselben Instruction, die Aufnahm der Testamente, die Taxationes und Subhastationes, die Concurs- und Liquidations-Processe, die Prioritäts- und andere Urtheile und Bescheide, die Verfertigung der Inventarien und Erbvergleiche, die Bestätigung der gerichtlichen Hypotheken, die Obligationen und Hypothek-Scheine, die Injurien-Sachen, welche nicht ganze Gewerke betreffen, die Untersuchung und Bestrafung der Verbrechen, des Frevels und Unfugs, die Hegung des peinlichen Halsgerichts, und was überhaupt dahin ratione executionis und condemnationis publicae, und sonst zu der Criminal-Jurisdiction gehöret. Die hiesigen reformirten Franzosen, stehen unter ihrem eigenen Unter- und Obergericht. Am Ende des Jahrs 1772, hatte Berlin in seinen Städten und Vorstädten 6170 Häuser, und außerhalb stunden noch 255 Häuser. 1768 waren 104500, und mit den Soldaten und ihren Weibern und Kindern, etwas über 125000 Menschen in Berlin vorhanden, die beurlaubte Soldaten ungerechnet. Es sind hier drey luther. geistliche Inspectionen, welche von Berlin, Cöln und Friderichswerder benennet werden, und eine reformirte geistliche Inspection.

2) **Bernau**, eine Stadt, in welcher eine lutherische geistliche Inspection ist.

3) **Oranienburg**, eine Stadt auf der Westseite der Havel, mit einem königl. Schloß. Sie hieß ehemalen Bötzow.

4) **Liebenwalde**, eine Stadt an der Havel.

2. Acht Königliche Aemter
1) Das Amt Mühlenhof zu Berlin, zu welchem gehören zwey Vorwerke, davon eines auf Zeit- und das andere auf Erbpacht ausgethan ist, und sieben Dörfer.

26 Zweytes Hauptstück, welches einen systematisch-geographischen Entwurf

2) Das Amt Schönhausen, welches seinen Sitz zu Blankenfelde hat, und zu welchem gehören, sechs Vorwerke, von denen fünf auf Zeitpacht ausgethan sind, und eins auf Erbpacht, ein neues Etablissement, und neun Dörfer. Unter diesen ist Nieder-Schönhausen, woselbst ein Königl. Lustschloß ist.

3) Das Amt Mühlenbeck oder Müllenbeck, welches zwey Vorwerke, davon eins auf Zeit- und eins auf Erb-Pacht ausgethan ist, ein neues Spinnerdorf, und acht alte Dörfer, begreift.

4) Das Amt Oranienburg, von fünf Vorwerken und einer Schäferey, (davon nur eins auf Erbpacht ausgethan ist, die übrigen aber auf gewisse Jahre verpachtet sind,) zwey neuen Etablissements, und neun Dörfern. Zwey von denselben, sind zum Theil adelich.

5) Das Amt Friederichsthal, welches seinen Sitz auf dem Vorwerk Friderichsthal an der Havel, hat. Es gehören vier auf gewisse Jahre verpachtete Vorwerke, ein neues Dorf, sechs alte Dörfer, drey von Lindow und zwey von Oranienburg hieher gelegte Dörfer, zu demselben.

6) Das Amt Liebenwalde, in welchem vier Vorwerke, (deren drey auf Zeitpacht ausgethan sind, und eins auf Erbpacht,) ein neues Spinnerdorf, und sieben alte Dörfer.

7) Das Amt Löhme, welches aus zwey auf gewisse Jahre verpachteten Vorwerken, und fünf Dörfern bestehet.

8) Das Amt Alt-Landsberg, zu welchem gehören
(1) Alt-Landsberg, eine kleine Stadt, deren Magistrat blos iurisdictionem in causis voluntariis et tutelaribus hat, wegen welcher jedoch der regierende Burgemeister aus dem Justiz-Departement des Königl. Staatsraths bestätiget wird, und in so fern kann man diese Stadt als immediat ansehen. Es übet aber das Amt die Civil- und Criminal-Gerichtsbarkeit in derselben aus, und in so fern gehöret sie zu den Amtsstädten, sie contribuiret auch zu dem platten Lande.
(2) Sechs Vorwerke, von welchen drey auf gewisse Jahre verpachtet, und drey mit Colonisten besetzt sind, und 12 Dörfer.

3. Dreißig adeliche Dörfer, vier Dörfer welche dem Magistrat zu Berlin, zwey welche der Dom Kirche zu Berlin gehören, eins welches das Schindlerische Waisenhaus zu Berlin besitzt.

Anmerkung. 1773 zählte man bey der Churmärkischen Kriegs- und Domainen-Kammer im Nieder-Barnimschen Kreise 29 königliche und 40 adeliche Vorwerke, 60 königliche, 31 adeliche und fünf Kämmerey-Dörfer, zwey königliche und 73 gewissen Personen zugehörige Mühlen.

F. Der Teltowsche Kreis, in welchem vier von den unter dem Namen Berlin begriffenen Städten liegen, wie in dem vorhergehenden Abschnitt gesagt worden. Sonst begreift er

1. Fünf immediate Städte, nemlich
1) Charlottenburg, eine Stadt an der Spree, mit einem Königl. Schloß. Das ehemalige Dorf Lützen, oder, wie es gemeiniglich genannt wird, Lietzow, ist nun ein Theil der Stadt, hat aber in einigen Fällen zu dem platten Lande zu contribuiren.
2) Cöpenick, eine kleine Stadt, mit einem alten Schloß, auf einer Insel in der Spree.
3) Mittenwalde, eine kleine Stadt am Fließ Notte, welches von hier an die Sühne genennet wird. Es ist hier eine lutherische Probstey und geistliche Inspection.
4) Zossen, eine kleine Stadt, an der Notte. Es ist hier eine lutherische geistliche Inspection. Das hiesige Amt, unterstützt von der Churmärkischen Kriegs- und Domainen-Kammer, hat

hat dem Magistrat die Unmittelbarkeit streitig gemacht: er ist aber vermöge eines vom Kammergericht unterm 15. April 1768 an das Justitz-Departement des Staatsraths abgestatteten Berichts und desselben Beylage, im wirklichen Besitz aller Arten der Civil-Gerichtsbarkeit, und dem Amt stehet nur die Criminal-Gerichtsbarkeit zu. Daher hat auch der am 19ten Julius 1769 bestellete Justitz-Bürgermeister, seine Bestallung aus dem Justitz-Departement des Staatsraths erhalten. Die Stadt contribuirt aber zu den Abgaben des platten Landes.

5) **Trebbin** eine kleine Stadt an der Nuthe. Der hiesige Magistrat ist durch ein Judicat vom 31. August 1709 bey der possessione vel quasi der Untergerichte geschützet worden, der Justitz-Bürgermeister wird von dem Magistrat gewählet, dem Kammergericht gewöhnlichermaßen dargestellet, und von demselben geprüft, erhält auch seine Bestallung von dem Justitz-Departement des Königlichen Staatsraths, und wird in dem Kammergericht in Eid und Pflicht genommen.

2. Drey königliche Aemter.

1) Das Amt Cöpenick, zu welchem gehören, sieben Vorwerke, (deren vier auf gewisse Jahre verpachtet sind, eins auf Erbpacht ausgethan ist, und zwey mit Colonisten besetzt sind,) vier neue Etablissements, der Kietz bey Cöpenick, 10 alte Dörfer, zwey Colonisten-Dörfer, unter den alten Dörfern sind vier welche zum Nieder-Barnimschen Kreise gehören.

2) Das Amt Zossen, zu welchem gehören drey Vorwerke die auf Zeitpacht ausgethan sind, eins welches auf Erbpacht ausgethan ist, zwey neue Etablissements, 27 alte Dörfer, unter welchen zwey sind, an denen Edelleute Theil haben.

3) Das Amt Trebbin, von zwey auf gewisse Jahre verpachteten Vorwerken, und vier Dörfern.

4) Verschiedene königl. Dörfer und Vorwerke dieses Kreises, gehören zu den Aemtern Mühlenhof, Saarmund, Potsdam und Spandow.

3. Die Herrschaft Wusterhausen und Teupitz, welche ehedessen gemeiniglich das Schenkenland genennet worden, und nebst einigen andern Aemtern dem Prinzen von Preussen gehöret.

1) Das Amt-Wusterhausen, in der Herrschaft dieses Namens, zu welchem gehören
 (1) Königs-Wusterhausen, ein Schloß und Dorf mit einer Pfarrkirche, welches im gemeinen Leben ein Flecken genennet wird. Es ist hier die prinzliche Domainen-Kammer, und eine lutherische geistliche Inspection.
 (2) 11 Dörfer und ein Vorwerk

2) Das Amt Teupitz, auch in der Herrschaft Wusterhausen und Teupitz, zu welchem gehören
 (1) Teupitz, eine kleine Stadt mit einem Schloß, welches in dem großen und schifbaren Teupitzer See liegt, den ein Kanal mit dem Groß-Körisschen See verbindet.
 (2) Sechs Dörfer und drey Vorwerke.

3) Das Amt Groß-Machenow, von zwey Vorwerken und zwey Dörfern.

4) Das Amt Gallun, von zwey Dörfern und einem Vorwerk.

5) Das Amt Waltersdorf, von drey Dörfern und zwey Vorwerken.

6) Das Amt Kozis, von zwey Dörfern, und zwey Vorwerken.

7) Das Amt Selchow, von einem Vorwerk und Dorf.

8) Zwey Dörfer dieses Kreises, gehören zu dem prinzlichen Amt Buchholz, und eins zum prinzlichen Amt Plössin im Bees- und Storkowschen Kreise.

28 Zweytes Hauptstück, welches einen systematisch-geographischen Entwurf

4. Die adelichen Oerter, unter welchen

1) Teltzow, ein Städtchen an der Telte, dessen Erblehnrichter, seit 1624 ein Herr von Wintersdorf, die iurisdictionem civilem in contentiosis et voluntariis ausübet, auch ehedessen die Criminal Gerichtsbarkeit hatte, welche sich aber der Churfürst schon bey der Belehnung von 1578 vorbehielt. Jetzt wird sie von dem Amt Mühlenhof zu Berlin, ausgeübet. Der Magistrat besorget die Policeywachen.

2) 41 adeliche Dörfer, vier Kämmerey-Dörfer nebst einem Vorwerk, und zwey Dörfer welche der Domkirche zu Cölln an der Spree, gehören.

§. Der Lebusische Kreis, zu welchem gehören,

1. vier immediate Städte, nemlich

1) Frankfurth an der Oder, eine Stadt, welche der Sitz einer Universität, und einer lutherischen und reformirten geistlichen Inspection ist. Der Magistrat hat nicht nur die niederen, sondern auch seit 1318 die hohen Gerichte. Die letzteren wurden ihm zwar 1504 zur Strafe genommen, 1555 aber von dem Churfürsten Joachim II für 1500 Thaler wieder gegeben, und Churfürst Friderich Wilhelm that 1684 zu den bisherigen Privilegiis noch einige in Ansehung der Appellation hinzu.

2) Müncheberg, eine Stadt, in welcher eine lutherische geistliche Inspection ist.

3) Mülleroße, eine kleine Stadt, um die Mitte des Friderich Wilhelm Grabens. Dem Magistrat ist um das Jahr 1754 durch ein Iudicat die Civil Gerichtsbarkeit zuerkannt worden, die Criminal Gerichtsbarkeit aber übet hieselbst das Amt Biegen aus. Sie contribuiret zu dem platten Lande.

4) Fürstenwalde, eine Stadt an der Spree, in welcher eine lutherische geistliche Inspection ist. Sie contribuiret zu dem platten Lande.

2. Acht Königliche Aemter. Nemlich

1) Das Amt Lebus, in welchem vier Vorwerke, die auf Zeitpacht ausgethan sind, und sechs Dörfer, von welchen eins halb adelich ist. Es gehört auch dazu

Lebus, ein Städtchen an der Oder. Aufer dem Justitz-Beamten, ist hier noch ein Lehnrichter, welcher wider den Fiscal durch Iudicate die Befugnisse erstritten hat, ohne Zuthun des Amtes die unteren Gerichte auszuüben, über die dahin gehörigen Sachen mit Zuziehung der Gerichtsmänner zu erkennen, dieselben zu entscheiden, und die entkommenden Geldstrafen zu vertheilen. Er muß auch von dem Beamten bey Inquisitionen, Erbverträgen, Verschreibungen der Güter, Kauf-Contracten und Testamenten, zugegen werden, und hat sein Antheil an den Sportulen.

2) Das Amt Sachsendorf, welches drey Vorwerke die auf Zeitpacht ausgethan sind, und zwey Dörfer begreift. Hieher gehöret auch

Seelow, ein Städtchen, woselbst der Magistrat, nach dem eignen Geständniß des Amtes Sachsendorf, im Besitz ist, alle actus iurisdictionis civilis, tam contentiosae quam voluntariae, auszuüben, auch die Hypotheken- und Depositen-Sachen unter sich gehabt hat, und doch hat das Amt hieselbst bisher die Gerichtsbarkeit mit ausgeübet. Weder der eine noch der andere Theil, kann gültige Urkunden zum Beweise des Ursprungs und Rechts seiner Gerichtsbarkeit aufweisen. Jetzt ist im Magistrat kein verpflichteter Rechtsgelehrter vorhanden, sondern der gegenwärtige Bürgermeister und Richter, hat seine Bestallung aus dem Königl. General-Directorio erhalten.

3) Das Amt Golzow, welches drey Vorwerke, die auf Zeitpacht ausgethan sind, und fünf Dörfer hat. Unter den letzten ist eins zur Hälfte adelich.

4) Das

der ganzen Mark enthält.

4) Das Amt Friderichsaue, von einem Vorwerk, welches auf Zeitpacht ausgethan ist, und drey Dörfern.
5) Das Amt Wollup, von zwey auf gewisse Jahre verpachteten Vorwerken, und drey Dörfern. Von diesen gehöret eins zu der Neumark.
6) Das Amt Kienitz, welches ein auf gewisse Jahre verpachtetes Vorwerk, und drey Dörfer hat.
7) Das Amt Fürstenwalde, dazu zwey Vorwerke, die auf Zeitpacht ausgethan sind, und acht Dörfer gehören. Unter den letzten ist eins halb adelich.
8) Das Amt Biegen, in welchem fünf Vorwerke, die auf Zeitpacht ausgethan sind, und vier Dörfer. Unter denselben stehet auch in Ansehung der Criminal-Gerichtsbarkeit die Stadt Müllrose, wie oben gesagt worden.

3. Folgende adeliche Oerter
1) Buckow, ein Städtchen, gleich neben dem oben genannten Flecken Klein-Buckow im Nieder-Barnimschen Kreise. Es gehöret der gräflichen Familie von Flemming, welche hier ein Schloß hat.
2) Die Commenthurey Lietzen, welche zu des Johanniter Ritterordens Herrenmeisterthum Sonnenburg gehöret. Sie liegt an einem großen davon benannten See, in welchen das Fließ aus dem Schmerl See fällt. Die jährlichen Einkünfte des Commenthurs, betrugen vor der Theilung 12000, jetzt etwa 7900 Thaler.
3) Die Commenthurey Gorgast, welche vermöge eines Kapitulschlußes von 1768, von der Commenthurey Lietzen abgesondert worden. Sie trägt jährlich ohngefähr 5000 Thaler ein.
4) Das Amt Quilitz, welches König Friderich II. dem jetzigen Husaren-Obristen Joachim Bernhard von Prittwitz erblich geschenket hat.

Anmerk. 1773 rechnete man bey der churmärkischen Kriegs- und Domainen-Kammer im Lebusischen Kreise, 19 königliche, 42 adel. Vorwerke, 30 königliche, 55 adeliche, und 4 Kämmerey-Dörfer, 25 königliche, 32 adeliche, 17 Städtische und 8 gewissen Eigenthümern zugehörige Mühlen.

H. Der Zauchsche Kreis, welcher 1773 guten theils zu dem Herzogthum Magdeburg geschlagen worden, davon am Ende dieser Topographie eine umständliche Nachricht zu finden. Die Gränze zwischen dem bey der Mittelmark gebliebenen und dem zu dem Herzogthum Magdeburg gelegten Theil des Kreises, ist eine Linie, welche sich von dem chursächsischen Dorf Groß-Briesen oder von der Bache, bis an die Buckau erstreckt, und zwar also, daß die Dörfer Wollin und Gröningen mit zu dem magdeburgischen Antheil gerechnet werden. In dem Theil des Kreises, welcher bey der Mittelmark geblieben ist, findet man außer der Neustadt Brandenburg, die oben beym Havelländischen Kreise genannt worden,

1. Zwey immediate Städte, nemlich
1) Treuen-Briezen, eine Stadt unweit der Gränze des sächsischen Churkreises, und an dem Bach Nieplitz. Sie hat anfänglich nur Briezen geheißen, welcher Name einerley mit Wriezen ist, den Zunamen der Treuen aber wahrscheinlicher weise wegen ihrer bey gewisser Gelegenheit gegen den Landesfürsten bewiesenen Treue bekommen. Es ist in derselben eine lutherische geistliche Inspection.
2) Beelitz, eine Stadt, an der Nieplitz, welche von ihr das Beelitzer Wasser genennet wird. Es ist hier eine lutherische geistliche Inspection.

2. Zwey Königliche Aemter, nemlich
1) Das Amt Lehnin, zu welchem gehören

D 3 (1) Zeh-

Zweytes Hauptstück, welches einen systematisch-geographischen Entwurf

(1) **Lehnin**, ein Flecken ohne Stadtgerechtigkeit. Das Amt hat hier seinen Sitz in dem ehemaligen Kloster.

(2) **Werder**, ein Städtchen, auf einer Insel in der Havel. Der Magistrat bestehet aus lauter unstudirten Männern, und dem Bürgermeister wird die Bestallung aus dem General-Directorio ertheilet. Das Amt hat alle Gerichtsbarkeit hieselbst. Zwar hat sich der Magistrat in neuern Zeiten einer Gerichtsbarkeit anmaßen wollen, die churmärkische Kriegs- und Domainen-Kammer aber hat dieses durch eine Verordnung vom 25. November 1767 abgethan.

(3) Drey Vorwerke, welche auf Zeitpacht ausgethan sind, eins welches sechs Schweitzer-Familien in Erbpacht besitzen, ein neuangelegtes Spinnerdorf, und 20 andere Dörfer.

2) **Das Amt Saarmund**, zu welchem gehören fünf Vorwerke welche auf Zeitpacht ausgethan, zwey welche erblich verpachtet, vier welche mit Colonisten besetzt sind, ein neues Spinnerdorf, zwey Colonisten-Dörfer, 26 andere Dörfer, an deren zweyen der Magistrat zu Beeliß Antheil hat, und

Saarmund, ein Städtchen an der Saare.

3. Drey und dreißig adeliche und Magistrats-Dörfer, und verschiedene Vorwerke. Sieben dieser Dörfer, machen das **Ländchen Beerwalde** aus, welches im Umfang des sächsischen Churkreises lieget.

Anmerkung. 1773 rechnete man bey der churmärkischen Kriegs- und Domainen-Kammer, daß der Zauchische Kreis begreiffe, 14 königliche und 32 adeliche Vorwerke, 59 königliche, 58 adeliche, und 8 Kämmerey-Dörfer, 47 königliche, 38 adeliche, 17 städtische, und 4 gewissen Eigenthümern zugehörige Mühlen. Es sind aber von dieser Summe die zu dem Herzogthum Magdeburg gelegten Vorwerke, Dörfer und Mühlen, nicht abgesondert.

IV. **Die Ukermark**, welche aus zwey Kreisen bestehet, nemlich aus dem Ukermärkischen und Stolpirschen Kreise, oder nach dem Kanzley-Stil, aus der Ukermark und aus dem Lande zu Stolpe.

A. Die eigentliche Ukermark, oder der Ukermärkische Kreis, enthält

1. Vier immediate Städte, nemlich
1) **Prenzlow**, die Hauptstadt des Landes, welche der Sitz des Ukermärkischen Obergerichts, und einer lutherischen und reformirten geistlichen Inspection ist. Sie liegt an dem See und Fluß Uker. Der Stadt-Kämmerey gehören sechs Vorwerke und Dörfer.
2) **Templin**, eine Stadt am See Dolgen, in welcher eine lutherische geistliche Inspection ist.
3) **Liechen** oder **Lychen**, eine Stadt zwischen Seen.
4) **Strasburg**, an einem davon benannten Bach, der aus dem Lauenhagenschen See kommt, und bey Mechlin in die Uker fällt. Es ist hier eine lutherische geistliche Inspection. Der Magistrat hat gar keine Gerichtsbarkeit, sondern blos mit Policey-Sachen zu thun; die gesamte Civil- und Criminal-Gerichtsbarkeit aber kommt dem Lehngerichte zu, welches der adelichen Familie von Lebbin gehört, die zur Verwaltung derselben einen Richter und Beysitzer ernennet, dessen, oder seines Justitiarii Prüfung, Bestätigung und Verpflichtung, vermöge Rescripts vom 4 May 1771, bey dem Ukermärkischen Obergericht geschiehet.

2. Zwey königliche Aemter, nemlich
1) Das Amt **Zehdenick**, zu welchem gehören

der ganzen Mark enthält.

(1) Zehdenick, eine Stadt an der Havel, in welcher eine lutherische geistliche Inspection, und ein adeliches Fräulein-Stift ist. Das Amt hat hieselbst die Criminal-Gerichtsbarkeit. Die Civil-Gerichtsbarkeit verwaltet der Stadtrichter, welcher zugleich Stadtschreiber ist. Zu dieser Stelle erwählt das Amt drey Personen, und stellet dieselben dem churmärkischen Kammergericht zur Prüfung, welches von der Tüchtigkeit derselben Bericht an das Justiz-Departement des Staatsraths abstattet. Dieses bestätiget einen aus denselben, ertheilet ihm die Bestallung, und läßt ihn im Kammergericht den Amtseid ablegen.

(2) Ein Vorwerk, welches auf gewisse Jahre verpachtet ist, drey welche auf Erbpacht ausgethan sind, zwey neue Etablissements, fünf Colonisten-Dörfer, acht andere Dörfer.

2) Das Amt Gramzow, zu welchem gehören
(1) Gramzow, ein Flecken, welcher gewisse Stadtgerechtigkeiten hat. Es ist hier eine lutherische geistliche Inspection.
(2) Poglow, welcher Ort ein Flecken genannt wird, auch dergleichen ehedessen gewesen seyn mag, jetzt aber keine Stadtrechte hat, und nur ein Dorf mit einer Pfarrkirche ist.
(3) Sieben Vorwerke, welche auf Zeitpacht ausgethan sind, eins welches auf Erbpacht ausgethan ist, 10 Dörfer.

3. Zwey Aemter, welche dem Joachimsthalischen Gymnasio zu Berlin, gehören, nemlich
1) Das Amt Seehausen.
2) Das Amt Blankenburg.

4. Folgende adeliche Oerter,
1) Boytzenburg, ein Städtchen, oder Flecken mit gewissen Stadtrechten. Gehört einem von Arnim, und hat ein adeliches Schloß.
2) Fredenwalde, ein Schloß und Flecken mit gewissen Stadtrechten, gehört auch einem von Arnim.
3) Fürstenwerder, ein Städtchen, oder ein Flecken mit gewissen Stadtrechten, gehört einem Grafen von Schwerin.
4) Gerswalde, ein Flecken mit gewissen Stadtrechten, und ein Schloß. Gehört einem von Arnim.
5) 104 adeliche Vorwerke, 39 Dörfer ohne adel. Güther, 48 Dörfer mit adelischen Güthern, und vier Dörfer mit contribuablen Güthern.

B. Das Land zu Stolpe, oder der Stolpirische Kreis, zu welchem gehören
1. Die Immediat-Stadt
Neu-Angermünde, am See Münde. Es ist hier eine lutherische geistliche Inspection.
2. Vier königliche Aemter.
1) Das Amt Löcknitz, zu welchem gehören
(1) Löcknitz, ein so genannter Burgflecken, mit einem verfallenen Schloß, welches ehedessen ein Paß und eine Gränzfestung gegen Pommern war. Der Ort bestehet jetzt nur aus einem Amthause und Vorwerke, aus einer Pfarrkirche, einem Posthause, und aus Wohnungen für Tagelöhner.
(2 Fünf Vorwerke, welche, eben so wie das Vorwerk zu Löcknitz, auf Zeitpacht ausgethan sind, ein Vorwerk welches erblich verpachtet ist, und 11 Dörfer, von welchen drey zum Theil adelich sind.

2) Das

32 Zweytes Hauptstück, welches einen systematisch-geographischen Entwurf

   2) Das Amt Brüssow, zu welchem gehören
      (1) Brüssow, ein Flecken, welcher gewisse Stadtrechte hat. Vor dem dreißigjährigen Kriege, war dieser Ort nur ein Dorf. Er hat ein Accise-Amt.
      (2) Zwey Vorwerke, welche auf Zeitpacht ausgethan sind, und das Dorf Wolschow, in welchem aber auch adeliche Unterthanen sind.
   3) Das Amt Chorin, zu welchem gehören
      (1) Chorin das Amthaus, welches auf einer Insel in einem See stehet, und ehedessen ein Cistercienser Mönchs-Kloster gewesen ist.
      (2) Sechs Vorwerke, von welchen drey auf gewisse Jahre verpachtet sind, eins auf Erbpacht ausgethan ist, und zwey mit Colonisten besetzt sind, und 13 Dörfer, von welchen eines zum Theil adelich ist.
   4) Das Amt Grimnitz, welches begreift, drey Vorwerke welche auf Zeitpacht ausgethan sind, drey alte Dörfer, und zwey Colonisten-Dörfer.

3. Die markgräflichen Herrschaften und Aemter Schwedt und Vierraden, welche eine von des Churfürsten Friderich Wilhelms Sohn Philip Wilhelm, abstammende Linie des Königl. und Churfürstl. Hauses besitzt. Die Landeshoheit über dieselben, gehört dem König. Sie begreifen
   1) Zwey Städte, nemlich
      (1) Schwedt, besser Svet, eine wohlgebaute Stadt an der Oder, mit einem prächtigen Residenzschloß. Der Oberpastor an der hiesigen Kirche, hat die Aufsicht über die drey Kirchen in diesen markgräflichen Herrschaften.
      (2) Vierraden, ein Städtchen, bey welchem die Welse in die Oder fällt.

      Die Magisträte in diesen Städten, haben die Gerichtsbarkeit in actibus contentiosis et voluntariis, die Criminal-Gerichtsbarkeit aber stehet der markgräfl. Justitz-Kammer allein zu. Der Burgemeister und Secretär in jeder Stadt, werden allein auf die Justitz verpflichtet, von den Magisträten erwählt, bey der Churmärkischen Kammer geprüft, und von dem Markgrafen bestätiget. Die Appellationen gehen von den Magisträten an die markgräfliche Justitz-Kammer zu Schwedt, und von derselben in revisorio an den zweyten Senat des Kammergerichtes.
   2) Fünf Vorwerke, ein Dorf ohne adeliches Guth, und vier Dörfer mit adelichen Güthern.

4. Zwey Schulämter des Joachimsthalischen Gymnasii zu Berlin, nemlich
   1) Das Amt Joachimsthal, zu welchem gehören
      (1) Joachimsthal, ein Städtchen an der Grimnitzer Heide, und ein See Werbellin. Churfürst Joachim Friderich hat es angelegt, und 1607 daselbst ein Gymnasium gestiftet, welches jetzt zu Berlin ist.
      (2) Das Dorf Golze.
   2) Das Amt Neuendorf, welches drey Dörfer begreift.

5. Fünf adeliche Vorwerke, sechs adeliche Dörfer ohne Rittersitze, 40 Dörfer mit adelichen Güthern, und folgende Flecken:
   1) Greiffenberg, ein Schloß und Flecken, welcher gewisse Stadtrechte und ein Accise-Amt hat. Er liegt an der Sarnitz oder Sernitz, und gehört dem Reichsgrafen von Sparr.

2) Stol-

der ganzen Mark enthält.

2) Stolpe, ein uraltes Schloß, mit einem Flecken, welcher gewisse Stadtrechte hat. Liegt an der Oder, und gehöret von alten Zeiten her der adelichen Familie von Buch. Das Land zu Stolpe, hat davon den Namen.

Anmerkung. 1773 rechnete man bey der Churmärkischen Kriegs- und Domainen-Kammer, daß die Ukermark enthalte, 36 königliche und 222 adeliche Vorwerke, 51 königliche, 153 adeliche, und 8 Kämmerey-Dörfer, 32 königliche, 36 adeliche, 3 Städtische, und 92 gewissen Eigenthümern zugehörige Mühlen.

V. Der Bees- und Storkowsche Kreis, welcher aus den ehemaligen Herrschaften Beeskow und Storkow bestehet, und nicht zu der Mittelmark gehöret, sondern als ein besonderer Kreis der Churmark angesehen wird, welcher enthält

1. Zwey immediate Städte, nemlich
   1) Beeskow, eine kleine Stadt an der Spree, in welcher eine luth. geistliche Inspection ist.
   2) Storkow, eine kleine Stadt, in welcher eine lutherische geistliche Inspection ist.

2. Zwey Königliche Aemter, nemlich
   1) Das Amt Beeskow, welches begreift vier Vorwerke die auf Zeitpacht, und vier die auf Erbpacht ausgethan sind, zwey auf Königliche Feldmarken angelegte neue Etablissements, und 24 Dörfer.
   2) Die 1769 vereinigten Aemter Stansdorf und Storkow, zu welchen gehören, fünf Vorwerke die auf Zeitpacht und fünf die auf Erbpacht ausgethan sind, sieben neue Dörfer die auf königl. Feldmarken angelegt sind, und 31 alte Dörfer, von welchen 7 zu dem Amt Stansdorf, und 24 zu dem Amt Storkow, gehören. Eins der letztern ist zum Theil adelich.

3. Fünf Aemter des Prinzen von Preussen, nemlich
   1) Das Amt Buchholz, welches begreift
      (1) Buchholz, ein Städtchen, oder einen Flecken mit gewissen Stadtrechten, an der Dahme.
      (2) Sechs Dörfer, von welchem aber vier zum Teltowschen Kreise gehören.
   2) Das Amt Krausnick, von vier Dörfern.
   3) Das Amt Münchehofe, von vier Dörfern.
   4) Das Amt Cossenblatt, von vier Dörfern.
   5) Das Amt Trebatsch, von sieben Dörfern.

4. Fünf und dreißig adeliche Dörfer, unter welchen drey neue Etablissements sind, und fünf adeliche Güther.

Anmerkung. Bey der Churmärkischen Kriegs- und Domainen-Kammer, rechnete man 1773, daß der Bees- und Storkowsche Kreis enthalte, 19 königliche und 43 adeliche Vorwerke, 63 königliche, 52 adeliche, und 2 Kämmerey-Dörfer, 7 königliche und 53 gewissen Eigenthümern zugehörige Mühlen.

VI. Der

34 Zweytes Hauptstück, welches einen systematisch-geographischen Entwurf

VI. Der Luckenwaldische Kreis, welcher 1773 von dem Herzogthum Magdeburg abgesondert, und zu der Churmark geleget worden. Er begreift

1. Das Königliche Amt Zinna, zu welchem gehören
   1) Luckenwalde, eine kleine Stadt, in welcher eine lutherische geistliche Inspection ist.
   2) Die seit 1766 auf 220 Häuser neu angelegte Stadt bey dem ehemaligen Kloster Zinna, welche 1775 fertig seyn wird. In dem eben genannten Kloster, ist der Sitz des Amts.
   3) Vier Vorwerke und 29 Dörfer, unter welchen ein Colonisten-Dorf ist. In dem Dorf Pechüle, ist eine lutherische geistliche Inspection.

2. Dreyzehn adeliche Dörfer und Vorwerke. In dem Dorf Stülpe, ist ein Schloß, und in vier andern Dörfern sind adeliche Güter.

Anmerkung.

Zu der Churmark Brandenburg gehören noch

1) Die Grafschaft Wernigerode, an und auf dem Harz, welche dem Markgrafen zu Brandenburg 1208 zu Lehn aufgetragen worden. Der König von Preussen als Landesherre, hebet in der Stadt Wernigerode alle Accise, und auf dem Lande Contribution. Von der gräflichen Regierung wird, wenn die Summe über 150 Thaler beträgt, an das Churmärkische Kammergericht appellirt.

2) Die Herrschaft Derenburg, welche 1383 das Stift Gandersheim dem Markgrafen zu Brandenburg zur Hälfte zu Lehn aufgetragen hat. Sie ist auftragsweise dem Collegiis des Fürstenthums Halberstadt unterworfen.

3) Der Großburger Halt in Schlesien, und dessselben Fürstenthum Breslau, welcher 1234 vom Herzog Heinrich dem bärtigen an das Bisthum Lebus geschenkt worden. Er stehet zwar seiner Lage wegen unter der breslauischen Kriegs- und Domainen-Kammer, aber in Civil- und Kirchen-Sachen, unter dem churmärkischen Kammergericht und Oberconsistorio.

II. Die Neumark

bestehet außer der Hauptstadt, in den ursprünglichen und einverleibten Kreisen.

I. Die Hauptstadt der Provinz

Küstrin, liegt an der Oder, welche gleich oberhalb der Stadt die Warte aufnimt. Sie ist eine starke Festung, der Sitz der Regierung, des Consistorii und der Kriegs- und Domainen Kammer dieser Provinz, es wohnet hier auch der General-Superintendent der Neumark, und es ist hieselbst eine lutherische und eine reformirte geistliche Inspection. Die Stadt hat im Königsbergschen Kreise zwey Vorwerke.

II. Die ursprünglichen Kreise, welche die eigentliche Neumark ausmachen, erstrecken sich von der Rega bis an die Warte, und werden abgetheilet,

A. in

der ganzen Mark enthält.

A. In die vordern Kreise. Diese sind
1. Der Königsbergische Kreis, zu welchem gehören
   1) Vier immediate Städte, nemlich
      (1) Königsberg, eine Stadt an der Rörike, in welcher eine lutherische geistliche Inspection ist. Sie hat in diesem Kreise ein Vorwerk und ein Dorf
      (2) Schönflies, eine kleine Stadt, welche außer einem Vorwerk auch ein Drittel an einem Dorf hat.
      (3) Bärwalde, eine kleine Stadt in einem See, welche in diesem Kreise zwey Dörfer besitzt. Es ist hier ein freyes Burglehn.
      (4) Neu=Damm, eine kleine Stadt. Einige vor derselben liegende Bauerhöfe, gehören zu dem Amt Wittstock.
   2) Acht königliche Aemter, welche sind,
      (1) Das Amt Neuenhagen. Es liegt zwischen dem neuen Ober=Kanal und der Oder, stehet unter der churmärkischen Kriegs= und Domainen=Kammer, und begreift zwey Vorwerke, die auf Zeitpacht ausgethan sind, und sieben Dörfer, deren eines zum Theil adelich ist.
      (2) Das Amt Zellin, welches auch unter der churmärkischen Kriegs= und Domainen=Kammer stehet, drey Vorwerke, die auf Zeitpacht ausgethan sind, zwey Dörfer, und Zellin, einen Marktflecken an der Oder, den König Friderich Wilhelm der adelichen Familie von Mörner abgekauft hat,
      begreift.
      (3) Das Amt Zehden, zu welchem gehören
         a. Zehden, eine kleine Stadt im Grund an der Muglitz, welche ein Ausfluß der Oder ist. Hier ist ein Amts=Vorwerk.
         b. 13 Dörfer.
      (4) Das Amt Bleyen, welches aus dem Vorwerk dieses Namens, und aus einem Dorf bestehet.
      (5) Das Amt Quartschen, welches begreift
         a. Fürstenfelde, ein Städtchen, in welchem ein Freygut ist.
         b. Das Vorwerk Quartschen, und neun Dörfer.
      (6) Das Amt Neu=Damm, jetzt von seinem neuen Sitz Wittstock benannt, welches aus acht Dörfern bestehet.
      (7) Das Amt Butterfelde, zu welchem drey Dörfer gehören.
      (8) Das Amt Görlsdorf, welches nur aus dem Dorf dieses Namens bestehet.
   3) Das Johanniterritter=Ordens=Amt Grüneberg, zu welchem ein Vorwerk, fünf ganze Dörfer, und der vierte Theil eines Dorfs, gehören.

4) Ueber=

36 Zweytes Hauptstück, welches einen systematisch-geographischen Entwurf

4) Ueberhaupt 73 adeliche und Kämmerey-Güter, Vorwerke, Dörfer und Freygüter, die schon genannten mit eingeschlossen.

2. **Der Soldinsche Kreis, welcher begreift**
   1) Drey immediate Städte, nemlich
      (1) Soldin, eine Stadt an einem von ihr benannten und ihr zugehörigen See. Es ist hier eine lutherische geistliche Inspection. Der Kämmerey gehören in diesem Kreise zwey Dörfer.
      (2) Lippehne, eine kleine Stadt, welche ein Vorwerk besitzt.
      (3) Berlinchen, eine kleine Stadt.
   2) Das königliche Amt Carzig, zu welchem vier Vorwerke, und acht Dörfer gehören.
   3) 23 adeliche Dörfer und Vorwerke, und ein Freyschulzengericht.

3. **Der Landsbergische Kreis, welcher begreift**
   1) Landsberg an der Warte, eine Immediat-Stadt, in welcher eine lutherische geistliche Inspection ist. Der Stadt gehören sieben Dörfer, zwey Vorwerke, und 11 neue Colonien.
   2) Das königliche Amt Himmelstädt, zu welchem vier Vorwerke, 13 alte Dörfer, 11 alte Colonien, unter welchen zwey Glashütten, eine Eisen-Schmelzhütte, und eine Försterey, drey neue Colonien, und ein abgebautes Vorwerk gehören.
   3) 27 adeliche Güter, Vorwerke, Dörfer und Colonien, die der Stadt Landsberg zugehörigen ungerechnet.

B. **Die hintern Kreise, welche sind**

1. **Der Friedebergische Kreis, welcher begreift**
   1) Drey immediate Städte, nemlich
      (1) Friedeberg, eine Stadt an zwey Seen. Es gehören derselben zwey alte Dörfer, zwey abgebaute Vorwerke, vier neue Colonien.
      (2) Driesen, eine Stadt an der Netze. Es ist hier ein Burglehn.
      (3) Woldenberg, eine kleine Stadt, in welcher ein Burglehn ist. Sie besitzt ein Dorf.
   2) Das königliche Amt Driesen, zu welchem gehören 12 alte Dörfer, 13 alte Colonien, und eine größere Anzahl neuer Colonien.
   3) 25 adeliche Güter und Dörfer.

2. **Der Arenswaldische Kreis, in welchem**
   1) Zwey immediate Städte, nemlich
      (1) Arenswalde, eine Stadt, in welcher eine lutherische geistliche Inspection ist, und die zwey Dörfer und drey Vorwerke besitzt. Es ist hier ein Kloster und Rittergut, welches dem Amt Reetz gehöret.
      (2) Reetz, eine kleine Stadt an der Jhne.

2) Bern-

2) Bernstein, eine kleine königliche Amtstadt, welche unter dem pommerschen Amt dieses Namens stehet.

3) Zwey königliche Aemter, nemlich
   (1) Das Amt Reetz, zu welchem fünf Vorwerke, das Kloster- und Rittergut zu Arenswalde, und sieben Dörfer gehören.
   (2) Das Amt Marienwalde, von drey Vorwerken, 14 alten Dörfern, sechs alten Colonien, und zwey neuen Colonien.
   (3) Zu dem Amt Bernstein in Pommern, gehören zwey in diesem Kreise liegende Vorwerke.

4) Folgende adeliche Oerter
   (1) Nörenberg, ein Städtchen am See Enzig, welches den adelichen Familien von Götze und von Bornstädt zugehöret.
   (2) Neu-Wedel, ein Städtchen welches den adelichen Familien von Wedel und von Normann gehöret. Die Kämmerey besitzt ein Vorwerk.
   (3) 75 adeliche Vorwerke, Güther und Dörfer.

3. Der Dramburgische Kreis, in welchem
   1) Die Immediat-Stadt Dramburg, welche an der Drage liegt, und in welcher eine lutherische geistliche Inspection ist; auch sind hier zwey adeliche Güther und ein Klosterguth. Dem Magistrat gehört der Stadthof.
   2) Zwey königliche Aemter, nemlich
      (1) Das Amt Sabin, von vier Vorwerken, und 13 Dörfern.
      (2) Das Amt Balster, von drey Vorwerken, und vier Dörfern.
   3) Folgende adeliche Oerter
      (1) Calies oder Callies, ein Städtchen und Schloß, nebst zwey Vorwerken, und einem Antheil an einem dritten. Es ist durch Heirath an den Geheimenrath von Beausobre gekommen.
      (2) Falkenburg, ein Städtchen und Schloß an der Drage, nebst zwey Vorwerken. Es gehört der adelichen Familie von Bork.
      (3) 95 adeliche Vorwerke, Güther und Dörfer, außer den schon genannten.

4. Der Schievelbeinsche Kreis, in welchem
   1) Die Immediat Stadt Schievelbein, in welcher ein lutherische geistliche Inspection ist. Der Kämmerey gehören zwey Dörfer, und ein Antheil an einem dritten. In der Stadt ist ein adeliches Guth, und ein Klosterguth.

2) Des Johanniter-Ritterordens Commenthurey Schievelbein, zu welcher 12 ganze Dörfer, ein Antheil an zwey anderen, drey Vorwerke, und die Klanziger Kathen, gehören. Sie bringt jährlich ungefähr 2000 Thaler ein.

3) 32 adeliche Vorwerke, Güther und Dörfer, außer den vorhin angeführten.

III. Die einverleibten Kreise.

1. Der Sternbergische Kreis, in welchem

    1) Zwey immediate Städte, nemlich

        (1) Drossen, eine Stadt am Fluß Lenzen. In derselben ist eine lutherische geistliche Inspection. Die Kämmerey besitzt drey Dörfer, und ein Vorwerk.

        (2) Reppen, eine kleine Stadt an der Eylang. Die Kämmerey hat ein Vorwerk.

    2) Drey königliche Aemter.

        (1) Das Amt Frauendorf, welches zwar in der Neumark liegt, auch dazu gehöret, aber als ein ehemaliges Eigenthum des Bisthums Lebus, unter dem churmärkischen Kammergericht und Consistorio, so wie auch unter der churmärkischen Kriegs- und Domainen-Kammer, und der Frankfurter geistlichen Inspection stehet. Es gehören dazu

            a. Göritz, ein Städtchen oder Flecken mit gewissen Stadtrechten, an der Oder.
            b. Zwey Vorwerke, welche auf Zeitpacht ausgethan sind, und 13 Dörfer.

        (2) Das Amt Bischofsee, von zwey Dörfern.

        (3) Das Amt Neuendorf, von drey Vorwerken und vier Dörfern.

        (4) Das Dorf Oetscher, gehört zu dem churmärkischen Amt Wollup.

    3) Des Johanniter-Ritter-Ordens Herrenmeisterthum Sonnenburg, welches unter Neumärkischer Landeshoheit stehet. In dem Sternbergischen Kreise liegen:

        (1) Das Ordens-Amt Sonnenburg, zu welchem gehören,

            a. Sonnenburg, ein Städtchen und Schloß an der Lenze, welche unweit von hier sich mit einem Arm der Warte vereiniget.
            b. Neun Dörfer.

        (2) Das Ordensamt Kampitz, von zwey Dörfern.

        (3) Die Commenthurey Lagow, und

        (4) Die Commenthurey Burschen, zu welchen außer den Städtchen Lagow und Zielenzig an der Poste, noch 17 Dörfer gehören. Sie machten vor 1768 nur eine Commenthurey aus, welche aber damals durch einen Kapitulsschluß in die genannten zwey Commenthureyen vertheilet worden. Die erste bringt jährlich ungefähr 7000, und die zweyte etwa 5000 Thaler ein.

4) Die

4) Die Kämmerey der Stadt Frankfurt an der Oder, hat in diesem Kreise fünf Dörfer.

5) Folgende adeliche Oerter
  (1) Sternberg, ein Städtchen, welches den adelichen Familien von Wesenbeck und von Buderitzky, gehöret.
  (2) Königswalde, ein Städtchen, einem von Waldow zugehörig.
  (3) Auritb, ein Dorf, welches der Abt und Prälat zu Neuenzelle in der Lausitz seit 1695 zu Lehn empfangen hat.
  (4) 50 Adeliche Vorwerke, Güter und Dörfer.

2. Der Crossensche Kreis, (ein Theil des Herzogthums Crossen,) zu welchem gehören
  1) Die Immediat-Stadt Crossen, an der Oder, welche hier die Bober aufnimt. Es ist hier eine lutherische geistliche Inspection: bey dem Stift oder der Probstey S. Andreä am Berge vor Crossen, ist auch eine. Die Kämmerey besitzt fünf Dörfer.
  2) Das königliche Amt Crossen, zu welchem gehören
    (1) Bobersberg, ein Städtchen an der Bober. In demselben ist ein adelich Guth.
    (2) Fünf Vorwerke, und 25 Dörfer.
  3) 91 adeliche Güther, Vorwerke und Dörfer, und folgende Städte
    (1) Sommerfeld, eine Stadt, der adelichen Familie von Bredow zugehörig.
    (2) Rothenburg, ein Städtchen, den Grafen von Rothenburg zuständig.

3. Der Züllichausche Kreis, auch ein Theil des Herzogthums Crossen, zu welchem gehören,
  1) Die Immediat-Stadt Züllichau, in welcher eine lutherische geistliche Inspection ist. Sie hat vier grosse Vorstädte, welche heissen die lange Gasse, nebst der Grünbergischen Vorstadt und Sandgasse, der Keul, die neue Gasse, und die Schwiebusser Gasse. In der ersten ist ein Wäysenhaus mit einem königl. Pädagogio. Die Stadt-Kämmerey besitzt zwey Vorwerke.
  2) Das königliche Amt Züllichau, welches seinen Sitz auf dem ausserhalb Züllichau stehenden alten Schloß hat, vier Vorwerke, vier Dörfer, und zwey der vorher genannten Vorstädte begreift.
  3) Folgende adeliche Oerter
    (1) Friderichshulde, ein Marktflecken, erbauet auf dem Grunde des Dorfs Trebschen, mit welchem er zu Padligar eingepfarrt ist.
    (2) 23 adeliche Güther, Vorwerke und Dörfer, ausser den schon genannten.

4. Der Cottbussche Kreis, zu welchem gehören
  1) Zwey immediate Städte

(1) Cott-

40 Zweytes Hauptstück, welches einen systematisch-geographischen Entwurf ꝛc.

(1) Cottbus, eine Stadt an der Spree, in welcher eine lutherische und eine reformirte geistliche Inspection ist. Die Kämmerey besitzt drey Dörfer, und ein Antheil an einem vierten.

(2) Peitz, eine kleine Stadt am Fluß Mala, welcher in die Spree gehet.

2) Drey königliche Aemter

(1) Das Amt Cottbus, welches unter der churmärkischen Kriegs- und Domainen-Kammer stehet, und zu welchem außer den Cottbuser Vorstädten Brunschwig, Ostrow und Sandow, neun Dörfer gehören.

(2) Das Amt Sylow, welches auch unter der churmärkischen Kriegs- und Domainen-Kammer stehet, und zu welchem zwey Vorwerke die auf Zeitpacht ausgethan sind, und drey Dörfer gehören.

(3) Das Amt Peitz, welches außer einem Vorwerk und einem Eisenhüttenwerk, 21 Dörfer begreift.

3) 85 adeliche Güther, Vorwerke und Dörfer, und das Dorf Kerkwitz, welches zu dem Ordensamt Schenkendorf in der Nieder-Lausitz, gehöret.

Anmerk. In der Neumark werden noch jährlich neue Dörfer und Vorwerke angelegt, und 1773 waren in der Gegend von Landsberg an der Warte unterschiedene mehrentheils fertig, aber noch nicht benannt. Man kan also die Anzahl aller Dörfer und Vorwerke nicht fest bestimmen. In einem nach den lutherisch-geistlichen Inspectionen eingerichteten Verzeichniß, welches im 1773sten Jahr aufgesetzt worden, sind außer 36 Städten, 220 Oerter als matres, 305 als filiae, 213 als eingepfarrt, und 24 als noch nicht eingepfarrt, namentlich angegeben; die neuesten von Landsberg an der Warte herunter angelegten Colonien ungerechnet.

Drittes Hauptstück,
von
ehemaligen Städten, Flecken und Dörfern in der Mark Brandenburg.

Unterschiedene Oerter der Mark Brandenburg, welche vor Alters Mediat-Städte und Flecken gewesen, sind dergestalt in Verfall gerathen, daß sie zu Dörfern geworden. Ich will diejenigen nennen, welche mir bekannt geworden sind, und was ich von denselben weiß, hier mittheilen. Sie sollen in alphabetischer Ordnung auftreten, und unter denselben einer erscheinen, welcher von der Mark abgekommen ist.

Blumberg.

In der Mittelmark und derselben Nieder-Barnimschen Kreise, liegt ein adeliches Gut mit einem Dorf, Namens Blumberg, welches jetzt dem Geheimenrath und zweyten Deputirten des Nieder-Barnimschen Kreises, auch verordneten bey der Churmärkischen Landschaft, Herrn Alexander Friderich Baron von der Schulenburg gehöret. Daß dieser Ort ehedessen eine Mediat-Stadt gewesen sey, beweiset zunächst nachfolgender Auszug aus dem noch nicht gedruckten märkischen Landbuch, welches Kaiser Karl der vierte hat 1373 aufnehmen lassen, und dessen Original mit Mönchsschrift geschrieben im Kön. Archiv zu finden ist.

Blumberg opidum, habet 124 Mansos (d. i. Hufen,) quorum plebanus habet quatuor, ecclesia unum. Ad pactum, (Pacht) censum (Schoß) et precariam (orbede) semel (welches Wort die alte Abschrift im königl. Archiv, nicht hat,) quilibet mansus solvit XIV. solidos. (märkische Groschen, jeden zu 8 Pfennige.) Item est ibi ventimollnum. Præfecti ibidem habent XIV mansios. Totum Blumberg supremum et inferius iudicium cum servitio curruum et alio quolibet servitio, cum omni et plena libertate et utilitate, ac omnibus iuribus et pertinentiis ipsius universis, sunt episcopo Brandeburgensi ad mensam episcopalem appropriata, et sunt eiusdem episcopi et suorum Vasallorum. Non recordantur, Dominum Marchionem aliquid ibi habuisse.

Gundling schreibet in seinem brandenburgischen Atlas S. 199. „Es ist noch eine „Stadt in dieser Gegend (von Alt-Landsberg) gestanden, so Blumberg geheißen, welche die Bürgere „Henow Anno 1374 zu Lehn gehabt. Es ist eine ziemliche Stadt gewesen, wie aus den Steinen „daselbst zu sehen ist. Es hat auch eine schöne Feldmark gehabt, welche aber jetzt mit Holz bewach„sen ist." Allem Ansehen nach, hat Gundling die Kentniß dieser Stadt aus einem Lehnbriefe geschöpft. In des jetzigen Herrn Besitzers Archiv, findet sich noch folgendes in Urkunden.

Diderick vann Gots Gnaden Bisschopp to Brandeburgk, erthellet an Hans Berbom und synen rechten Lehn Erven, dat Schulten Ambacht in unsern Stedeken Blumbergk, na Cristy unsers Hern Gebordt 1454.

Hiero-

Drittes Hauptstück, von ehemaligen Städten, Flecken und Dörfern

Hieronymus von Gottes Gnaden Bischoff zu Brandenburg, verseßt dem ersamen weysen Merten Brunglo uff einen rechten Wiederkoff funfzehen reinische Gülden zu unserm und unsers Stiffts Flegk **Blumenbergk**. 1515.

Im 1542ten Jahr hat Matthias von Jagow, Bischof zu Brandenburg, den Flecken Blumberg dem Churfürsten Joachim überlassen, und hat der Bischof das darvor bekommen, das Blumberg so vill nicht tragen kan.

In eben demselben Jahr verkaufte Churfürst Joachim das Stettlein an Hansen von Krummensee für 500 Gulden.

Die Nachkommen desselben, haben es 1602 dem Kanzler Johann von Löben verkauft. In allen Lehnbriefen bis 1644 wird Blumberg allemal ein Städtlein genennet, und die alten Hausbücher gebrauchen diese Benennung beständig. Mercator in seiner lateinischen Erläuterung zu seiner Charte von der Mark Brandenburg, nennet die Opida des Landes, unter welchen nach Bichenthal, Humoberga folget. Dieses wiederholt Blaeu in der lateinischen Erklärung seiner Charte. Nach 1644 muß das Städtchen in Verfall gerathen seyn, denn in der Bestätigung des Erbvergleichs über die Nachlassenschaft des Johann Sigismund von Löben, von 1656, wird Blumberg bloß das Lehn- und Rittergut Blumberg genannt, und in keiner Urkunde und Acte der folgenden Zeit komt die Benennung Städtlein oder Flecken vor. Auch der berühmte Dichter von Caniz hat dieses Gut und jetzige Dorf besessen. Was Nic. Leutinger in seinem Buch, de Marchia, p. 672. 873. der Küsterschen Ausgabe seiner Operum, von der Geschichte des Vici Blumber geschrieben hat, will ich hier nicht wiederholen.

In des berühmten Diplomatisten Herrn Phil. Wilh. Gerken Stifts-historie von Brandenburg, stehet von Blumberg oder Blumenberg weiter nichts, als daß es S. 30. als ein zu dem Bischöflich brandenburgischen Kirch-sprengel, und zwar zu desselben Land-Capitul (Sedes) Berlin gehöriger Ort vorkommt. Die Matrikel in welcher sich der Ort findet, hat Bischof Diterich von Stechow 1459 aufnehmen lassen. Hätte Herr Gerken gewust, daß Blumenberg damals ein Städtchen gewesen sey, so würde er den Namen eben so, wie die Namen anderer Städte, durch die Schrift unterschieden haben. Nach eben dieser Historie, ist Diterich erst 1459 Bischof geworden, da er aber die eben erwähnte Urkunde schon 1454 ausgefertiget hat, (welche Jahrzahl in der Urkunde mit Buchstaben oder Letten, und nicht mit Zahlen geschrieben ist,) so ist klar, daß er damals schon Bischof zu Brandenburg gewesen seyn müsse. Was Herr Gerken S. 261. von des Bischof Hieronymi Scultedi Geschichte beym Jahr 1515 an uhret, kann auch aus der oben befindlichen Urkunde ergänzet und verbessert werden. Endlich kann man auch in die Geschichte des Bischofs Martin von Jagow S. 277 oder 278 den Umstand von dem Verlauf des Städtchens Blumberg, bringen.

Buch.

Ein Dorf mit einer Pfarrkirche in der Altmark, unter dem Amt Tangermünde, ist ehedessen ein Marktflecken gewesen, und hat noch jetzt eine Roland-Säule. Prof. Bekmann hat im zweyten Bande seiner historischen Beschreibung der Chur- und Mark Brandenburg, Th. 5. B. 1. Kap. 9. S. 68-72 von diesem Ort hinlänglich gehandelt, und ich will was er gesagt hat, nicht wiederholen.

Freien-

In der Mark Brandenburg.

Freienstein.

Ein adelicher Flecken in der Prignitz, im Pritzwalkischen Kreise. Dieser Ort hatte ehedessen nicht nur ein Schloß, sondern war auch eine Stadt, welches nicht nur die Ueberbleibsel der ehemaligen Mauern beweisen, sondern auch und vornemlich aus einer Urkunde von 1334. in Bekmanns hist. Beschreibung der Chur-und Mark Brandenburg, B. II. in des fünften Theils zweyten Buch S. 340. erhellet: denn in derselben wird er zweymal Stadt Urienstein genannt. Eben daselbst ist S. 343. der lateinische Schein eines dasigen Pfarrers von 1335 abgedruckt, in welchem civitas Urienstein vorkommt. Ich setze noch hinzu daß in dem Kirchen-Visitations-Abschiede von 1600, des Raths und der Bürgerschaft zu Freienstein, gedacht werde. Anfänglich war Freienstein eine markgräfliche Stadt, Markgraf Ludewig verpfändete aber dieselbige zugleich mit Meienburg 1334. an Jan von Werle. Nachmals kam sie an die adeliche Familie von Rohr, und von dieser an die adeliche Familie von Winterfeld, welcher sie noch zugehöret. Mit dieser ihrer Gerichtsobrigkeit, hat sie wegen ihrer städtischen Gerechtsame einen Proceß nach dem andern gehabt, und ist dadurch so herunter gekommen, daß sie jetzt einen sehr geringen Flecken vorstellet, welcher seiner Gerichtsobrigkeit jährlich gewisse und bestimmte Spanndienste leistet. Es hat mir aber der verstorbene Oberpfarrer zu Creminen, Samuel Buchholz versichert, daß er noch eine Art von Bürgermeister und Rath, auch Gewerke, übrig behalten habe. Sonderbar ist, daß dieser Ort weder Jahrmärkte noch Braunahrung hat, weder Ziese noch Accise giebt.

Golzow.

Aus der nachfolgenden Topographie ist zu ersehen, daß es in der Churmark zwey Dörfer Namens Golzow, und eines Namens Golze, gebe. Eines von denselben muß das Städtchen Golzow seyn, welches in Herrn Gerkens codice diplomatico Brandenburgensi vorkommt, und ohne Zweifel ist das adeliche Gut und Dorf Golzow gemeynet, welches eine Pfarrkirche hat, im Zauchischen Kreise an der Plane, nicht weit von der Gränze des sächsischen Churkreises lieget, und der adelichen Familie von Rochow gehöret. Man muß es von dem Dorf Golsow welches bey Herrn Gerken am genannten Ort T. IV. p. 571 in einer Urkunde von 1308 vorkommt, unterscheiden, denn dieses ist das Dorf Golzow welches unter dem königl. Amte dieses Namens stehet, und zu dem Lebusischen Kreise gehöret. Hingegen kommt es bey Herrn Gerken T. I. und II. in folgenden Urkunden vor.

1328 verkaufte Markgraf Ludewig von Brandenburg hieselbst, oder wie es heißet, zu Golzowe, die Lausitz wiederkäuflich an Herzog Rudolph von Sachsen, T. II. p. 530. 531. und dieser Herzog stellte zu gleicher Zeit in der Golzowe einen Revers von sich. T. I. p. 141. 142.

1335 thaten die Gebrüder von Rochow Verzicht auf das Holz Klapdunk, auf das Stedeken til der Golzowe, auf den dasigen Zoll, auf die beyden Mühlen des Vorwerks und was dazu gehöret, auf den Weingarten, und auf den Havelbruch. T. I. p. 270. Der Zoll, der Weinberg, die Wasser- und Schneide-Mühle, sind noch jetzt hieselbst, und der Havelbruch ist noch zwischen den Dörfern Golzow und Mesdunk unter dem Namen des freyen Havelbruchs, vorhanden. Zu gleicher Zeit stellete Markgraf Ludewig eine Urkunde von sich, in welcher er wiederholt, daß die Gebrüder von Rochow ihm die State zu der Golzowe, — — überlassen hätten, und ihnen dagegen das Dorf Blisendorf zu Lehn giebt, welches zwischen Lehnin und Werder lieget. T. II. p. 526. 527.

1337

44　　Drittes Hauptstück, von ehemaligen Städten, Flecken und Dörfern

1337 überließ eben dieser Markgraf dem Ditterich von Kerkow und Jan von Buch, für den dritten Theil des Schlosses Boytzenburg in der Ukermark, das Haus oder Schloß zu der Golzowe. T. II. p. 544.

1344 gab eben dieser Markgraf das Schloß Golzowe und desselben Zugehör, den Gebrüdern Broseken, um es so lange zu besitzen und zu bewahren, bis es der Markgraf zurück nehmen würde. T. II. p. 563. Dieses Schloß hat, so wie jetzt noch der adeliche Hof zu Golzow, von dem Städtchen abgesondert gelegen, und ist mit Graben, Mauern und Thürmen umgeben gewesen.

Die folgende Geschichte dieses Städtchens und Schlosses ist aus zwey ungedruckten Urkunden zu ersehen, welche mir Herr Hof-Fiscal George Friderich Ernst Grust zu Brandenburg, aus dem adelich Rochowschen Archiv zu Golzow, mitgetheilet hat. Die erste ist abermals von dem Markgrafen Ludewig, welcher 1351 dem Hans von Rochow und desselben Vettern das Schloß und Städtchen Golzow von Jan von Buch einzulösen, verstattet, und es ihnen zum Erblehn gegeben hat. Sie lautet also:

„Wir Ludewig von Gottes Gnaden Marggraff zu Brandenburg und zu Lausitz, des heil.
„Römischen Reichs oberster Cammerer, Pfaltzgraff bey Rhein, Hertzog in Bayern und zu Korn-
„ten, Graf zu Tiroll und zu Goritz, bekennen öffentlich vor uns und unsere lieben Brüder Lude-
„wig den Römer und Otten Marggraffen zu Brandenburg unsere Erben und Nachkömmlichen, daß
„wir den Vesten Mannen Hansen v. Rochow, Ritter Henneke, und Weichardo, seinen Vettern,
„Unsern lieben Getreuen, schuldig seyn und gelten sollen, vierhundert Mark Brandenb. Silbers,
„darum Sie das Hauß Golzow und was dazu gehörig, haben gelöset von Herr Jann von Buch;
„Wir sind ihm auch schuldig Recht und redlichen achthundert Mark Brandenburgischen Silbers
„vor Schaden, den sie in unsern Diensten genommen haben, und auch da sie an gereitem Gelde
„vor uns haben ausgegeben, auch sind wir ihm schuldig zweyhundert Mark Brandenb. Silbers für
„ein Roß, daß sie von Unsertwegen haben gegeben Herrn Lippolde von Weiden, auch für den Bau,
„den sie von unsers Geheißes wegen haben gethan auf dem Hause zu Golzow, daß haben wir ange-
„sehen ihren getreuen langen Dienst, den sie uns gethan haben und noch thun sollen und mögen, und
„haben Ihm und ihren rechten Erben verliehen und vorleihen auch mit diesem Brieffe zu einem rech-
„ten Erblehn mit einer gesamten Hand und ihr ein des andern Angewelle, also ob sie sonder Rauch
„und Rost hätten, das soll ihn an der gesamten Hand nicht hindern noch schaden; das Hauß Gol-
„zow und das Städtchen mit Aeckern, gewunnen und ungewunnen, mit Holtz dem Klavebunck,
„das Havelbruch, also daß Niemand darin Eschen noch Eichenholtz hauen soll, dann mit ihren Willen,
„mit Grase und Wiesen, mit Weiden, mit Wassern, mit Seen, mit Fischereyen, mit Müllen mit Zollen
„und Wagen-Dienst, mit höchsten und niedersten Gerichte, mit verlegen und unverlegen, mit Lehn geist-
„lichen und weltlichen, mit Jagd und alle dem das zur Golzow gehöret. Auch verleihen wir ihm
„die Dörffer die sie vor hatten, die zu der Golzow nicht gehören, als Vernitz, Kranau, Reckahr,
„Settin, Rocks, Greps, Creutzwitz Pleßau, Olime, Göhlsdorff, mit allen Nutzen, Rechten, ihren
„Früchten und Herrschaft, und mit allen Zugehörungen, die dazu gehören, und alß was Unser Vor-
„vorfahre die Marggraffen zu Brandenburg den Gott gnade, gelebet haben, vor das von uns zu einem
„rechten Erblehn zu haben, zu geniessen und ohne alle Hindernüß zu besitzen. Deß zu Gezeuchnüß
„haben wir unser Innsiegel an diesen Brieff hangen lassen. Darüber sind gewesen: die Edlen Ulrich
„Grav zu Lindau, Unser lieber Ohm, und die vesten Leute Friedrich von Lochau, olde Hanß von We-
„dell von Schievelbein, Haße von Wolckenberg, Bultzen Hole Unser Marschalck, Wilhelm Bam-
„berth Unser Schenck, Herrman von Redern Ritter, Dieterich Mörner Unser oberster Schreiber und
„andere

in der Marck Brandenburg.

„andere ehrbare Leute gnug. Gegeben zu Berlin nach Gottes Geburth tausend Jahr dreyhundert,
„darnach zu dem Ein und Funffzigsten Jahre, am Sanct Thomas Tage des heiligen Apostels.„
Concordat von Wort zu Wort mit dem beym Königl. Preuß. geheimen Archiv
vorhandenen alten Document. Uhrkundlich beygedrucktem Archiv-Jmsiegels
und meines Nahmens Unterschrifft.

Johann Christoph Börner,
Königl. Preuß. geheimer Archivarius.

Die zweyte, vom Jahr 1416, ist von dem Churfürsten Friderich dem ersten, welcher das Schloß Golzow und desselben Zugehör, dem Wichard von Rochow, dem er es mit gewafneter Hand weggenommen hatte, auf Verbitte der Stände der Marck Brandenburg zurück, und aufs neue zu Lehn gegeben.

„Wir Friederich ꝛc. bekennen; Als wir Wicharden von Rochow, Unsern lieben Getreuen
„von deß Schloß wegen Golzow mit seiner Zubehörung, als wir das mächtiglich inne gehabt ha-
„ben, und das vollkomlich und gantz recht und redlich von syner Verschuldung wegen, nach Unsern
„Willen zu thun und zu lassen mächtig gewest syn, durch fleißiger Bete Herrn, Manne und Städte
„der Marcke zu Brandenburg und durch getreues Dienstes willen, die er und syne Erben, Uns un-
„sern Erben und Nachkommen, Marggraven, Herrn, Mannen und Steten und der Mark zu
„Brandenburg itzund und in künftigen Zeiten getreulichen abdynen und thun sollen, solche Gnade
„geton haben, als hernach geschrieben stet:

„Zum ersten sollen Wichard und syne Erben wieder Uns noch wieder Unsere Erben nymmer
„thun noch syn mit Worten noch mit Werken heimlich noch öffentlich, Sy, noch Niemand von
„Jrewegen mit demen Sachen von dehmer Wiese, sunder allezeit unsern frummen werben und unsern
„Schaden kehren on geverden. Und sollen mit dem Schlosse Golzow aller syner Zubehörung und
„der Mannschafft, Uns Unsern Erben und Nachkommen Marggrafen und der Marke zu Branden-
„burg gewertig, getreuelich und gentzlich unterdenig und gehorsam syn. Und der genante Wichard
„und syne Erben sollen das genante Schloße Golzow mit samt der Mannschafft, aller seiner Zube-
„hörung und Gütern von Uns, Unsern Erben und Nachkommen Marggraven zu Brandenburg zu
„Lehn haben und fürbaß entsahen, als das syne Eldern und Vorfaren von der Marggraffschafft haben
„gehabt, das Er auch itzund von uns entfangen hat und wir Jm das ingeantwort und von besondern
„Gnaden verliehen haben, unde das genante Schloß soll Uns Unsern Erben und Nachkommen
„Marggven und der Marke zu Brandenburg offen Sloß zu allen Unsern Nöten, Kriegen und Gescheff-
„ten als ofte und diecke wann das Not wird syn, und Wichard und syne Erben sollen mit eben genan-
„ten Schloße Uns Unsern Erben und Nachkommen Marggven und der Marke zu Brandenburg
„Friede und Unfriede liben und helden zu ewigen Zyten gein aller menniglich, und Uns darinnen
„gentzlich unterdenig und gehorsam syn; und sollen auch Uns Unsern Erben und Nachkommen Marg-
„gven und der Marke zu Brandenburg fyende oder Beschediger nicht husen noch hegen, Forderunge,
„Hülfe noch Rat ton, keinerley gevärlich Handelunge mit Jn haben, uff Unser und der Marck Scha-
„den heimlich noch offenbar in kheine Wise angeverd.

„Und were es, daß er oder syne Erben käntlich in den obgeschriebenen Sachen eynem oder
„mehr befunden unde oberwunden wurden, daß Gott nicht gebe, so sollen er und syne Erben des
„Schloßes Golzow mit samt der Mannschafft syner Zubehörunge und aller ander ûrer Güter wo sy
„dy haben nichts aßgenommen gentzlich verfallen syn, Unde Unsere Erben und Nachkommen Marggven

„gben zu Brandenburg, alß ob wir das mit vollkommenen Rechte erlanget und verfolget hatten, und
„sy sollen Uns denen das genzlich abtreten und inantworten on allerley Hülffrede und Widersprechen
„mit oder on Recht geistlichs und weltlichs Gerichts.

„Darüber hat der genante Wichard für sich und syne Erben Uns globt und zu den Heiligen
„geschworen alle obgeschriebene Stücke und Artickul vollkomlich zu halden und zu volführen on alle
„Arglist und Geverde. Und zu merer Sicherheit hat er diße nachgeschriebene syne Fründe gebeten
„mit Nome den Edelen Herrn Hansen von Jargow Herrn zu Czessen, Hennig von Stechow,
„Junge Hanß von Uchtehagen, Achim von Bredow, Albrecht Quast, des für In und mit In zu ge=
„loben und zu Bekentniße Jre Jnnsiegel mit samt syne Jnnsiegel an den Brief, den wir darüber
„haben, zu hengen, des sey Uns also gelobe und Jre Jnnsiegel an denselben Br. gehangen haben.
„Geben zu Berlin Anno Dni 1416 am Dienstage von Fabiani und Sebastiani rc."

(L. S.) Diese Abschrifft ist von Wort zu Wort mit dem bey dem Königl. Lehns Archiv
in Copiar. No. 2. Fol. 90 befindlichen Uhrkunde gleichlautend; welches auf des
Herrn Landraths von Rochow Begehren vermittelst vorgedruckten Lehns = Sie=
gels und meiner des zeitigen Lehns=Archivarius Unterschrifft hiermit attestiret
wird.   Berlin den 14ten December 1734.
                                        Friederich Ernst Ramler.

Herr Hof=Fiscal Grust hat in dem Briefe, mit welchem er diese Urkunden begleitete, noch
eines Lehnbriefes vom Churfürsten Joachim Friderich Erwähnung gethan, welcher zu Cöln an der
Spree am 8 Jul. 1601 ausgefertiget worden. Nach Inhalt desselben, ist Anton von Rochow mit
dem halben Städtchen Goltzow beliehen worden, weil er die andere Hälfte schon vorher an Hans
Zacharias von Rochow, den Stammvater der von Rochow auf Goltzow, verkauft hatte. Jene
Hälfte hat nachher Tobias von Rochow auch an Hans Zacharias von Rochow käuflich überlassen.
In dem folgenden Lehnbrief wird des Städtchens weiter nicht gedacht, und es ist daher zu vermu=
then, daß es im dreißigjährigen Kriege verwüstet worden sey.

Das letzte Zeugniß, (dessen ich gleich anfänglich hätte gedenken können,) daß Goltzow ein
Städtchen gewesen sey, nehme ich aus dem Landbuch Kaisers Karl des vierten, in welchem folgende
Worte stehen:

Goltzow opidum, dat ad exactionem annuatim XXX solidos brandeburg. de quibus Schulte=
tus ibidem habet X sol. item unum molendinum dat IV choros siliginis, & aliud molendi=
num dat II choros siliginis.

In dem jetzigen Dorf Goltzow, sind außer den in den Dörfern gewöhnlichen Handwerkern,
nemlich Leinwebern, Schmieden, Rademachern und Schneidern, auch Becker, Schuster, Tischler,
Maurer, Zimmerleute und Bader.

Görtke.

Diese kleine adeliche Stadt im Jerichowschen Kreise des Herzogthums Magdeburg, soll nicht
ganz übergangen werden, weil sie ehedessen zu der Mark Brandenburg gehöret hat. Sie liegt an
                                                                                        der

der Gränze des Zauchischen Kreises, zu welchem sie auch in dem märkischen Landbuch, welches Kaiser Karl der vierte aufnehmen ließ, gerechnet wird: denn S. 94. des in dem Königl. Archiv befindlichen alten Exemplars, stehet, Czucha continet infra scriptas civitates et oppida, — — Görtzke, Domini Marchionis. Vorher, unter der Rubrick, de praestationibus annuis, und zwar de civitatibus, stehet: Gortzk, civitas, non habet certam orbetam, sed secundum gratiam dominorum dare consuevit. In villis adiacentibus habet dominus, in Werbik, in Poltz, in Kaunendorf, in Groben, in Werlik, in Dalen. Von diesen Dörfern sind im Zauchischen Kreise annoch vorhanden, Werbig, Dahlen und Gräben. Görtzke war mit unter den märkischen Städten, welche Markgraf Ludewig 1328 an Herzog Rudolph von Sachsen verkaufte. siehe Herrn Gerkens cod. dipl. brand. T. II. p. 529. Sie war auch unter den 31 Städten der Mark Brandenburg welche sich 1349 verpflichteten, nach des falschen Waldemars Abgang, die Fürsten von Anhalt für ihre Herren anzunehmen. Gerken l. c. T. II. p. 563. In einer Urkunde Kaisers Karl des vierten von 1363. kommt sie mit unter den märkischen Städten vor, welche die Markgrafen Ludewig der Römer und Otto, dem Grafen Waldemar zu Anhalt verpfändet hatten, Gerken l. c. p. 527. und aus einer Urkunde des Markgrafen Otto von 1369 erhellet, das Görtzke (oder Gortzick wie es hier heißet,) mit unter den Märkischen Städten gewesen, zu deren Einlösung von dem Hause Anhalt, die Mittelmärkischen Städte und Vasallen Geld hergegeben. Gerken l. c. p. 642. Es entstand aber nachmals zwischen dem Markgrafen Friedrich zu Brandenburg, und Erzbischof Günther zu Magdeburg, ein Streit wegen dieser Stadt, welcher 1421 durch einen Vergleich dadurch gehoben wurde, daß beyde Theile ihr Recht, welches sie an derselben zu haben vermeinten, dem Grafen Heinrich von Schwarzburg, (welcher des Erzbischofs Bruder war,) und dessen Lehnserben, zu Lehn gaben. Gerken l. c. T. I. p. 100. Der Lehnbrief des Erzbischofs, stehet in Joh. Chrisl. von Dreyhaupt Beschreibung des Saalkreises, T. I. S. 109. Jetzt empfangen dieses Städtchen die Herren von Schierstädt von den Fürsten zu Schwarzburg zu Afterlehn. Wäre es bey der Mark Brandenburg geblieben, so würde es doch 1773 mit einem Theil des Zauchischen Kreises zu dem Herzogthum Magdeburg geschlagen worden seyn.

Hohen-Nauen

im Havelländischen Kreise, heißt ursprünglich und eigentlich Hagenaue, in alten Urkunden Hagenowe, und hat den Namen von der adelichen Familie von der Hagen, welche seit dem dreyzehnten Jahrhundert im Besitz desselben geblieben ist. Es war hier vor Alters eine feste Burg, und zu derselben gehörte ein Weichbild und Land; denn in einer Urkunde von 1312, befreyet Markgraf Waldemar, Haus, Schloß, Weichbild und Land zu der Hagenowe, welches die Gebrüder Heinrich, Arnold und Gunzel von der Hagen besitzen, von allen Lehndiensten, Boden und Urbeden. Diese Urkunde, so wie viele andere nützliche Sachen, hat mir der itzige Mitbesitzer von Hohennauen, Herr Oberconsistorial-Präsident von der Hagen, aus seiner starken Sammlung von Urkunden und andern guten Materialien zu der Geschichte der Mark Brandenburg, gütigst mitgetheilet. Das Wort Weichbild ist zusammengesetzt aus Weich oder Wich, Schloß, Stadt, Flecken und Bild, nemlich ein entweder hölzernes oder steinernes Kreuzbild, und zeigt also ein Kreuzbild an, welches auf die Gränze des Gerichtsdistricts oder Gebiets einer Stadt oder eines Fleckens gesetzt worden, um eben diese Gränze zu bezeichnen. Die Sachsen nannten Weichbild, was in ältern Urkunden jus fori, oder jus forense heißet. Man hat aber dieses Wort nicht nur von dem Stadtrecht, sondern auch von dem Gebiet einer Stadt, (territorium fori L urbis, oder mit Einem Wort, forum,) ja auch von einem mit Stadtrecht begabten Ort, welchen

chen man oppidum, Freiheit, Flecken, Marktflecken, auch in einigen Ländern noch jetzt Weichbild oder Wiegbold nennet, gebrauchet. Es scheinet zwar, daß bey Weichbild in unserer Urkunde, die Bedeutung eines mit gewissen Stadtrechten versehenen Fleckens, um desto mehr statt finde, weil in dem Theilungs-Vertrage der Söhne des Churfürsten Friederichs von 1447, welchen man in des Herrn D. Oelrichs Beyträgen zur brandenburgischen Geschichte, S. 133. f. lieset, Hohen-Nauen (oder wie es hier irrig heißt, Hohen-Rowen), mit unter den Schlössern und Städten stehet, welche des Churfürsten Bruder Friedrich der ältere bekommen hat: allein noch wahrscheinlicher bedeutet es hier das Ländchen Rhinow. Unterdessen ist das jetzige bey der alten Burg liegende Dorf, aller Wahrscheinlichkeit nach ehedessen ein Burgflecken gewesen, denn es wird noch jetzt in den Kietz, und in das Dorf, eingetheilet, und es hat einen großen Platz, der ein Marktplatz gewesen zu seyn scheinet. Sonst hat es eine Pfarrkirche, und vier Rittersitze, von welchen zwey dem vorhin genannten Herrn von der Hagen, und zwey der Frau von Quast gehören.

Löcknitz.

In der Ukermark, im Stolpirschen Kreise, der Sitz eines Königlichen Amts, wird ein Burgflecken genennet, ist auch dergleichen ehedessen wirklich gewesen. Es war nemlich hieselbst eine feste Burg, welche zu einer Gränzfestung gegen Pommern diente. Wenn der Besitzer einer solchen Burg für seine Diener und für Handwerksleute eine Anzahl Häuser unter der Burg erbauen ließ, und den Bewohnern derselben die Freyheit ertheilte, unter seiner Herrschaft und Beschützung allerley Nahrung zu treiben, so hieß ein solcher Ort ein Burgflecken. Die Burg zu Löcknitz ist eingegangen, und von dem Burgflecken ist nur der Name übrig geblieben: denn die jetzige Beschaffenheit des Orts, ist oben S. 31. beschrieben worden.

Löwenberg.

Dorf, im Glien- und Löwenbergischen Kreise, ist nach der wahrscheinlichen Meynung des grossen Kenners märkischer Sachen, des Herrn Oberconsistorialpräsidenten von der Hagen, ehedessen ein Städtchen gewesen, und hat noch Ueberbleibsel von Wällen und Graben. Der Löwenbergische Kreis, hat davon den Namen.

Manker.

Ein Dorf mit einer Pfarrkirche im Ruppinschen Kreise, welches zum Theil unter das Amt Alt-Ruppin gehöret, zum Theil adelich ist, hatte nicht nur noch in der ersten Hälfte des jetzigen Jahrhunderts Jahrmärkte, sondern auch ehedessen Wall und Graben, und ist also vermuthlich eine kleine Stadt, oder doch ein Burgflecken gewesen.

Nizow.

Ein Dorf in der Prignitz, und zwar in desselben Havelbergischen Kreise, welches dem Domkapitel zu Havelberg gehöret, wird in dem Diplomate Friderici imperatoris de anno 1179, confirmante confirmationem donationum ecclesiae Havelbergensi ab Imperatoribus factorum, welches man im sechzehnten und siebenzehnten Stück von des Herrn K. Küsters collectione opusculorum historiam Marchicam illustrantium, p. 134-140. findet, civitas Nizowe, in provincia Nieletizi, genannt. In der vorhergegangenen Bestätigungsurkunde Kaisers Conrad II. von 1150, welche auch bey Herrn Küster l. c. p. 128-134. gefunden wird, ist der Name S. 130. unrichtig Nriem geschrieben.

Potlow

in der Ukermark, ist jetzt ein Dorf, welches unter dem Amt Gramzow stehet, wird aber im gemeinen Leben ein Flecken genannt, ist auch ehedessen dergleichen gewesen, und Grundmann

in der Mark Brandenburg.

seinem Versuch einer Ukermärkischen Adelshistorie S. 134. meynet, der wendische Name Poßlow, bedeute einen berühmten Gerichtsort, und sey aus Pozew, gerichtliche Klage, und Slawa, berühmt, zusammen gesetzt, welches eine ganz falsche Herleitung ist. (*) Wenn er aber glaubet, daß Prenzlow vor 1287 da es mit Mauern und Thürmen umgeben worden, keinen grossen Vorzug vor Poßlow gehabt habe, und daß an diesem Ort vor Alters die öffentlichen Ukermärkischen Landesgerichte wären gehalten worden: so ist beydes nicht unwahrscheinlich. Das letzte bestätiget man durch die hiesige Rolands=Säule, welche von Zeit zu Zeit wieder hergestellet wird. Die jetzige ist zwar nur von einem Tagelöhner aus einem Stück Holz gehauen, und also gar kein Werk der Kunst: sie wird aber doch von den Einwohnern des Orts sehr hochgeachtet, weil sie glauben, daß so lange sie diese Säule bey sich erhielten, sie von dem Zehnden an Hünern ꝛc. den andere Dörfer erlegen müssen, befreyet bleiben würden. Der freye Platz auf welchem diese Rolands=Säule stehet, ist wahrscheinlicher Weise der Marktplatz des alten Fleckens gewesen, auf welchem vermuthlich auch ehemals der hiesige Jahrmarkt gehalten worden, der am Catharinentage einfiel, und welcher der hiesigen Kirche ungefähr 5 Ortsgulden Stätegeld einbrachte. Der Ort ist auch noch wie ein Flecken in Strassen erbauet. Herr Inspector Hornburg zu Gramzow, hat mir berichtet, daß Herr Lindau jetziger Prediger zu Poßlow, bey dem dasigen Schulzen die Abschrift eines Erbregisters vom 10ten Jun. 1592 gesehen habe, aus welchem erhelle, daß dieser Ort damals nicht so viel Einwohner gehabt habe, als er jetzt hat. 1701 fingen unterschiedliche französische Familien an sich hier niederzulassen, welche auch einen eigenen Prediger hatten; ihre Anzahl ist aber nach und nach geringer geworden, daher diejenigen welche jetzt noch hieselbst sind, von dem französischen Prediger zu Gramzow besorget werden. Bey Seehausen, einem dem Joachimsthalschen Gymnasio zugehörigen Dorf, welches jetzt Filia von der Kirche zu Poßlow ist, hat ehedessen ein Kloster gestanden, von welchem die Pfarre zu Poßlow zu Lehn gegangen. Die Einwohner dieses Orts, sollen ehedessen sowohl zu Prenzlow in Ansehung des Magistrats, als auch sonst in Ansehung des Landesherrn, zollfrey gewesen seyn.

Tankow.

Ein adeliches Dorf in der Neumark, im Friedebergschen Kreise, kommt in dem märkischen Landbuch Kaisers Karl des vierten, unter den Städten jenseits der Oder (civitates transoderanae) zweymal vor, einmal auf diese weise: *Tankow*, Dominus habet orbetam XV marc. und das anderemal also: *Tankow*, Domini marchionis. Das jetzige Dorf gehöret dem Obristen von Papstein.

Wildberg

in der Mittelmark im Ruppinschen Kreise, ein Ort, welcher zum Theil unter dem Amt Alt-Ruppin stehet, zum Theil adelich ist, wird im gemeinen Leben ein Flecken genannt, und ist der

(*) Wenn dieser Name eine Bedeutung hat, so kommt alles auf die erste Buchstaben Poßl oder vielmehr Podol an, denn die Endung ow, ist unzähligen slawonischen und wendischen Namen gemein wie die rußische, polnische, böhmische, pommersche ꝛc. und unsere eigene märkische Geographie lehret. Wir sprechen diese Silbe gemeiniglich wie aw, oft auch wie o aus. Wie der Name Poßlow in der wendischen Sprache ursprünglich gelautet habe, weiß ich nicht. Die wendische Namen haben grosse Veränderung erlitten, welches man an dem Namen Putliz sehen kan. Dieser hat anfänglich Podlaßi geheißen, (im 10ten Jahrhundert hieß er schon Publik, und nun schreiben wir ihn Putlis. s. Diploma Ludovici Rom. Imp. de anno 1337 continens confirmat. donationum ecclesiae Havelb. sacrorum, in Herrn Küsters 16ten und 17ten Stück der opusc. hist. march. illustr. p. 146 in welcher Urkunde noch anderer veränderter Namen Erwähnung geschiehet.

ehedessen eine kleine Stadt gewesen. In dem Kirchen-Visitations-Abschiede von 1541 wird er ein Städtlein genannt, und mit diesem Namen wird er auch in unterschiedenen Nachrichten und Büchern beleget. Er hat vor Alters eine Mauer um sich gehabt, deren Gründe noch zuweilen bey der Bearbeitung der darauf angelegten Gärten entdeckt werden, wie mir Herr Inspector Gründler zu Neu-Ruppin, im Anfang des jetzigen 1774sten Jahres versichert hat, er ist auch auf einer Seite mit einem Wall und Graben umgeben gewesen, und auf der andern hat ihn der Morast beschützt. Die Häuser sind in 7 Gassen vertheilet, ein grosser Platz in dem Ort ist vermuthlich der Marktplatz gewesen, und das Steinpflaster in den Gassen zeiget sich auch noch, ob es gleich nicht mehr verbessert wird. Wahrscheinlicherweise ist dieser Ort als ein Burgflecken entstanden: denn jenseits des kleinen Flusses Temnitz, der 2 Meilen von hier bey dem Dorf Rögeln aus einem Berge entstehet, und bey Wildberg weglauft,) stehet auf einem Berge ein verfallenes steinernes Gebäude die Burg genannt, zu welchem man über die Temnitz und den Morast vermittelst einer Zugbrücke gekommen ist. Diese Burg hat einen Wall und Graben gehabt, und von der Höhe auf welcher sie gestanden, kann man ausser Neu-Ruppin, Wusterhausen und Fehrbellin, eine Menge Dörfer erblicken. Des Grafen Jacob von Lindow und Ruppin Gemahlin Anna, gebornen Gräfin von Stolberg, wurde 1478 Schloss und Städtlein Wildberg zum Leibgeding verschrieben, sie hat aber niemals auf dem Schloss, sondern zu Neu-Ruppin auf dem sogenannten Grafenhofe gewohnt, welches Freyhaus endlich an bürgerliche Besitzer gekommen ist. Jetzt ist Wildberg von Hufnern, Cossäten und Handwerksleuten, als Beckern, Schustern und insonderheit Lehnwebern, bewohnt, es sind auch hieselbst zwey adeliche Güter der Familie von Zieten. Das Amt Alt-Ruppin setzt den hiesigen Richter und Gerichts-Schöppen. Drey Feuersbrünste in den Jahren 1665, 1703 und 1710, haben diesen Ort sehr verwüstet. Herr Prof. Ludewig Bekmann bey dem adel. Cadetten-Corps zu Berlin, hat mir von den Papieren, welche sein Herr Vater zur Fortsetzung seiner Beschreibung der Mark Brandenburg, hinterlassen, den Artikel von Wildberg mitgetheilet, welchen 1713 der dasige Pastor Fried. Schwartzkopf aufgesetzt hat. Dieser enthält unter andern die lateinischen und deutschen Verse, welche 1696 in den Knopf des neugedeckten Kirchen Thurms geleget worden, und vermuthlich von dem Pastor Sch. selbst herrühren. In denselben wird Wildberg zweymal ein Städtlein genannt, (welchen Namen auch der Pastor beständig gebraucht,) und angemerkt, dass die Einwohner desselben damals, ausser der adelichen Familie, dem Prediger und Küster, und zwey Verwaltern, bestanden hätten, in einem Richter, einem Schmidt, 26 Ackerleuten, 27 Leinwebern und 5 Hirten.

Zantoch.

Ein adeliches Dorf in der Neumark, im Landsbergschen Kreise, an der Netze, war vor Alters eine Burg, deren in Urkunden von 1259 und 1340 in Herrn Gerkens cod. dipl. brand. T. I. p. 45. T. III. p. 217. und in einer Urkunde von 1365. T. I. cod. dipl. regni Poloniae et magni duc. Lit. p. 593 gedacht wird, und ein Städtchen, welches vermuthlich, als ein Burgflecken entstanden war. Es geschiehet dessen in dem Theilungsvertrage der Söhne des Churfursten Friedrich des ersten vom Jahr 1447, unter den Städten und Schlössern, welche Friederich der ältere bekommen hat, Meldung, und es wird in dem Abdruck desselben, welcher sich in des Herrn D. Oelrichs Beyträgen zu der brandenburgischen Geschichte, findet S. 136. Santach genennet. Das jetzige Dorf Zantoch gehöret dem Herrn von Schöning und von Brandt.

Von ehemaligen Dörfern in der Mark Brandenburg, welche eingegangen sind, kann ich so genau nicht handeln: denn ob ich gleich versucht habe, dieselben in ein alphabetisches Verzeichniss

niß zu bringen, so ist doch dieses kein Geschäfte, welches innerhalb Jahr und Tag zum Stande gebracht werden kan, sondern es erfordert eine Bemühung von mehreren Jahren. Ich will aber doch etwas zur Probe liefern. Von eingegangenen Dörfern, zeugen alte Urkunden, Landbücher, geschriebene Register und gedruckte Bücher, und die wüsten Feldmarken in allen Kreisen, welche noch jetzt besondere Namen führen. Viele der letzten sind in neuern Zeiten wieder, entweder mit einer Mühle, oder mit einem Vorwerk, oder mit einem Colonistendorf bebauet worden. Der Ruppinsche Kreis soll zur Probe dienen. Es hat mir nemlich Herr Inspector Gründer zu Neu-Ruppin, mitgetheilet ein

Verzeichniß

der in dem Landbuche der Herrschaft Ruppin, welches 1525 durch D. Wulfgangk beschrieben worden, aufgeführten wüsten Feldmarken.

1. Lüdersdorf. Ist um das Jahr 1688 mit Schweizercolonisten besetzet worden.
2. Gniesdorf. Ist nunmehr zum vorigen Dorf zugeleget.
3. Wesk.
4. Rüstendorf.
5. Königstädt. Ist um das Ende des vorigen Jahrhunderts mit Schweizercolonisten besetzet worden.
6. Schulzendorf. Eben so.
7. Schwanow. Ist seit etwa 24 Jahren ein neues Etablissement.
8. Weystow.
9. Regeldorf, welches vermuthlich der jetzt Regelsdorf genannte Ort ist.
10. Tornow, worauf jetzt die sogenannte Rottstieler Mühle stehet.
11. Lynow. Ist mit den unter Num. 1. 5. 6. aufgeführten Oertern zu gleicher Zeit mit Schweizercolonisten besetzet.
12. Briesen.
13. Wallwitz, wie bey Lynow gedacht.
14. Beedorf, jetzt Basdorf genannt, ist ein neues Etablissement, woselbst eine Glashütte ist.
15. Frankendorf. Ist nunmehr ein Erbpaches-Vorwerk und Etablissement.
16. Tiegelsdorf, oder jetzt Ziegelsdorf genannt.
17. Nabelsdorf.

52   Drittes Hauptstück, von ehemaligen Städten, Flecken und Dörfern

18. Gühlitz.   Hier ist jetzt ein Theerofen.
19. Luckow.
20. Eggersdorf.   In der Heide, welche dem Magistrat zu Neu-Ruppin gehört.
21. Steinbergk.   Jetzt Steinberge genannt, ist nun ein neues Etablissement.
22. Arstede.
23. Nykammer. Daselbst ist nunmehr ein neues Etablissement Ludewigsaue genannt, angeleget, und nicht weit davon ist der Nykammersche oder Neukammersche Theerofen, welcher das Andenken an das alte Dorf erhält.
24. Tramnitz.   Ist nunmehr wieder bebauet.
25. Ragar.   Ist im Anfang dieses Jahrhunderts mit Franzosen besetzet.

    Alle obige wüste Feldmarken gehören zum Amt Ruppin.

26. Nyendorf, gehöret zu Goldbeck, ist eine wüste Feldmark.
27. Repente, ist als eine wüste Dorf-Stelle zu Goldbeck gehörig aufgeführet, und nunmehr ein Etablissement.
28. Buchholz, gehöret eben dahin, und ist eine wüste Feldmark.
29. Lütken Scharlank.   Eben so, und gehöret eben dahin.
30. Gadow.   Ist gleichfalls eine wüste Feldmark gewesen, und zur Zeit der Beschreibung des Landbuchs erst angebauet worden.

    In dem Erbregister des Amts Ruppin, welches durch den Hauptmann Hünert von Zerbst, und damaligen Kastner Valentin Zützel, 1590 verfertiget worden, sind ausser vorgedachten wüsten Feldmarken, annoch folgende aufgeführet, deren im Landbuch keine Erwähnung geschiehet.

31. Werenthin.   Ist nunmehr ein Erbpachtsvorwerk.
32. Stendnitz.   Ist vor wenigen Jahren mit Colonisten besetzt.
33. Kunst.   Woselbst die Kunstspringermühle angeleget worden.
34. Fristow.   Hier ist nun ein Theerofen.
35. Kahleheyde.
36. Hösen.   Nun Feldhäsen genannt, welches der Frau Baronin von Hertefeld gehöret, woselbst nun ein Vorwerk angeleget ist.
37. Reinshagen.   Ist eine wüste Dorfstelle, es ist aber daselbst nunmehr eine Mahl- und Walkmühle erbauet.

Auf

in der Mark Brandenburg.

Auf der Charte von der Mittelmark, welche unter der Regierung König Friedrich Wilhelms aufgenommen worden, und von der man hin und wieder Copien findet, sind die wüsten Feldmarken bezeichnet. Seit des Churfürsten Friedrich Willhelm Regierung, sind sehr viele neue Dörfer angelegt, auch alte vergrößert, und mit neuen Unterthanen besetzt. Man hat auch bey vielen Städten Colonisten angesetzt, der einzelnen Colonistenhäuser und neuen Vorwerke nicht zu gedenken. Viele alte Vorwerke sind an Colonistenfamilien gegeben, und viele Moräste und grosse Brüche sind urbar gemacht und bebauet. Unter König Friedrich Willhelms Regierung ist in Ansehung dieses Anbaues vorzüglich viel geschehen, welches das Amt Königshorst im Havelländischen Kreise, und viele andere Gegenden bezeugen: am meisten aber ist bisher unter der Regierung Königs Friedrichs des zweyten ausgerichtet worden, welcher insonderheit die grossen Brüche an der Oder, Warthe und Netze in der Neumark, hat trocknen und urbar machen, auch überhaupt so viel neue Dörfer und Oerter anlegen lassen, daß jetzt die Anzahl der Dörfer, Vorwerke und Menschen weit größer ist, als vor dem langen deutschen Krieg im 17ten Jahrhundert.

Unter dem 28sten May 1746 wurde der Churmärkischen Krieges- und Domainen-Cammer befohlen, die alten Catastra nachzusehen, und zu berichten, ob vor Alters und vor dem Anfang des dreyßigjährigen Krieges mehr oder weniger Dörfer in der Churmark, und in denselben mehr oder weniger Unterthanen als jetzt vorhanden wären, gewesen? Sie stattete unter dem 2ten November ihren Bericht dahin ab, daß ungeachtet des Abgangs der drey an Churbraunschweig abgetretenen Dörfer Capern, Gommern und Holtorf, und des an Mecklenburg überlassenen Ukermärkischen Dorfs Münchow, imgleichen der Dörfer, welche nach dem dreyßigjährigen Kriege in Städte verwandelt worden, dazu Brüssow in der Ukermark gehöret, dennoch jetzt in der Churmark 94 Dörfer mehr vorhanden wären, als nach den alten Catastris seyn solten. Es wären zwar jetzt in allen Dörfern nicht mehr so viel Bauern und Cossäten als die alten Catastra angäben, denn man zähle jetzt in der ganzen Churmark 1962 Bauern und 935 Cossäten, also überhaupt 2897 Ackerleute weniger, als vor dem dreißigjährigen Kriege, weil die Gerichtsobrigkeiten, vornemlich in der Ukermark, ja die Königlichen Aemter selbst, viele Höfe und Hufen zu den Vorwerken gezogen hätten: hingegen wären desto mehr andere Einwohner und Hausleute angesetzt worden, so daß man jetzt 15792 Hausleute mehr als vor dem dreißigjährigen Kriege, und also nach Abzug der weniger vorhandenen Bauern und Cossäten, 12945 Wirthe in der Churmark mehr antreffe. Um alles dieses deutlicher und genauer vor Augen zu legen, fügte die Krieges- und Domainenkammer folgende zwey Tafeln bey, welche ich aus des Herrn Geh. Kr. Rath von Thile Nachricht von der Churmärkischen Contributions- und Schoß-Einrichtung, nehme.

Drittes Hauptstück, von ehemaligen Städten, Flecken und Dörfern

Zustand
der Churmark auf dem platten Lande
vor
dem dreißigjährigen Kriege.

Namen der Kreise.	Darinnen sind Dörfer gewesen.	Bauern und Fischer	Cossäthen und kleine Ackerleute.	Hausleute, Handwerker u. Spinner.	Summa.
1. Altmark	496	3757	3892	313	7962
2. Teltow	134	1149	649	261	2059
3. Oberbarnim	88	1064	535	126	1725
4. Niederbarnim	80	920	$683\frac{1}{2}$	231	$1834\frac{1}{2}$
5. Zauche	102	$923\frac{1}{2}$	$645\frac{1}{2}$	313	1882
6. Ruppin	88	1413	569	75	2057
7. Priegnitz	256	3425	1360	241	5026
8. Ukermark	239	2371	2065	450	4886
9. Havelland	157	$1907\frac{1}{2}$	$1389\frac{1}{2}$	279	3576
10. Bees- und Storkow	110	814	724	172	1710
11. Lebus	91	814	1132	198	2144
Summa	1841	18558	$13644\frac{1}{2}$	2659	$34861\frac{1}{2}$

Zustand

in der Mark Brandenburg.

Zustand derselben
im Jahr 1746.

Balance.

Darinnen sind Dörfer	Bauer und Fischer.	Coffäthen und kleine Ackerleute.	Hausleute, Handwerker und Spinner.	Summa.	Dörfer.		Unterthanen.	
					Plus	Minus.	Plus	Minus
524	3817	4586	2638	11041	28	—	3079	—
140	986	505	972	2463	6	—	404	—
89	827	406	1152	2385	1	—	660	—
89	728	552	1124	2404	9	—	569½	—
102	897	655	617	2169	—	—	287	—
95	1310	383	546	2239	7	—	182	—
257	3366	1753	4011	9130	1	—	4104	—
281	1885	750	3764	6399	42	—	1513	—
157	1760	1201	620	3581	—	—	5	—
109	429	877	828	2134	—	1	424	—
91	641	1041	2184	3866	—	ist nun ein Städtgen.	1722	—
1934	16646	12709	18456	47811	94	1	12949	—

56 Drittes Hauptstück, von ehemaligen Städten, Flecken und Dörfern.

Seit 1746 da dieses aufgesetzt worden, und insonderheit seit 1763, ist der Anbau und die Bevölkerung viel weiter und ins grosse gegangen. Der Königl. Geheime Finanzrath von Brenkenhof, hat dabey wichtige Dienste geleistet. Die an der Netze trocken und urbar gemachten Brüche, betrogen 25101 Morgen Magdeburgischen Maaßes. In denselben sind 28 neue Oerter angelegt, und alte an dieselben gränzende Dörfer sind vergrößert worden. Die Anzahl aller in den Netzebrüchen angesetzten Familien, beläuft sich auf 847, welche am Ende des 1768sten Jahres 3593 Köpfe ausmachten. Die seit 1767 trocken und urbar gemachten Brüche an der Warte, sind dreymal so groß, als die Brüche an der Netze, und im Anfang des 1771sten Jahres, waren schon 437 Familien in denselben angesetzt. Seitdem ist die Anlegung und Besetzung neuer Dörfer und Vorwerke, beständig fortgesetzt worden. Bey der Churmärkischen Krieges- und Domainen-Kammer rechnete man 1773, daß dazumal die ganze Churmark, (den ganzen Zauchischen Kreis, nicht aber den Luckenwaldischen mitgerechnet,) begriffe, 83 Städte, 19 Flecken, 66 Königliche Domainen-Aemter, 172 Königliche und 708 adeliche, also überhaupt 880 Vorwerke, 652 Königliche, 1262 adeliche und 53 Kämmereyen, also zusammen 1967 Dörfer, 210 Königliche, 362 adeliche, 106 städtische, 603 besondern Eigenthümern zugehörige, also überhaupt 1287 Mühlen. Von der Anzahl der Oerter in der Neumark, ist oben S. 40 geredet worden, und zu den daselbst angegebenen Summen, kommen noch hinzu 3 ungezählte Städtchen, 7 Dörfer welche matres, und 11 welche Filiae sind, und zu der Frankfurtischen geistlichen Inspection gehören. Es sind aber alle bisherige Zählungen noch nicht so genau angestellet, daß man sich auf dieselben völlig verlassen könnte. Wer die Mühe nicht scheuet, kan in der folgenden Topographie die Anzahl der Oerter einer jeden Art, am Ende eines jeden Buchstabens in eine Summe bringen, und zuletzt eine allgemeine Summe ziehen, welche genauer seyn wird, als alle bisherige Zählungen.

Viertes

Viertes Hauptstück,
welches

einige Betrachtungen und Anmerkungen über die Städte, Flecken, Dörfer und adelichen Güter in der Mark Brandenburg, enthält.

Was ich in diesem Hauptstück sagen werde, sind unmaßgebliche Gedanken und Meynungen, welche ich der Prüfung und Verbesserung derjenigen überlasse, die diese Materien besser als ich, verstehen mögen.

Eine Stadt, (civitas, urbs,) ist ein Ort, welcher die Privilegia, Gerechtigkeiten, Freyheiten und Rechte besitzt, durch welche eine Stadt nicht nur von einem Dorf, sondern auch von einem Flecken unterschieden wird. (*) Diese Privilegia, ꝛc. sind sehr verschieden. Zu den allgemeinsten gehören, 1) das Recht bürgerliche Nahrung zu treiben. Diese besteht in allerley Handwerken, Manufacturen, Fabriken und Künsten, und in den zum Behuf derselben errichteten Zünften, Gilden und Gewerken; in dem Recht Bier zu brauen, und in einem gewissen District zu verkaufen, und in der Befugniß Wochen- und Jahr Märkte zu halten. Alle diese Gerechtsamen pflegen auf einen gewissen District ausgedehnet zu werden, innerhalb dessen die Stadt derselben allein geniesset. 2) Entweder ein Magistratscollegium, oder eine einzelne Person zur Handhabung der Policey. 3) Eine gewisse Einschliessung und Verwahrung des Orts, zur Unterstützung der Policeyanstalten. Vor Alters wurde eine jede Stadt durch Mauer, Wall und Graben eingeschlossen und verwahret, und dadurch zu gleicher Zeit nach damaliger Art ein fester Platz. Heutiges Tages, hält man oft Palisaden für hinlänglich zur Einschliessung einer Stadt, und unterschiedene sind ganz offen. Eigene Gerichtsbarkeit und besonderes Stadtrecht, (jus civitatense, jus municipale, jus oppidanum, statuta) gehören nicht zu den ursprünglichen und wesentlichen Gerechtsamen der Städte, sondern sind vielen derselben erst nach und nach, und zwar mit einem grossen Unterschiede, zu Theil geworden. Anfänglich stand die Gerichtsbarkeit in allen Städten den Landesherren zu, welche die hohen

---

(*) In einer Urkunde des Kaisers Conrad des zweyten von 1029. heißt es: pago Salze libertatem civicam & jus opidanum, murum, portas, fossas, proutus et fontes exstruere, nundinas et forum, prout opus exegerit, sicut alia circumiacentia oppida — habent. f. C. B. d'herrn nützliche Sammlung verschiedener meistens ungedruckter Schriften ꝛc. S. 427. Kaiser Ludewig ertheilte in einer Urkunde von 1324 dem opido Leynstein, jus univerfitatis, judicii atque fori. Gudeni Cod. dipl. vol. III. p 216. Die Heinze von Schöneberg zu Parschenstein, "begnadigten die von Grüna mit Stadt recht, so, daß niemand bey einer Meile brauen, mälzen, noch fremd Bier und Getraide schenken soll: auch soll in der Meil kein Handwerker, noch Salzwerk, noch Wochenmarkt seyn. — Wir haben eine Gewohnheit also Jahr einen Bürgermeister und einen Richter zu setzen, und einen Rath zu bestätigen — Auch sollen sie Macht haben zu gebieten und zu verbieten was Nutz und frommen und besser ist unserer Stadt. Auch sollen sie Macht haben, nach ihrer Erkenntniß Zinse und neue Gerichte zu setzen. Haltaus Glossarium Germanicum medii aevi p 1722. 1723. Churfürst Friedrich Wilhelm befreyte 1650 die Einwohner auf dem Friedrichswerder (zu Berlin) nicht allein von der Contribution und allen andern Real und Personal Lasten und Beschwerden, sondern erlaubte ihnen auch freye bürgerliche Nahrung, Handel und Wandel zu treiben, auch allerhand Zünfte zu errichten, er privilegirte sie auch, unmittelbar unter dem Stattshalter, Oberpräsidenten und Geheimenräthen zu stehen, und vor denselben in civilibus et criminalibus zu rechten, und alles was zu einer rechten Bürgergericht gehöret, zu geniessen." Nachher gab er der Stadt auch einen Magistrat. s. Müllers und Köflers altes und neues Berlin, Th. I. S. 1.

Viertes Hauptst. welches einige Betracht. und Anmerk. über die Städte

hohen Gerichte entweder durch Burggrafen, oder Vögte, (Advocatos) oder Hauptleute, oder Landrichter verwalten liessen. Nach und nach liessen sich viele Städte von der Gerichtsbarkeit der Burggrafen frey machen, und erhielten von den Landesherren adeliche Lehnrichter oder Erbschulzen, welche beständig bey ihnen wohneten, und mit den Gerichten von den Landesherren belehnt wurden. Die Landesherren ertheilten auch solchen Städten die Erlaubnis, sich eines gewissen Rechts zu bedienen, nach welchem die Lehnrichter sie richten musten. So sind z. E. die Städte Stendal, Gardelegen, Wittstock und Prenzlow, mit dem magdeburgischen, Salzwedel mit dem Lübeckschen, Pritzwalk mit dem Seehausenschen, Müllerose mit dem Berlinschen Stadtrecht, begnadiget worden. Endlich haben viele Städte die Gerichte entweder unmittelbar von den Landesherren, oder von den Erblehnrichtern, durch Kauf an sich gebracht, oder auf verschiedene Weise: denn einige haben die hohen und niedern Gerichte, einige allein die niedern, einige die gesammte Hand an beyden, einige einen gewissen Theil derselben erlanget. Unterschiedene Magistrate haben in Rechtssachen besondere Privilegia erhalten, z. E. in Ansehung der Appellation, u. s. w. Von andern besondern Rechten, welche diese und jene Städte erlangt haben, dergleichen die Zollgerechtigkeit und Zollfreyheit, die Niederlagsgerechtigkeit, das Münzrecht, das Jagdrecht, das Patronat über Kirchen und Schulen, u. a. m. will ich nicht reden.

Allein von der Abtheilung der Städte in immediate und mediate, oder unmittelbare und mittelbare, muß nothwendig gehandelt werden.

Eine immediat Stadt kennet man vornemlich an drey Hauptkennzeichen. Erstlich, sie stehet nicht unter der Gerichtsbarkeit entweder eines königlichen und principalen Amts, oder ihres Erbmanns und Lehnrichters, sondern ihr Magistrat hat selbst die hohen und niedern Gerichte, und die Appellation von dem Magistrats- oder Stadtgericht, gehet unmittelbar entweder an das Churmärkische Cammergericht, oder an das Altmärkische Obergericht, oder an das Ukermärkische Obergericht, oder an die Neumärkische Regierung. Zweytens ihre Bürgerschaft ist von allen Diensten, Lasten und Abgaben der Unterthanen auf dem Lande, oder der Kreise, frey. Drittens, sie erscheinet auf Huldigungs- Land- und Kreistagen durch Deputirte, um zu huldigen, zu rathen und Stimme zu geben, und gehöret also mit der übrigen Classe zu den Landständen, welche von dem Landesfürsten selbst, oder in desselben Namen, durch die Formel, unsere Prälaten, Grafen, Herren, Ritterschaft und Städte, eingeladen werden.

In der Churmark sind verschiedene Städte, welchen alle diese drey Kennzeichen der Unmittelbarkeit, zusammen, als Berlin, Brandenburg, Frankfurt, Prenzlow, Salzwedel, Stendal, u. a. m. Bey jedem Kennzeichen ist noch etwas besonders anzumerken. Das erste, welches den Städten die juristische Unmittelbarkeit giebt, ist nicht das wichtigste: denn obgleich Stendal 1488, und Frankfurt 1504, die höhern und niedern Gerichte verloren, (welche jener Stadt erst 1517, und dieser erst 1555 wiedergegeben wurden:) so blieben sie doch noch immediate Städte: ja obgleich der Magistrat zu Strasburg gar keine Gerichtsbarkeit, sondern blos mit Policey-Sachen zu thun, und einen Erblehnrichter hat: so wird die Stadt dennoch zu den immediaten Städten gerechnet. Im juristischen Sinn ist diejenige Stadt schon immediat, deren Magistrat auch nur einen Theil an den hohen und niedern Gerichten, wie Lenzen (— an denselben) hat, oder nur die Civil-Gerichtsbarkeit, wie Trebbin, Zossen und Müllerose, ja nur die Gerichtbarkeit in causis voluntariis et tutelaribus besitzt, wie Alt-Landsberg: welcher Städte Justiz-Bürgermeister ihre Bestallungen von dem Justitz-Departement des Königlichen Staatsraths bekommen. Selbst dieses ist schon eine Art der Unmittelbarkeit, wenn der Magistrat oder die Commune einer Stadt, nur bey dem Landesfürsten, oder desselben hohen Gerichtshöfen verklagt werden kan. Auch die im Stadtrath sitzenden Personen, sind von Stadt- und Amts-Gerichten befreyet, oder wie man sagt, eximirt. Etwas merkwürdiges ist von den Städten Wittstock und Fürstenwalde zu sagen.

Diese

Flecken, Dörfer und adelichen Güter in der Mark Brandenburg enthält.

Diese werden im juristischen Sinn für völlig immediat gehalten, ungeachtet sie ehedessen nicht unmittelbar unter den Landesfürsten, sondern unter Bischöfen gestanden haben. Zu Wittstock ist eine eben so freye Rathswahl, als in allen andern immediaten Städten. Der Justiz-Bürgermeister, welcher ehedessen seine Bestallung von dem Bischof zu Havelberg empfing, bekommt dieselbige nun aus dem Justiz-Departement des Staatsraths, die übrigen Rathsglieder aber, welche einander selbst wählen, erhalten ihre Bestallungen aus dem General-Directorio. Der Stadtrath hat die hohen und niedern Gerichte, auch das Patronatrecht über Kirche, Schule und Hospital. Und alle diese Privilegia, Gerechtigkeiten und Vorzüge, rühren von den ehemaligen Bischöfen zu Havelberg, den Stiftern der Stadt her, das Patronatrecht ausgenommen, welches ihr Churfürst Johann Georg, jedoch nicht als Churfürst, sondern als Churprinz und Administrator des Bisthums Havelberg für seinen minderjährigen Prinzen Joachim Friedrich, postulirten Bischof, verliehen hat. Jetzt ist sie dem Landesfürsten nur in sofern unmittelbar unterworfen, als derselbige an die Stelle des Bischofs von Havelberg gekommen ist: und es ist zu zweifeln, daß Lenzen, welches doch nur ein Drittel von den Gerichten hat, und Strasburg, dessen Gerichte einem Lehnrichter gehören, der Stadt Wittstock den Rang geben werden. Man sagt, daß der Magistrat zu Wittstock an das dasige Amt wegen der Gerichte etwas gewisses zu entrichten habe, er gebe aber nicht zu, daß es der Gerichte wegen erlegt werde. Eine ähnliche Bewandniß hat es mit Fürstenwalde, welche Stadt der Landesfürst wegen des Bisthums Lebus besitzt, dessen Sitz sie gewesen ist. Sie genießt noch alle Rechte, die sie unter den Bischöfen gehabt hat, ist auch noch zu allen Pflichten verbunden, welche ihr dazumal oblagen. Es ist aber zu merken, daß sie unter dem Markgrafen aus dem Hause Anhalt einmal eine Landesfürstliche Domanial-Stadt gewesen, welche Churfürst Ludwig der Römer erst dem Bisthum Lebus überlassen, und daß sie also ihre besten Privilegia schon von den Landesfürsten selbst, erlangt hat. Man kan auch aus Urkunden beweisen, daß sie, ehe sie unter das Bisthum gekommen, auf den Landtagen erschienen sey.

Gewisse Städte sind zwar in juristischem Sinn immediat, aber nicht im Finanz Sinn, weil sie das zweyte Kennzeichen der immediaten Städte nicht haben. Wittstock muß zu den ordentlichen und ausserordentlichen Abgaben des platten Landes der Prignitz, den zwölften Theil geben. Freienwalde trägt zu jeden 100 Thalern, welche der Ober-Barnimsche Kreis aufbringen muß, 6 Rthlr. 13 Gr. 9 Pf. bey. Alt Landsberg im Nieder Barnimschen Kreise, giebt eben sowohl Contribution, Cavallerie-Geld, Schoß, Fourage, Grasung für Pferde, und Kriegsfuhren, als das platte Land. Fürstenwalde, hat sich in dem mit dem Lebusischen Kreise getroffenen und bestätigten Receß vom 22sten Febr. 1661, anheischig gemacht, von allen Kreislasten den 14ten Theil zu übernehmen. Auch Müllrose in diesem Kreise, erleget Contribution, und Seelow, welche Stadt man beym Churmärkischen Kammergericht mit unter die immediaten Städte setzet, contribuirt gleichfalls. Im Teltowschen Kreise, wird der Theil der Stadt Charlottenburg, welcher Lützow heißt, in gewissen Fällen zu dem platten Lande gerechnet, weil er zu einigen Abgaben desselben seinen Beytrag geben muß, und Zossen muß, eben so wie die mediat Städte, zu den Abgaben des platten Landes contribuiren. Alle diese Städte, welche das Kammergericht zu den immediaten setzet, werden von der Krieges und Domainen Kammer zu den mediaten gezählet.

Eben diese jetzt genannten Städte, ermangeln auch des dritten Kennzeichens der immediaten Städte, denn sie sind dergleichen nicht im Landschaftlichen Sinn. Herr Geheime Kriegesrath Carl Gottfried von Thile, schreibt in seiner Nachricht von der Churmärkischen Contributions- und Schoß-Einrichtung, S. 39 der zweyten Ausgabe: „Die Stände der „Mark Brandenburg sind in zwey Corpora eingetheilet, nemlich in das platte Land oder Corpus der „Ritterschaft, und in die Städte, zu welchen letzten allein diejenigen gehören, welche eine Societät oder ein Corpus ausmachen, und daher immediate Städte genannt werden, dahingegen die übrigen Städte in dem platten Lande, oder Ritterschaftsörtern achten, mit ………… nem causam……ben, und mediate Städte genennet ……….“ Es ist 1643 festge……… ben, daß wenn von der Chur- und Neumark 1000 Thaler aufgebracht werden müssen, von t…e Summe Prälaten, Herren und Ritterschaft mit den zu ihrem Corpore gehörigen Städten, Flecken und Dörfern, 410 Thaler, die immediaten Städte aber 590 Thaler geben sollen. Dieses von den Landesfürsten bestätigte Verhältniß, ist zu einer beständigen Richtschnur bey allen Landessteuern ……… den. Man ersiehet aus dem, was bisher angeführet worden, hinlänglich, …… und worinn eine immediate Stadt im juristischen Sinn, von einer immediaten Stadt im Finanz- und Landschaftlichen Sinn, unterschieden sey? Zu dem außerordentlichen und sonderbaren gehöret, daß die Bürger einiger immediaten Städte, z. E. zu Wusterhausen an der Dosse, Vorrächte an auswärtige …leute und an andere geben, und daß die immediat Stadt Potsdam nicht zu dem …… Corps ……… tet, und keine Deputirte zu der Landschaft schicket.

Mediat-Städte werden im juristischen Sinn diejenigen Städte genannt, welche unter der Gerichtsbarkeit en…… eines Königlichen und Prin…ichen Amts, oder zu es ……manus stehen- im Finanz- und Landsc……ichen Sinn aber heißen alle diejenigen Städte und Flecken also, welche zu dem ritterschaftlichen Corpore contribuiren. Sie werden zu keinen Huldigungen Land- und Kreis-Tagen gezogen, und müssen sich gefallen lassen, was ihre Lehns- und Gerichts-……, oder die Aemter zu welchen sie gehören, beschließen. Selbst die Frau……, die Mess-, Consumtions- und Handlungs-Accise welche geben, ist eigentliche Contri……, es gehet eben so wie die Contribution der Dörfer, in die Landschaftliche Steuerung. Sie sind niemals ganz frey vom Cavallerie-Gelde, von Fourage-Lieferungen, Kriegesführen und Vorspann, sie sind auch zu wirklichen Diensten beym Amt oder Hofe, zu Jagden und ……ten ꝛc. verpflichtet, einige mehr, und andere weniger, und ihre Befreyung ist eine Wohlthat ihres Landesherrn. In Justiz- und Policey-Sachen haben sie sehr verschiedene Privilegia und Rechte, ja sie sind wohl gar in Ansehung derselben mehr oder weniger immediat. Es ist gewöhnlich, daß sie zum Theil Städtchen oder Städtlein genennet werden, allein durch diese Benennung müssen sie nicht in Ansehung der Größe und des Ansehens den immediaten Städten entgegen gesetzet werden, weil es unter diesen letzten solche giebt, die kleiner in Ansehung des Umfangs und der Anzahl der Häuser, auch sch…… in Ansehung der Bauart und der gesamten Zustandes, als unterschiedene mediat Städte sind.

Den Namen Flecken, bekommt in Ober-Deutschland ein jedes großes Dorf, und eben daselbst nennet man diejenigen Oerter Marktflecken, oder kürzer Märkte, welche in Ober- und Nieder-Sachsen, und in Westphalen, Flecken heißen. In der Mark pflegt man die Flecken, welche gewisse Stadtgerechtigkeiten haben, von den Flecken ohne Stadtrechte, zu unterscheiden. Jene sind wahre Städte, (oppida) besonders auch in der Altmark, und zwar selbst beym Obergericht, die Oerter Arendsee, Arneburg, Bismark, Calbe, Apenburg und Bayersdorf, eben sowol Städte als Flecken genannt werden, wiewol nur die vier ersten Stadtgerechtigkeiten haben, die beyden letzten aber derselben ermangeln. Der Name Städtchen, sollte auch hier nicht zum Unterschied dieser Oerter von den immediaten Städten, gebrauchet werden, denn jene sind zum Theil nicht kleiner als diese, wie denn z. E. die immediat-Stadt Oderberg nur 208 Feuerstellen, und die Amtsstadt oder der Amtsflecken Arendsee 214 Feuerstellen hat. Die Flecken ohne Stadtgerechtigkeit, sind von Dörfern nur darin unterschieden, daß sie allerley Handwerksleute aufnehmen, und keine Krämerey und bürgerliche Nahrung treiben können, aber Zünfte und Gewerke sind ihnen nicht erlaubt. Wer also das Meisterrecht gewinnen will, muß sich zu einem Gewerke in der nächsten Stadt halten. In einem Flecken wohnen wenige oder gar keine Bauern, oder Ackerleute, und in einigen derselben werden Jahrmärkte gehalten. Entweder das Amt, oder der Gerichtsherr, setzt einem solchen Ort entweder einen Richter, oder einen Schulzen, oder einen Ver-

Verordneten vor, dem ein paar Schöppen zugeordnet werden. Die Einwohner nennen sich gern Bürger, sind auch in so fern freye Leute, daß sie nicht eben an die Gerichtsherrschaft gebunden sind, sondern nach Gefallen ab- und zuziehen können. Sie können Häuser und Eigenthum kaufen und verkaufen, den Eid aber schwören sie allein der Erb-, Lehns- und Gerichts-Obrigkeit, der sie auch für ihre Person Schutzgeld, und für ihre Häuser und Grundstücke, Grundzins ꝛc. an den Landesfürsten aber Contribution zahlen mußen. Uebrigens sind die Freyheiten und Gerechtigkeiten dieser Flecken, sehr von einander unterschieden.

Von dem Ursprung der Burgflecken, habe ich schon oben in dem dritten Hauptstück im Artickel Löknitz, geredet. In der Gothischen und alten deutschen Sprache, war Baurg oder Burg der Name eines mit Mauern, Thürmen und Thoren versehenen Orts, und also auch einer Stadt. Die Einwohner desselben, insonderheit die Rathsherren, hießen Bürger, und eine Vorburg war das, was wir jetzt eine Vorstadt nennen, wie noch das daraus entstandene französische Wort fauxbourg bezeuget. Daher kommts, daß in der deutschen, schwedischen und dänischen Sprache so viel Städte sich auf Burg oder Borg endigen, und daß der Ausdruck Burgrecht so viel als Stadtrecht bedeutet. An dem Ende des dreyzehnten Jahrhunderts, noch mehr aber im vierzehnten und funfzehnten Jahrhundert, wurde das Wort Burg von einer Veste, oder von einem Schloß gebraucht. Da die Burgflecken aus den unter einer solchen Burg erbauten Häusern, entstanden sind, so ist auch ganz wahrscheinlich, daß alle Flecken in der Mark ursprünglich Burgflecken gewesen. Dieser Meynung war der verstorbene Oberprediger Samuel Buchholz zugethan, der mir seinen schriftlichen Aufsatz von den in diesem Hauptstück abgehandelten Materien zugeschickt hat, aus welchem ich eines und das andere entlehnt habe. Er glaubte, daß Boytzenburg in der Ukermark, und Alt-Ruppin, weiter nichts als Burgflecken, keinesweges aber Mediat-Städte, oder Flecken mit Stadtgerechtigkeiten wären. Man kan auch Burg-Brandenburg und Königs-Wusterhausen zu den Burgflecken zählen.

Seit 1680, ist nach und nach in allen Städten und Flecken der Mark Brandenburg die Königliche Accise eingeführet worden, Plaue und Freyenstein allein ausgenommen. Man kan also einen jeden Ort, welcher Accise giebt, entweder für eine Stadt, oder für einen Flecken halten, wenn man ihn sonst nicht genauer kennet, doch macht die Accise keinen Ort an eine Stadt oder zu einem Flecken.

Ein Dorf bestehet aus wirklichen Bauern, oder aus Hüfnern und Coßäten; doch giebt es auch neuangelegte Spinnerdörfer. Tagelöhner welche neben einem adelichen Gut wohnen, machen kein Dorf aus. Außer Leinwebern, Schmieden, Schneidern, Rademachern, Müllern, Ziegelstreichern und Theerbrennern, dürfen auf den Dörfern keine Handwerksleute wohnen. Sie haben entweder Kirchen oder nicht; die Kirchen aber sind entweder matres (Mutterkirchen,) oder filiae, (Tochterkirchen). Ein Dorf zu dessen Pfarr Kirche kein filia gehöret, wird unicum genennet, wenn es gleich eingepfarrte Dörfer hat. Diejenigen, welche keine Kirchen haben, sind entweder in die Mutter- oder Tochter-Kirchen eingepfarrt. Der Name Pfarrdorf ist in der Mark nicht so gewöhnlich als in andern Ländern, obgleich die Wörter Pfarrer, Pfarracker, Pfarrhaus, Pfarrkirche, gebraucht werden. Ein unicum, eine mater und eine filia, wird zuweilen von dem Patron nach Gutfinden einem benachbarten Prediger zur Besorgung übergeben, und heißt alsdenn vagus. Einige unica und matres sind auf beständig combinirt oder verbunden, und zuweilen wird ein unicum und eine mater auf gewisse Jahre in ein Filial verwandelt.

Rittersitz und adelich Gut sind gleichgültige Ausdrücke, und man verstehet darunter den Wohnsitz eines Edelmanns auf freyen adelichen Hufen, welcher seinem Besitzer das Recht zu Sitz und Stimme auf dem Kreistagen, und eine Stimme bey der Wahl eines Landraths und der übrigen Kreisbedienten, zu der Zoll- und Accise Freyheit, und andern Vorrechten giebt. Gelangt dieser Wohnsitz nebst seinem Zugehör an einen burgerlichen Besitzer, so bleibet er dennoch ein Rittersitz oder adelich Gut. Auf freyen adelichen Hufen können nach Belieben Wohnsitze angeleget werden, und sie werden eben dadurch zu Rittersitzen mit den Vorrechten derselben, deren es also an manchem Ort verschiedene giebt, z. E. im Havelländischen Kreise sind zu Hohennauen 4, zu Kotzen 3, zu Lenzke auch 3, zu Peßin 7, zu Rebow 4, zu Selbelang auch 4 Rittersitze, u. s. w. Stehet der Wohnsitz eines Edelmanns auf contribuablen Hufen, so ist er kein adeliches Gut oder Rittersitz, wie z. E. Blumenhagen bey Strasburg, Neuensund, Rieden und Schmarsow in der Ukermark. Eine und eben dieselbige Person, welche mehr als 1 adeliches Gut besitzt, hat in gewissen Kreisen auf den Kreistagen so viel Stimmen als Güter, in gewissen Kreisen aber wegen aller ihrer Güter nur 1 Stimme. Die adelichen Vorwerke und Meyereien, haben gleiche Freyheiten und Gerechtigkeiten mit den wirklichen Wohnsitzen eines Edelmanns, oder mit den Rittersitzen: so lange sie aber nicht mit adelichen Wohnhäusern bebauet sind, sollten sie nicht Rittersitze, und hingegen Vorwerke, auf welchen Edelleute wohnen, sollen Rittersitze und adeliche Güter heißen. Allein im gemeinen Leben wird es so genau nicht genommen, und es hat mir mehr als ein Edelmann den Vorschlag gethan, anstatt Rittersitz, adelich Gut, Vorwerk, überhaupt adelich Vorwerk, zu setzen, so, wie auch in einem mir von einem angesehenen Edelmann mitgetheilten Verzeichniß der adelichen Oerter in der Ukermark, alle adeliche Güter, bey welchen keine Dörfer sind, nur Rittervorwerke genennet worden. Obgleich, wie vorhin gesagt worden, auch eine bürgerliche Person ein adeliches Gut besitzt, und wegen desselben auf den Kreistagen erscheinen, und ihre Stimme geben kan, so kommen doch zu den Landschaftlichen Versammlungen nur die aus dem Adel erwählten Landräthe und Deputirte, und ein bürgerlicher Besitzer eines adelichen Guts, kan nicht Landrath und Deputirter werden. Einige Rittersitze führen den Titul Burg, und andere den Titul Schloß. Diese Benennungen werden nicht mit einander vermenget: z. E. die adelichen Sitze zu Apenburg, Aulosen, Vetzendorf, Calbe, Flechtingen, Osterwolde, Tylsen und Plattenturg unweit Wilsnack, sind und heißen Sch'össer, hingegen die Sitze zu Meyenburg und Wittenberg, und 1 zu Putlitz, heißen Burgte oder Burghöfe. Also sind die Besitzer der ersten Häuser Schloßgesessene, hingegen die Besitzer der letzten Häuser, sind wegen derselben Burggesessene. Die Herren von Winterfeld haben zu Freienstein ein schönes altes Schloß, es wird aber niemals Schloß geschrieben. Die Ausdrücke beschlossene und unbeschlossene, oder beschloßte und unbeschloßte von Adel, kommen in der Altmark vor. Herr D. Oelrichs hat mir folgende Stelle aus Lippisch specimine juris Marchici de nobilibus, §. 38. bekannt gemacht: in vetere Marchia sunt nonnullae familiae, quae non subiacent inferiori judicio provinciali veteris Marchiae (dem altmärkischen Hof= und Land=Gericht,) sed in superioribus, sive in Stendalienti, sive Berolinensi, conveniuntur, et hinc dicuntur ab antiquo tempore die beschlossene von Adel, sicut reliqui die unbeschlossene, vocantur. Prof. Bekmann in der historischen Beschreibung der Mark Brandenburg, Th. II. S. 78. redet von eben dieser Sache also: „Vor dem Altmärkischen „Hofgericht mußten sich die stellen, die von Adel, und wer sonst ein Ritterlehn oder andere Land= „güter von dem Landesherrn hatte: — — nur waren die beschlossene Geschlechte von Adel, im= „gleichen die Altmärkische Städte, durch besondere Gnadenbriefe davon ausgenommen, welche auch „ihre eigenen Richter in ihrem Bezirk hatten, vor welchen die Einwohner sich stellen mußten." Herr Oberconsistorial Präsident von der Hagen, hat mir aus Beyern Collectaneis von der Altmark, eine Stelle mitgetheilet, in welcher angemerkt wird, daß die Ritterschaft dieser Provinz sich im 15ten, 16ten und 17ten Jahrhundert in beschloßte und unbeschloßte Geschlechter getheilet, und daß der erste Ausdruck so viel als Schloßgreisene bedeutet habe. Eben dieses ersieht man aus Rittners altmärkischen Geschichtbuch S. 4. und Herr Gerken hat von diesem Unterschiede, und von den Vorrechten der Beschlossenen von Adel, in seinem Diplomatario vet Marchiae Brand. B. I. S. 191. und B. II. S. 628, 631. geredet. Jetzt macht man diesen Unterschied nicht mehr.

Fünftes

Fünftes Hauptstück,
von
der Rechtspflege auf dem platten Lande.

Die adelichen Güter sind mit den hohen und niederen Gerichten privilegirt, welche die Besitzer derselben durch Justitiarios verwalten lassen. Sie können sich, wenn sie wollen, eigene Justitiarios halten, oder, welches auch am gewöhnlichsten ist, entweder einen Bürgermeister, oder einen Syndicum, oder einen Advocaten, in einer benachbarten Stadt, oder einen jeden andern rechtsverständigen Mann, dazu bestellen.

Bis 1770 war in den Königl. Domainen-Aemtern die Justizpflege den Wirthschaftsbeamten überlassen, und wurde durch Justitiarios verwaltet, welche sie annahmen und von ihnen abhingen. Bey dieser Einrichtung zeigten sich mancherley Mängel, denen 1770 dadurch abgeholfen worden, daß der König besond. re Justizämter verordnet hat, deren in der Churmark 19 sind. Man kan dieselben aus folgender Tafel ersehen.

	Namen der Justizämter.	Incorporirte Domainen-Aemter.	Gerichtsort.
1	Berlin —	Mühlenhoff, Cöpenick, Schönhausen	Berlin.
2	Alt-Landsberg —	Landsberg, Löhme, Rüdersdorf, Fürstenwalde	Alt-Landsberg.
3	Wrietzen —	Bruchamt Wrietzen, Kienitz, Freyenwalde	Wrietzen.
4	Seelow —	Wollup, Friedrichsaue, Goltzow, Sachsendorf	Seelow.
5	Beeskow —	Beeskow, Biegen, Stanedorf, Storkow	Beeskow.
6	Neustadt-Eberswalde	Grimnitz, Biesenthal, Chorin —	Neustadt-Eberswalde
7	Prenzlow —	Brüssow, Gramzow, Löcknitz —	Prenzlow.
8	Spandow —	Spandow, Bötzow, Vehlefanz —	Spandow.
9	Fehrbellin —	Königshorst, Nauen, Fehrbellin, Ruppin	Fehrbellin.
10	Kyritz —	Neustadt an der Dosse, Wittstock, Goldbeck, Zechlin	Kyritz.
11	Lenzen —	Eldenburg, Lenzen	Lenzen.
12	Oranienburg —	Mühlenbeck, Oranienburg, Liebenwalde	Oranienburg.
13	Potsdam —	Potsdam, Fahrland, Lehnin	Potsdam.
14	Zossen —	Trebbin, Zossen, Saarmund —	Zossen.
15	Zehdenick —	Zehdenick, Friedrichsthal, Badingen —	Zehdenick.
16	Salzwedel —	Arendsee, Diesdorf, Salzwedel	Salzwedel.
17	Tangermünde —	Neuendorf, Tangermünde, Burgstall	Tangermünde.
18	Brandenburg —	Ziesar,	Brandenburg.
19	Zinna —	Zinna	Zinna, p. Treuenbrietzen

Fünftes Hauptstück, von der Rechtspflege auf dem platten Lande.

Zu der Gerichtsbarkeit eines jeden Justizamts, gehören die Eingesessenen aller Städte, Flecken, Dörfer und Oerter, welche unter der Gerichtsbarkeit der Domainenämter, aus welchen das Justizamt errichtet ist, gestanden haben. Zu Justizbeamten werden geprüfte Männer bestellt, und sie bekommen Besoldung. Die Oekonomiebeamten behalten die Besorgung aller Policey- und Oekonomiesachen, den Dienstzwang und die Hebung der Amtsgefälle, ohne daß sich die Justizbeamten in diese Geschäfte mischen dürfen. Hingegen alle Vorfälle und Streitigkeiten der Amtseingesessenen, welche ihr Vermögen und Recht betreffen, folglich alle actus voluntariae et contentiosæ jurisdictionis, welche der Entscheidung eines ordentlichen Richters oder Justizcollegii unterworfen sind, die Prägravations Klagen, und alle Cameral-Justiz-Sachen, welche in der zwenten Instanz an die Krieges- und Domainen-Cammer gelangen, und endlich alle Criminal-Fälle, gehören für den Justiz-Beamten. Wenn auch die Amtsunterthanen über Bedrückung der Oekonomiebeamten sich beschweren, sollen die Justizbeamten die Erklärung der Oekonomiebeamten fordern, und die Sachen in der Güte benzulegen suchen, findet aber der Vergleich nicht statt, so sollen sie davon an die Krieges- und Domainen Kammer zur rechtlichen Hülfe Bericht abstatten. Sie müßen auch auf die Erhaltung der Gerechtsame der Domainenämter, auf die Beobachtung der Königlichen Verordnungen, auf böse Misbräuche, und auf öffentliche Laster und Verbrechen, Acht haben. Für ein jedes Domainenamt müßen sie alle Monat einen festgesetzten Gerichtstag, oder auch wohl nach dem Umfang deßelben, und nach der Menge der darin vorkommenden Rechtssachen, mehr als einen Tag, halten. Am Gerichtstage bestehet das Gericht aus dem Pacht- oder Oekonomiebeamten, aus dem Justizbeamten und aus dem Actuario. Der Justiz-Beamte hat die Direction der Processe und gerichtlichen Handlungen allein, der Oekonomiebeamte aber hat daben ein votum consultativum, so oft es auf den ökonomischen Nutzen und die Erhaltung der Unterthanen ankommt. Der Actuarius schreibet das Protocoll, und hat die Ausfertigung. Ein jedes Domainenamt hat seine Gerichtsstube, in welcher das Gericht gehalten wird: es wird auch die Registratur von Justiz-Sachen in jedem Domainenamt verwahret. Alle Abschoß-Laudemien-Erbpachts-Recognitions-Loß-Kaufs-Annehmungs- gerichtliche Strafgelder, Trauscheinsgebühren, Zählgelder, (wo sie üblich sind,) und alle Gerichtsgefälle und Gebühren, die Eintragungs Jura der nicht amtssäßigen Erbpacht und Erbzinsgüter, über welche die Justizämter die Hypothekenbücher durch Auftrag der Krieges- und Domainenkammer führen, fließen gänzlich in die Sportul Casse, so wie die volle Besoldung der Oekonomie-Beamten, welche zur Zeit dieser Verordnung auf dem Etat stand. Aus dieser Casse bekommen die Oekonomie-Beamten ihre halbe, und die Justiz-Beamten ihre ganze Besoldung, es empfängt auch die Domainen-Renthey daraus die ihr angewiesenen Summen, das Ober-Revisions-Collegium etwas gewisses, die Amtsgefängnisse werden daraus erbauet, und was sonst die Justizverwaltung erfordert, wird daraus bestritten. Der Ueberschuß, welcher sich nach Abzug aller dieser Ausgaben annoch findet, kan und soll in den Cassen verbleiben, und zu keinem andern Behuf jemals angewendet oder vorgeschlagen werden. Alles dieses und noch ein mehreres, ist aus dem Edict vom 10ten Jun. 1770 zu ersehen, welches der König selbst unterschrieben hat, und den Titul führet: Reglement für die zu Verwaltung einer prompten und unpartheyischen Rechtspflege auf den Königlichen Aemtern von Trinitatis 1770 an, angeordneten Justizämter in der Churmark.

Vollstän-

Vollständige Topographie der Mark Brandenburg.

Name des Orts.	Stadt, Flecken, Dorf, Adelich Gut, Vorwerk 2c.	Provinz.	Kreis.	Adelicher Ort, Königl. Amtsort, Immediat-Stadt.	Geistliche Inspection.	Patron der Pfarr- und Filial-Kirche, Gerichts-Obrigkeit.
Aarhorst	Col. Dorf	Neumark	Friedeberg	A. Driesen		der Besitzer des Orts
Abbendorf	Adel. Gut u. Dorf, Filia von Leyde	Prignitz	Plattenburg		Wilsnack	
Abbendorf	Dorf, mater vereinigt mit Diedorfs. Mühle.	Altmark	Salzwedel	Amt Diesdorf	Salzwedel	der König
Abelgünde und Abelgünne s. Oevelgünne.						
Acendorf	Dorf, eingepfarrt zu Berge	Altmark	Salzwedel	Magistrat zu Gardelegen	Calbe	Magistrat zu Gardelegen
Adamsdorf	Adel. Gut u. Dorf, mater.	Neumark	Soldin	Adelich	Soldin	der Besitzer des adel. Guts
Adermans-Hütte siehe Mögelin im Havelland						
Adlershof	Adel. Gut u. Dorf, eingepfarrt zu Cöpenick	Mittelmark	Teltow	auf einer Königl. Feldmark im Amt Cöpenick neu angelegt.	Friedrichswerder zu Berlin	
Ahlimsmühle	Wasser- und Windmühle, eingepfarrt zu Darsgersdorf	Ukermark	Ukermärkische Kreis	Adelich		
Ahlimswalde	Vorwerk	Ukermark	Ukermärk. Kr.	Adelich		
Ahlum oder Alem	Dorf, mater. Vorwerk: Wohnhaus in der Holzung Nieps	Altmark	Salzwedel	Adelich	Apenburg	die Besitzer des Orts
Ahrendt siehe Arnum						
Albrechtsbruch	Col. Dorf, Filia von Kriescht	Neumark	Sternberg	herrenmeisterl. Amt Sonnenburg	Sonnenburg	der Herrenmeister
Albertinenhof	Vorwerk	Mittelmark	Lebus	Adelich		
Albertinenhof	Vorwerk bey Freyenwalde	Ukermark	Ukerm. Kr.	Adelich		
Algenstädt	Dorf, Filial-Kirche von Cassieck	Altmark	Tangerm.	Amt Neuendorf	Gardelegen	der König
Almosen	Adel. Gut u. Dorf, eingepfarrt zu Petershagen	Neumark	Cottbus		Cottbus	
Altehof bey Lichterfelde	Vorwerk	Mittelmark	Ober-Barn.	Amt Biesenthal		
Althütte	Dorf, eingepfarrt zu Kemmersdorf	Neumark	Arenswalde	Amt Marienwalde	Arenswalde	

Name des Orts.	Stadt, Flecken, Dorf, Adelich Gut, Vorwerk ꝛc.	Provinz.	Kreis.	Adelicher Ort. Königl. Amtsort. Immediat-Stadt.	Geistliche Inspection.	Patron der Pfarr- und Filial-Kirche. Gerichts-Obrigkeit.
Altenflies	Dorf, Filia von Gurkow	Neumark	Frideberg	St. Frideberg	Landsberg	Magistrat zu Frideberg
Altenhof	Vorwerk bey Stegelitz	Uckermark	Uckerm. Kr.	Adelich		
Altenhof	Dorf u. Forsthaus eingepfarrt zu Lichterfelde im Ober-Barn. Kr.	Uckermark	Stolpirsche Kreis	Amt Grimnitz	Neustadt-Eberswalde	
Altenhof	Schäferey	Altemark	Seehausen	Adelich		
Akenow	Dorf, Fil v. Stöberitz. Windmühle	Churmark	Beed- und Storkow.	Magistr. zu Luckau in der Nied. Lausitz	Storkow	Magistrat zu Luckau.
Altenkirchen	Dorf, Filial-Kirche von Wrechow	Neumark	Königsberg	Amt Zehden	Königsberg	der König
Alten Landsberg	Stadt, Vorwerk, welches der Sitz eines Amts ist, drey Wasser- und 2 Windmühlen.	Mittelmark	Nieder-Barnim.	A. Alten-Landsberg. Ist in gewisser Absicht immediat.	Friedrichswerder zu Berlin	der König
Alte Sorge siehe Sorge						
Altenzaun	Abel. Gut u. Dorf. Mühle. Filial-Kapelle v. Polkritz	Altemark	Arneburg		Werben	der Besitzer des Orts
Althüttendorf	Dorf; eingepfarrt zu Joachimsthal. Windmühle	Uckermark	Stolpirsche Kreis.	Amt Grimnitz	Neustadt-Eberswalde	
Altmersleben	Dorf, mater. Windmühle.	Altemark	Arendsee	Adelich	Calbe	Patron der Königl. Gerichts-Obrigkeit die von Alvensleben
Alvensleben Gr. und Kl.	Colonisten-Dörfer	Neumark	Landsberg	Magistrat zu Landsberg	Landsberg	Magistrat zu Landsberg
Amalienhof	Adelich Vorwerk	Uckermark	Uckerm. Kr.			
Amalienhof	Eine Barchent-Fabrick bey Hohen-Finow	Mittelmark	Ober-Barn.			
Ancrow	Vorwerk	Neumark	Dramburg	Amt Falster		
Andorf	Dorf, Filial-Kirche von Osterwohle	Altemark	Salzwedel	Amt Diesdorf und adelich	Salzwedel	der König
Neu-Angermünde	Stadt. 1) Luther. Pfarr-Kirche. 2) Französische Kirche. 3) Deutsch-Ref. Filial-Gemeine	Uckermark	Stolpirsche Kreis	Immediat 1) Neu-Angermünde. 2) Das Französ. Oberconsist. 3) Prenzlowsche Ref. Insp.		1) Patron der Lutherischen Pfarr-Kirche Magistrat u. Probst. Angersau

Name des Orts.	Stadt, Flecken, Dorf, Adelich Gut, Vorwerk ꝛc.	Provinz.	Kreis.	Adelicher Ort, Königl. Amtsort, Immediat-Stadt.	Geistliche Inspection.	Patron der Pfarr- und Filial-Kirche, Gerichts-Obrigkeit.
	von Neustadt-Eberswalde. Das Kämmerey-Vorwerk, eine Wassermühle, 2 Windmühlen.					2) Patron bey der Reformirten Gemeinen der Königl.
Angeroau	Vorwerk	Neumark	Züllichow	Adelich		
Innenberg	Vorwerk	Neumark	Dramburg	Adelich		
Innenthal	Vorwerk	Neumark	Dramburg	Adelich		
Innenwalde	Adel. Gut u. neues Dorf, jetzt Fil. v. Lichen. Mühle.	Ukermark	Ukerm. Kr.	Adel. aber auf des Amts Badingen Feldmark angelegt	Templin	der Besitzer des Orts
Neu-Anspach	Col. Dorf, mit einer Concordienkirche. 1) Die Luther. Gemeine ist Filia v. Driesen. 2) Die Ref. hat einen eigenen Prediger.	Neumark	Friedeberg	Amt Driesen	1) Landsberg. 2) Küstrin	der König
Antonetten-Lust s. Wupgarten						
Groß-Apenburg	Flecken, Adel. Gut, zwey Mühlen	Altemark	Arendsee	Adelich	Apenburg	die Besitzer des Orts
Klein-Apenburg	Dorf, Filial von Apenburg	Altemark	Salzwedel	Adelich	Apenburg	die Besitzer des Orts
Arendsee	Adelich Gut	Mittelmark	Nied. Barn. Kreis			
Arendsee	Vorwerk	Ukermark	Ukerm. Kr.	Adelich		
Arendsee	Flecken mit Stadt-Gerechtig. Schäferey. 5 Mühlen	Altemark	Arendsee	Amt Arendsee	Salzwedel	der König
Arendsneft	Vorwerk	Ukermark	Ukerm. Kr.	Kämmerey zu Templin		
Arensberg	Dorf, mater. Windmühle.	Altemark	Stendal	Amt Burgstal	Stendal	der König
Arensberg	Wüster Hof bey Werben	Altemark	Arneburg.	Adelich		
Arensberg	Vorwerk	Neumark	Arneburg	Adelich		
Arensdorf	Dorf, mater.	Mittelmark	Teltow	Amt Saarmund	Potsdam	der König
Arensdorf	Dorf, unicum.	Mittelmark	Lenzen	Univ. zu Franckf.	Frankfurt	Univ. zu Franckf.
Arensdorf	Dorf, mater.	Churmark	Beeß- und Storkow	Amt Beeskow und adelich	Beeskow	der König
Arensdorf	Dorf	Churmark	Luckenwalde	Adelich	Drossen	der Besitzer des Orts
Arensdorf	Adel. Gut, Dorf u. Vorwerk Fil. v. Herzogswalde.	Neumark	Sternberg			
						Arensfelde

Name des Orts.	Stadt, Flecken, Dorf, Adelich Gut, Vorwerk ıc.	Provinz.	Kreis.	Adelicher Ort, Königl. Amtsort, Immediat-Stadt.	Geistliche Inspection.	Patron der Pfarr- und Filial-Kirche, Gerichts-Obrigkeit.
Arensfelde.	Dorf, mater. Windmühle.	Mittelmark	N. Barn.	Amt Mühlenhof	Berlin	der König
Arenswalde	Stadt, Kloster und Rittergut	Neumark	Arenswalde	Immediat	Arenswalde	der König, in Ansehung des Pastorats, der Magistrat in Ansehung des Diacon.
Arneburg	Flecken mit Stadt-Gerechtigkeit. Vier Mühlen.	Altemark	Arneburg	Amt Tangermünde	Stendal	der König
Arnim oder Ahrende	Dorf, Filia vagans, jetzt Filial von Eichstedt. Mühle.	Altemark	Arneburg	Adelich	Stendal	der Besitzer des Orts
Arnimswalde	Vorwerk bey Fredentwalde	Ukermark	Ukerm. Kr.	Adelich		
Arnte	Vorwerk	Neumark	Dramburg	Adelich		
Assau	Vorwert, eingepfarrt zu Bosdorf	Mittelmark	Jauchische Kreis	Adelich	Treuenbriezen	
Audorf	Dorf, Filia von Begendorf. Mühle.	Altemark	Salzwedel	Adelich	Apenburg	der Besitzer des Orts
Gr. Aulosen	Adel. Gut u. Dorf, Filial - Kirche von Deutsch	Altemark	Seehausen		Seehausen	die Besitzer des Orts
Kl. Aulosen	Adel. Gut u. Dorf, Filial - Kirche von Bömenzien. Zwey Mühlen.	Altemark	Seehausen		Seehausen	die Besitzer des Orts
Auras	Adel. Gut u. Dorf, eingepfarrt zu Schorbus	Neumark	Cottbus		Cottbus	
Aurith	Adel. Gut u. Dorf, Filia v. Matschdorf	Neumark	Sternberg	Stift zu Neuenzelle	Drossen	der Abt

Baars

Name des Orts.	Stadt, Flecken, Dorf, Adelich Gut, Vorwerk ꝛc.	Provinz.	Kreis.	Adelicher Ort, Königl. Amtsort, Immediat-Stadt.	Geistliche Inspection.	Patron der Pfarr- und Filial-Kirche. Gerichts-Obrigkeit.
Baars	Dorf, Filia von Winterfeld. Wassermühle.	Altemark	Arendsee	Adelich	Salzwedel	die Besitzer des Orts
Baarsfließ oder Fischerfelde	Vorwerk	Neumark	Arenswalde	Adelich		
Baartz	Dorf, eingepfarrt zu Rietz	Prignitz	Lenzen	Adelich	Lenzen	
Babe	Vorwerk, eingepfarrt zu Lohm, bisher zu Rodban.	Prignitz	Kyritz	Adelich	Kyritz	
Babekuhl	Vorwerk, eingepfarrt zu Lanze	Prignitz	Lenzen	gehört der St. Lenzen, welche es in Erbpacht ausgethan hat.	Lenzen	
Baben	Adelich Gut, Dorf, mater. Windmühle.	Altemark	Arneburg	A. Tangermünde und adelich	Stendal	Gerichtsobrigkeit, das Amt Tangermünde und die von Eichstedt, Patron die letzten.
Babitz	Dorf, mater.	Prignitz	Wittstock	Amt Zechlin	Wittstock	der König
Babow	Adel. Gut u. Dorf, eingepfarrt zu Papitz	Neumark	Cottbus		Cottbus	
Badell	Dorf, Filial-Kirche von Zettlingen	Altemark	Arendsee	Adelich	Calbe	die Besitzer des Orts
Badingen	Adel. Gut u. Dorf, mater. Eine Windmühle, und ½ Meile vom Dorf eine Wassermühle.	Altemark	Stendal	Adelich	Stendal	die Besitzer des Orts
Badingen	Dorf und Vorwerk, Sitz des Amts, Filia von Milsenberg. Windmühle. Ziegelscheune. Försterhaus.	Mittelmark	Glien- und Löwenb.	Amt Badingen	Zehdenick	der König
Bicke	Dorf, Filial-Kirche von Guhlow	Prignitz	Perleberg	Adelich	Perleberg	die Besitzer des Orts
Bäckern siehe Beckern						
Bählow	Dorf, Filial-Kirche von Rudstedt	Prignitz	Havelberg	Adelich	St. Havelberg	der Besitzer des Orts Gr. Bänitz

Name des Orts.	Stadt, Flecken, Dorf, Adelich Gut, Vorwerk ꝛc.	Provinz.	Kreis.	Adelicher Ort. Königl. Amtsdorf. Immediat Stadt.	Geistliche Inspection.	Patron der Pfarr und Filial Kirche, Gerichts Obrigkeit.
Gr. Bänitz	Adel. Gut u. Dorf, mater. Windsmühle.	Mittelmark	Havelland		Altstadt Brandenburg	der Besitzer des Orts
Kl. Bänitz	Adel. Gut u. Dorf, Fil. Kirche von Gr. Bänitz.	Mittelmark	Havelland		eben dieselbe	der Besitzer des Orts
Gr. Bären und Kl Bärensiehe Beeren						
Neu-Bären s. Beeren						
Bärenbruch	Dorf, eingepfarrt zu Heinrichsbrück	Neumark	Cottbus	A. Cottbus	Cottbus	
Bärenheide oder Bernheide	Zwei adel. Güter und Dorf, eingepfarrt zu Cumlosen	Prignitz	Perleberg		Perleberg	
Bärenklau	Dorf und Vorwerk, Filia von Vehlefanz. Teerofen.	Mittelmark	Glien- und Löwenb.	A. Oranienburg	Spandow	der König
Bärenorth	Vorwerk	Neumark	Arenswalde	Adelich		
Bärenwinkel	Vorwerk	Neumark	Dramburg	Adelich		
Bärwalde	Stadt. Burglehn daselbst.	Neumark	Königsberg	Immediat	Königsberg	der König in Ansehung des Pastorats, der Magistrat und der Ober-Prediger in Ansehung des Diaconats.
Bärwinkel	Vorwerk, eingepfarrt zu Cumlosen	Prignitz	Perleberg	Adelich		
Bagemühle	Dorf, mater.	Ukermark	Stolpirsche Kreis	Amt Löcknitz und adelich	Prenzlow	der König
Bagow	Adel. Gut u. Dorf, unicum Windmühle. Vermöge Consist. Bescheides von 1623 stehet es dem Patr. frey, entweder diesem Dorf einen eigenen Prediger zu geben, oder es einem andern zu übergeben, wel-	Mittelmark	Havelländ. Kreis		Altstadt Brandenburg	der Besitzer des Orts

Bahnecke

Name des Orts.	Stadt, Flecken, Dorf, Adelich Gut, Vorwerk ꝛc.	Provinz.	Kreis.	Adelicher Ort, Königl. Amtsort, Immediat, Stadt.	Geistliche Inspection.	Patron der Pfarr und Filial-Kirche. Gerichts-Obrigkeit.
	ches letzte auch 1624 geschehen, da es der Prediger zu Pewesin bekommen Nach dem Abschied von 1660 behielt es seinen eignen Prediger.					
Bahnecke	Meyerey, zu Stavenow gehörig	Prignitz	Perleberg	Adelich		
Bahnsdorf	Adel. Gut u. Dorf, eingepfarrt zu Petershagen	Neumark	Cottbus	Adelich	Cottbus	
Bahrensdorf	Adelich Gut, Dorf, eingepfarrt zu Beeskow	Churmark	Beeß- und Storkow.	Amt Beeskow und adelich	Beeskow	
Balckow	Dorf, Filia von Ziebingen	Neumark	Sternberg. Kreis	Adelich	Drossen	die Besitzer des Orts
Gr. Ballerstädt	Dorf, mater. Windmühle.	Altemark	Stendal. Kr.	Adelich	Osterburg	der Besitzer des Orts
Kl. Ballerstädt	Dorf, Filia von Gr. Ballerstädt	Altemark	Stendal. Kr.	Adelich	Osterburg	die Besitzer des Orts
Balsdrey	Dorf, eingepfarrt zu Grössin	Neumark	Schievelb. Kreis	Commenthurey Schievelbein	Schievelbein	
Balster	Dorf, mater.	Neumark	Dramb. Kr.	A. Balster	Dramburg	der König
Balz	Col. Dorf, eingepfarrt zu Vietze	Neumark	Landsberg. Kreis	Amt Himmelstädt	Landsberg	
Balzow siehe Palzow						
Bamielsche Mühle		Altemark	Arendsee	Adelich		
Bamme	Dorf, mater. Windmühle.	Mittelmark	Havell. Kr.	Adelich	Rathenow	der Besitzer des Orts
Bandelow	Dorf, Fil. K. von Schönwerder	Uckermark	Stolpirsche Kreis	Adelich	Prenzlow	die Besitzer des Orts
Bandow	Adel. Gut u. Dorf, Filia von Jeben	Altemark	Salzwedel. Kreis		Apenburg	der Besitzer des Orts
Banitz	Dorf, Filial Kirche von Nigahn	Mittelmark	Havelländ. Kreis	Adelich	Altstadt Brandenburg	der Besitzer des Orts
Bantickow	Adel. Gut u. Dorf, mater.	Prignitz	Kyritz		Kyritz	der Besitzer des Orts
Banzendorf	Dorf, hatte um die Mitte des 17ten Jahrh. einen eigenen Prediger, ist jetzt Filia von Dierberg.	Mittelmark	Ruppin	Amt Zechlin	Lindow	der König

Bardenitz

Name des Orts.	Stadt. Flecken. Dorf. Adelich Gut. Vorwerk ec.	Provinz.	Kreis.	Adelicher Ort. Königl. Amtsort. Immediat-Stadt.	Geistliche Inspection.	Patron der Pfarr und Filial-Kirche. Gerichts-Obrigkeit.
Bardenitz	Dorf, Pfarrkirche. Wasser- und Papiermühle.	Churmark	Luckenwalde	Amt Zinna	Pechül	der König
Barenthin	Dorf, unicum vagans. Windmühle	Prignitz	Kyritz	Adelich	Wilsnack	die Besitzer des Orts
Wüsten-Barenthin	Vorwerk, eingepfarrt zu Wutike	Prignitz	Kyritz	Adelich		
Barenwinkel	Vorwerk	Neumark	Schievelbein	Commenthurey Schievelbein		
Barloge	Dorf, eingepfarrt zu Bobersberg	Neumark	Crossen	Amt Crossen	Crossen	
Barnebeck	Dorf, Filia von Henningen. Mühle.	Altemark	Salzwedel	Adelich	Salzwedel	der Besitzer des Orts
Barnewitz oder Bernewitz	Dorf, mater.	Mittelmark	Havell. Kr.	Dom-Kapitul zu Brandenb.	Dom Brandenburg	Dom-Kapitul
Gr. Barnim oder Bahren	Dorf, eingepfarrt zu Wriezen	Mittelmark	Ober-Barnim. Kr.	Amt Kienitz	Wriezen	
Kl. Barnim	Dorf, eingepfarrt zu Wriezen	Mittelmark	Ober-Barn.	Adelich	Wriezen	
Neu-Barnim	Col. Dorf 1) Luth. Filia von Neu-Lewin. 2) Reform. F.-L. von Neu-Trebbin. Beyde Gem. haben eine gemeinschaftliche Kirche Windmühle.	Mittelmark	Ober-Barnum. Kr.	Amt Wriezen	1) Wriezen 2) Frankfurt	der König
Barsekow	Adel. Gut u. Dorf, unicum.	Mittelmark	Ruppinsche Kr.		Wusterhausen an der Dosse	Ger. Obrigk. der König und zwey Edelleute. Patron der König.
Bartholdis Meyerey	bey Cöln an der Spree	Mittelmark	Teltow	Magistrat zu Berlin		
Basdorf	Glashütte und Colonistendorf	Mittelmark	Ruppin	auf des Amts Ruppin Feldmark angelegt.		
Basdorf	Dorf, Fil. Kirche von Wandelitz	Mittelmark	Nieder-Barnim. Kr.	A. Mühlenbeck	Bernau	der König
Basdorf	Vorwerk, eingepfarrt zu Biermannsdorf	Ukermark	Uferm. Kr.	Adelich		
Basedow	Dorf, Filial-Kirche von Klindow	Ukermark	Uferm. Kr.	Adelich	Prenzlow	der Besitzer des Orts
Bassow siehe Passow						

Batow

Name des Orts.	Stadt, Flecken, Dorf, Adelich Gut, Vorwerk ꝛc.	Provinz.	Kreis.	Adelicher Ort. Königl. Amtsort. Immediat. Stadt.	Geistliche Inspection.	Patron der Pfarr- und Filial-Kirche, Gerichts-Obrigkeit.
Bagow	Vorwerk, Anger, pfarrt zu Craatzen	Neumark	Soldin	Adelich	Soldin	
Battin oder Bathen	Dorf 1) Luth. Fil. Kirche von Bagemühle. 2) Französische Geniet. Vorwerk. Windmühle.	Ukermark	Stolpirsche Kreis	Amt Löcknitz	1) Prenzlow 2) das Franz. Ober-Consist.	der König
Baglow	Dorf, Filial-Kirche von Blumberg	Neumark	Königsberg	Amt Neudamm	Cüstrin	der König
Baglow	Adel. Gut u. Dorf, mater. Wassermühle.	Mittelmark	Ober-Barn.		Wriezen	der Besitzer des Orts
Baudach bey Sommerfeld	Dorf, mater.	Neumark	Crossensche Kreis	Adelich	Crossen	die Besitzer des Orts
Baudach bey Crossen	Dorf, unicum. Vorwerk	Neumark	Crossen	Adelich	Crossen	der Besitzer des Orts
Bau-Krug	eingepfarrt zu Bählow	Prignitz				
Baumgarten	Adel. Gut u. Dorf, unicum vocans. Zwey Wassermühlen.	Mittelmark	Ruppin. Kr.		Gransee	der Besitzer des Orts
Baumgarten	Adel. Gut u. Dorf, Filia v. Eichstedt	Altmark	Arneb. Kr.		Stendal	die Besitzer des Orts
Baumgarten	Adel. Gut u. Dorf, mater.	Ukermark	Ukerm. Kr.		Prenzlow	der Besitzer des Orts
Baumgarten	Adel. Gut u. Dorf, mater.	Neumark	Dramburg. Kreis		Dramburg	der Besitzer des Orts
Baumgarten-Brücke	Meyerey und Krug bey Geltow	Mittelmark	Havelländ. Kreis	Amt Potsdam		
Bayersberg	Col. Dorf	Mittelmark	Lebus	Adelich		
Beaulieu	Dorf, Filia von Kriescht	Neumark	Sternberg	A. Sonnenburg	Sonnenburg	der Herrnmeister
Beauregard	Col. Dorf	Mittelmark	Ober-Barn.	Adelich	Wriezen	
Bebersee	Col. Dorf Fil. K. von Döllen	Ukermark	Ukerm. Kr.	Amt Zehdenick	Templin	der König
Bechlin	Dorf, mater. Adel. Gut	Mittelmark	Ruppin	Amt Ruppin und adelich	Neu-Ruppin	der König
Beckern, Bäkern	Dorf, eingepfarrt zu Lenzen	Prignitz	Lenzen	Amt Eldenburg	Lenzen	
Beckershof	Freyhof	Altmark	Seehausen			
Beelitz	Dorf, Filial-Kirche von Baben. Windmühle.	Altmark	Arneburg	Amt Tangerm. und adelich	Stendal	Patron v. Eichstedt
Beelitz	Stadt. Wind- Wasser- und Schneidemühle.	Mittelmark	Zauchsche Kreis	Immediat	Beelitz	der Magistrat

Beelitz

Name des Orts.	Stadt, Flecken, Dorf, Adelich Gut, Vorwerk ic.	Provinz.	Kreis.	Adelicher Ort, Königl. Amtsort, Immediat-Stadt.	Geistliche Inspection.	Patron der Pfarr- und Filial-Kirche, Gerichts-Obrigkeit.
Beelitz	Dorf, Filia von Laubow	Neumark	Sternberg	Adelich	Drossen	der Besitzer des Orts
Beelitz	Dorf, Filia von Driesen	Neumark	Fridberg	Amt Driesen	Landsberg	der König
Alt-Beelitzer Wiese	Col. Dorf	Neumark	Fridberg	Amt Driesen		
Neu-Beelitz	Col. Dorf	Neumark	Fridberg	A. Driesen	Landsberg	
Beernitz s. Brenz						
Beenz bey Lieben	Dorf 1) Lutherische Pfarrkirche. 2) Reform. Filial-Gemeine von Hindenburg.	Ukermark	Ukermärk. Kreis	Adelich	1) Templin 2) Prenzlow, Reformirte Inspection.	der Besitzer des Orts der König
siehe auch Bänitz						
Gr. Beeren	Dorf, mater. Die Kirche ist 1760 abgebrannt. Schäferey.	Mittelmark	Teltow	Adelich	Cöln an der Spree	die Besitzer des Orts
Kl. Beeren	Adel. Gut u. Dorf, Filia von Gr. Beeren. Windmühle.	Mittelmark	Teltow		Cöln an der Spree	der Besitzer des Orts
Neu-Beeren	Vorwerk, aus einem eingegangenen Col. Dorf entstanden.	Mittelmark	Teltow	Adelich		
Beerbaum im Beerenbusch	Adelich Gut Ein Unterförster-Hof, eingepfarrt zu Berkenbrück.	Mittelmark	Ober-Barn. Lebus	Amt Fürstenwalde		
Beerend siehe Behren						
Beerfelde	Dorf, Vorwerk, mater.	Mittelmark	Lebus	Amt Fürstenwalde	Fürstenwalde	der König
Beerfelde	Adel. Gut u. Dorf, mater.	Neumark	Königsberg		Königsberg	der Besitzer des Orts
Beerwalde	Dorf, eingepfarrt zu Meinsdorf	Mittelmark	Jauche	adelich, und gibt einem Ländchen den Namen, zu welchem 7 Dörfer gehören.	Treuenbrietzen	
Beese	Dorf, einverleibte Fil. von Bismau. Zwey Mühlen.	Altmark	Arendsee	Adelich	Calbe	die Besitzer des Orts

Name des Orts.	Stadt, Flecken, Dorf, Adelich Gut, Vorwerk ꝛc.	Provinz.	Kreis.	Adelicher Ort, Königl. Amtsort. Immediat-Stadt.	Geistliche Inspection.	Patron der Pfarr- und Filial-Kirche, Gerichts-Obrigkeit.
Beesehof	Adelich Gut	Altemark	Arendsee			
Beeserthal siehe Biesenthal						
Beesewege	Dorf, Filial-Kirche von Garlip	Altemark	Stendal	Adelich	Stendal	Universität zu Frankfurt
Beeskow	Stadt, Adelich Gut. Drey Wasser-, eine Schneide-, Walk-, Loh- und Grützmühle.	Churmark	Beesk- und Storkow.	Immediat	Beeskow	Patr. der Pfarr-Kirche d. König
Gr. Beesten oder Bestwen	Dorf, Filial-Kirche v. Schenkendorf. Windmühle.	Mittelmark	Teltow	Prinzlich Amt Kön. Wusterhausen	Königs-Wusterhausen	Fr. v. Preußen
Kl. Beesten oder Bestwen	Dorf, eingepfarrt nach Gr. Beesten	Mittelmark	Teltow	Prinzlich Amt Kön. Wusterhausen	Kön. Wusterhausen	
Beetz	Dorf. Ein adelich u. ein sonstig Vorwerk. Firogulmaster. Windmühle.	Mittelmark	Glien- u. Löwenberg.	A. Friedrichsthal u. adelich	Zehdenick	der König und von Redern
Behren s. Beeren						
Behren oder Beerend	Dorf, wurde 1684 für unicum vagens erkannt; wird jetzt von Lindenberg versehen.	Altemark	Seehausen	Adelich	Seehausen	die Besitzer des Orts
Behrendorf	Dorf, eingepfarrt zu Werben	Altemark	Arneburg. Kr.	Amt Tangerm.	Werben	
Behrensdorf	Dorf, eingepfarrt zu Arensdorf	Churmark	Beesk- und Storkow.	Amt Beeskow	Beeskow	
Beikenthin	Col. Dorf	Prignitz	Perleberg	Adelich	Perleberg	
Belkau	Dorf, eingepfarrt zu Sommerfeld	Neumark	Crossen	Stadt Sommerfeld	Crossen	
Belkau	Dorf, Filial-Kirche von Schinne. Windmühle.	Altemark	Stendal	Magistrat zu Stendal	Stendal	der Magistrat zu Stendal
Belendorf	Dorf, Filial-Kirche von H. inerdorf	Mittelmark	Lebus	Adelich	Müncheberg	der Besitzer des Orts
Belgen	Adel. Gut u. Dorf, jetzt eingepfarrt zu Gossow, weil es keine Kirche hat, sonst Filia von Gossow.	Neumark	Königsberg		Königsberg	
Belgow siehe Delgau						

Name des Orts.	Stadt, Flecken, Dorf, Adelich Gut, Vorwerk ꝛc.	Provinz.	Kreis.	Adelicher Ort, Königl. Amtsort, Immediat-Stadt.	Geistliche Inspection.	Patron der Pfarr und Filial-Kirche. Gerichts-Obrigkeit.
Bellin	Adel. Gut u. Dorf, mater.	Neumark	Königsberg		Königsberg	der Besitzer des Orts
Bellinchen	Adel. Gut u. Dorf, Filia von Hohenlübbichow.	Neumark	Königsberg		Königsberg	der Besitzer des Orts
Bellingen	Dorf, mater. Zwey Mühlen.	Altmark	Tangerm.	Adelich	Tangermünde	der Besitzer des Orts
Belo s. Bählo						
Bendelin	Dorf, mater.	Prignitz	Havelberg	Adelich	Kyritz	Patron, von Königmark, Ger. Obr. eben ders. der Dom zu Havelberg u. v. Saldern zu Plattenburg.
Bendwisch	Dorf, mater.	Prignitz	Perleberg	Adelich	Perleberg	die Besitzer des Orts
Beneckendorf	Dorf, dessen Pfarr-Kirche mit der zu Jeggeleben verbunden ist.	Altmark	Arendsee.	Adelich	Salzwedel	der Besitzer des Orts
Berkau	Adel. Gut u. Dorf, mater. Windmühle.	Altmark	Stendal		Gardelegen	der Besitzer des Orts
Berkenbrück	Dorf, eingepfarrt zu Frankenfelde	Churmark	Luckenwalde	Amt Zinna	Luckenwalde	der König
Berkenbrück	Dorf, Filia des Archid. zu Fürstenwalde	Mittelmark	Lebus	Amt Fürstenwalde	Fürstenwalde	der König
Berkenbrügge	Adel. Gut u. Dorf, Fil. Kirche von Fürstenau	Neumark	Arendswalde		Arendswalde	der Besitzer des Orts
Berkenow	Adel. Gut u. Dorf, Filia von Geremow	Neumark	Schievelb.		Schievelbein	der Besitzer des Guts
Berkenlatte	Vorwerk	Altmark	Alterm. Kr.	Adelich		
Berkenwerder	Vorwerk, eingepfarrt zu Dechsel	Neumark	Landsberg	St. Landsberg		
Berkholz siehe Birkholz						
Berkholz bey Boytzenburg	Dorf, Filia von Boytzenburg	Ukermark	Ukermärk. Kreis	Adelich	Prenzlow	der Besitzer des Orts
Berkholz bey Schwedt	Dorf und Vorwerk, Filial-Kirche von Heinersdorf	Ukermark	Stolpirische Kreis	Markgräflich	Schwedt	der Marggraf zu Schwedt
Berrenbrück oder Bärenbrock	Dorf, eingepfarrt zu Groß-Lieskow	Neumark	Cottbus	Amt Peitz	Cottbus	

Berfelds

Name des Orts.	Stadt, Flecken, Dorf, Adelich Gut, Vorwerk ꝛc.	Provinz.	Kreis.	Adelicher Ort, Königl. Amtsort. Immediat-Stadt.	Geistliche Inspection.	Patron der Pfarr- und Filial-Kirche, Gerichts-Obrigkeit.
Berfelde	Dorf, mater.	Mittelmark	Lebus	Amt Fürstenwalde	Fürstenwalde	der König
Berg	Dorf, mater.	Neumark	Crossen	Amt Crossen	Probstey S. Andreä am Berge bey Crossen.	der König
Berge	Adel. Gut u. Dorf, mater. Wassermühle.	Altmark	Salzwedel		Calbe	die Besitzer des Orts
Berge	Adel. Gut u. Dorf, mater. Mühle.	Altmark	Arneburg		Werben	der Besitzer des Orts
Berge	Dorf und Vorwerk, mater. Windmühle. Sitz des Amts Rauen.	Mittelmark	Havelland	Amt Rauen	Dom Brandenburg	der König
Gr. Berge	Dorf, mater.	Prignitz	Perleberg	Adelich	Perleberg	der Besitzer des Orts
Kl. Berge	Dorf, eingepfarrt zu Gr. Berge	Prignitz	Perleberg	Adelich	Perleberg	
die hintersten Berge	eingepfarrt zu Rüdersdorf	Mittelmark	Ober-Barn.	A. Rüdersdorf		
Bergen	Dorf, eingepfarrt zu Sandow. Vorwerk.	Neumark	Sternberg	Adelich	Drossen	
Bergfelde	Dorf, eingepfarrt zu Birkenwerder	Mittelmark	Nieder-Barnim. Kr.	Amt Bötzow	Berlin	
Bergholz	Dorf und Vorwerk, Filial-Kirche von Saarmund	Mittelmark	Zauchische Kreis	Amt Potsdam	Potsdam	der König
Bergholz auch Berkholz	Dorf, Lutherfche Filial-Kirche von Löcknitz. Französische Reformirte Gemeine. Wasser- u. Windmühle.	Ukermark	Stolpirsche Kreis	Amt Löcknitz	Prenzlow	der König
Bergluch	Vorwerk	Ukermark	Ukermärk. Kreis	A. Zehdenick		
Bergsdorf	Dorf, unicum.	Mittelmark	Glien u. Löwenb. Kr.	Adelich	Zehdenick	der Besitzer des Orts

Berlin

Name des Orts.	Stadt. Flecken. Dorf. Adelich Gut. Vorwerk ꝛc.	Provinz.	Kreis.	Adelicher Ort. Königl. Amtsort. Immediat-Stadt.	Geistliche Inspection.	Patron der Pfarr- und Filial-Kirche. Gerichts-Obrigkeit.
Berlin bestehet aus fünf Städten, welche sind: 1) das eigentliche Berlin	Haupt- und erste Stadt aller Kön. Preuß. u. Churf. Brand. Länder, hat in ihren verschiedenen Theilen folgende Kirchen: 1) in Berlin und dazu gehörigen Vorstädten, oder sogenannten Vierteln. (1) Deutsch-Reformirte Parochial-Kirche. (2) Französische Reformirte neue Kirche in der Klosterstraße. (3) Luther. Pfarr-Kirche zu S. Nicolai, nebst der grauen Kloster-Kirche. (4) Luther. Marien-Kirche, nebst der Heiligen-Geist-Kirche. (5) Lutherische Garnison-Kirche. (6) die Kirche des großen Friedrichs-Hospitals, an welcher ein	Mittelmark	1) Niederbarnimsche Kreis	Immediat alle fünf Städte sind 1709 unter Einem Magistrat vereinigt, heißen die Königl. Residenzstädte, und haben ein gemeinschaftliches Stadtgericht, welches seinen Sitz auf dem Rathhause in Berlin hat.	(3) Berlinsche Insp. unter welcher alle Lutherische Kirchen im eigentlichen Berlin und desselben Vorstädten oder Vierteln, stehen.	(1) Patron, die Gemeine (2) Patron, der König (3) Patron, der Magistrat (4) Patron, der Magistrat (5) Patron, das Gouvernement. Anstatt eines Garnison-Predigers, verrichten jetzt den Gottesdienst die Prediger der Regimenter, welche in diese Kirche geführet werden. (6) das Armen-Directorium.

2) Cöln

Name des Orts.	Stadt. Flecken. Dorf. Adelich Gut. Vorwerk ꝛc.	Provinz.	Kreis.	Adelicher Ort. Königl. Amtsort. Immediat-Stadt.	Geistliche Inspection.	Patron der Pfarr- und Filial-Kirche. Gerichts-Obrigkeit.
	Reformirter u. Lutherscher Prediger stehet. (7) Luthersche S. Georgen-Kirche in dem Königs-Viertel. (8) Kirche im neuen Arbeits-Hause. (9) Sophien-Kirche im Spandauer Viertel. (10) Kirche im Französischen Hospital, im Spand. Viertel in der Oranienburger-Straße. (11) Im Hospital de Charité, bey welcher ein Lutherscher und ein Reformirter Prediger stehet. (12) Vor dem Oranienburger Thor im Invaliden-Hause, eine gemeinschaftliche Kirche für die Lutheraner und Reformirten, u. eine Katholische Kirche.					(7) Patron, der Magistrat. (8) Patron, das Armen-Directorium. (9) der König. Das Churmärk. Ober-Consist. giebt die Vocation. (10) der König. (11) Das Armen-Directorium. (12) der Chef des Invalidencorps.
2) Cöln an der Spree.	2) in Cöln (13) die Reformirte Ober-Pfarr- und Dom-Kirche. (14) die Luthersche S. Peters Pfarr-Kirche. (15) die Pfarr-Kirche des Hospitals zu S. Gertraud.		2) Teltowscher Kreis		2) Cölnische Inspection, unter welcher alle Luth. Kirchen dieses Theils der Stadt stehen.	(13) Patron, der Königs. (14) Patron, der Magistrat. (15) Patron, der Magistrat. 3) Der

Name des Orts.	Stadt, Flecken, Dorf, Adelich Gut, Vorwerk ꝛc.	Provinz.	Kreis.	Adelicher Ort. Königl. Amtsort. Immediat Stadt.	Geistliche Inspection.	Patron der Pfarr- und Filial-Kirche. Gerichts-Obrigkeit.
	(16) die luth. Pfarr-Kirche zu S. Sebastian in der Köpenickschen Vorstadt.					(16) Patron, der Magistrat.
	(17) die Franz. Ref. Kirche in eben dieser Vorstadt.				(17) das Franz. Ober-Consist.	(17) Patron, der König.
3) Der Friderichswerder	(18) die Friderichswerdersche Kirche ist getheilet, eine Hälfte derselben gehöret den Lutheranern und deutschen Reformirten gemeinschaftlich, die andere den Reform. Franzosen.		3) Teltowscher Kreis		(18) Luth. Friderichswerdersche Inspection. Berlinische Reform. Inspection. Das Französische Ober-Consist.	(18) Patr. bey der deutschen Evangelischen Gemeinen der Magistrat, der Französ. aber der König.
	(19) Hofgerichts-Kirche in der Hausvogtey.					(19) das Ministerium der Nicol. Kirche schlägt dem Oberconsist. die Prediger vor, u. dieses ertheilet denselben die Vocation.
4) Die Dorotheen- oder Neu-Stadt	(20) Katholische Pfarr-Kirche zu S. Hedwig, welche auf der Gränze der Neustadt und Friderichsstadt stehet, auch noch richtiger zu der letztern gerechnet werden kann.		4) Teltowscher Kreis			(20) Die Gemeine.
	(21) Kirche in der Dorotheen Stadt, deren Eigenthum zur Hälfte der Deutsch-Reformirten und Lutherschen, u. zur andern Hälfte der Französisch.				(21) die luther. Gemeine stehet unter der Friderichswerderschen, die Deutsch Reformirte unter der Berlinischen In-	(21) Patron, der Magistrat in Ansehung bey der deutschen Gemeinen. Patron der Französ. der König.

Name des Orts.	Stadt, Flecken, Dorf, Adelich Gut, Vorwerk ꝛc.	Provinz.	Kreis.	Adelicher Ort, Königl. Amtsort, Immediat-Stadt.	Geistliche Inspection.	Patron der Pfarr- und Filial-Kirche, Gerichts-Obrigkeit.
5) Die Friderichs-Stadt	Reformirten Gemeine gehöret. (22) die Jerusalems-Kirche, welche die deutschen Reformirten, und die Lutheraner in Gemeinschaft besitzen. (23) die neue Kirche, welche auch gemeinschaftlich ist. (24) die Dreyfaltigkeits-Kirche, welche auch gemeinschaftlich ist. (25) die Französisch-Reformirte Kirche. (26) die Bethlehems-Kirche für die Lutherschen u. Reformirten Böhmen.		5) Teltowscher Kreis		spection, die Franz. unter ihrem Oberconsistorio. (22) die Ref. Gemeine stehet unter der Berlinschen, die Luth. Gem. unter der Friderichswerberschen Insp. (23) eben so. (24) eben so. (25) unter dem Franz. Ober-Consistorio. (26) die Luther. Gemeine stehet unter der Friderichswerberschen, die Reform. unter der Berlinschen Inspection.	(22) Patron der Magistrat. (23) Patron der Magistrat. (24) der König. (25) der König. (26) der König.
Berlinchen	Stadt	Neumark	Soldin	Immediat	Soldin	der König in Ansehung des Pastorats, der Magistrat in Ansehung des Diaconats.
Berlinchen oder Berlinecken	Dorf, Filial Kirche von Dransee	Prignitz	Wittstock	A. Zechlin	Wittstock	der König
Berlitt	Adel. Gut u. Dorf, mater.	Prignitz	Kyritz	Adelich	Kyritz	der Besitzer des Orts
Berloge siehe Barloge						

Bernau

Name des Orts.	Stadt. Flecken. Dorf. Adelich Gut. Vorwerk ꝛc.	Provinz.	Kreis.	Adelicher Ort. Königl. Amtsort. Immediat-Stadt.	Geistliche Inspection.	Patron der Pfarr- und Filial-Kirche. Gerichts Obrigkeit.
Bernau	Stadt 1) Lutherische Pfarr-Kirche. 2) Französisch Reformirte Gemeine 3) Deutsche Reformirte Filial-Gemeine von der Alt-Landsbergischen matre. Beyde Ref. Gemeinen bedienen sich der Kirche beym hiesigen Hospital.	Mittelmark	Nied. Barn.	Unmittelbar	1) Die Luth. Pf. unter der hiesigen Insp. 2) die Franz. Gemeine unter dem Französ. Ober-Consist. 3) die Deutsch Reformirte Gemeine unter der Berlinschen Inspection.	1) der Magistrat 2) der König 3) der König
Bernbleben		Prignitz	Lenzen			
Berneuchen oder Bernowichen	Adelich Gut und Dorf, mater.	Neumark	Landsberg		Landsberg	der Besitzer des Orts
Berneuchen oder Werneuchen	Flecken	Mittelmark	Ober-Barn.	A. Alten-Landsberg	Bernau	der König
Bernheyde oder Berenheyde	Adel. Gut u. Dorf, eingepfarrt zu Cumlosen	Prignitz	Perleberg			
Bernhöhe	Col. Dorf	Mittelmark	Nied. Barn.	Adelich		
Bernickow	Dorf, Filial-Kirche von Königsberg	Neumark	Königsberg	Stadt Königsberg	Königsberg	Magistrat zu Königsberg
Bernsdorf oder Berensdorf	Adelich Vorwerk	Ukermark	Uferm. Kr.			
Bernsee	Dorf, eingepfarrt zu Lemmersdorf	Neumark	Arenswalde	Amt Marienwalde	Arenswalde	
Bernstein	Stadt	Neumark	Arenswalde	Pommersches Amt Bernstein	Callenthin in Pommern	der König
Alt-Bertkau	Adel. Gut u. Dorf, mater.	Altemark	Tangermün. u. Arneb.		Stendal	der Besitzer des Orts Neus

Name des Orts.	Stadt, Flecken, Dorf, Adelich Gut, Vorwerk ic.	Provinz.	Kreis.	Adelicher Ort, Königl. Amtsort, Immediat-Stadt.	Geistliche Inspection.	Patron der Pfarr- und Filial-Kirche, Gerichts-Obrigkeit.
Neu-Berkau	Dorf	Altemark	Tangerm. u. Arneb.	A. Tangerm.	Stendal	
Bertikow	Adel. Gut u. Dorf, mater.	Ukermark	Ukermärk. Kr.		Gramzow	der Besitzer des Orts
Besandte	Dorf, eingepfarrt zu Kietz	Prignitz	Lenzen	Adelich	Lenzen	
Besthof	Freyhof	Altemark	Tangerm.			
Bestwen siehe Beesten						
Betzendorf	Flecken und Adelich Gut	Altemark	Salzwedel. Kr.	Adelich	Apenburg	die Besitzer des Orts
Bezien	Dorf, Filia von Karvesee	Mittelmark	Havelländ.	A. Fehrbellin u. adelich	Fehrbellin	der König
Gr. Beuche	Dorf, hat ehedessen eine Kirche gehabt, jetzt gehen die Einwohner nach Zerkwitz in der Lausitz zur Kirche	Churmark	Bees- und Stork.Kr.	Adelich		
Beulingen oder Pugling	Dorf, Fil. K. von Neuendorf	Altemark	Stendal.Kr.	Adelich	Stendal	der Besitzer des Orts
Gr. Beuster	Dorf, mater.	Altemark	Seehausen	Amt Tangermünde	Seehausen	der König
Kl. Beuster	Dorf, unicum.	Altemark	Seehausen	A. Tangermünde, einige Edelleute, und der Magistrat zu Seehausen	Seehausen	die Besitzer des Orts
Beustrin	Adel. Gut u. Dorf, eingepfarrt zu Grössin	Neumark	Schievelb. Kreis.	Adelich	Schievelbein	
Beutel	Col. Dorf, Fil. K. von Röbbelin	Mittelmark	Glien- und Löw.	A. Babingen	Templin	der König
Gr. Beuthen	Adel. Gut u. Dorf, Fil. von Gröben	Mittelmark	Teltow		Cöln an der Spree	der Besitzer des Orts
Kl. Beuthen	Adel. Gut u. Dorf, eingepfarrt zu Gross-Beuthen	Mittelmark	Teltow		Cöln an der Spree	

Name des Orts.	Stadt, Flecken, Dorf, Adelich Gut, Vorwerk ec.	Provinz.	Kreis.	Adelicher Ort, Königl. Amtsort, Immediat-Stadt.	Christliche Inspection.	Patron der Pfarr- und Filial-Kirche, Gerichts-Obrigkeit.
Alt-Beutnitz	Adel. Gut u. Dorf, eingepfarrt zu Neu-Beutnitz	Neumark	Crossen		Crossen	
Neu-Beutnitz	Dorf, mater.	Neumark	Crossen	Adelich	Crossen	der Besitzer des Orts
Beveringen	Dorf, unicum.	Prignitz	Pritzwalk	Adelich	Pritzwalk	Patron, Kloster Stepnitz, Gerichtsobrigkeit, v. Winterfeld auf Stepnitz
Beverlack	Adelich Gut	Altemark	Tangerm. u. Arneb.			
Beversee siehe Bebersee						
Sand-Beyersdorf	Dorf, eingepfarrt zu Burgstall	Altemark	Tangerm. u. Arneb.	A. Burgstall	Gardelegen	
Beyersdorf	Dorf, mater.	Mittelmark	Ober-Barn. Kr.	A. Biesenthal	Bernau	der König
Beyersdorf	Dorf, mater.	Neumark	Landsberg	Amt Himmelstädt	Landsberg	der König
Bieberteich	Dorf, mater.	Neumark	Sternberg	Adelich	Drossen	der Besitzer des Orts
Biegen	Dorf, Vorwerk, mater.	Mittelmark	Lebus	Amt Biegen	Frankfurt	der König
Biegenbrück	Dorf, eingepfarrt zu Biegen	Mittelmark	Lebus	Adelich	Frankfurt	
Bielow	Dorf, eingepfarrt zu Berg	Neumark	Crossen	A. Crossen	Probstey am Berge bey Crossen	
Bienenwalde	Col. Dorf	Mittelmark	Ruppin	Adelich auf des Amts Ruppin Feldmark		
Bienenwerder	Dorf	Mittelmark	Lebus	Adelich		

Bies-

Name des Orts.	Stadt, Flecken, Dorf, Adelich Gut, Vorwerk ꝛc.	Provinz.	Kreis.	Adelicher Ort, Königl. Amtsort. Immediat Stadt.	Geistliche Inspection.	Patron der Pfarr= und Filial Kirche. Gerichts-Obrigkeit.
Biesdorf	Dorf, Filia von Lüdersdorf	Mittelmark	Ober-Barn. Kreis	Adelich	Wriezen	der Besitzer des Orts
Biesdorf	Dorf, mater.	Mittelmark	Nieder-Barnim.	A. Cöpenick	Berlin	der König
Biese siehe Beese						
Biesen	Dorf, Filial-Kirche von Wittstock	Prignitz	Wittstock	Amt Wittstock und adelich	Wittstock	der König
Biesenbrow	Adelich Gut und Dorf, unicum.	Ukermark	Stolpirsche Kreis	Markgräflich	Neu-Angermünde	der Markgraf von Schwedt
Biesenthal	Stadt, Vorwerk	Mittelmark	Ober-Barn. Kr.	Amt Biesenthal	Bernau	der König
Biesenthal	Dorf, Filial Kirche von Mesdorf	Altemark	Stendal.Kr.	Adelich	Osterburg	der Besitzer des Orts
Biesow	Dorf, Filial Kirche von Prötzel	Mittelmark	Ober-Barnim. Kr.	Adelich	Strausberg	der Besitzer des Orts
Bietkow	Adelich Gut und Dorf, Filia von Lützlow	Ukermark	Ukermärk. Kr.		Gramzow	der Besitzer des Orts
Billberg	Adelich Gut, eingepfarrt zu Nintorf	Altemark	Tangerm. u. Arneb.		Stendal	
Binde	Dorf, mater.	Altemark	Arendsee u. Seeh. Kr.	A. Arendsee und adelich	Salzwedel	der adel. Mitbesitzer des Orts
Bindfeld	Adelich Gut und Dorf, Filia von Staffelde	Altemark	Tangerm. u. Arneb.		Stendal	der Besitzer des Orts
Bindow	Dorf, eingepfarrt zu Deutsch-Netkow	Neumark	Crossen	A. Crossen	Crossen	
Bindow oder Bindungen	Dorf, Filia von Friedersdorf	Churmark	Beer- und Storkow	A. Stansdorf	Storkow	der König
Birkenwerder	Dorf, mater.	Mittelmark	Havelländ. Kr.	A. Bötzow	Berlin	der König

21

E 3

Birk=

Name des Orts.	Stadt, Flecken, Dorf, Adelich Gut, Vorwerk ꝛc.	Provinz.	Kreis.	Adelicher Ort, Königl. Amtsort. Immediat-Stadt.	Geistliche Inspection.	Hat es der Pfarr- und Filial-Kirche, Gerichts-Obrigkeit.
Birkfeld siehe Bergfelde						
Birkholz	Adelich Gut und Dorf, Filia von Däthen	Altemark	Tangerm. u. Arneb.		Tangermünde	der Besitzer des Orts
Birkholz oder Berkholz	Vorwerk, eingepfarrt zu Lanze	Prignitz	Lenzen	A. Eldenburg	Lenzen	
Birkholz	Dorf, eingepfarrt zu Schwanebeck	Mittelmark	Nieder-Barnim. Kr.	Adelich	Berlin	
Birkholz	Dorf, eingepfarrt zu Diedersdorf	Mittelmark	Teltow	Adelich	Cölln an der Spree	
Birkholz	Dorf, eingepfarrt nach Münchehofe	Churmark	Storckow	Prinzlich Amt Münchehofe	Königs-Wusterhausen	
Birkholz	Dorf, Filial von Groß-Rietz	Churmark	Beeskow	Adelich	Beeskow	der Besitzer des Orts
Birkholz	Adel. Gut u. Dorf, mater.	Neumark	Dramburg		Dramburg	der Besitzer des Orts
Birkholz	Adel. Gut u. Dorf, mater.	Neumark	Friedeberg		Landsberg	der Besitzer des Orts
Birkow	Vorwerk	Neumark	Züllichow	A. Züllichow		
Birg oder Birk	Vorwerk	Neumark	Züllichow	A. Züllichow		
Gr. Birstädt	Dörfer mit Filialkirchen v. Rohrberg	Altemark	Salzwedel	Adelich	Salzwedel	v. d. Schulenburg u. Schul- Amt Dambeck
Kl. Birstädt		Altemark	Salzwedel	Adelich	Salzwedel	
Bischdorf	Adel. Gut u. Dorf	Neumark	Cottbus			
Bischofsee	Dorf, Filial von Solitz in der Frankfurter Inspection	Neumark	Sternberg	A. Neuendorf u. Bischofsee	Sonnenburg	der König
Bismark	Flecken mit gewissen Stadtrechten	Altemark	Arendsee u. Seehausen	Adelich	Calbe	die Besitzer des Orts

Bismark

23

Name des Orts.	Stadt, Flecken, Dorf, Adlich Gut, Vorwerk &c.	Provinz.	Kreis.	Adelicher Ort, Königl. Amtsort, Immediat-Stadt.	Geistliche Inspection.	Patron der Pfarr- und Filial-Kirche, Gerichts-Obrigkeit.
Bismark	Dorf, Filial-Kirche von Netzin	Uckermark	Uckermärkische Kreis	A. Löcknitz	Prenzlow	der König
Bickau	Adelich Gut und Dorf, Filia von Griben	Altemark	Tangerm. u. Arneburg		Tangermünde	der Besitzer des Orts
Bladingen	Adelich Gut	Altemark	Stendalsche Kr.			
Blankenberg	Dorf, Filia vacans, jetzt Fil. von Cantow	Ruppin		A. Wittstock	Wusterhausen an der Dosse	der König
Blankenburg	Dorf, mater.	Uckermark	Uckermärk. Kr.	Joachimsthal. Gymnasium zu Berlin	Gramzow	Joachimsthal. Schuldirectorium
Blankenburg	Vorwerk	Prignitz		A. Wittstock		
Blankenburg	Dorf, Vorwerk, mater.	Mittelmark	Nieder-Barnim. Kr.	A. Schönhausen	Berlin	der König
Blankenfelde	Adelich Gut und Dorf, mater.	Mittelmark	Teltow		Cöln an der Spree	der Besitzer des Orts
Blankenfelde	Dorf, Filial-Kirche von Pankow, Vorwerk	Mittelmark	Nieder-Bar.	A. Schönhausen	Berlin	der König
Blankenfelde	Adel. Gut u. Dorf, Filial-Kirche von Rohrbeck	Neumark	Königsberg. Kr.		Königsberg	der Besitzer des Orts
Blankenhagen	Adel. Gut u. Dorf	Neumark	Dramburg			
Blankenfee	Dorf, eingepfarrt zu Wolterschla	Altemark	Seehausen	Adelich	Seehausen	
Blankensee	Adelich Vorwerk	Uckermark	Uckerm. Kr.			
Blankensee	Dorf	Neumark	Arenswalde	Adelich		
Blankpfuhl	Vorwerk	Neumark	Arenswalde	Adelich		
Blandikow	Dorf, Filial-Kirche von Papenbruch	Prignitz	Wittstock	Amt Wittstock	Wittstock	der König

Bleen

Name des Orts.	Stadt. Flecken. Dorf. Adelich Gut. Vorwerk ꝛc.	Provinz.	Kreis.	Adelicher Ort. Königl. Amtsort. Immediat-Stadt.	Geistliche Inspection.	Patron der Pfarr- und Filial-Kirche. Gerichts-Obrigkeit.
Bleetz oder Pleetz	Vorwerk mit Colonisten besetzt, eingepfarrt zu Uchtorf	Altemark	Tangerm.	Amt Burgstall	Gardelegen	
Blesendorf	Dorf, Filial-Kirche von Sabenbeck	Prignitz	Pritzwalk	Stift zum heil. Grabe	Pritzwalk	das Stift zum heil. Grabe
Blessin	Adel. Gut u. Dorf, Fil. K. von Bellin	Neumark	Königsberg		Königsberg	die Besitzer des Orts
Bleyen	Amt	Neumark	Königsberg			
Alt-Bliesdorf	Dorf, Filia v. Eunersdorf	Mittelmark	Ober-Barn. Kr.	Adelich	Wriezen	die Besitzer des Orts
Neu-Bliesdorf	Dorf bey Alt-Bliesdorf					
Bliesendorf	Adelich Gut und Dorf, mater.	Mittelmark	Zauchische Kreis	Adelich	Neustadt Brandenburg	die Besitzer des Orts
Blindow	Dorf, mater.	Ukermark		Adelich	Prenzlow	Magistrat zu Prenzlow
Blochbude	Vorwerk	Neumark	Crossen	A. Crossen		
Blockhaus	Vorwerk, eingepfarrt zu Webelsdorf	Neumark	Arenswalde	Adelich	Arenswalde	
Blockland	Freyhof	Altemark	Seehausen			
Blockwinkel	Col. Dorf	Neumark	Landsberg	St. Landsberg	Landsberg	
Bloine, das kleine	Vorwerk	Neumark	Züllchow	Adelich		
Blossien siehe Plössien						
Blüthen	Dorf, mater.	Prignitz	Perleberg	Adelich u. Amt Eldenburg	Perleberg	der adeliche Besitzer des Orts
Blumberg	Adel. Gut u. Dorf, mater.	Mittelmark	N. Barnim.		Berlin	der Besitzer des Orts
Blumberg	Dorf, mater.	Neumark	Königsberg	A. Quartschen	Küstrin	der König
Blumberg	Dorf	Neumark	Landsberg	A. Himmelstädt		
Blumberg	Adel. Gut u. Dorf, eingepfarrt zu Pommerzig	Neumark	Crossen		Crossen	

Blum-

Name des Orts.	Stadt, Flecken, Dorf, Adelich Gut, Vorwerk ꝛc.	Provinz.	Kreis.	Adelicher Ort, Königl. Amtsort, Immediat-Stadt.	Geistliche Inspection.	Patron der Pfarr- und Filial-Kirche, Gerichts-Obrigkeit.
Blumbergsche Mühle		Ukermark		Adelich		
Blumenfelde	Adel. Gut u. Dorf, Fil. Kirche von Wugarten	Neumark	Friedeberg		Landsberg	der Besitzer des Orts
Blumenhagen bey Schwedt	Dorf, Fil. Kirche von Vierraden	Ukermark	Stolpirsche Kreis	Markgräflich Schwedtisch	Schwedt	der Markgraf von Schwedt
Blumenhagen bey Strasburg	Adel. Gut u. Dorf, mater.	Ukermark	Uckerm. Kr.		Strasburg	der Besitzer des Orts
Blumenthal	Adel. Gut u. Dorf, Fil. Kirche von Dahlhausen	Prignitz	Kyritz		Kyritz	der Besitzer des Orts
Blumenthal	Vorwerk	Mittelmark	Ober-Barnim. Kr.	Adelich		
Blumenthal	Dorf, eingepfarrt zu Wartebruch	Neumark	Landsberg	A. Himmelstädt	Landsberg	
Bober Loh- und Waltmühle		Neumark	Crossen	Amt Crossen		
Boberloh	Vorwerk	Neumark	Crossen	Amt Crossen		
Boberow	Dorf, mater.	Prignitz	Lenzen	Adelich u. Amt Eldenburg	Lenzen	der adel. Mitbesitzer des Orts
Bobersberg	Städtchen, adelich Gut, Vorwerk	Neumark	Crossen	Amt Crossen	Crossen	der König
Bochin	Adelich Gut, Dorf, filia von Wustrow	Prignitz	Lenzen	Adelich u. Amt Eldenburg	Lenzen	der Besitzer des Orts
Bochow	Dorf, mater.	Mittelmark	Zauchische Kr.	Amt Lehnin	Neustadt Brandenburg	der König
Bochow siehe Buchow						
Bocksmühle		Ukermark		Adelich		
Bockhorn	Vorstadt zu Alten-Saltzwedel	Altmark	Saltzwedel			

D

Bobden-

Name des Orts.	Stadt, Flecken, Dorf, Adelich Gut, Vorwerk ꝛc.	Provinz.	Kreis.	Adelicher Ort. Königl. Amtsort. Immediat Stadt	Geistliche Inspection.	Patron der Pfarr- und Filial-Kirche. Gerichts-Obrigkeit.
Boddenstedt	Dorf, eingepfarrt zu Diesdorf	Altemark	Salzwedel	Amt Diesdorf	Salzwedel	
Boddin	Dorf, Fil. Kirche von Schönbeck	Prignitz	Pritzwalk	Stift zum heil. Grabe	Pritzwalk	das Stift zum heil. Grabe
Bodelzig	Adelich Gut	Mittelmark	Lebus			
Böckenberg	Vorwerk	Ukermark	Uckerm. Kr.	Adelich		
Böckwitz	Dorf, eingepfarrt zu Steimke	Altemark	Salzwedel	Adelich	Salzwedel	
Böddensell	Adel. Gut u. Dorf, Filia von Wegensledt	Altemark	Salzwedel. Kr.		Gardelegen	der Besitzer des Orts
Böddenstädt vor Salzwedel	Dorf, eingepfarrt zu Salzwedel	Altemark	Salzwedel	Magistrat zu Salzwedel	Salzwedel	Magistrat zu Salzwedel
Wendisch-Böddenstädt	Dorf, eingepfarrt zu Abbendorf	Altemark	Salzwedel	Amt Diesdorf	Salzwedel	
Böhbruch		Prignitz	Perleberg			
Böttersdorf	Dorf	Mittelmark	Ober-Barn. Kr.	Adelich		
Bölkendorf	Dorf, Fil. Kirche von Paarstein	Ukermark	Stolpirsche Kreis	Amt Chorin	Neu-Angermünde	der König
Bölsdorf	Dorf, Filial-Kirche von Buch	Altemark	Tangerm.	Amt Tangerm.	Tangermünde	der König
Bölzke	Dorf, vagans.	Prignitz	Pritzwalk	gehört dem Stift zum heil. Grabe	Pritzwalk	das Stift zum heil. Grabe
Bömentzien	Dorf, mater.	Altemark	Arendsee	Adelich	Seehausen	die Besitzer des Orts
Börgitz	Dorf, Filial-Kirche von Staats	Altemark	Tangerm.	Amt Neuendorf	Gardelegen	der König
Börnicke	Dorf, unicum.	Mittelmark	N. Barnim.	das Schindlerische Waisenhaus	Bernau	das Schindlerische Waisenhaus zu Berlin
Börnicke	Dorf, Filial-Kirche von Grünsfeld	Mittelmark	Glien- und Löwend.	Amt Vehlefanz und adelich	Nauen	der König und zwey adeliche Häuser Bötzow

Name des Orts.	Stadt, Flecken, Dorf, Adelich Gut, Vorwerk 2c.	Provinz.	Kreis.	Adelicher Ort, Königl. Amtsort, Immediat, Stadt.	Geistliche Inspection.	Patron der Pfarr, und Filial Kirche, Gerichts-Obrigkeit.
Bötzow	Dorf, Vorwerk, mater.	Mittelmark	Glien-u. Löwenberg.	A. Bötzow	Spandow	der König
Bohldam	Försterhaus	Altmark	Arendsee	Amt Arendsee	Salzwedel	
Bohnenkamp	Vorwerk	Prignitz		Amt Wittstock		
Bohnenland	Vorwerk	Mittelmark	Havelland	Stadt Brandenburg		
Bohneze siehe Bonese						
Bohnsdorf	Dorf, Filia von Waltersdorf, Vorwerk mit Cossäthen besetzt	Mittelmark	Teltow	Amt Cöpenick	Königs-Wusterhausen	der König
Boisterfelde	Vorwerk	Ukermark		Adelich		
Bollensdorf	Dorf, Fil. K. von Fredersdorf	Mittelmark	N. Barnim.	Adelich	Berlin	der Besitzer des Orts
Bollersdorf	Dorf, Fil. K. von Buckow	Mittelmark	Ober-Barn.	Adelich	Müncheberg	der Besitzer des Orts
Boltenhagen	Adel. Gut u. Dorf, eingepfarrt zu Kützenhagen	Neumark	Schievelb.		Schievelbein	
Bombeck	Dorf, mater.	Altmark	Salzwedel	Adelich	Salzwedel	die Besitzer des Orts
das Bomdt	Vorwerk	Neumark	Züllichow	Amt Züllichow		
Bonese	Dorf, Filial von Lagendorf	Altmark	Salzwedel	Adelich	Salzwedel	der Besitzer des Orts
Books	Dorf, Fil. K. von Hagenau	Altmark	Arendsee	Adelich	Salzwedel	die Besitzer des Orts
Bork	Dorf, Fil. Kirche von Dreewen	Prignitz	Kyritz	Adelich	Kyritz	der Besitzer des Orts
Borkenbruch		Prignitz	Prizwalk			
Wendisch-Bork	Dorf, Filial von Neuendorf	Mittelmark	Zauche	Adelich	Treuenbrietzen	
Deutsch-Bork	Dorf, eingepfarrt zu Schlalach	Mittelmark	Zauche	Adelich	Treuenbrietzen	
Borkow	Dorf, Filial-Kirche von Lechst	Neumark	Landsberg	Stadt Landsberg	Landsberg	Magistrat zu Landsberg
Neu-Borkow	Col. Dorf	Neumark	Landsberg	St. Landsberg		Borg-

Name des Orts.	Stadt. Flecken. Dorf. Adelich Gut. Vorwerk ꝛc.	Provinz.	Kreis.	Adelicher Ort. Königl. Amtsort. Immediat-Stadt.	Geistliche Inspection.	Patron der Pfarr- und Filialkirche. Gerichts-Obrigkeit.
Borgstell oder Borstel	Adel. Gut u. Dorf, unicum.	Altemark	Stendal		Stendal	Patr. das Domkapitel zu Havelberg, Ger. Obr. v. Forstel zu Gr. Schwarzlosen
Born	Vorwerk	Altemark	Tangerm.	Amt Neuendorf		
Born	Adel. Gut u. Dorf, Fil. von Dolgen	Neumark	Dramburg	Adelich	Dramburg	die Besitzer des Orts
Bornim gemeiniglich Borne	Dorf und Vorwerk, mater.	Mittelmark	Havelland	Amt Potsdam	Potsdam	der König
Bornow	Dorf, eingepfarrt zu Buckow	Churmark	Beeẞ- und Stork.Kr.	Amt Beeẞkow	Beeẞkow	
Bornsen	Dorf, eingepfarrt zu Jüben	Altemark	Salzwedel	Amt Diesdorf	Salzwedel	
Bornstädt	Dorf. Fil. Kirche von Potsdam	Mittelmark	Havelland	Waisenhaus zu Potsdam	Potsdam	das Königliche Waisenhaus zu Potsdam
Borstel siehe Borgstel						
Borstorf	Vorwerk mit Colonisten besetzt	Mittelmark	Glien- und Löwenb.	Amt Bötzow		
Boßdorf	Adel. Gut u. Dorf, mater.	Mittelmark	Zauche	Adelich	Treuenbrietzen	der Besitzer des Orts.
Boßen	Dorf, mater.	Mittelmark	Lebus	der Magistrat zu Frankfurt	Frankfurt	der Magistrat zu Frankfurt
Bothendorf	Dorf, eingepfarrt zu Gersdorf	Neumark	Crossen	Hospital zu Crossen	Crossen	
Bothenhagen od. Bottenhagen	Dorf, eingepfarrt zu Schievelbein	Neumark	Schievelb. Kr.	Adelich	Schievelbein	
Bottschow	Dorf, mater.	Neumark	Sternberg	Adelich	Drossen	der Besitzer des Orts
Boytzenburg	Stadt, Adelich Gut	Ukermark	Ukerm. Kr.	Adelich	Prenzlow	der Besitzer des Orts
Boytzenburg	Dorf, bey der Stadt					
Brackwitz	Dorf, Filial von Schlalach	Mittelmark	Zauche	A. Saarmund u. Magistrat zu Beelitz	Treuenbrietzen	der König

Brahme

Name des Orts.	Stadt, Flecken, Dorf, Adelich Gut, Vorwerk ꝛc.	Provinz.	Kreis.	Adelicher Ort. Königl. Amtsort. Immediat-Stadt.	Geistliche Inspection.	Patron der Pfarr- und Filial-Kirche. Gerichts-Obrigkeit.
Brahme oder Brahmow	Dorf, eingepfarrt zu Werben	Neumark			Cottbus	
Bralitz	Dorf, eingepfarrt zu Glietzen	Neumark	Königsberg	A. Neuenhagen	Königsberg	
Branckow	Dorf, eingepfarrt zu Bobersberg	Neumark	Crossensche Kr.	Amt Crossen	Crossen	
Brand	Col. Dorf, eingepfarrt zu Alt-Friederichsdorf	Neumark	Friedeberg	A. Driesen	Landsberg	
Brandenbrug	Vorwerk	Neumark	Dramburg	Adelich		
Brandenburg	Stadt, hat drey Theile 1) die Altstadt (1) Luther. Pfarr-Kirche zu S. Gotthard (2) Johannis- oder Kloster-Kirche, welche den Deutsch- und Französisch-Reformirten, u. den Lutheranern, gemeinschaftlich gehöret. 2) die Neustadt (3) Luther. Pfarr-Kirche zu S. Katharinen, und (4) S. Pauls-Pfarr-Kirche, welche den Lutheranern, Deutsch-Reformirten und der Besatzung gemeinschaftlich gehöret. 3) die Burg, in welcher (5) die Dom-Kirche.	Mittelmark Zauchsche Kreis Havelländ. Kreis	Havelländ. Kr.	Immediat die Alt- u. Neustadt sind seit 1714 unter Einem Magistrat vereiniget.	(1) dasige Luth. Inspection. (2) die Reformirte deutsche Gemeine stehet unter der Potsdammschen Insp. die Französ. unter dem Ober-Consist. (3) dasige Luth. Inspection. (5) dasige Luth. Inspection.	der Magistrat ist Patron der Lutherschen Kirchen in der Alt- und Neustadt. (5) Patron das Dom Kapitul. Branitz

Name des Orts.	Stadt, Flecken, Dorf, Adelich Gut, Vorwerk 2c.	Provinz.	Kreis.	Adelicher Ort, Königl. Amtsort, Immediat-Stadt.	Geistliche Inspection.	Von der Pfarr und Filial-Kirche, Gerichts-Obrigkeit.
Branitz	Adel. Gut u. Dorf, eingepfarrt zu Cottbus	Neumark	Cottbus		Cottbus	
Braschen	Dorf, eingepfarrt zu Merzwiese	Neumark	Crossen	Amt Crossen	Crossen	
Braunsberg oder Brunsberg	Dorf, Französische Pfarr-Kirche, Deutsch-Reformirtes Filial von Linow	Mittelmark	Ruppin	Amt Zechlin	Französ. Ober-Consist. Ruppinsche Insp.	der König
Braunsdorf	Dorf, Fil. von Markgrafpieske	Churmark	Bees- und Stork.	Adelich	Storkow	der Besitzer des Orts
Braunsfelde	Adel. Gut u. Dorf, unicum.	Neumark	Frideberg		Landsberg	der Besitzer des Orts
Brebbin	Dorf, unicum.	Prignitz	Havelberg	das Dom-Kapitul zu Havelberg	Dom Havelberg	Dom-Kapitul
Bredendicksche Mühle		Ukermark		Adelich		
Bredenfelde siehe Breitenfelde						
Bredereiche	Dorf, Fil. v. Rautenberg	Ukermark		Amt Badingen	Templin	der König
Bredickow	Dorf, Filial von Haagen	Mittelmark	Havelland	Adelich	Rathenow	der Besitzer des Orts
Bredickow siehe Predico						
Bredöhl siehe Preddöhl						
Bredow	Adel. Gut u. Dorf, unicum.	Mittelmark	Havelland	Adelich	Nauen	die Besitzer des Orts
Breese s. Bresse						
Breesen	Dorf	Neumark	Sternberg	Adelich		Breetsch

Name des Orts.	Stadt, Flecken, Dorf, Adelich Gut, Vorwerk ꝛc.	Provinz.	Kreis.	Adelicher Ort. Königl. Amtsort. Immediat-Stadt.	Geistliche Inspection.	Patron der Pfarr- und Filial-Kirche. Gerichts-Obrigkeit.
Breetsch	Dorf	Ukermark	Stolpirsche Kr.	Adelich		
Breetz	Dorf, eingepfarrt zu Seedorf	Prignitz	Lenzen	Amt Eldenburg	Lenzen	
Breewitz	Dorf, dessen Pfarr-Kirche mater, u. mit der im Verwer vor Salzwedel, vereiniget ist	Altemark	Salzwedel	Adelich	Salzwedel	Graf von der Schulenburg als Besitzer der Probstey zu Salzwedel
Bergenstädt	Dorf, vom Herz. Magdeb. umgeben, unicum	Altemark	Salzwedel	Adelich	Garbelegen	die Besitzer des Orts
Breiteneiche	Ein Ort von drey Häusern	Altemark	Salzwedel	Adelich		
Breitenfeld, zur Hälfte. Die andere Hälfte gehöret zum Fürst. Lüneburg.	Dorf, mater.	Altemark	Salzwedel	Adelich	Apenburg	Graf von der Schulenburg wechselsweise mit dem Churhause Braunschweig-Lüneb.
Breitenfeld	Dorf, Filial von Coirep	Prignitz	Pritzwalk	Adelich	Pritzwalk	Stift zum heil. Grabe
Breitenstein	Adel. Gut u. Dorf Filia von Falkenstein	Neumark	Frideberg		Landsberg	der Besitzer des Orts
Breitenwerder	Col. Dorf	Neumark	Frideberg	Adelich		
Brellin	Adel. Gut u. Dorf, Filia von Wegenow	Ukermark	Stolpirsche Kreis		Prenzlow	die Besitzer des Orts
Brenkenhofswalde	Col. Dorf	Neumark	Frideberg	A. Driesen		
Bresche	Adel. Gut u. Dorf, mater.	Prignitz	Perleberg		Perleberg	der Besitzer des Orts
Bresen	Dorf, Filial von Langenfeldt	Neumark	Sternberg	Adelich	Sonnenburg	Commenthur zu Lagow Gr. Bresen

Name des Orts.	Stadt. Flecken. Dorf. Adelich Gut. Vorwerk ic.	Provinz.	Kreis.	Adelicher Ort. Königl. Amtsort. Immediat. Stadt.	Geistliche Inspection.	Patron der Pfarr- und Filial-Kirche. Gerichts-Obrigkeit.
Gr. Bresen	Adelich Gut und Dorf, unicum.	Neumark	Cottbus		Cottbus	der Besitzer des Orts
Bresinchen	Adel. Gut u. Dorf, eingepfarrt zu Groß-Ossing	Neumark	Cottbus		Cottbus	
Gr. Bresse oder Breese	Adel. Gut u. Dorf, mater.	Prignitz	Perleberg		Perleberg	die Besitzer des Orts
Kl. Bresse oder Breese	Adel. Gut u. Dorf, Filia von Wittenberg	Prignitz	Perleberg		Putlitz	die Besitzer des Orts
Bretsch	Adel. Gut u. Dorf, mater.	Altemark	Seehausen		Seehausen	die Besitzer des Orts
Bretschen	Dorf	Churmark	Beeß- und Storkow	Adelich		
Brewitz	Dorf, mit einer Pfarr-Kirche, welche von dem Prediger zu S. Georg vor Salzwedel besorgt wird	Altemark		Schulamt Daimbeck	Salzwedel	der Besitzer der Probstey zu Salzwedel
Brielow	Dorf mit einer Pfarr-Kirche, wird von der Altstadt Brandenburgischen Kirche besorgt	Mittelmark	Havelländ. Kreis	Adelich	Altstadt Brandenburg	Magistrat zu Brandenburg
Briescht oder Brietschtz	Dorf, eingepfarrt nach Cossenblatt	Churmark	Beeß- und Storkow	Königl. Amt Cossenblatt	Königs-Wusterhausen	
Brieseckow oder Wriessig	Dorf und Schleuse, Filial v. Lossow	Mittelmark	Lebus	Adelich	Frankfurt	Gerichts-Obrigkeit die Universität zu Frankf. Patron d. Kirche der v. Leerselfde
Briesen	Adel. Gut u. Dorf, Filia von Wenzlafshagen	Neumark	Schievelbein		Schievelbein	der Besitzer des Orts

Briesen

33

Name des Orts.	Stadt, Flecken, Dorf, Adelich Gut, Vorwerk ꝛc.	Provinz.	Kreis.	Adelicher Ort, Königl. Amtsort, Immediat-Stadt.	Geistliche Inspection.	Patron der Pfarr- und Filial-Kirche. Gerichts-Obrigkeit.
Briesen	Adel. Gut u. Dorf, mater.	Neumark	Cottbus	Adelich	Cottbus	der Besitzer des Orts
Gr. Briesen	Dorf, Filia vagans	Churmark	Bees- und Storf. Kr.	Amt Beeskow		
Kl. Briesen	Dorf, Filial von Neu-Werbig	Mittelmark	Zauche	Adelich	Neustadt Brandenburg seit 1773.	der Besitzer des Orts
der Brieser Teerofen		Mittelmark	N. Barnim.	A. Oranienburg		
Briesen	Adel. Gut u. Dorf, Filia v. Jacobsdorf	Mittelmark	Lebus		Frankfurt	Universität zu Frankfurt
Briesenhagen	Adel. Gut u. Dorf, Filia von Velau	Prignitz	Kyritz		Kyritz	der Besitzer des Orts
Briesenhorst	Col. Dorf, eingepfarrt zu Werneuchen	Neumark	Landsberg	Amt Himmelstädt	Landsberg	
Briesnitz	Adel. Gut u. Dorf, eingepfarrt zu Gersdorf	Neumark	Crossen	Adelich	Crossen	
Brieselang	Forsthaus und Teerofen	Mittelmark	Havelland			
Briest	Dorf, Filia von Plaue	Mittelmark	Havelland	Magistrat zu Brandenburg	Altstadt Brandenburg	Patron, v. Anhalt, Gerichts Obrigkeit Magistrat zu Brandenburg
Wüsten Briest	Vorwerk, eingepfarrt zu Plaue	Mittelmark	Havelland	Adelich		
Briest	Dorf, mater.	Ukermark	Ukerm. Kr.	Amt Gramzow	Gramzow	der König
Briest	Adel. Gut u. Dorf, Fil. von Büthen	Altemark	Tangerm.		Tangermünde	der Besitzer des adel. Guts
Brieze	Dorf, eingepfarrt zu Altstadt Salzwedel. Wassermühle.	Altemark	Salzwedel	Schul-Amt Dambeck	Salzwedel	
Briezen siehe Wriezen						
Briezig oder Briezke. Ist das oben genannte Dorf Breetsch.	Dorf, unicum.	Ukermark		Adelich	Strasburg	der Besitzer des Orts
Britsch siehe Briesch						
Britz	Dorf u. Vorwerk, Filia von Joachimsthal	Ukermark	Stolpksche Kr.	Amt Chorin	Neustadt-Eberswalde	der König

Britz

Name des Orts.	Stadt, Flecken, Dorf, Adelich Gut, Vorwerk ꝛc.	Provinz.	Kreis.	Adelicher Ort. Königl. Amtsort. Immediat-Stadt.	Geistliche Inspection.	Patron der Pfarr- und Filial-Kirche. Gerichts-Obrigkeit.
Briz	Adelich Gut und Dorf, mater.	Mittelmark	Teltow		Cölln an der Spree	der Besitzer des Orts
Brockmühle bey Apenburg		Altemark	Salzwedel	Adelich		
Brodewin	Dorf, mater.	Ukermark		Amt Chorin	Neu-Angermünde	der König
Bröddin	Vorwerk, eingepfarrt zu Warthe	Ukermark	Ukerm. Kr.	Adelich	Templin	der Besitzer des Orts
Bröllin s. Brellin						
Wend. Brohme	Dorf, eingepfarrt zu Altendorf im Fürst. Lüneb.	Altemark	Salzwedel	Adelich	Salzwedel	
Bruchau	Schäferey	Altemark	Salzwedel	Adelich		
Brüchau	Dorf, Filial von Neuendorf	Altemark	Salzwedel	Adelich	Salzwedel	die Besitzer des Orts
Bruchhagen	Adel. Gut u. Dorf, mater.	Ukermark	Stolpirsche Kr.		Neu-Angermünde	der Besitzer des Orts
Brückermark	Adelich Gut, eingepfarrt zu Wollin	Mittelmark	Zauche			
Brügge	Dorf, Filial von Rohlsdorf	Prignitz	Pritzwalk	Adelich	Pritzwalk	der Besitzer des Orts
Brünkendorf	Adelich Gut	Prignitz	Pritzwalk			
Brüsenhagen s. Briesenhagen						
Brüssow	Adelich Gut	Prignitz	Lenzen			
Brüssow	Flecken, Vorwerk, Windmühle, 2 Wassermühlen.	Ukermark	Stolpirsche Kr.	Amt Brüssow	Prenzlow	der König
Bruckenmühle		Altemark	Salzwedel	Adelich		
Brugge	Dorf, Filial-Kirche von Lippehne	Neumark	Soldin	Amt Cartzig	Soldin	der König
Brughof	Vorwerk	Neumark	Dramburg	Adelich		
Brugkrug	Vorwerk	Altemark	Seehausen	St. Seehausen		
Brugmühle bey Alten-Landsberg		Mittelmark	N. Barnim.			
Bruginühle bey Gardelegen		Altemark	Salzwedel	Adelich		
Brunn	Dorf, mater.	Mittelmark	Ruppin	Adelich	Wusterhausen an der Dosse	die Besitzer des Orts
Brunkau	Vorwerk	Altemark	Tangerm.	Adelich		Brunnau

35

Name des Orts.	Stadt. Flecken. Dorf, Adelich Gut. Vorwerk ꝛc.	Provinz.	Kreis.	Adelicher Ort. Königl. Amtsort. Immediat Stadt.	Geistliche Inspection.	Patron der Pfarr und Filial Kirche. Gerichts-Obrigkeit.
Brunnau	Dorf, Filial-Kirche von Plate	Altemark	Arendsee	Adelich	Calbe	der Besitzer des Orts
Brunne	Adelich Gut und Dorf, unicum.	Mittelmark	Havelland	A. Fehrbellin u. adelich	Fehrbellin	Patron, der König und die von Zieten, Gerichts-Obrigkeit die von Zieten
Brunow	Adel. Gut u. Dorf, Filia vagans von Welsickendorf	Mittelmark	Ober-Barn.	Adelich	Strausberg	der Besitzer des Orts
Brunow	Col. Dorf	Neumark	Schievelb.	St. Schievelb.		
Brunsberg siehe Braunsberg						
Brunschwig	Vorstadt vor Cottbus	Neumark	Cottbus	A. Cottbus		
Brusendorf	Adel. Gut u. Dorf, Fil. K. v. Rieckebusch. Ist eher dessen ein Pfarrdorf gewesen.	Mittelmark	Teltow		Königs-Wusterhausen	der Besitzer des Orts
Brusenwalde	Adelich Gut, eingepfarrt zu Beenz	Ukermark	Ukermärk. Kreis		Templin	
Brussow	Adelich Gut	Prignitz				
Buberow	Dorf, Fil. von Germendorf	Mittelmark	Ruppin	Amt Friedrichsthal	Zehdenick	der König
Buberow siehe Boberow						
Bubrow	Vorwerk	Neumark	Dramburg	Adelich		
Buch	Adel. Gut u. Dorf, mater. Schäferey. Wassermühle. Ziegelscheune.	Mittelmark	Nied. Barn.	Adelich	Berlin	der Besitzer des Orts
Buch	Dorf, mater.	Altemark	Tangerm.	Amt Tangermünde	Tangermünde	der König
Buchsche Ruhstelle		Altemark	Tangerm.	Amt Tangermünde		der König Buchholz

Name des Orts.	Stadt, Flecken, Dorf, Adelich Gut, Vorwerk ꝛc.	Provinz.	Kreis.	Adelicher Ort, Königl. Amtsort, Immediat-Stadt.	Geistliche Inspection.	Patron der Pfarr- und Filial Kirche, Gerichts Obrigkeit.
Buchholz	Vorwerk, Deutsch-Reformirtes Filial von Hindenburg	Ukermark	Ukermärk. Kr.			
Buchholz	Dorf, unicum.	Mittelmark	Jauchische Kreis	A. Potsdam	Treuenbrietzen	der König
Buchholzsche Mühle	½ Meile vom vorhergehenden Dorf	Mittelmark	Zauche	A. Saarmund		
Buchholz	Adelich Gut, Dorf	Neumark	Cottbus	Adelich		
Buchholz	Vorwerk	Neumark	Arenswalde	Adelich		
Buchholz	Dorf, Filial von Polenzig	Neumark	Sternberg	Adelich		
Buchholz	Dorf, mater.	Mittelmark	Lebus	Amts Fürstenwalde	Fürstenwalde	der König
Buchholz	Städtchen	Churmark	Bees- und Storkow	Prinzlich Amt Buchholz	Königl. Wusterhausen	Pr. v. Preußen
Buchholz	Dorf, Filial-Kirche v. Blankenburg, und Französisch Reform. Kirche	Mittelmark	Nieder-Barnim. Kr.	A. Mühlenbeck	Berlin	der König
Buchholz bey Pritzwalk	Dorf, unicum.	Prignitz	Pritzwalk	Adelich	Pritzwalk	Patron das Stift zum heil. Grabe. Ger. Obr. v. Winterfeld auf Freienstein
Gr. Buchholz	Dorf, Filial-Kirche von Quitzow	Prignitz	Perleberg	Adelich	Perleberg	Patron v. Möllendorf, Ger. Obrigk. ebenderselbe und von Karstedt
Kl. oder Wüsten-Buchholz	Dorf, eingepfarrt zu Schönfeld	Prignitz	Perleberg	Adelich	Perleberg	
Alt-Buchholz	Vorwerk	Prignitz	Havelberg	Adelich		
Neu-Buchholz	Vorwerk	Prignitz	Havelberg	Adelich		

Buchholz

Name des Orts.	Stadt, Flecken, Dorf, Adelich Gut, Vorwerk ꝛc.	Provinz.	Kreis.	Adelicher Ort. Königl. Amtsort. Immediat-Stadt.	Geistliche Inspection.	Patron der Pfarr- und Filial-Kirche. Gerichts-Obrigkeit.
Buchholz	Dorf u. Vorwerk, F K. v. Alt-Landsberg. Spitzmühle	Mittelmark	Ober-Barn. Kr.	A. Alten-Landsberg	Friderichswerder zu Berlin	der König
Buchholz	Dorf, unicum.	Altemark	Tangerm.	Amt Tangerm. u. Universität zu Frankfurt	Tangermünde	Universität zu Frankfurt
Buchhorst	Einzelnes Haus in der Heide, ist zu Markgraf Piesle eingepfarrt	Mittelmark				
Buckow bey Carpzow	Dorf, Filial v. Falkenrede	Mittelmark	Havelland	Adelich	Potsdam	der Besitzer des Orts
Buckow	Dorf, mater.	Mittelmark	Havelland	Dom-Kapitul zu Brandenb.	Dom Brandenburg	Dom-Kapitul zu Brandenb.
Buckow	Dorf, Filial-Kirche von Lichtenrade	Mittelmark	Teltow	Adelich	Cöln an der Spree	der Besitzer des Orts
Klein-Buckow	Adelich Gut und Flecken, mater. Vormühle, Ziegelscheune.	Mittelmark	Ober-Barn. Kreis		Müncheberg	der Besitzer des Orts
Buckow	Adelich Gut und Flecken, Brettsmühle.	Mittelmark	Lebusische Kreis	Adelich	Müncheberg	der Besitzer des Orts
Buckow	Dorf, Fil. von Maitenedorf	Prignitz	Perleberg	Adelich	Putlitz	die Besitzer des Orts
Buckow	Dorf, mater, Vorwerk	Churmark	Bees- und Storkow	A. Beeskow	Beeskow	der König
Buckow	Adel. Gut u. Dorf	Neumark	Züllichow	Adelich	Züllichow	die Besitzer des Orts
Buckwitz oder Buchwitz	Dorf, Filial-Kirche v. Stappenbeck	Altemark	Arendsee	Adelich	Arendburg	der Besitzer der Probstey Salzwedel
Buddo	Vorwerk	Neumark	Dramburg	Adelich		
Budenhagen	Dorf, eingepfarrt zu Freyenstein	Prignitz	Pritzwalk	Adelich	Pritzwalk	
Bückwitz	Dorf, Filial Kirche von Neustadt an der Dosse. Adelich Gut	Mittelmark	Ruppin	Amt Neustadt und adelich	Wusterhausen an der Dosse	der König

Name des Orts.	Stadt. Flecken. Dorf. Adelich Gut. Vorwerk ic.	Provinz.	Kreis.	Adelicher Ort. Königl. Amtsort. Immediat-Stadt.	Geistliche Inspection.	Patron der Pfarr- und Filial-Kirche. Gerichts-Obrigkeit.
Bühne	Dorf, Filial-Kirche von Güssefeld	Altemark	Arendsee	Adelich	Calbe	der Besitzer des Orts
Bülow	Vorwerk, eingepfarrt zu Easterbow	Mittelmark	Ruppin	Adelich		
Bülitz	Dorf, Filial von Grassau	Altemark	Stendalsche Kr.	Adelich	Stendal	der Besitzer des Orts
Bülstringen	Adel. Gut u. Dorf, mater.	Altemark	Tangerm. Kreis	Adelich	Gardelegen	der Besitzer des Orts
Bündfeld, Büntefeld, siehe Bindfeld						
Bärs	Vorwerk	Altemark	Arneburg	A. Tangerm.		
Büssen	Schäferey, eingepfarrt zu Bendendorf	Altemark	Arendsee	Adelich		
Büste	Adel. Gut u. Dorf, unicum.	Altemark	Stendal.Kr.	Adelich	Stendal	der Besitzer des Orts
Büsterfelde	Dorf, Filial-Kirche v. Boytzenburg	Ukermark	Ukermärkische Kreis	Adelich		
Bütow	Adel. Gut u. Dorf, Filial von Reetz	Neumark	Dramburg	Adelich	Arenswalde	
Bugk	Dorf und Mühle, eingepfarrt zu Storkow	Churmark	Bees- und Storkow.	A. Stausdorf	Storkow	
Bulgerin	Adelich Gut	Neumark	Dramburg	Adelich		
Bullendorf	Adelich Gut	Prignitz	Pritzwalk			
Burg	Adel. Gut u. Dorf	Neumark	Cottbus		Cottbus	C
Burg oder Burk	Dorf, eingepfarrt zu Werben, mater.	Neumark	Cottbus	A. Cottbus	Cottbus	der König
Burghagen	Adel. Gut u. Dorf, Filia vagans von Düpow.Wassermühle.	Prignitz	Perleberg		Perleberg	der Besitzer des Orts
Burgstall	Dorf, Vorwerk und Schäferey, mater.	Altemark	Tangerm.	A. Burgstall	Gardelegen	der König
Burgwald	Vorwerk	Neumark	Dramburg	Adelich		

Berg-

Name des Orts.	Stadt, Flecken, Dorf, Adelich Gut, Dorfwerk ꝛc.	Provinz.	Kreis.	Adelicher Ort. Königl. Amtsort. Immediat-Stadt.	Geistliche Inspection.	Patron der Pfarr- und Filial-Kirche, Gerichts-Obrigkeit.
Burgwall bey Spandow	Fischerdorf	Mittelmark	Havelländ. Kr.	Magistrat zu Spandow	Spandow	
Burgwall	Königl. Col. Dorf, und Adelich Gut	Mittelmark	Ober-Barnim. Kr.	A. Wrietzen	Wrietzen	
Burow	Col. Dorf. Die Einwohner halten sich jetzt zu der Kirche in Pirow	Prignitz	Perleberg	Adelich auf des Amts Zechlin Feldmark angelegt	Perleberg	
Burow	Col. Dorf	Mittelmark	Ruppin	Adelich	Zehdenick	
Burschen	Dorf, Filial von Seren	Neumark	Sternberg	Adelich	Sonnenburg	Commenthur zu Lagow
Busberg	Vorwerk	Neumark	Arenswalde	Adelich		
Busch	Adel. Gut u. Dorf, eingepfarrt zu Iden	Altmark	Arneb. Kr.			
Buschmühle bey Gardelegen		Altmark	Salzwedel	A. Gardelegen		
Buschmühle	zu Räcklitz	Altmark	Arneburg	Adelich		
Busch	Vorwerk	Neumark	Sternberg	Adelich		
Buschow	Adel. Gut u. Dorf, Fil. Kirche von Barnewitz. Mühle.	Mittelmark	Havelland	Adelich	Dom Brandenburg	Patron v. Wilmersdorf, Gerichts-Obrigk. derselbige und die von Knoblauch
Buschschäferey	Vorwerk	Neumark	Landsberg	Adelich	Landsberg	die von Knoblauch
Buskow oder Buscho	Adelich Gut und Dorf, Filia von Walchow. Ziegelscheune.	Mittelmark	Ruppin	Adelich	Neu-Ruppin	der Besitzer des Orts
Bussow	Adelich Gut und Dorf, mater.	Neumark	Friedeberg	Adelich	Landsberg	die Besitzer des Orts
Bust	Dorf, unicum.	Altmark	Stendal	Adelich	Stendal	der Besitzer des Orts
Butow	Adelich Gut	Neumark	Dramburg			Butow

Name des Orts.	Stadt. Flecken. Dorf. Adelich Gut. Vorwerk ꝛc.	Provinz.	Kreis.	Adelicher Ort. Königl. Amtsort. Immediat Stadt.	Geistliche Inspection.	Patron der Pfarr- und Filial Kirche. Gerichts-Obrigkeit.
Butow	Adel. Gut u. Dorf, Filia von Reetz	Neumark	Arendswalde	Adelich	Arendswalde	der Besitzer des Orts
Butterfelde	Dorf, mater.	Neumark	Königsberg	A. Butterfelde	Königsberg	der König
Butterhorst	Dorf, Filial-Capelle von Altmerschleben	Altmark	Arendsee	Amt Salzwedel	Calbe	der König
Buzow	Dorf, Filia vagans von Buckow	Mittelmark	Havelland	Adelich	Altstadt Brandenburg	Patron, das Dom-Kapitul zu Brandenburg, Gerichts-Obr. eben dasselbe und der von Brösicke zu Retzur.

Cabelow

Name des Orts.	Stadt, Flecken, Dorf, Adelich Gut, Vorwerk ꝛc.	Provinz.	Kreis.	Adelicher Ort, Königl. Amtsort, Immediat-Stadt.	Geistliche Inspection.	Patron der Pfarr- und Filial-Kirche, Gerichts-Obrigkeit.
Cabelow	Dorf, Fil. K. von Friedersdorf	Churmark	Bees- und Stork.	Amt Stansdorf	Storkow	der König
Cagar s. Nagar						
Calbe	Flecken, mit Stadtgerechtigkeit, drey adeliche Höfe, eine Wasser- und eine Windmühle.	Altemark	Arendsee	Adelich	Calbe	die von Alvensleben zum Hause Calbe, deren Gesamtgericht hier seinen Sitz hat.
Calberwisch	Adel. Gut u. Dorf, Filia von Waldsleben. Windmühle.	Altemark	Seehausen		Werben	Patron Graf v. der Schulenburg zu Kiebesrose, Gerichts-Obrigk. eben derselbe, noch zwey Edelleute, und der Magistrat zu Stendal
Calenberge	Adelich Gut	Altemark	Seehausen			
Calentrimp	Freyhof	Altemark				
Calenzig bey Sunskop	Vorwerk	Neumark	Dramburg	Adelich		
Calenzig	Dorf, Fil. von Schaumburg	Neumark	Königsberg	A. Quartschen	Küstrin	der König
Callehne	Dorf, macht mit dem dicht daran liegenden Dorf Velgau, Eine metrem aus.	Altemark	Tangerm.	Adelich	Apenburg	die Besitzer des Orts
Callies	Stadt, Schloß und Vorwerk	Neumark	Dramburg	Adelich	Dramburg	der Besitzer des Orts
Callinichen	Dorf, eingepfarrt zu Zossen	Mittelmark	Teltow	Prinzlich Amt Gallun	Zossen	
Calvaria am Schönberge	bey Havelberg	Prignitz		der Berg gehört dem Domkapitul zu Havelberg, das Schulhaus auf demselben der Stadt.		
Cammes	Adel. Gut u. Dorf, unicum, wird von dem Prediger zu Golzow besorgt.	Mittelmark	Zauche		Neustadt Brandenburg	der Besitzer des Orts

F

Cam-

Name des Orts.	Stadt, Flecken, Dorf, Adelich Gut, Vorwerk rc.	Provinz.	Kreis.	Adelicher Ort, Königl. Amtsort, Immediat-Stadt.	Geistliche Inspection.	Patron der Pfarr- und Filialkirche, Gerichts-Obrigkeit.
Cammerode	Vorwerk, eingepfarrt zu Bliesendorf	Mittelmark	Zauche	Adelich		
Gr. Cammin	Dorf, Filial von Blumberg	Neumark	Landsberg	Adelich	Küstrin	der Besitzer des Orts
Kl. Cammin	Dorf, eingepfarrt zu Gr. Cammin	Neumark	Landsberg	Adelich	Küstrin	
Camps	Vorwerk	Altemark	Seehausen	Magistrat zu Seehausen		
Campehl oder Campiel	Dorf, unicum, ist 1773 auf zwanzig Jahre zu einer Filia vom Diac. zu Wusterhausen an der Dosse gemacht worden.	Mittelmark	Ruppin	Adelich	Wusterhausen an der Dosse	der Besitzer des Orts.
Cantow	Dorf, mater.	Mittelmark	Ruppin	Adelich	Wusterhausen an der Dosse	der Besitzer des Orts
die Canne	Forsthaus bey Cöpenick	Mittelmark	Teltow	Amt Cöpenick		
Canz	.	Prignitz	Kyritz			
Gr. und Kl. Capermothen	Schäfereyen	Altemark	Arendsee	Adelich		
Auf der Cappe	Col. Dorf bey Zehdenick, Fil. vagans von Gr. Schönebeck. Das Vorwerk Böhmerheide, die Teeröfen Logien u. Rehluch, die holländische Papiermühle.	Ukermark	Ukermärkische Kreis	Amt Zehdenick und adelich	Vernau	
Caputh	Vorwerk, zu der Pfarre Langerwisch gehörig	Mittelmark	Zauchische Kr.	Amt Potsdam		
Carbe	Dorf, Filia von Hohen-Carzig	Neumark	Friedeberg	A. Driesen	Landsberg	der König
Neu-Carbe	Dorf, eingepfarrt zu Vorbruch	Neumark	Friedeberg	A. Driesen		
Carbe oder Carve	Adel. Gut u. Dorf, eingepfarrt zu Neuhausen	Prignitz	Perleberg		Perleberg	
Carlban	Dorf	Altemark	Tangerm.	A. Tangerm.		

Carls

Name des Orts.	Stadt, Flecken, Dorf, Adelich Gut, Vorwerk ꝛc.	Provinz.	Kreis.	Adelicher Ort, Königl. Amtsort, Immediat-Stadt.	Geistliche Inspection.	Patron der Pfarr- und Filial-Kirche, Gerichts-Obrigkeit.
Carlbausche Rubstelle	Ein einzeln Haus	Altemark	Tangerm.	A. Tangerm.		
Carlsberg bey Storkow	Vorwerk	Neumark	Dramburg	Adelich		
Carlsberg bey Wildenow	Vorwerk	Neumark	Frideberg	Adelich		
Carlsbiese	Dorf, hält sich jetzt zu der Pfarre Neu-Lewin	Neumark	Königsberg	Ordens-Amt Grüneberg	Wriezen	
Carlsteich	Vorwerk	Neumark	Frideberg	Adelich		
Carmzow	Adel. Gut u. Dorf, mater. Windmühle.	Ukermark	Ukerm. Kr.		Prenzlow	der Besitzer des Orts
Caro oder Carow	Dorf, Fil. Kirche von Buch	Mittelmark	Nieder-Bar.	Adelich	Berlin	der Besitzer des Orts
Carpzow bey Buchow	Dorf u. Meyerey, Filial von Falkenrede	Mittelmark	Havelländ. Kreis	Adelich	Potsdam	der Besitzer des Orts
Carritz	Dorf, Fil. Kirche von Berkau	Altemark	Stendal	Adelich	Gardelegen	die Besitzer des Orts
Carsebaum	Col. Dorf, eingepfarrt zu Labenz	Neumark	Schievelbein	Adelich	Schievelbein	
Cartan	Adelich Gut, eingepfarrt zu Lenze. Wassermühle. Forsthaus.	Prignitz	Perleberg			
Cartansche Mühle		Prignitz	Havelberg			
Cartlow	Adelich Gut	Neumark	Schievelb.			
Hohen-Carzig	Dorf, mater.	Neumark	Frideberg	Adelich	Landsberg	der Besitzer des Orts
Carzig	Dorf, Filial von Neuenburg	Neumark	Soldin	A. Carzig	Soldin	der König
Carzig	Dorf, Filia von Podelzig	Mittelmark	Lebus	Adelich	Frankfurt	der Besitzer des Orts
Carzow	Dorf, mater.	Mittelmark	Havelländ. Kr.	Adelich	Potsdam	der Besitzer des Orts

Name des Orts.	Stadt. Flecken. Dorf. Adelich Gut. Vorwerk ꝛc.	Provinz.	Kreis.	Adelicher Ort. Königl. Amtsort. Immediat-Stadt.	Geistliche Inspection.	Patron der Pfarr- und Filial-Kirche. Gerichts-Obrigkeit.
Carwe	Dorf, mater.	Mittelmark	Ruppin	Adelich	Neu-Ruppin	der Besitzer des Orts
Carwesee	Adel. Gut u. Dorf, mater.	Mittelmark	Havelland	Adelich u. Amt Fehrbellin	Fehrbellin	der adeliche Besitzer des Orts
Carwitz	Dorf, Filial von Köntopf	Neumark	Dramburg	Adelich	Dramburg	der Besitzer des Orts
Caselau	Vorwerk, eingepfarrt zu Rossau	Ukermark		A. Löcknitz		
Casigk od. Cassick	Dorf, mater.	Altmark	Tangermündische Kr.	Amt Neuendorf	Gardelegen	der König
Cassuhn	Dorf, mater.	Altmark	Arendsee	Adelich	Salzwedel	der Besitzer des Orts
Catelow oder Kattlow	Dorf und Wassermühle, eingepfarrt zu Kahren	Neumark	Cottbus	Adelich	Cottbus	
Caterbow	Dorf, mater.	Mittelmark	Ruppin	Adelich	Neu-Ruppin	
Cattenhorst	Col. Dorf	Neumark		Magistrat zu Landsberg	Landsberg	der Besitzer des Orts
Cattensteigsche Mühle	eingepfarrt zu Königsberg	Prignitz	Wittstock	Adelich		
Cavelswerder	Vorwerk, eingepfarrt zu Cwiersdorf	Mittelmark	Ober-Barnim. Kr.	Adelich		
Caulsdorf siehe Kaulsdorf						
das Cauper-Etablissement	im Spreewalde bey Burg	Neumark	Cottbus	Amt Cottbus		
Cestow oder Zeestow	Dorf, mater.	Mittelmark	Havelland	Adelich	Nauen	Patron v. Bredow, Ger. Obrigl. eben ders. und das Dom-Directorium zu Berlin.
Charlottenburg	Stadt die Stadt-Kirche wird nicht nur v. d. Luth. Gemeine, sondern auch alle Vierteljahr von der hiesigen Ref. Gemeine, welche von Berlin aus besorget wird, zum Gottesdienst gebraucht.	Mittelmark	Teltow	Immediat	Cöln an der Spree Berlinsche Ref. Inspection	Magistrat

Name des Orts.	Stadt. Flecken. Dorf. Adelich Gut. Vorwerk ꝛc.	Provinz.	Kreis.	Adelicher Ort. Königl. Amtdorf. Immediat-Stadt.	Geistliche Inspection.	Patron der Pfarr- und Filial-Kirche. Gerichts-Obrigkeit.
Charlottenhof	Vorwerk, eingepfarrt zu Flieth	Ukermark	Ukermärk. Kr.	Adelich		
Charlottenhof	Vorwerk	Neumark	Dramburg	Adelich		
Charlottenhof	Vorwerk	Mittelmark	Ruppin			
Charlottenhof	Meyerey	Altemark	Tangerm.	Adelich		
Charlottenthal	Meyerey, eingepfarrt zu Waldsleben	Mittelmark	Ruppin	Adelich		
Cheine	Dorf, Fil. von Dombeck und Rockenthin	Altemark	Salzwedel	Schulamt Daubeck	Salzwedel	von Knesebeck zu Tilsen
Cheinitz	Dorf, Filia von Zettlingen	Altemark	Arendsee	Adelich	Salzwedel	Patron, von Alvensleben, Ger.Obr.Gr. v.d.Schulenburg zu Besendorf
Chemnitz oder Kemnitz	Dorf, mater.	Prignitz	Pritzwalk	Adelich	Pritzwalk	Patr. das Dom-Kapitul zu Havelberg, Ger.Obr. das Stift zum heil. Grabe.
Chemnitz oder Kemnitz	Adel. Gut u. Dorf, Fil. Kirche v. Gr. Creutz.Schäferey	Mittelmark	Zauche	Adelich	Neustadt Brandenburg	der Besitzer des Orts
Chemnitz oder Kemnitz	Dorf eingepfarrt zu Altstadt Salzwedel	Altemark	Salzwedel	Amt Salzwedel und adelich	Altstadt Salzwedel	Ger. Obr. Graf v.d.Schulenburg auf der Probstey
Chemnitz oder Kemnitz	Dorf, Filia von Frankenförde	Churmark	Luckenwalde	Amt Zinna	Pechül	der König
Chorin	Vorwerk, Sitz des Amts, Filial von Brodewin	Ukermark	Stolpirsche Kr.	Amt Chorin	Neu-Angermünde	der König
Chorinsches Alt-Hüttendorf	Filia von Herzsprung	Ukermark	Stolpirsche Kr.	Amt Chorin	Neu-Angerm.	der König
Chorinsche Glashütte	eingepfarrt in die Kirche des Amts Chorin	Ukermark	Stolpirsche Kreis	Amt Chorin	Neu-Angerm.	
Chorinchen	Dorf, Fil. K. von Brodewin	Ukermark	Stolpirsche Kreis	Amt Chorin	Neu-Angermünde	der König
Christianenhof	Vorwerk, eingepfarrt zu Schapo	Ukermark	Ukerm. Kr.	Adelich		
Christindorf	Dorf, mater.	Mittelmark	Teltow	Amt Zossen	Zossen	der König Christinen-

Name des Orts.	Stadt, Flecken, Dorf, Adelich Gut, Vorwerk ɛc.	Provinz.	Kreis.	Adelicher Ort, Königl. Amtsdorf, Immediat Stadt.	Geistliche Inspection.	Patron der Pfarr und Filial-Kirche, Gerichts-Obrigkeit.
Christinenholz	Vorwerk	Neumark	Königsberg	Adelich		
Christdorf oder Christorf	Dorf, mater.	Prignitz	Wittstock	Adelich	Wittstock	der Besitzer des Orts
Chrume	Dorf, eingepfarrt zu Gersdorf	Neumark	Crossen	Amt Crossen	Crossen	
Gr. Chüden	Dorf, mater.	Altemark	Salzwedel	Adelich	Salzwedel	der Besitzer des Orts
Kl. Chüden	Dorf, Filial-Capelle von Gr. Chüden	Altemark	Salzwedel	Amt Salzwedel	Salzwedel	der König
Chüttlitz	Dorf, eingepfarrt zu Altstadt Salzwedel	Altemark	Salzwedel	Adelich	Salzwedel	
Chursdorf	Dorf, Filial von Adamsdorf	Neumark	Soldin	Adelich	Soldin	der Besitzer des Orts
Alt-Chursdorf	Vorwerk	Neumark	Soldin	Adelich		
Claasdorf	Col. Dorf, Wassermühle	Mittelmark	Zauche	A. Saarmund		
Cladow	Dorf, mater.	Neumark	Landsberg	A. Himmelstädt	Landsberg	der König
Cladow	Dorf, mater.	Mittelmark	Havelland	Amt Spandow	Potsdam	der Besitzer von Gr. Glienicke
Cläden bey Arendsee	Dorf, mater combinata mit Arendsee. Windmühle	Altemark	Arendsee	A. Arendsee	Salzwedel	der König
Cläden bey Stendal	Adel. Gut u. Dorf, mater.	Altemark	Stendal		Stendal	Patr. und Ger. Obr. der Besitzer des hiesl. adel. Guts zu ⅓, u. der Besitzer des adel. Guts in Storkau zu ⅔.
Clantzig	Dorf und Ziegeley	Neumark	Schievelb.	Adelich		
Clausburg bey Zänicke	Vorwerk	Neumark	Dramburg	Adelich		
Clausdorf	Dorf, Filia von Messen	Neumark	Dramburg	Magistrat zu Dramburg	Dramburg	der Besitzer des Orts
Clausdorf	Dorf, mater.	Neumark	Soldin	Amt Cartzig	Arenswalde	der König
Clausdorf	Col. Dorf, Fil. von Treuenbrietzen	Churmark	Luckenwalde	A. Zinna	Treuenbrietzen	der König
Clausdorf	Dorf, eingepfarrt zu Sperrenberg	Mittelmark	Teltow	A. Zossen	Zossen	

Claus-

Name des Orts.	Stadt, Flecken, Dorf, Adelich Gut, Vorwerk ic.	Provinz.	Kreis.	Adelicher Ort, Königl. Amtsort, Immediat-Stadt.	Geistliche Inspection.	Patron der Pfarr- und Filial-Kirche, Gerichts-Obrigkeit.
Claushagen	Dorf, Filia von Wichmannsdorf	Ukermark	Ukerm. Kr.	Adelich	Prenzlow	der Besitzer des Orts
Clauswalde	Dorf, Filia von Laubow	Neumark	Sternberg	Adelich	Drossen	der Besitzer des Orts
Clebow	Dorf, eingepfarrt zu Tamulendorf	Neumark	Crossen	Adelich	Crossen	
Cleinow siehe Kleinau						
Clemzow	Dorf, Fil. v. Butterfelde	Neumark	Königsberg	Adelich	Königsberg	der Besitzer des Orts
Clessin	Dorf, eingepfarrt zu Lebus	Mittelmark	Lebus	Adelich	Frankfurt	
Clewische Häuser		Mittelmark	Ruppin	Adelich		
Clewitz	Dorf, Fil. von Schaumburg	Neumark	Königsberg	A. Quartschen	Küstrin	der König
Cliestow	Dorf, Filia von Frankfurt	Mittelmark	Lebus	der Magistrat zu Frankfurt	Frankfurt	der Magistrat
Cliestow	Dorf, eingepfarrt zu Trebbin	Mittelmark	Teltow	A. Trebbin	Mittenwalde	der König
Clockow	Adelich Gut	Prignitz	Perleberg			
Clossow	Dorf, Filia von Zellin	Neumark	Königsberg	Adelich	Königsberg	der Besitzer des Orts
Closter u. adelich Gut zu Arenswalde		Neumark	Arendswalde	A. Reetz		
Closter-Lindow	Vorwerk bey der Stadt Lindow	Mittelmark	Ruppin	A. Ruppin		
Closter	Vorwerk und Sitz des Amts Spandow bey Spandow	Mittelmark	Havelland	A. Spandow		
Closterdorf	Dorf, Filial-Kirche von Strausberg. Vorwerk, Windmühle.	Mittelmark	Ober-Barn. Kr.	A. Rüdersdorf	Strausberg	der König

Closter-

Name des Orts.	Stadt, Flecken, Dorf, Adelich Gut, Vorwerk ꝛc.	Provinz.	Kreis.	Adelicher Ort, Königl. Amtsort, Immediat-Stadt.	Geistliche Inspection.	Patron der Pfarr- und Filial-Kirche. Gerichts-Obrigkeit.
Closterfelds	Dorf, mater.	Neumark	Arenswalde	Amt Marienwalde	Arenswalde	der König
Closterfelde	Dorf, mater. Der Lorsche u. Bogensche Teerofen, sind eingepfarrt.	Mittelmark	Nieder-Barnim.	A. Mühlenbeck	Bernau	der König
Closterheyde	Dorf, Deutsche Reformirte Gemeine, welche eine Filia v. Lindow ist. Die hiesigen Lutheraner sind eingepfarrt zu Lindow	Mittelmark	Ruppin	Amt Ruppin	Refor. Gemeine stehet unter der Ruppinschen Insp.	
Closterwalde	Dorf, Filia vagans von Herzfelde. Wassermühle.	Uckermark	Uckerm. Kr.	Amt Zehdenick	Templin	der König
Clüden zur Hälfte, die andere Hälfte gehört zum Herzgth. Magdeburg	Dorf, Filia von Roßförde	Altemark	Tangerm.	Adelich	Garbelegen	Patron, der König, Gerichts-Obrigkeit v. Schenk
Cobbel	Dorf, mater.	Altemark	Tangerm.	Adelich	Tangermünde	der Besitzer des Orts
Cölpin siehe Kölpin						
Cölzig	Dorf, mater.	Neumark	Arenswalde	Amt Marienwalde	Arenswalde	der König
Cöpenick	Stadt, 1) Lutherische Pfarr-Kirche 2) Schloß-Kapelle deren sich die Deutsch- und Französisch-Ref. Gem. gemeinschaftlich bedienet.	Mittelmark	Teltow	Immediat	1) Friderichswerdersche Inspection. 2) die Deutsch-Ref. Gem. stehet unter der Berlinschen Insp.	der Magistrat
Cörsien siehe Körzlen						
Neu-Cörtnitz oder Curtnitz	Dorf, mater.	Neumark	Arenswalde	Adelich	Arenswalde	der Besitzer des Orts

Cöthen

Name des Orts.	Stadt. Flecken. Dorf. Adelich Gut. Vorwerk ꝛc.	Provinz.	Kreis.	Adeliches Ort. Königl. Amtsort. Immediat-Stadt.	Geistliche Inspection.	Patron der Pfarr- und Filial-Kirche. Gerichts-Obrigkeit.
Cöthen s. Röthen						
Colbatsche Mühle	Wasser- u. Schneidemühle.	Ukermark	Uckerm. Kr.	der Eigenthümer giebt Grundzins an den Besitzer v. Beenz		
Colberg	Dorf, eingepfarrt zu Gersdorf	Churmark	Beesk- und Storkow	Königl. Amt Plössin	Storkow	
Colpin	Forsthaus, gehört nach Werben	Prignitz	Pritzwalk			
Colpinichen oder Kulpinichen	Dorf, eingepfarrt zu Storkow	Churmark	Beesk- und Stork.Kr.	A. Storkow	Storkow	
Colrep oder Kohlreif	Dorf, mater.	Prignitz	Pritzwalk	das Stift zum heil. Grabe	Pritzwalk	Stift zum heil. Grabe
Comptendorf	Dorf, mater.	Neumark	Cottbusische Kreis	Adelich	Cottbus	der Besitzer des Orts
Coppenbrügge	Col. Dorf, Luth. u. Ref. Gemeine, die letzte wird v. dem Prediger zu Neustadt an der Dosse besorget.	Mittelmark	Ruppin	Amt Neustadt an der Dosse	Reform. Insp. Ruppin	
Corbs-Krug	Vorwerk	Mittelmark	Teltow	Prinzlich Amt Wusterhausen		
Corrihden oder Coritten	Dorf, Filia von Spiegelberg	Neumark	Sternberg	Commenthurey Lagow	Sonnenburg	der Commenthur
Cossar	Dorf, mater.	Neumark	Crossen	Adelich	Crossen	der Besitzer des Orts
Cossebau oder Cossebue	Dorf, mater.	Altemark	Arendsee	Adelich	Seehausen	der Besitzer des Orts
Cossenblatt	Dorf, unicum.	Mittelmark	Beesk- und Storkow	Pr. v. Preußen A. Cossenblatt	Königl-Wusterhausen	Pr. v. Preußen
Cossin	Dorf, Filia von Meinsdorf	Mittelmark	Zauchsche Kr.	Adelich	Treuenbrietzen	der Besitzer des Orts
Cottbus	Stadt 1) Oberkirche, Luth. Pfarrkirche 2) Unter- oder Wendische Kirche, Filia von d. Pfarrk. 3) Ref. Deutsche und Französische Kirche	Neumark	Cottbus	Immediat	1) } hiesige Lutherische 2) } Inspection 3) hies. Deutsch. Reform. Inspection	1) Patron, der König in Ansehung des Pastorats, der Magistrat in Ansehung d. Diaconats. 2) Insp. u. Magistrat 3) der König Craatz

Name des Orts.	Stadt, Flecken, Dorf, Adelich Gut, Vorwerk 2c.	Provinz.	Kreis.	Adelicher Ort, Königl. Amtsort, Immediat-Stadt.	Geistliche Inspection.	Patron der Pfarr- und Filial Kirche, Gerichts Obrigkeit.
Craatz	Vorwerk, Filia vagans von Gütz-Neuwerder	Ukermark	Ukerm. Kr.	Adelich	Prenzlow	der Besitzer des Orts
Craatz	Dorf, unicum.	Mittelmark	Ruppin	A. Liebenwalde	Gransee	der König
Craatz	Dorf, Filia von Cläden	Altemark	Arendsee	Amt Arendsee	Salzwedel	der König
Cramnitzsche	Wassermühle, ist eingepfarrt in Lindow	Mittelmark	Ruppin	b. Eigenthümer		
Crampe	Dorf, Filial von Neu-Cörtnitz	Neumark	Arenswalde	Adelich	Arenswalde	der Besitzer des Orts
Crampenitz	Vorwerk u. Forsthaus, eingepfarrt zu Fahrland	Mittelmark	Havelland	A. Fahrland		
Crane oder Krahne	Dorf, mater. Windmühle.	Mittelmark	Zauchische Kreis	Adelich	Neustadt Brandenburg	der Besitzer des Orts
Crangen	Dorf, Filial von Alt-Ruppin	Mittelmark	Ruppin	Amt Ruppin	New-Ruppin	der König
Crangensche Brücke	Forsthaus	Mittelmark	Ruppin	Amt Ruppin		
Cranzin	Dorf, Filia von Schwachenwalde	Neumark	Arenswalde	Adelich	Arenswalde	der Besitzer des Orts
Cratzen	Dorf, Filia von Pitzerwitz	Neumark	Soldin	Adelich	Soldin	der Besitzer des Orts
Cratznick	Dorf, Filial von Liebenow	Neumark	Arenswalde	Adelich	Arenswalde	der Besitzer des Orts
Cremersborn	Adel. Gut u. Dorf, Filial von Keitersdorf	Neumark	Crossen		Crossen	der Besitzer des Orts
Cremkau	Dorf, mater.	Altemark	Stendal	Adelich	Calbe	die Besitzer des Orts

Cremlin

Name des Orts.	Stadt, Flecken, Dorf, Adelich Gut, Vorwerk zc.	Provinz.	Kreis.	Adelicher Ort, Königl. Amtsort, Immediat-Stadt.	Geistliche Inspection.	Patron der Pfarr- und Filial-Kirche, Gerichts-Obrigkeit.
Cremlin oder Crämmelin	Dorf, Filial von Mellentin	Neumark	Soldin	Adelich	Soldin	der Besitzer des Orts
Cremmen	Stadt, adelich Gut, Kön. Vorwerk und Forsthaus am Cremmenschen Damm. 1) Luth. Pfarrkirche 2) Ref. Gemeine ist Filia v. Hohen-Bruch	Mittelmark	Glien- u. Löwenberg.	Amt Vehlefanz und adelich	1) Insp. Nauen 2) die Ref. Gem. stehet unter der Ruppinschen Insp.	Patron der König und zwey adel. Besitzer, Ger. Obrigk. das Amt Vehlefanz u. vier adel. Mitbesitzer
Cremzow	Dorf, Filial Kirche von Caruszow	Ukermark		Adelich	Prenzlow	der Besitzer des Orts
Crenzlin siehe Krenzlin						
Crewelin	Dorf, Filia von Kl. Muz	Ukermark	Ukermärk. Kreis	Amt Zehdenick	Zehdenick	der König
Gr. Creutz	Dorf, mater. Schäferey. Windmühle.	Mittelmark	Zauche	Adelich	Neustadt Brandenburg	der Besitzer des Orts
Kl. Creutz oder Creutzwitz	Dorf, mater.	Mittelmark	Havelland	Magistrat zu Brandenburg	Dom Brandenburg	Patr. das Domkapit. zu Br. Gerichtsobr. der Magistrat zu Brand.
Creutzbruch	Dorf, Reformirte Filial-Gemeine v. Neu-Holland	Mittelmark	N. Barnim.	A. Liebenwalde	Ref. Gem. stehet unter der Rup. Insp.	
Creutzburg	Dorf, Filia von Sedbin	Prignitz	Perleberg	Adelich	Puttlitz	die Besitzer des Orts
Creutzkrug	Vorwerk, eingepfarrt zu Closterwalde	Ukermark	Ukerm. Kr.	Adelich		
Crewese	Dorf, mater.	Altemark	Seehausen	Adelich	Osterburg	die Besitzer des Orts

Crewitz

Name des Orts.	Stadt, Flecken, Dorf, Adelich Gut, Vorwerk ꝛc.	Provinz.	Kreis.	Adelicher Ort. Königl. Amtsort. Immediat-Stadt.	Geistliche Inspection.	Patron der Pfarr- und Filial-Kirche. Gerichts-Obrigkeit.
Crewitz	Vorwerk	Ukermark		Adelich		
Criewen	Adel. Gut u. Dorf, mater. Windmühle.	Ukermark	Stolpirsche Kr.		Neu-Angermünde	der Besitzer des Orts
Criewe, Krieve, Kribbe	Dorf, eingepfarrt zu Neuhausen	Prignitz	Perleberg	Adelich	Perleberg	
Crinitz	Dorf	Prignitz	Lenzen	Adelich		
Cristille	Vorwerk, eingepfarrt zu Freienwalde	Neumark	Königsberg. Kr.	Adelich		
Crossen	Stadt, Vorwerk 1, Lutherische Pfarr-Kirche	Neumark	Crossen	Immediat	1) Crossen	1) Patron der König. in Ansehung des Pastorats, Magistrat in Ansehung des Diaconats,
	2) Ref. Kirche 3) Probstey zu S. Andreä auf dem Berge vor Crossen				2) Insp Cottbus 3) hies. Insp.	2) der König 3) der König
Crüden	Dorf, mater.	Altmark	Seehausen	Adelich. Doch hat das Amt Arendsee hier einige Hebungen.	Seehausen	Patron der König, Ger.Obr. von Jagow
Crümmelin siehe Cremlin						
Alt-Crüssow	Dorf, Filia von Chemnitz	Prignitz	Pritzwalk	Adelich	Pritzwalk	Patron das Domkapitul zu Havelberg, Ger. Obr. das Stift zum heil. Grabe
Neu-Crüssow	Dorf, Filia von Chemnitz	Prignitz	Pritzwalk			
Crumdorf	Dorf, eingepfarrt zu Züllichow	Neumark	Züllichow	Amt Züllichow	Züllichow	
Crumdorf	Dorf	Neumark	Züllichow	Adelich	Züllichow	

Crum-

Name des Orts.	Stadt, Flecken, Dorf, Adelich Gut, Vorwerk ꝛc.	Provinz.	Kreis.	Adelicher Ort, Königl. Amtsort, Immediat-Stadt.	Geistliche Inspection.	Patron der Pfarr- und Filial-Kirche, Gerichts-Obrigkeit.
Crummendam	Vorwerk, eingepfa.N zu Plaue	Mittelmark	Havelländ. Kr.	Adelich		
Crummensee	Dorf, eingepfarrt zu Mittenwalde	Mittelmark	Teltow	Prinzlich Amt Wusterhausen	Mittenwalde	
Crummensee	Dorf u. Vorwerk, Filial-Kirche v. Seefeld	Mittelmark	Nied. Barn.	Amt Löhme	Bernau	der König
Crussow	Dorf, mater.	Ukermark	Stolpirsche Kreis	Adelich	Neu-Angermünde	der Besitzer des Orts
Crylow	Dorf, Fil. von Derwitz. Windmühle.	Mittelmark	Zauchische Kreis	Amt Lehnin	Neustadt Brandenburg	der König
Crywen s. Kriewen						
Cürtow	Dorf, mater.	Neumark	Arenswalde	Adelich	Arenswalde	die Besitzer des Orts
Cüstrin siehe Küstrin						
Cüstrinchen	Dorf, filia von Rüdenitz. Freyschulzengut	Neumark	Königsberg	A. Zehden	Königsberg	der König
Neu-Cüstrinchen	Col. Dorf, mater.	Mittelmark	Ober-Barn.	A. Wrietzen	Wrietzen	der König
Cüstrinchen oder Cöstrin	Dorf, filia von Beenz	Ukermark	Ukerm. Kr.	Adelich	Templin	der Besitzer des Orts
Cumlosen	Dorf, mater. Mühle	Prignitz	macht mit 8 andern Dörfern ein eignes Ländchen aus.	Adelich	Perleberg	die Besitzer des Orts
Cummerow oder Cumrow	Dorf, eingepfarrt zu Beeskow	Churmark	Beesk. und Storkow	Adelich	Beeskow	
Cummersdorf	Dorf, Vorwerk u. Schäferey, eingepfarrt zu Zossen	Mittelmark	Teltow	Amt Zossen	Zossen	

Cummers-

Name des Orts.	Stadt. Flecken. Dorf. Adelich Gut. Vorwerk ꝛc.	Provinz.	Kreis.	Adelicher Ort. Königl. Amtsort. Immediat-Stadt.	Geistliche Inspection.	Patron der Pfarr- und Filial-Kirche. Gerichts-Obrigkeit.
Cummersdorf	Dorf, eingepfarrt zu Storkow. Mühle	Churmark	Bees- und Stork.Kr.	I. Staatsdorf	Storkow	
Cunersdorf	Dorf, eingepfarrt zu Pfaffendorf	Churmark	Bees- und Storkow	Adelich	Beeskow	
Cunersdorf	Adelich Gut und Dorf, mater. Windmühle.	Mittelmark	Ober-Barnim. Kr.		Wrietzen	der Besitzer des Guts
Cunersdorf	Vorwerk u. Schäferey, eingepfarrt zu Wildenbruch. Forsthaus.	Mittelmark	Zauche	A. Saarmund	Beelitz	
Cunersdorf siehe Kuhnersdorf						
Cunersdorf	Dorf, Filia von Griesel	Neumark	Crossen	Adelich	Crossen	der Besitzer des Orts
Cunersdorf	Dorf, mater.	Neumark	Crossen	Magistrat zu Frankfurt	Frankfurt	der Magistrat zu Frankfurt
Cunersdorf	Adelich Gut	Neumark	Cottbus			
Cunitz	Dorf, Filia von Reipzig	Neumark	Sternberg	Magistrat zu Frankfurt	Frankfurt	Eben ders.
Cunow	Dorf, eingepfarrt zu Bobersberg	Neumark	Crossen	Adelich	Crossen	
Cunow	Dorf	Uckermark		Markgräflich Schwedisch		
Cunow	Dorf, Filia von Kletzke	Prignitz	Prigwalk	Adelich	Perleberg	der Besitzer des Orts
Cunrau oder Currau	Dorf, eingepfarrt zu Steinke	Altmark	Salzwedel	Adelich	Salzwedel	
Curtschow	Dorf, mater.	Neumark	Crossen	Adelich	Crossen	der Besitzer des Orts

Curths

55

Name des Orts.	Stadt, Flecken, Dorf, Adelich Gut, Vorwerk ic.	Provinz.	Kreis.	Adelicher Ort, Königl. Amtsort, Immediat-Stadt.	Geistliche Inspection.	Patron der Pfarr- und Filial-Kirche, Gerichts-Obrigkeit.
Curthschlag	Col. Dorf, Filia von Döllen, hat nur ein Bethaus.	Ukermark	Ukermärk. Kr.	Amt Zehdenick	Templin	der König
Neu-Curtnitz siehe Cörtnitz						
Cussenow	Dorf, eingepfarrt zu Wenzlafs-hagen	Neumark	Schievelb.	Adelich	Dramburg	

Daben-

Name des Orts.	Stadt. Flecken. Dorf. Adelich Gut. Vorwerk ꝛc.	Provinz.	Kreis.	Adelicher Ort. Königl. Amtsort. Immediat-Stadt.	Geistliche Inspection.	Patron der Pfarr- und Filial-Kirche. Gerichts-Obrigkeit.
Dabendorf	Dorf, eingepfarrt zu Zossen	Mittelmark	Teltow	Amt Zossen	Zossen	
Alt-Daber	Forsthaus	Prignitz	Wittstock	Stadt Wittstock		
Neu-Daber	Vorwerk, eingepfarrt zu Biesen	Prignitz	Wittstock	Amt Wittstock	Wittstock	
Dabergotz	Dorf, Vorwerf, unicum.	Mittelmark	Ruppin	A. Ruppin	Neu-Ruppin	der König
Daberow	Dorf, eingepfarrt zu Göhren	Neumark	Crossen	Adelich	Crossen	
Daberkow oder Dabricke	Vorwerk, zum adel. Gut Sternbeck gehörig.	Mittelmark	Ober-Barn.	Adelich		
Dachow oder Dache	Dorf, eingepfarrt zu Jähnsdorf	Neumark	Crossen	Amt Crossen	Crossen	
Däwitz siehe Dewitz						
Dähre oder Döhre	Adel. Gut u. Dorf, mater. Wassermühle.	Altmark	Salzwedel	Amt Diesdorf und adelich	Salzwedel	Patron v. Meding, Ger. Dbr. A. Diesdorf u. zwey Mitbesitzer
Dagow	Col. Dorf, eingepfarrt zu Menz	Mittelmark	Ruppin	vom Amt Zechlin auf Erbpacht ausgethan.	Lindow	
Dahl	Vorwerk, eingepfarrt zu Steinbeck	Mittelmark	Ober-Barn.	Adelich	Neustadt-Eberswalde	
Dahlem	Adel. Gut u. Dorf, filia v. Schmargendorf	Mittelmark	Teltow	Adelich	Cöln an der Spree	der Besitzer des Orts
Dahlen	Vorwerk, eingepfarrt zu Toppel	Prignitz	Havelberg	das Dom-Kapitul zu Havelberg		
Dahlen	Dorf, mater.	Altmark	Tangerm.	Adelich	Tangermünde	der Besitzer des Orts Dahlen

Name des Orts.	Stadt, Flecken, Dorf, Adelich Gut, Vorwerk ꝛc.	Provinz.	Kreis.	Adelicher Ort, königl. Amtsort, Immediat-Stadt.	Geistliche Inspection.	Patron der Pfarr- und Filial-Kirche. Gerichts-Obrigkeit.
Dahlewitz	Adel. Gut u. Dorf, Filia von Gr. Kienitz	Mittelmark	Teltow		Königs-Wusterhausen	der Besitzer des Orts
Dahlwitz	Adelich Gut und Dorf, Filia von Neuenhagen. Vorwerk.	Mittelmark	Nieder-Barnim.	Adelich	Berlin	der Besitzer des adel. Guts
Dahlhausen	Dorf, mater.	Prignitz	Kyritz	Adelich	Kyritz	der Besitzer des Orts
Dahlitz	Dorf, eingepfarrt zu Pollwitz	Neumark	Cottbus	Amt Cottbus	Cottbus	
Dahlow	Dorf, Filia von Baumgarten	Neumark	Dramburg	Adelich	Dramburg	der Besitzer des Orts
Dahlsdorf oder Dalldorf	Dorf, mater. Forsthaus	Mittelmark	Nieder-Bar.	Amt Nieder-Schönhausen	Berlin	der König
Dahrendorf	Dorf, Filia von Lagendorf	Altemark	Salzwedel	Amt Diesdorf und adelich	Salzwedel	der adeliche Mitbesitzer des Orts
Dahrenstädt	Dorf, Filia von Dahlen	Altemark	Tangerm.	Adelich	Tangermünde	die Besitzer des Orts
Dalchau	Dorf, Filia von Nieder-Görne	Altemark	Arneburg	Adelich	Werben	der Besitzer des Orts
Dalldorf siehe Dahlsdorf						
Dalgow	Dorf, mater.	Mittelmark	Havelland	Adelich	Potsdam	der Besitzer des Orts
Dallmin	Dorf, mater.	Prignitz	Perleberg	Adelich	Perleberg	der Besitzer des Orts
Dambeck	Amt, mater. Mühle.	Altemark	Salzwedel	Joachimsthal. Gymnasium	Salzwedel	Joach. Schul-Directorium.
Dambeck	Dorf, Filia von der Kirche des Amts Dambeck	Altemark	Salzwedel	Schul-Amt Dambeck	Salzwedel	das Schul-Directorium

Name des Orts.	Stadt. Flecken. Dorf. Adelich Gut. Vorwerk ꝛc.	Provinz.	Kreis.	Welcher Ort. Königl. Amtsort. Immediat-Stadt.	Geistliche Inspection.	Patron der Pfarr- und Filial-Kirche. Gerichts-Obrigkeit.
Quaden-Dambeck	Dorf, Filia von Alten Salzwedel	Altemark	Arendsee	Adelich	Apenburg	die Besitzer des Orts
Damelack oder Damelach	Dorf, Fil. K. von Netzow	Prignitz	Havelberg	das Stift zum heil. Grabe	Dom-Havelberg	das Stift
Damelang oder Damlang	Dorf, Filial-Kirche von Nebel. Teerofen	Mittelmark	Zauche	Amt Lehnin	Neustadt Brandenburg	der König
Damerow bey Wolfshagen	Vorwerk, eingepfarrt zu Wolfshagen	Ukermark		Adelich		
Damerow bey Schmarsow	Vorwerk, eingepfarrt zu Schmarsow	Ukermark		Adelich		
Damm bey Spandow	eine Strasse, welche gemeiniglich für einen Theil der Stadt Spandow angesehen wird.	Mittelmark	Havelland	Amt Spandow	Spandow	
Damm	Vorwerk, eingepfarrt zu Buberz	Mittelmark	Ruppin	Adelich		
Damm	Adel. Gut u. Dorf, Fil. Kirche von Wollin	Ukermark			Prenzlow	der Besitzer des Orts
Neu-Damm s. diesen Artikel						
Damm oder Neu-Damm	Dorf, eingepfarrt zu Stadt Neu-Damm	Neumark	Königsberg	A. Wittstock	Küstrin	
Am Damm nach Landsberg	Col. Dorf	Neumark	Landsberg	St. Landsberg		
Am Damm nach Dechsel	Col. Dorf	Neumark	Landsberg	St. Landsberg		
Damm-Vorwerk	eingepfarrt zu Schwedt	Ukermark	Stolpirsche Kreis	Markgräflich		

Name des Orts.	Stadt, Flecken, Dorf, Adelich Gut, Vorwerk ꝛc.	Provinz.	Kreis.	Adelicher Ort, Königl. Amtsort, Immediat-Stadt	Geistliche Inspection.	Patron der Pfarr- und Filial-Kirche, Gerichts-Obrigkeit.
Damkrug	Freyhof	Altmark	Salzwedel	Adelich		
Dammühle	bey Friedland	Mittelmark	Ober-Barn. Kreis			
Dammen	Dorf, Filia von Wollin	Ufermark		Adelich	Prenzlow	der Besitzer des Orts
Damme	Dorf, Filia von Liepe. Windsmühle	Mittelmark	Havelland	Dom-Kapitul zu Brandenb.	Rathenow	Dom-Kapitul zu Brandenb.
Damrow oder Damerow	Vorwerk, Jägerhaus, eingepfarrt zu Dehlgast	Prignitz	Lenzen	Adelich		
Damsdorf	Dorf, Filia von Jeserich	Mittelmark	Zauchische K.	Amt Lehnin	Neustadt Brandenburg	der König
Damsdorf	Dorf, Filia von Buckow-Mühle	Mittelmark	Lebus	Adelich	Müncheberg	der Besitzer des Orts.
Damsdorf	Dorf, Filia von Reichenwalde	Churmark	Bees- und Storkow	Amt Stansdorf	Storkow	der König
Damsdorf	Col. Dorf, eingepfarrt zu Senzbogen	Mittelmark	Teltow	Adelich	Zossen	
Danksen	Dorf, mater combinata mit Diesdorf. Wassermühle.	Altmark	Garbelegen	Amt Diesdorf	Salzwedel	der König
Danne od. Tanne	Vorwerk, eingepfarrt zu Cammer	Mittelmark	Zauchische Kr.	Adelich		
Dannefeld	Dorf, Filia von Jeggau	Altmark	Salzwedel	Adelich	Calbe	die Besitzer des Orts
Dannenfeld	Vorwerk und Schäferey, eingepfarrt zu Waldleben	Mittelmark	Ruppin	Adelich		
Dannekrug	Freyhof	Altmark	Seehausen	Adelich		

Name des Orts.	Stadt, Flecken, Dorf, Adelich Gut, Vorwerk ic.	Provinz.	Kreis.	Adelicher Ort. Königl. Amtsort. Immediat-Stadt.	Geistliche Inspection.	Patron der Pfarr und Filial-Kirche. Gerichts-Obrigkeit.
Dannenberg	Dorf, Filia vagans von Cöthen. Schäferey.	Mittelmark	Ober-Barnim. Kr.	Adelich	Neustadt-Eberswalde	der Besitzer des Orts
Dannenreich	Col. Ort, eingepfarrt zu Caberlow.	Churmark	Beeß- und Storkow	hat einen Erbpächter	Storkow	
Dannenwalde	Dorf, unicum, jetzt verbunden mit Demerthin. Wassermühle.	Prignitz	Pritzwalk	Adelich	Kyritz	der Besitzer des Orts
Danewitz	Dorf, mater.	Mittelmark	Ober-Barn. Kreis	Amt Biesenthal	Bernau	der König
Darendorf	Dorf, Filia von Lagendorf	Altemark	Salzwedel	Adelich	Salzwedel	der Besitzer des Orts
Dargardt	Col. Dorf, zur Pfarre Blüthen gehörig	Prignitz	Perleberg	Adelich	Perleberg	
Dargersdorf, Dargstorf oder Dergesdorf	Adel. Gut u. Dorf, Filia von Vietmannsdorf	Ukermark	Uckerm. Kr.	Adelich	Templin	der Besitzer des Orts
Darmietzel	Dorf, Fil. von Zicher	Neumark	Königsberg	A. Quartschen	Küstrin	der König
Darnebeck	Dorf, Fil. Kirche von Jeben	Altemark	Salzwedel	Adelich	Apenburg	der Besitzer des Orts
Tarnewitz	Vorwerk, eingepfarrt zu Cläden, hält sich aber der Nähe wegen zu der Steimfeldischen Kirche, doch werden die Todten zu Cläden begraben.	Altemark	Stendal	Adelich		
Darritz oder Dargitz	Dorf, Filia vagans, jetzt von Fechlin	Mittelmark	Ruppin	A. Alt-Ruppin	Neu-Ruppin	der König

Darsekau

Name des Orts.	Stadt, Flecken, Dorf, Adelich Gut, Vorwerk ꝛc.	Provinz.	Kreis.	Adelicher Ort, Königl. Amtsort, Immediat, Stadt.	Geistliche Inspection.	Patron der Pfarr-und Filial Kirche, Gerichts Obrigkeit.
Darsekau oder Darsikow	Adelich Gut und Dorf, Filia vagans von Catersbow.	Prignitz	Kyritz		Salzwedel	der Besitzer des Guts
Darsekau	Dorf, Fil. v. Bombeck	Altemark	Salzwedel	Adelich	Salzwedel	der Besitzer des Orts
Daube	Dorf, eingepfarrt zu Jahnsdorf	Neumark	Crossen	Adelich	Crossen	
Dauer	Adelich Gut und Dorf, eingepfarrt zu Blindow. Wassermühle.	Ukermark			Prenzlow	die Besitzer des Guts
Dechsel oder Dechsill	Dorf, mater.	Neumark	Landsberg	St. Landsberg	Landsberg	Magistrat zu Landsberg
Dechtow	Dorf, unicum. Das Forsthaus ist eingepfarrt.	Mittelmark	Havelländ. Kr. Lindchen Bellin	das Dorf adelich, das Forsthaus Königl.	Fehrbellin	der Besitzer des Orts
Dedelow	Adel. Gut u. Dorf, mater.	Ukermark	Ukerm. Kr.		Prenzlow	der Besitzer des Orts
Alt-Deetz	Vorwerk	Neumark	Soldin	Adelich		
Deetz	Adel. Gut u. Dorf, unicum.	Neumark	Soldin	Adelich	Soldin	der Besitzer des Orts
Deetz	Dorf, Filia von Käthen	Altemark	Stendal	Adelich	Tangermünde	der Besitzer des Orts
Deetzsche Warte	ein Wirthshaus bey dem vorhergehenden Dorf.					
Deetz	Dorf, mater. Windmühle	Mittelmark	Zauche	Amt Lehnin	Neustadt Brandenburg	der König
Deetz siehe Teetz						
Deibow siehe Deybow						

Deiche

Name des Orts.	Stadt, Flecken, Dorf, Adelich Gut, Vorwerk ꝛc.	Provinz.	Kreis.	Adelicher Ort, Königl. Amtsort, Immediat-Stadt.	Geistliche Inspection.	Patron der Pfarr- und Filial-Kirche. Gerichts-Obrigkeit.
Deiche oder Deichow	Dorf, eingepfarrt zu Deutsch-Sagar	Neumark	Crossen	Amt Crossen	Crossen	
Demker oder Dembke	Dorf, Filia von Bellingen	Altmark	Tangermündische Kr.	Adelich	Tangermünde	die Besitzer des Orts
Demertin	Dorf, mater. Windsmühle.	Prignitz	Kyritz	Adelich	Kyritz	der Besitzer des Orts
Demnitz	Adel. Gut u. Dorf, mater.	Mittelmark	Lebus		Müncheberg	der Besitzer des Orts
Denkhaus	Vorwerk, zu dem adelichen Gut Helpe gehörig	Neumark	Arenswalde	Adelich		
Densen ob. Denso	Vorwerk, eingepfarrt zu Crimen	Ukermark	Stolpirsche Kreis	Adelich		
Densow	Col. Dorf, eingepfarrt zu Röddelin	Ukermark	Ukermärktische Kreis	A. Babingen	Templin	
Denzig	Adelich Gut	Neumark	Arenswalde			
Denzig	Dorf, Filia von Balster	Neumark	Dramburg	Adelich	Dramburg	die Besitzer des Orts
Depekolk oder Diepkolk	Dorf, Filia von Jeggeleben	Altmark	Arendsee	Amt Salzwedel und adelich	Calbe	die adelichen Besitzer
Dependalsches	Schäferey	Prignitz	Perleberg			
Dequede	Dorf, Filia von Erewese	Altmark	Seehausen	Adelich	Osterburg	der Besitzer des Orts
Dergentin	Dorf Filia von Sükow. Forsthaus.	Prignitz	Perleberg	Adelich	Perleberg	Patron v. Platen, Ger. Obr. eben ders. noch zwey Edelleute u. Magistrat zu Perleberg
Dergesdorf siehe Dargersdorf						
Dergischow oder Derschow	Dorf, eingepfarrt zu Zossen	Mittelmark	Teltow	Amt Zossen	Zossen	

Derzow

Name des Orts.	Stadt, Flecken, Dorf, Adelich Gut, Vorwerk ic.	Provinz.	Kreis.	Adelicher Ort, Königl. Amtsort, Immediat-Stadt.	Geistliche Inspection.	Patron der Pfarr- und Filial-Kirche, Gerichts-Obrigkeit.
Dergow	Dorf, mater.	Neumark	Soldin	Adelich	Soldin	der Besitzer des Orts
Derwitz	Dorf, mater.	Mittelmark	Zauche	Amt Lehnin	Neustadt Brandenburg	der König
Dessau	Dorf, Filia vagans, jetzt Fil. v. Lozow	Mittelmark	Ruppin	Adelich	Wusterhausen an der Dosse	die Besitzer des Orts
Dessau	Dorf, Filia von Heiligenfelde	Altemark	Arendsee	Schulamt Daunbeck	Salzwedel	Joachimsthal. Schuldirect.
New-Dessau	Col. Dorf, Filia von Driesen	Neumark	Frideberg	A. Driesen	Landsberg	der König
Desmathen	Vorwerk, eingepfarrt zu Golzow	Mittelmark	Zauche	Adelich		
Deutsch	Dorf, mater.	Altemark	Seehausen	Adelich	Seehausen	die Besitzer des Orts
Deutscher-Boden	Forsthaus, eingepfarrt zu Storkow	Ukermark	Ukermärk. Kr.	Amt Badingen		
Deutsch-Bork siehe Bork						
Deutsch Mutz s. Kl. Mutz						
Deutsch-Wusterhausen siehe Wusterhausen						
Dewitz	Dorf, eingepfarrt zu Bretsch	Altemark	Arendsee	Adelich	Seehausen	
Deybow	Dorf, Filia von Pretlin. Schäferey.	Prignitz	Lenzen	Adelich	Lenzen	Patr. von Blumenthal, Ger. Obrigk. ebenderf. und von Arensdorf zu Bochin.
Dicking	Vorwerk	Neumark	Frideberg	Adelich		
Dickte	Vorwerk u. Schäferey, eingepfarrt zu Kiessen	Mittelmark	Havelländ. Kreis, Ländchen Frisack	Adelich		

Diebel-

Name des Orts.	Stadt, Flecken, Dorf, Adelich Gut, Vorwerk 2c.	Provinz.	Kreis.	Adeliche Ort, Königl. Amtsort, Immediat-Stadt.	Geistliche Inspection.	Patron der Pfarr und Filial-Kirche, Gerichts-Obrigkeit.
Diebelbruch	Col. Dorf, eingepfarrt zu Lemmersdorf	Neumark	Arenswalde	Amt Marienwalde	Arenswalde	
Dieckow	Dorf, Fil. von Richnow	Neumark	Soldin	Adelich	Soldin	der Besitzer des Orts
Diedersdorf oder Didderstorf	Dorf, unicum, wird jetzt von dem Prediger zu Blankenfelde versehen. Mühle.	Mittelmark	Teltow	Adelich	Cöln an der Spree	der Besitzer des Orts
Diedersdorf	Dorf, Filia von Neuentempel. Wassermühle.	Mittelmark	Lebus	Adelich	Müncheberg	der Besitzer des Orts
Diedersdorf	Dorf, Filia von Tornow	Neumark	Landsberg	Adelich	Landsberg	der Besitzer des Orts
Diensdorf	Dorf, eingepfarrt zu Glienicke	Churmark	Bees- und Storkow. Kreis	Amt Beesskow	Storkow	
Diepensee	Adelich Gut und Vorwerk, eingepfarrt zu Selchow.	Mittelmark	Teltow		Königs-Wusterhausen	
Dierberg	Dorf, mater. Mehl- und Walkmühle.	Mittelmark	Ruppin	Amt Zechlin	Lindow	der König
Diesdorf	Vorwerk, Sitz des Amts	Altemark	Salzwedel	Amt Diesdorf		
Diesdorf	Dorf, mater. Windmühle.	Altemark	Salzwedel	Amt Diesdorf	Salzwedel	der König
Dieterichs Teerofen, oder Teerofen am Teufels-See	eingepfarrt zu Menz	Mittelmark	Ruppin			
Dittersdorf	Dorf, unicum.	Neumark	Dramburg	Adelich	Dramburg	der Besitzer des Orts

Dirings-

65

Name des Orts.	Stadt, Flecken, Dorf, Adelich Gut, Vorwerk ꝛc.	Provinz.	Kreis.	Adelicher Ort, Königl. Amtsort, Immediat-Stadt.	Geistliche Inspection.	Patron der Pfarr- und Filial-Kirche, Gerichts-Obrigkeit.
Dissen	Dorf, und Vorwerk, mater.	Neumark	Cottbus	A. Peitz	Cottbus	der König
Dissenchen	Dorf, eingepfarrt zu Cottbus	Neumark	Cottbus	Magistrat zu Cottbus	Cottbus	
Dobberfaul	Adel. Gut u. Dorf, Filia von Beutnitz	Neumark	Crossen		Crossen	der Besitzer des Orts
Dobberkau	Dorf, mater.	Altemark	Stendal	Adelich	Osterburg	Patron der König. Gerichts. Obrigk. d. von Moller zu Königde.
Dobberphul	Dorf, Filia von Görlsdorf	Neumark	Königsberg. Kreis	Adelich	Königsberg	der Besitzer des Orts
Dobberzin oder Dobrezin	Adel Gut u. Dorf, mater.	Ukermark	Stolpirsche Kreis		Neu-Ungerm.	der Besitzer des Orts
Döbbrick oder Döbbrig	Dorf, Adelich Gut, eingepfarrt zu Cottbus	Neumark	Cottbus	A. Cottbus	Cottbus	
Dobbrickow	Dorf und Vorwerk, mater.	Churmark	Luckenwalde	Amt Zinna	Luckenwalde	der König
Dobbrun	Dorf, unicum.	Altemark	Seehausen	Adelich	Seehausen	der Besitzer des Orts
Dobrezin s. Dobberzin						
Dochow	Vorwerk und Wassermühle, eingepfarrt zu Schönermark	Ukermark	Ukerm. Kr.	Adelich		
Döbberin	Dorf, mater.	Mittelmark	Lebus	Universität zu Frankfurt	Frankfurt	die Universität
Döbbering	Vorwerk	Neumark	Sternberg	Adelich		
Gr. Döbbern	Dorf, unicum.	Neumark	Cottbus	Adelich	Cottbus	der Besitzer des Orts

Name des Orts.	Stadt, Flecken, Dorf, Adelich Gut, Vorwerk ꝛc.	Provinz.	Kreis.	Adelicher Ort, Königl. Amtsort, Immediat-Stadt.	Geistliche Inspection.	Patron der Pfarr und Filial-Kirche, Gerichts-Obrigkeit.
Kl. Döbbern	Dorf, mater.	Neumark	Cottbus	Adelich	Cottbus	der Besitzer des Orts
Döbbernitz	Dorf, Filia von Klein-Sander	Neumark	Sternberg	Adelich	Sonnenburg	der Besitzer des Orts
Döbelin oder Döbbelin	Dorf, Filia von Gohre	Altmark	Tangermündische Kr.	Adelich	Tangermünde	der Besitzer des Orts
Döberitz bey Spandow	Adel. Gut u. Dorf, mater.	Mittelmark	Havelland		Potsdam	der Besitzer des Orts
Döberitz bey Rathenow	Dorf, Fil. von Premnitz	Mittelmark	Havelland	Adelich	Rathenow	die Besitzer des Orts
Döhre s. Dähre						
Döllen	Dorf, Filia von Schönhagen	Prignitz	Havelberg	Domkapitul zu Havelberg	Dom-Havelberg	das Dom-Kapitul zu Havelberg
Döllen	Col. Dorf, mater. Wassermühle. Neuekrug. Teerofen.	Ukermark	Ukerm. Kr.	Amt Zehdenick	Templin	der König
Döllnitz	Dorf, mater vagans, wird jetzt von dem Prediger zu Büste versehen.	Altmark	Stendal	Adelich	Stendal	die Besitzer des Orts
Dölzig beym Hammer	Dorf, mater.	Neumark	Königsberg	Adelich	Königsberg	der Besitzer des Orts
Dölzig	Dorf, Filia von Jdichendorf	Neumark	Königsberg	Amt Zehden	Königsberg	der König
Dönitz	Dorf, eingepfarrt zu Immekath. Wassermühle	Altmark	Salzwedel	Schulamt Dambeck	Salzwedel	
Dönstedt	Adelich Gut	Altmark	Salzwedel			
Dohmsdorf siehe Domsdorf						

Dolchau

Name des Orts.	Stadt, Flecken, Dorf, Adelich Gut, Vorwerk ꝛc.	Provinz.	Kreis.	Adelich, r Ort, Königl. Amtsort, Immediat, Stadt.	Geistliche Inspection.	Patron der Pfarr und Filial Kirche, Gerichts-Obrigkeit.
Dolchau oder Dolgau	Dorf, Filia von Mehrin	Altmark	Arendsee	Adelich	Calbe	Patron von Alvendsleben auf Vienau, Ger. Obrigk. die gesamnte von Alvensleben
Dolgelin	Dorf, unicum.	Mittelmark	Lebus	Commenthurey Lietzen	Frankfurt	der Commenthur
Dolgenow	Dorf, eingepfarrt zu Klötzin	Neumark	Schievelbein	Adelich	Schievelbein	
Dolgen	Dorf, mater.	Neumark	Dramburg	Adelich	Dramburg	der Besitzer des Orts
Dolgen	Dorf, Filia von Lauchstedt	Neumark	Fridberg	Adelich	Landsberg	der Besitzer des Orts
Dolgen bey Rugrow	Vorwerk	Ukermark	Ukermärkische Kreis	Adelich		
Gr. Dolgen	Vorwerk	Ukermark		Adelich		
Kl. Dolgen	Vorwerk	Ukermark		Adelich		
Dolgensche Mühle		Ukermark		Adelich		
Dolgenbrodt	Dorf, eingepfarrt zu Prieros	Churmark	Beeskow- und Storkow.	Amt Stansdorf	Storkow	
Dolgenow	Dorf, eingepfarrt zu Klötzin	Neumark	Schievelbein	Adelich	Schievelbein	
Dolgow	Dorf, Filia von Menz	Mittelmark	Ruppin	Amt Zechlin	Lindow	der König
Dolle	Vorwerk	Altmark	Tangerm.	Amt Burgstall		
Dolle	Col. Dorf	Altmark	Tangerm.	A. Burgstall		
Hohen-Dolleben	Dorf, Filia von Dähre	Altmark	Salzwedel	Amt Diesdorf	Salzwedel	der König

Name des Orts.	Stadt, Flecken, Dorf, Adelich Gut, Vorwerk ꝛc.	Provinz.	Kreis.	Adelicher Ort, königl. Amtsort, Immediat-Stadt.	Geistliche Inspection.	Patron der Pfarr und Filial Kirche, Gerichts-Obrigkeit.
Sieden (Nieder) Dolsleben	Dorf, Filia von Dähre, Wassermühle	Altemark	Salzwedel	Amt Diesdorf und adelich	Salzwedel	Patron der König, der Obr. das Amt und der Mitbesitzer des Orts
Domsdorf	Adelich Gut	Neumark	Cottbus			
Dornbusch	Mühle, eingepfarrt zu Bliesdorf	Mittelmark	Ober-Barnim. Kr.	Adelich		
Dornfelde	Vorwerk	Neumark	Frideberg	Adelich		
Dosse ob. Dossow	Dorf, unicum.	Prignitz	Wittstock	Amt Goldbeck	Wittstock	der König
Drachhausen	Dorf, mater.	Neumark	Cottbus	Amt Peitz	Cottbus	
Draghausen	Vorwerk bey Zuchow	Neumark	Dramburg	Adelich		
Dragbruch	Col. Dorf, Filia von Alt-Friedrichsdorf	Neumark	Frideberg	A. Driesen	Landsberg	der König
Drahendorf oder Dramdorf	Dorf, eingepfarrt zu Sauen	Churmark	Bees- und Storkow	Adelich	Teeskow	
Dramburg	Stadt	Neumark	Dramburg	Immediat	Dramburg	der König, in Ansehung des Pastorats, der Magistrat in Ansehung des Diaconats.
Dramburg, in der Stadt dieses Namens	Adelich Gut	Neumark	Dramburg			
Dramburg, in der Stadt dieses Namens	Kloster	Neumark	Dramburg	Adelich		
Dramburg, in der Stadt dieses Namens	Stadthof	Neumark	Dramburg	der Magistrat		

Dransee

Name des Orts.	Stadt, Flecken, Dorf, Adelich Gut, Vorwerk ?c.	Provinz.	Kreis.	Adelicher Ort, Königl. Amtsort, Immediat-Stadt.	Geistliche Inspection.	Patron der Pfarr- und Filial-Kirche. Gerichts-Obrigkeit.
Dransee	Dorf, mater.	Prignitz	Wittstock	Amt Zechlin	Wittstock	der König
Dranzig	Vorwerk bey Gr. Grünow	Neumark	Dramburg	Adelich		
Dreetz	Vorwerk	Mittelmark	Ruppin	Amt Neustadt		
Dreetz	Dorf, unicum. Schäferey am Berg	Mittelmark	Ruppin	Amt Neustadt und adelich	Wusterhausen an der Dosse	der König und der adeliche Besitzer
Drehnow gegen Schlesien	Dorf, mater.	Neumark	Crossen	Adelich	Crossen	der Besitzer des Orts
Drehnow gegen Frankfurt	Dorf, unicum.	Neumark	Crossen	Adelich	Crossen	der Besitzer des Orts
Drehnow	Dorf, eingepfarrt zu Peitz	Neumark	Cottbus	Amt Peitz	Cottbus	
Drenecken oder Dreneckow		Prignitz	Perleberg	Adelich		
Drense	Dorf, Vorwerk, Mühle, mater.	Uckermark	Uckermärk. Kr.	Amt Gramzow	Gramzow	der König
Drenzig	Dorf, mater.	Neumark	Sternberg	Amt Neuendorf	Drossen	der König
Drewen	Adel. Gut u. Dorf, mater.	Prignitz	Kyritz		Kyritz	der Besitzer des Orts
Drewenstädt	Dorf, mater comb. mit Mehmke	Altemark	Garbelegen	Amt Diesdorf	Salzwedel	der König
Drewitz	Dorf, Filia vagans von Gütergotz, ehedessen von Arensdorf. Nahgelegenes Jagdschlos Stern.	Mittelmark	Teltow. Kr.	A. Potsdam	Potsdam	der König
Drewitz	Dorf, Filia von Schaumburg	Neumark	Königsberg	Amt Bleyen	Küstrin	der König
Drewitz	Dorf, Filia von Jänischwalde	Neumark	Cottbus	Amt Peitz	Cottbus	der König

Name des Orts.	Stadt, Flecken, Dorf, Adelich Gut, Vorwerk ꝛc.	Provinz.	Kreis.	Adeulcher Ort, Königl. Amtsort, Immediat Stadt.	Geistliche Inspection.	Patron der Pfarr und Filial Kirche, Gerichts Obrigkeit.
Drewitz	Dorf, eingepfarrt zu Doberfaul	Neumark	Crossen	Adelich	Crossen	
Dreybrück	im Kirchspiel Königshorst	Mittelmark	Havelland	Amt Königshorst	Fehrbellin	
Dreyplatz oder Drieplatz	Adelich Gut, eingepfarrt zu Tramnitz	Mittelmark	Ruppin			
Driesen	Stadt, Burglehn.	Neumark	Friedeberg	Immediat	Landsberg	Patron der König in Ansehung des Pastorats, der Magistrat in Ansehung b. Diaconats.
Driesnitz	Dorf, eingepfarrt zu Comptendorf	Neumark	Cottbus	Adelich	Cottbus	
Drösede	Dorf, eingepfarrt zu Boemzien	Altemark	Arendsee	Adelich	Seehausen	
Drossen	Stadt 1) Luth. Pfarrkirche 2) Ref. Pfarrkirche	Neumark	Sternberg	Immediat	1) Drossen 2) Insp. Cottbus	1) Patron der König in Ansehung des Pastorats, Insp. u. Magistrat in Ansehung der Diaconate 2) der König
Drudenhof	in Wendemark, eingepfarrt zu Werben	Altemark	Arneburg			
Drüsedau	Dorf, Fil. von Losse	Altemark	Seehausen	Adelich	Seehausen	der Besitzer des Orts
Duberow	Dorf, eingepfarrt zu Göhren	Neumark	Crossen	Adelich	Crossen	
Duberow	Vorwerk	Mittelmark	Lebus	Amt Biegen		Dülseberg

Name des Orts.	Stadt, Flecken, Dorf, Adelich Gut, Vorwerk ic.	Provinz.	Kreis.	Adelicher Ort, Königl. Amtsort, Immediat, Stadt.	Geistliche Inspection.	Patron der Pfarr und Filial-Kirche. Gerichts-Obrigkeit.
Dülseberg	Dorf, Filia von Döhre, Wassermühle.	Altmark	Salzwedel	Amt Diesdorf und adelich	Salzwedel	der König und die von Knesebeck
Dümde	Dorf, Filia von Jänickendorf	Churmark	Luckenwalde	Amt Zinna	Luckenwalde	der König
Düpow	Dorf, mater.	Prignitz	Perleberg	Adelich	Perleberg	Patron der Magistrat zu Perleberg, Ger. Obrigk. einige von Adel
Düsedow	Dorf, unicum.	Altmark	Stendal	Universität zu Frankfurt	Osterburg	Univ. Frankfurt
Dürotz oder Dyratz	Dorf, Filia von Rohrbeck	Mittelmark	Havelland	Adelich	Potsdam	der Besitzer des Orts
Dydow		Prignitz	Lenzen			
Düschenwall	Terrofen, eingepfarrt zu Dolgow	Mittelmark	Ruppin	Amt Zechlin		

Ebers-

Name des Orts.	Stadt, Flecken, Dorf, Adelich Gut, Vorwerk ꝛc.	Provinz.	Kreis.	Adelicher Ort. Königl. Amtsort. Immediat-Stadt.	Geistliche Inspection.	Patron der Pfarr- und Filial-Kirche, Gerichts-Obrigkeit.
Eberswalde siehe Neustadt-Eberswalde						
Eckerhöfte	Adelich Gut	Altemark	Seehausen			
Eästedt oder Lichstedt	Dorf, mater. Windmühle	Altemark	Arneburg	Adelich	Stendal	die Besitzer des Orts
Eggersdorf	Dorf, Filial-Kirche v. Petershagen, Vorwerk, zwey mühlen, ein Forsthaus.	Mittelmark	Nieder-Barnim.	Amt Landsberg	Strausberg	der König
Eggersdorf	Dorf, Fil. K. von Schönefelde	Mittelmark	Lebus	Amt Fürstenwalde	Fürstenwalde	der König
Eggersdorf	Vorwerk und Ziegelscheune, eingepfarrt zu Tüchen	Prignitz	Pritzwalk	Adelich		
Egsdorf	Dorf, eingepfarrt zu Teupitz	Mittelmark	Teltow	Prinzlich Amt Teupitz	Königs-Wusterhausen	
Eichberg	Col. Dorf	Neumark	Frideberg	Adelich		
Eichberg bey Jacobsdorf	Vorwerk	Neumark	Dramburg	Amt Sabin		
Eichberg	Dorf, mater.	Neumark	Crossen	A. Crossen	Crossen	der König
Eichberg zu Lautersdorf gehörig	Vorwerk	Neumark	Crossen	Adelich		
Eiche	Adel. Gut u. Dorf, Fil. Kirche von Blumberg	Mittelmark	Nieder-Bar.		Berlin	der Besitzer des Orts
Breite-Eiche	Col. Dorf, eingepfarrt zu Weteritz	Altemark	Salzwedel	Adelich	Gardelegen	
Eichendorffsches	Mühle	Mittelmark	Lebus	Adelich		
Eichenfelde	Neues Etablissement	Prignitz		A. Wittstock		Gr. Lich-

Name des Orts.	Stadt, Flecken, Dorf, Adelich Gut, Vorwerk ꝛc.	Provinz	Kreis.	Adelicher Ort, Königl. Amtsort, Immediat-Stadt.	Geistliche Inspection.	Patron der Pfarr- und Filial-Kirche, Gerichts-Obrigkeit.
Gr. Lichholz	Dorf, eingepfarrt zu Müncheofen. Vorwerk, Schäferey.	Churmark	Bees- und Storkow.	Prinzlich Amt Münchehofe	Königs-Wusterhausen	
Kl. Lichholz	Dorf, Vorwerk, eingepfarrt zu Berßdorf	Churmark	Bees- und Stork.	Prinzl. Amt Plössin	Storkow	
Lichorth zu Kahnwerder	Vorwerk, eingepfarrt zu Webelsdorf	Neumark	Arenswalde	Adelich	Arenswalde	
Lichow oder Liche	Dorf, Filia von Geltow	Mittelmark	Havelland	Amt Potsdam	Potsdam	der König
Lichow	Dorf, eingepfarrt zu Krieschen	Neumark	Cottbus	Adelich	Cottbus	
Lichstädt	Adel. Gut u. Dorf, unicum.	Mittelmark	Blien- und Löwenb.	Adelich	Spandow	die Besitzer des Orts
Lichstede siehe Lakstedt						
Lichwerder	Col. Dorf	Mittelmark	Ober-Barn.	Adelich	Wriezen	
Lickhorst	Dorf, Fil. von Dähre. Wassermühle.	Altemark	Salzwedel	Amt Diesdorf	Salzwedel	der König
Lickhof	Adelich Gut	Altemark	Seehausen			
Lickstedt	Adelich Gut und Dorf, Filia von Wollin. Wassermühle	Ukermark			Prenzlow	der Besitzer des Guts
Limersleben	Dorf, unicum. Windmühle	Altemark	Salzwedel	Adelich	Gardelegen	die Besitzer des Orts
Limsthof	Vorwerk	Neumark	Dramburg	Adelich		
Linwinkel	Dorf, Filia vagans, von Gladigow	Altemark	Arendsee	Adelich	Seehausen	die Besitzer des Orts
Lisenhammer	eingepfarrt zu Gr. Cammin	Neumark	Crossen	Amt Crossen	Küstrin	

Eisen-

Name des Orts.	Stadt, Flecken, Dorf, Adelich Gut, Vorwerk ꝛc.	Provinz.	Kreis.	Adelicher Ort. Königl. Amtsdorf. Immediat-Stadt.	Geistliche Inspection.	Patron der Pfarr und Filial-Kirche. Gerichts-Obrigkeit.
Eisenhammer	eingepfarrt zu Zicher	Neumark	Königsberg	A. Quartschen	Küstrin	
Eisen-Schmelzhütte	bey Vieze	Neumark	Landsberg	A. Himmelstädt		
Eldenburg	Amtssitz, Forsthaus, Mehl und Walkmühle, eingepfarrt zu Seedorf	Prignitz	Lenzen	Amt Eldenburg	Lenzen	
Ellenberge	Dorf, Filia von Dähre	Altmark	Salzwedel	Amt Diesdorf und adelich	Salzwedel	der König u. der Mitbesitzer
Ellerbruch	Vorwerk bey Gersdorf	Neumark	Dramburg	Adelich		
Ellershagen	Col. Dorf, Vorwerk eingepfarrt zu Rohlsdorf	Prignitz	Pritzwalk	Adelich	Pritzwalk	
Gr. Ellingen	Dorf, eingepfarrt zu Krusemark, Mühle.	Altmark	Arneburg	Adelich	Werben	
Kl. Ellingen	Dorf, eingepfarrt zu Krusemark	Altmark	Arneb. Kr.	A. Tangerm.	Werben	
Ellingen	Dorf, Filial Kirche von Güstow	Ukermark		Adelich	Prenzlow	der Besitzer des Orts
Elversdorf	Dorf, mater.	Altmark	Tangerm. Kr.	A. Tangerm.	Tangermünde	der König
Elsebusch	Försterhaus	Altmark	Seehausen	ein Freyhof		
Elsholz	Dorf, mater.	Mittelmark	Zauche	A. Saarmund	Berlitz	der König
Emilienhof	Vorwerk, eingepfarrt zu Gliesdorf	Mittelmark	Ober-Barn. Kreis	Adelich		
Engelshof		Altmark	Arneburg	Adelich		
Engelsfort oder Engefortke	Mühle unweit Kl. Schwarzlosen	Altmark	Tangerm.	Amt Burgstal		

Gr. En

Name des Orts.	Stadt, Flecken, Dorf, Adelich Gut, Vorwerk 2c.	Provinz.	Kreis.	Adelicher Ort, Königl. Amtsdorf, Immediat-Stadt.	Geistliche Inspektion.	Patron der Pfarr- und Filial-Kirche, Gerichts-Obrigkeit.
Gr. Engersen	Dorf, meyer. Wassermühle zum RotenKrug, und Marschmühle.	Altemark	Salzwedel. Kr.	Adelich	Calbe	Patron von Alvensleben zu Neu-Gatersleben, Ger. Obr. die von Alvensleben zu Calbe
Kl. Engersen	Dorf, Filia von Gr. Engersen	Altemark	Salzwedel	Adelich	Calbe	
der Entenfang	bey Beltow	Mittelmark	Havelländ. Kr.	Amt Potsdam		
Entenwerder	Col. Dorf	Neumark	Landsberg	Amt Himmelstädt		
Neu-Erbach	Col. Dorf	Neumark	Fridberg	A. Driesen		
Erbenswunsch	Col. Dorf	Neumark	Fridberg	A. Driesen		
Erkner	Col. Dorf, eingepfarrt nach Rüdersdorf	Mittelmark	Ober-Barn.	A. Rüdersdorf	Strausberg	
Erxleben bey Helmstedt	Adel. Gut u. Dorf, unicum. Zwey Wassermühlen, die Rosen- und Weidenmühle genannt.	Altemark	Salzwedel		Gardelegen	die Besitzer des Orts
Erxleben bey Osterburg	Dorf, mater.	Altemark	Stendal	Adelich	Osterburg	der Besitzer des Orts
Esack	Adelich Gut, eingepfarrt zu Klein-Beuster	Altemark	Seehausen		Seehausen	
Eschbruch	Col. Dorf, Fil. von Modderwiese	Neumark	Fridberg	Amt Driesen	Landsberg	der König
Estede	Dorf, mater.	Altemark	Salzwedel	Adelich	Calbe	Patron die von Alvensleben zu Zichtau u. Schenkendorf, Ger. Obr. die von Alvensleben zu Calbe Etingen

Name des Orts.	Stadt. Flecken. Dorf. Adelich Gut. Vorwerk ꝛc.	Provinz.	Kreis.	Adelicher Ort. Königl. Amtsdorf. Immediat-Stadt.	Geistliche Inspection.	Patron der Pfarr- und Filial-Kirche. Gerichts-Obrigkeit.
Etingen	Dorf, Filia von Wegenstedt	Altmark	Salzwedel	Adelich	Gardelegen	die Besitzer des Orts
Ezin	Dorf, mater. Windmühle.	Mittelmark	Havelländ. Kr.	K. Ziesar	Dom Brandenburg	Patr. das Domkaptl. zu Br. Gerichtsobr. das Kön. Amt Ziesar.
Eulam oder Eulemb	Dorf, Filia von Dechsil	Neumark	Landsberg	St. Landsberg	Landsberg	der Magistrat zu Landsberg
Eulen-Mühle	Wassermühle.	Mittelmark	Zauche			
Eutz oder Uetz	Adel. Gut u. Dorf unicum. Windmühle.	Mittelmark	Havelland		Potsdam	der Besitzer des Guts
Evengrund	Col. Dorf	Neumark	Crossen	Adelich		
Eversdorf	Dorf, Filia von Bombeck	Altmark	Salzwedel	Adelich	Salzwedel	der Besitzer des Orts
Exin	Forsthaus, eingepfarrt zu Falkenthal	Ukermark	Ukerm. Kr.	Amt Zehdenick		

Fahlen-

Name des Orts.	Stadt, Flecken, Dorf, Adelich Gut, Vorwerk ꝛc.	Provinz.	Kreis.	Adelicher Ort. Königl. Amtsort. Immediat-Stadt.	Geistliche Inspection.	Patron der Pfarr- und Filial-Kirche. Gerichts-Obrigkeit.
Fahlenwerder	Dorf, vacans.	Neumark		A. Cartzig	Soldin	
Fahlhorst oder Valehorst	Vorwerk, Filia von Arensdorf, aber jetzt ohne Kirche	Mittelmark	Teltow	A. Saarmund		
Fahrenbleck	Forsthaus auf derselben	Prignitz		Adelich		
Fahrendorf	Dorf, eingepfarrt zu Diesdorf	Altemark	Salzwedel	Amt Diesdorf	Salzwedel	
Fahrenholz	Dorf, Filia vacans von Strasburg	Ukermark	Ukermärk. Kreis	Adelich	Strasburg	die Besitzer des Orts
Fahrenholz	Vorwerk	Ukermark		Adelich		
Fahrenwalde	Dorf, Fil. Kirche von Zerrentin. Wassermühle zwischen Fahrenwalde u. Caselau	Ukermark		Amt Löcknitz und der vierte Theil adelich	Prenzlow	der König und zum vierten Theil der von Arnim zu Lützlo.
Fahrholz	Dorf, Filia von Calbe	Altemark	Arendsee	Adelich	Calbe	die von Alvensleben zu Calbe
Fahrland	Dorf, mater. Zwey Windmühlen.	Mittelmark	Havelland	A. Fahrland	Potsdam	der König
Falkenberg	Dorf, mater.	Altemark	Seehausen	Adelich	Seehausen	der Besitzer des Orts
Falkenberg	Dorf, Filia von Gröffin	Neumark	Schievelb.	Adelich	Schievelbein	der Besitzer des Orts
Falkenberg	Dorf, eingepfarrt zu Tauche	Churmark	Beeskow- und Storkow	Prinzlich Amt Trebatsch	Königs-Wusterhausen	
Falkenberg	Adel. Gut u. Dorf, Fil. von Demnitz Windmühle.	Mittelmark	Lebus	Adelich	Müncheberg	der Besitzer des Orts
Falkenberg	Adel. Gut u. Dorf, Fil. Kirche von Wartenberg	Mittelmark	Nied. Barn.	Adelich	Berlin	der Besitzer des Orts

Name des Orts.	Stadt, Flecken, Dorf, Adelich Gut, Vorwerk ꝛc.	Provinz.	Kreis.	Adelicher Ort, Königl. Amtsort, Immediat-Stadt.	Geistliche Inspection.	Patron der Pfarr- und Filial-Kirche, Gerichts-Obrigkeit.
Falkenberg	Dorf, Filia von Cöthen. Wassermühle	Mittelmark	Ober-Barn.	Adelich	Neustadt-Eberswalde	die Besitzer des Orts
Falkenburg	Stadt und Schloß	Neumark	Dramburg	Adelich	Dramburg	der Besitzer des Orts
Falkenhagen	Dorf, Fil. Kirche von Debelow. Wassermühle	Ukermark	Ukermärk. Kr.	Adelich	Prenzlow	der Besitzer des Orts
Falkenhagen	Dorf, mater. Wassermühle	Mittelmark	Lebus	Adelich	Frankfurt	der Besitzer des Orts
das Falkenhagensche	Vorwerk, zu Mablitz gehörig	Mittelmark	Lebus	Adelich		
Falkenhagen	Dorf, Filia von Seegefeld	Mittelmark	Havelland	A. Spandow	Potsdam	der König
Falkenhagen	Dorf, mater.	Prignitz	Pritzwalk	Adelich	Pritzwalk	Patron der Besitzer des Guts Gerzhagen, Ger. Obrigk. eben ders. und der Besitzer des Guts Meyaburg
Falkenrehde	Dorf, mater. Schäferey. Windmühle.	Mittelmark	Havelland	Magistrat zu Potsdam	Potsdam	der Magistrat
Falkenstein	Dorf, mater.	Neumark	Friedeberg	Adelich	Landsberg	der Besitzer des Orts.
Falkenthal	Dorf, unicum.	Ukermark	Ukerm. Kr.	Amt Zehdenick	Zehdenick	der König
Falkenwalde	Adel. Gut u. Dorf, mater.	Ukermark			Prenzlow	der Besitzer des Orts
Falkenwalde	Dorf, Filial von Gossow	Neumark	Königsberg	Adelich	Königsberg	der Besitzer des Orts
Saulenhorst	Dorf	Altmark	Salzwedel	Adelich		
Sechnow	Dorf, eingepfarrt zu Falkenberg	Neumark	Schievelb.	Adelich	Schievelbein	

Fehr-

Name des Orts.	Stadt, Flecken, Dorf, Adelich Gut, Vorwerk ꝛc.	Provinz.	Kreis.	Adelicher Ort. Königl. Amtsort. Immediat-Stadt.	Geistliche Inspection.	Patron der Pfarr- und Filial-Kirche. Gerichts-Obrigkeit.
Fehrbellin	Stadt	Mittelmark	in des Havelländ. Kreises Ländchen Bellin	A. Fehrbellin	Fehrbellin	der König
Fehrbitz oder Ferbitz	Dorf, Filia von Döbritz	Mittelmark	Havelländ. Kreis	Adelich	Potsdam	der Besitzer des Orts
Fehrbitz oder Verbitz	Dorf, Filia von Lanz	Prignitz	Lenzen	Amt Elbenburg und adelich	Lenzen	Patron der König, Ger. Obr. das Amt, der von Brebow, u. der Magistrat zu Lenzen
Fehrkrug	bey Templin	Ukermark	Ukerm. Kr.	Magistrat zu Templin		
Fehrkrug	bey Sandau	Altemark	Arneburg	Adelich		
Fehrkrug	bey Tangermünde	Altemark	Tangerm.	Adelich		
Fehrow	Dorf, Filial von Drachhausen	Neumark	Cottbus	Amt Pritz	Cottbus	der König
Feichow	Adel. Gut u. Dorf, F. K. v. Pinnow	Ukermark	Stolpirsche Kreis		Neu-Angermünde	der Besitzer des Orts
Feldberge	Dorf, eingepfarrt zu Fehrbellin	Mittelmark	in des Havelländ. Kreises Ländchen Bellin	Amt Fehrbellin und adelich	Fehrbellin	
Feldichen	Dorf, eingepfarrt zu Bärwalde	Neumark	Königsberg	St. Bärwalde	Königsberg	
Felgentreu	Dorf, mater. Unterförsterhaus	Churmark	Luckenwalde	A. Jinna	Pechül	der König
Weisse Fenn	Col. Dorf	Neumark	Frideberg	Amt Driesen		
Ferch oder Ferrich	Dorf, Fil. Kirche Liesendorf. Wassermühle	Mittelmark	Zauche	Adelich	Neustadt Brandenburg	der Besitzer des Orts
Neu-Ferchau	Dorf, mater vagans.	Altemark	Salzwedel	Adelich	Garbelegen	der Besitzer des Orts
Alt-Ferchau	Dorf, eingepfarrt zu Neu-Ferchau	Altemark	Salzwedel	Adelich	Garbelegen	
Ferchesar bey Rathenow	Dorf, Filia von Stechow	Mittelmark	Havelländ. Kreis	Adelich	Rathenow	die Besitzer des Orts Ferchesar

Name des Orts.	Stadt, Flecken, Dorf, Adelich Gut, Vorwerk ꝛc.	Provinz.	Kreis.	Adelicher Ort, Königl. Amtsort, Immediat Stadt.	Geistliche Inspection.	Patron der Pfarr und Filialkirche, Gerichts-Obrigkeit.
Serchesar bey Prizerbe	Dorf, mater. Windmühle	Mittelmark	Havelländ. Kreis	Amt Ziesar	Dom-Kapitul zu Brandenb.	Patr. das Dom-Kapitul zu Brandenb. Ger. Obrigk. das A. Ziesar
Serchlip	Dorf, Filial von Falkenberg	Altemark	Seehausen	Adelich	Seehausen	der Besitzer des Orts
Sergitz s. Vergitz						
Sichtwerder	Vorwerk	Neumark	Landsberg	A. Himmelstädt		
Siechel oder Viechel	Dorf, Fil. Kirche von Roorlack, Windmühle	Mittelmark	Ruppin	Adelich	Wusterhausen an der Dosse	der Besitzer des Orts
Hohen-Finow	Dorf, mater.	Mittelmark	Ober-Barnim. Kr.	Adelich	Neustadt-Eberswalde	der Besitzer des Orts
Nieder-Finow	Flecken mit gewissen Stadtrechten, Drathhammer, Drey Königl. Schleusen am Finow-Canal	Ukermark	Ukerm. Kr.	Amt Chorin	Neustadt Eberswalde	der König
Fischbeck	Dorf, Filia von Schönhausen	Altemark	Tangerm. Kr.	Adelich	Tangermünde	die Besitzer des Orts
Amts-Fischerey	Vorwerk	Neumark	Crossen	Amt Crossen		
Fischerhaus		Altemark	Seehausen	Adelich		
Fischerkathen	ein Ort von acht Häusern	Altemark	Seehausen	Adelich		
Flacksee	Vorwerk	Neumark	Arenswalde	Adelich		
Flatow	Adel. Gut u. Dorf, unicum, zwey Windmühlen.	Mittelmark	Glien- u. Löwenberg.	Amt Wehlefanz und adelich	Nauen	Patron der Besitzer des adel. Guts, Ger. Obrigk. ebenderselbe und das Amt.
Fleckengarten	bey der Stadt Havelberg	Prignitz	Havelländ. Kreis	d. Eigenthümer		

Flech-

81

Name des Orts.	Stadt, Flecken, Dorf, Adelich Gut, Vorwerk ꝛc.	Provinz.	Kreis.	Adelicher Ort, Königl. Amtsort, Immediat-Stadt.	Geistliche Inspection.	Patron der Pfarr- und Filial-Kirche. Gerichts-Obrigkeit.
Flechtingen	Adel. Gut u. Dorf, mater. Wassermühle genannt die Holzmühle.	Altmark	Salzwedel		Gardelegen	die Besitzer des Orts
Flemsdorf	Adel. Gut u. Dorf, Filial-Kirche von Criewen	Ukermark	Stolpirsche Kreis	Adelich	Neu-Angermünde	der Besitzer des Orts
Flessau	Dorf, mater.	Altmark	Stendal	Adelich	Osterburg	Patron, Graf von der Schulenburg zu Wolfsburg, Ger. Obrigk. eben ders. und noch zwey andere.
Flieth	Dorf, mater.	Ukermark	Ukermärk. Kr.	Adelich	Prenzlow	von Arnim auf Suckow
Florstedt	eine Anfahrt zum Holz im Kirchspiel Langerwisch	Mittelmark	Zauchische Kreis	A. Saarmund		
Flöbrde bey Pritzerbe	Dorf, Filial-Kirche von Pritzerbe	Mittelmark	Havelländ. Kreis	Amt Ziesar	Altstadt Brandenburg	der König
Fogelsdorf siehe Vogelsdorf						
Frankendorf	Vorwerk, eingepfarrt zu Nögelin	Mittelmark	Ruppin	Amt Ruppin		
Frankenfelde	Dorf, Windmühle, mater.	Churmark	Luckenwalde	Amt Zinna	Luckenwalde	der König
Frankenfelde	Dorf, Filia von Reichenow, Schäferey	Mittelmark	Ober-Barnim. Kr.	Adelich	Wrietzen	der Besitzer des Orts
Frankenförde	Dorf, mater.	Churmark	Luckenwalde	Amt Zinna	Pechül	der König
Frankfurt	Stadt 1) Luth. Kirchen (1) die Ober- oder S. Marienkirche, mater.	Mittelmark	Lebus	Immediat	1) hiesige Luth. Inspection	1) der Magistrat Franz-

Name des Orts.	Stadt, Flecken, Dorf, Adelich Gut, Vorwerk ꝛc.	Provinz.	Kreis.	Adelicher Ort. Königl. Amtsort. Immediat-Stadt.	Geistliche Inspection.	Patron der Pfarr- und Filial-Kirche, Gerichts-Obrigkeit.
	(2) die Unter-Kirche, Filia, in welche der Damm u. zwey Vorwerke eingepfarrt sind, von denen eines das rote Vorwerk heißt. (3) die Kirche in der Lebuser Vorstadt. mater. Sechs eingepfarrte Mühlen. (4) Kirche zu S. Gertraut in der Gubener Vorstadt mater, gehört den Gewandschneidern. Die Mühnen (Vorwerker) mit ihren Schäfereyen, sind eingepfarrt, und das Hospital zum heil. Geist auch, in dessen Kirche aber jährlich viermal geprediget und das Abendmal ausgetheilet wird. (5) das Waisenhaus, mit seiner Kirche. a) Reformirte Kirchen (1) Deutsche zu S. Nicolai (2) Französische				(1) hiesige Ref. Insp. (2) das Franz. Oberconf. zu Berlin.	(2) der König
Franzthal	Col. Dorf	Neumark	Friedeberg	A. Driesen		

Frauen-

83

Name des Orts.	Stadt. Kirchen. Dorf. Adelich Gut. Vorwerk ꝛc.	Provinz.	Kreis.	Adelicher Ort. Königl. Amtsort. Immediat Stadt.	Geistliche Inspection.	Patron der Pfarr und Filial Kirche. Gerichts-Obrigkeit.
Frauendorf	Dorf, Filia von Klein-Rade. Wassermühle	Neumark	Sternberg	A. Frauendorf	Frankfurt	der König
Frauendorf	Dorf, eingepfarrt zu Kahren	Neumark	Cottbus	Adelich	Cottbus	
Frauenhagen	Dorf, Filial-Kirche von Mürow	Ukermark	Stolpirsche Kreis	Adelich	Neu-Angermünde	der Besitzer des Orts
Frauenhagen	Vorwerk, eingepfarrt zu Brüssow	Ukermark		Amt Brüssow		
Fredenwalde	Flecken mit gewissen Stadtrechten. Filia vagans von Bergiz. Wassermühle.	Ukermark	Ukerm. Kr.	Adelich	Prenzlow	der Besitzer des Orts
Klein-Fredenwalde	Vorwerk, eingepfarrt zu Fredenwalde	Ukermark	Ukerm. Kr.	Adelich		
Fredersdorf auch Friederstorf	Adelich Gut und Dorf, mater. Wassermühle.	Mittelmark	Nieder-Bar.	Adelich	Berlin	der Besitzer des Orts
Fredersdorf	Dorf, Fil. Kirche v. Priest. Windsmühle	Ukermark	Ukerm. Kr.	Amt Gramzow	Gramzow	der König
Frehne	Dorf, Filia von Stepenitz	Prignitz	Prizwalk	Adelich	Puttlitz	die Besitzer des Orts
Frebstorf siehe Freedorf						
Freidorf	Dorf, eingepfarrt zu Buchholz. Meyerey. Pechhütte	Mittelmark	Teltow	Prinzlich Amt Buchholz	Königs-Wusterhausen	
Freienstein	Flecken, mater. Drey Wasser und eine Windsmühle	Prignitz	Prizwalk	Adelich	Prizwalk	der Besitzer des Orts

Freien

Name des Orts.	Stadt. Flecken. Dorf. Adelich Gut. Vorwerk ꝛc.	Provinz.	Kreis.	Adelicher Ors. königl. Amtsdorf. Immediat. Stadt.	Geistliche Inspection.	Patron der Pfarr- und Filial Kirche. Gerichts-Obrigkeit.
Freienwalde	Stadt. Vorwerk. Papier- u. Kietzmühle, Försterhaus. Gesundbrunn.	Mittelmark	Ober-Barn. Kr.	Amt Torgelow	Wriezen	der König
Fresdorf oder Frehstorf	Dorf. Filial-Kirche von Elsholz	Mittelmark	Zauche	A. Saarmund	Beelitz	der König
Fretzdorf	Dorf, Fil v Christdorf. Eine Wasser- und eine Schneidemühle	Prignitz	Wittstock	Adelich	Wittstock	der Besitzer des Orts
Freudenberg	Vorwerk	Neumark	Arenswalde	Stadt Arenswalde		
Freudenberg auch Sröddenberg	Dorf, Fil. Kirche v. Werneuchen. Der Prediger zu Tempelfelde macht Anspruch an dieses Filial.	Mittelmark	Ober-Barn.	Amt Landsberg	Bernau	der König
Freyenbrink	Colonisten-Haus am Spreebord	Mittelmark				
Freyenhagen	Col. Dorf, Vorwerk, eingepfarrt zu Nassenheyde	Mittelmark	Nieder-Barnim.	Erbzinsgut des Stifters	Spandow	
Freyenthal	Col. Dorf, Filia vagans von Neuendorf, ohne Kirche	Mittelmark	Zauche	Amt Lehnin	Treuenbrietzen	
Friedeberg bey Carmzow	Vorwerk	Ukermark		Adelich		
Friedeberg	Stadt	Neumark	Fridberg	Immediat	Landsberg	der König, in Ansehung des Pastorats, der Magistrat in Ansehung des Diaconats.
Friedeberger Stadt-Bruch	Col Dorf, Filia von Neu-Mecklenburg.	Neumark	Fridberg	Magistrat zu Friedeberg	Landsberg	der König Friedens-

Name des Orts.	Stadt, Flecken, Dorf, Adelich Gut, Vorwerk ꝛc.	Provinz.	Kreis.	Adelicher Ort. Königl. Amtsort. Immediat-Stadt.	Geistliche Inspection.	Patron der Pfarr- und Filial-Kirche. Gerichts-Obrigkeit.
Friedensfelde	Vorwerk, eingepfarrt zu Gerswalde	Ukermark	Ukermärkische Kreis	Adelich		
Friedersdorf	Dorf, mater vagans, wird jetzt von dem Prediger zu Tucheband besorgt.	Mittelmark	Lebus	Adelich	Frankfurt	der Besitzer des Orts
Friedersdorf	Dorf und Vorwerk, mater. Forsthaus	Churmark	Beers- und Storkow.	Amt Stansdorf	A. Storkow	der König
Friedland	Dorf, mater. Forsthaus	Mittelmark	Ober-Barn.	Adelich	Wriezen	der Besitzer des Orts
Friedrichsaue	Vorwerk	Mittelmark	Lebus	Amt Friedrichsaue		
Friedrichsberg	Col. Dorf, eingepfarrt zu Gennin	Neumark	Landsberg	A. Himmelstädt	Landsberg	
Friedrichsburg	Dorf, eingepfarrt zu Kölschen	Neumark	Sternberg	Adelich	Drossen	
Alt-Friedrichsdorf	Dorf, mater.	Neumark	Friedeberg	Amt Driesen	Landsberg	der König
Friedrichsdorf	Dorf, eingepfarrt zu Drewiz	Neumark	Cottbus	Adelich	Cottbus	
Friedrichsdorf	Dorf, Filia von Gr. Grünow	Neumark	Dramburg	Adelich	Dramburg	der Besitzer des Orts
Friederichsfelde	Vorwerk, eingepfarrt zu Wilmersdorf	Ukermark	Stolpirsche Kr.	Adelich		
Friederichsfelde	Dorf, mater. Lustschloß	Mittelmark	Nieder-Barnim. Kr.	Prinzl. Amt	Berlin	Pr. Ferdinand von Preußen
Friedrichsfelde	Vorwerk	Neumark	Dramburg	Adelich		
Friederichsfelde	Vorwerk, eingepfarrt zu Carzig	Neumark	Colbin	Amt Carzig		
Friedrichs-Gesundbrunnen	unweit Berlin, beym Wedding	Mittelmark	N. Barnim.			

L 3   Friedrichs-

Name des Orts.	Stadt, Flecken, Dorf, Adelich Gut, Vorwerk ꝛc.	Provinz.	Kreis.	Adelich, r Ort, Königl. Amtsort, Immediat-Stadt.	Geistliche Inspection.	Patron der Pfarr-und Filial-Kirche, Gerichts-Obrigkeit.
Friedrichshagen	Spinn-Dorf. Die Lutheraner, sind Filialisten von Cöpenick: die reformirten Böhmen, werden von der Ref. Böhm. Gemeine zu Berlin besorget. Windmühle.	Mittelmark	N. Barnim.	Amt Cöpenick	Friederichswerder zu Berlin	der König
Friederichshof	Vorwerk, eingepfarrt zu Berlin	Ukermark		Adelich		
Friedrichshof	Vorwerk	Neumark	Dramburg	Amt Sabin		
Fridrichshulde	Marktflecken, eingepfarrt zu Padligar	Neumark	Züllichow	Adelich	Züllichow	
Friedrichshorst	Col. Dorf. Filia von Driesen	Neumark	Frideberg	Amt Driesen	Landsberg	der König
Sriderichsthal, eine halbe Meile von Oranienburg	Vorwerk und Sitz eines Amts, nebst Häusern für sechs Familien	Mittelmark	Nied. Barn.		Bernau	
Friedrichswalde	Col. Dorf, reformirte Gemeine	Ukermark		A. Grimnitz	Prenzlow. Ref. Inspection	
Alt-Friesack	kleines Fischerdorf, eingepfarrt zu Wustrow	Mittelmark	Ruppin	A. Alt-Ruppin	Neu-Ruppin	
Frisack	Städtchen u. adelich Gut. Drey Windmühlen.	Mittelmark	Havelländ. Kreis	Adelich	Rathenow	die von Bredow
Fritschendorf	Dorf, eingepfarrt zu Deutsch-Sagar	Neumark	Crossen	Adelich	Crossen	
Frohnsdorf	Vorwerk u. Schäferey. Zwey Walkmühlen. Eingepfarrt zu Treuenbriezen	Mittelmark	Zauchische Kreis	Stadt Treuenbriezen		
Fürstenau ehedessen Fürstenhagen	Vorwerk	Ukermark		Adelich		

Fürstenau

Name des Orts.	Stadt, Flecken, Dorf, Adelich Gut, Vorwerk ꝛc.	Provinz.	Kreis.	Adelicher Ort, Königl. Amtsort, Immediat-Stadt.	Geistliche Inspection.	Patron der Pfarr- und Filial-Kirche. Gerichts-Obrigkeit.
Fürstenau	Dorf, mater.	Neumark	Arendswalde	Adelich	Arendswalde	der Besitzer des Orts
Fürstenfelde	Stadt	Neumark	Königsberg	A. Quartschen	Küstrin	der König
Fürstensee	Neumärkisches Antheil an diesem Dorf	Neumark	Arendswalde	Adelich		
Fürstenwalde	Stadt u. Vorwerk, u. vor der Stadt eine Colonie von 43 Häusern 1) Luth. Pfarrkirche 2) Ref. Gemeine, welche von dem Pred. zu Müncheberg besorget wird. Eine Wasser-, eine Schneide-, eine Walk- und eine Lohmühle.	Mittelmark	Lebus	Stadt unmittelbar, Vorwerk u. Colonie A. Fürstenwalde	1) hiesige Insp. 2) Insp. Frankfurt	1) der Magistrat
Fürstenwerder	Flecken mit gewissen Stadtrechten mater. Mühle.	Ukermark	Ukerm. Kr.	Adelich	Prenzlow	der Besitzer des Orts
Deutsch-Fuhlbeck	Col. Dorf, eingepfarrt zu Hundskopf	Neumark	Dramburg	Adelich	Dramburg	
Funkenhagen	Vorwerk	Ukermark		Adelich		
Funkenmühle	eingepfarrt zu Wünsdorf	Mittelmark	Teltow	Amt Zossen	Zossen	

Name des Orts.	Stadt, Flecken, Dorf, Adelich Gut, Vorwerk ꝛc.	Provinz.	Kreis.	Adelicher Ort, Königl. Amtsort, Immediat-Stadt.	Geistliche Inspection.	Patron der Pfarr- und Filial Kirche, Gerichts Obrigkeit.
Gaadsdorf oder Gazdorf	Dorf, eingepfarrt zu Christindorf	Mittelmark	Teltow	Amt Zossen	Zossen	
Gabbert	Dorf, Filia von Glambeck	Neumark	Arenswalde	Adelich	Arenswalde	der Besitzer des Orts
Gabel	Vorwerk, zu der Pfarre Pritzerbe gehörig. Ist an Colonisten in Erbpacht ausgethan	Mittelmark	Havelländ. Kreis	Dom-Kapit. zu Brandenburg	Altstadt Brandenburg	
Gablenz, brandenburgische Hälfte	Dorf, Filia von Laubach bey Sommerfeld	Neumark	Cottbus	Adelich	Crossen	der Besitzer des Orts
Gablenz	Dorf, eingepfarrt zu Comptendorf	Neumark	Crossen	Adelich	Cottbus	
Gabow	Dorf, eingepfarrt zu Gliezen	Neumark	Königsberg	A. Neuenhagen	Königsberg	
Gadow	Dorf, mater.	Mittelmark	Ruppin	Amt Goldbeck	Wittstock	der König
Gadow	Adel. Gut u. Dorf, eingepfarrt zu Cumlosen	Prignitz	Perleberg	Adelich	Perleberg	
Gagel	Dorf, Filia von Höwisch	Altemark	Seehausen	Amt Arendsee	Seehausen	der König
Gahlen	Dorf, Filia von Kulkwitz	Neumark	Cottbus	Adelich	Cottbus	der Besitzer des Orts
Gahry oder Gari	Dorf, eingepfarrt zu Comptendorf	Neumark	Cottbus	Adelich	Cottbus	
Gallinchen	Adelich Gut	Neumark	Cottbus			
Gallin	Vorwerk	Mittelmark	Havelland	Amt Potsdam, von welchem es an die Gemeine zu Bornstädt in Erbpacht ausgethan ist.		

Name des Orts.	Stadt, Flecken, Dorf, Adelich Gut, Vorwerk ꝛc.	Provinz.	Kreis.	Adelicher Ort. Königl. Amtsdorf. Immediat-Stadt.	Geistliche Inspection.	Patron der Pfarr- und Filial-Kirche. Gerichts-Obrigkeit.
Gallun	Dorf, Fil. K. von Mittenwalde, dahin auch die Einwohner zur Predigt gehen, denn in der hiesigen Kirche, zu deren Erbauung 1649 die Erlaubniß ertheilet worden, wird nicht gepredigt. Vorwerk Vogelsang, Schäferey, Windmühle.	Mittelmark	Teltow	Prinzl. Amt Gallun	Mittenwalde	Se. v. Preußen
Alt-Galow	Vorwerk, Wassermühle.	Ukermark		Adelich		
Neu-Galow	Vorwerk	Ukermark		Adelich		
Gandenitz	Dorf, mater vagans. Teerofen.	Ukermark	Ukerm. Kr.	Magistrat zu Templin	Templin	der Magistrat zu Templin
Gr. Gander	Dorf, mater.	Neumark	Sternberg	Adelich	Drossen	die Besitzer des Orts
Kl. Gander	Dorf, mater.	Neumark	Sternberg	Adelich	Sonnenburg	der Besitzer des Orts
Gandow	Dorf, eingepfarrt zu Lenzen	Prignitz	Lenzen	Amt Eldenburg	Lenzen	
Ganzickow oder Gantzkow	Adel. Gut u. Dorf, mater. Windmühle.	Prignitz	Kyritz		Kyritz	die Besitzer des Orts
Ganz	Adelich Gut, Filia vagans von Königsberg, mit einer Kapelle	Prignitz	Wittstock		Wittstock	der Besitzer des Orts
Ganzer	Dorf, unicum.	Mittelmark	Ruppin	Adelich	Wusterhausen an der Dosse	die Besitzer des Orts
die Garbe	ein Forst- u. Fischerhaus, eingepfarrt zu Grossen-Wanzer	Altemark	Seehausen	Adelich		Garchau

Name des Orts.	Stadt, Flecken, Dorf, Adelich Gut, Vorwerk ꝛc.	Provinz.	Kreis.	Adelicher Ort, Königl. Amtsort, Immediat-Stadt.	Geistliche Inspection.	Patron der Pfarr- und Filial-Kirche, Gerichts-Obrigkeit.
Garchau siehe Jarchau						
Garbelegen	Stadt. Sieben Mühlen unter besondern Namen. Schäferey. 1) Luth. Pfarrkirche zu S. Nicolai nebst der Marienkirche 2) die Kirche des kleinen Hospitals zum heil. Georg, und 3) das große Hospital zum heiligen Geist, sind Filiale von der Pfarrkirche	Altemark	Saltzwedel	Immediat	Garbelegen	Patron des Pastorats der König, der Diaconate aber der Magistrat
Garlin	Dorf, mater, nebst Vorwerk Boz.	Prignitz	Lenzen	Amt Eldenburg und adelich	Lenzen	Patron v. Blumenthal zu Prötzlin, Ger. Obrigk. eben derselbe, das Amt Eldenburg u. noch einige Mitbesitzer.
Garlipp	Dorf, mater.	Altemark	Stendal	Univ. Frankfurt	Stendal	Universität zu Frankfurt
Garlitz	Dorf, mater. Schäferey und Windmühle.	Mittelmark	Havelland	Dom-Kapitul zu Brandenb.	Dom Brandenburg	das Domkapit.
Garsedow oder Gerodow	Dorf, eingepfarrt zu Wittenberge	Prignitz	Perleberg	Adelich	Puttlitz	
Gartow	Dorf, Filial von Wusterhausen an der Dosse	Mittelmark	Ruppin	Adelich	Wusterhausen an der Dosse	Patr. der König
Gartow	Dorf, Filia von Sonnenburg	Neumark	Sternberg	A. Sonnenburg	Sonnenburg	der Herrenmeister

Gartz

Name des Orts.	Stadt, Flecken, Dorf, Adelich Gut, Vorwerk ꝛc.	Provinz.	Kreis.	Adelicher Ort. Königl. Amtsort. Immediat-Stadt.	Gräfliche Inspection.	Patron der Pfarr- und Filial-Kirche, Gerichts-Obrigkeit.
Garz	Adel. Gut u. Dorf, mater. Wassermühle.	Mittelmark	Ruppin	Adelich	Neu-Ruppin	der Besitzer des Guts
Gr. Garz	Dorf, mater. Windmühle	Altmark	Seehausen	Adelich	Seehausen	der Besitzer des Orts
Kl. Garz	Dorf, mater.	Altmark	Arendsee	Adelich und Amt Salzwedel	Salzwedel	der adel. Besitzer des Orts
Garz bey Kletzke	Adel. Gut u. Dorf, unicum. Wassermühle.	Prignitz	Pritzwalk	Adelich	Pritzwalk	Patr. das Domkapitul zu Havelberg u. den Wrangel wechselweise, Ger. Obrigl. eben dieselben und von Winterfeld
Garz bey Lenzen	Dorf in der Lenzer Wische, eingepfarrt zu Kutz	Prignitz	Lenzen	Adelich	Lenzen	
Hohen-Garz	Col. Dorf, eingepfarrt zu Sieversdorf	Mittelmark	Ruppin	Amt Neustadt an der Dosse	Wusterhausen an der Dosse	
Legen (Nieder-) Garz	Col. Dorf	Mittelmark	Ruppin	Amt Neustadt an der Dosse	Wusterhausen an der Dosse	
Garzau	Dorf, Filia von Werder. Wassermühle.	Mittelmark	Ober-Barnim. Kr.	Adelich	Strausberg	der Besitzer des Orts
Garzien	Adel. Gut u. Dorf, mater.	Mittelmark	Ober-Barn.	Adelich	Strausberg	der Besitzer des Orts
Lange Gasse	Vorstädte vor Züllichow	Neumark	Züllichow	Amt Züllichow	Züllichow	
Schwiebusser Gasse		Neumark	Züllichow	u. Züllichow		
Gatow	Dorf, eingepfarrt zu Vierraden	Ukermark	Stolpirsche Kr.	Markgräflich	Schwedt	

Name des Orts.	Stadt. Flecken. Dorf. Adelich Gut. Vorwerk 2c.	Provinz.	Kreis.	Adelicher Ort. Königl. Amtsort. Immediat-Stadt.	Geistliche Inspection.	Patron der Pfarr- und Filial-Kirche. Gerichts-Obrigkeit.
Gatow	Dorf, Filial von Cladow	Mittelmark	Havelland	Amt Spandow	Potsdam	der König
Gaul	Vorwerk bey Wriezen	Mittelmark	Ober-Barn.	Magistrat zu Wriezen		
Gaulsdorf siehe Gulsdorf						
Gchauperstein	Vorwerk bey Gleissen	Neumark	Sternberg	Adelich		
Geben s. Jeeben						
Gebnitz siehe Gevenitz						
Geisendorf	Dorf	Neumark	Cottbus	Adelich		
Geest-Gottberg oder Geist-Gottberg	Dorf, eingepfarrt zu Gr. Beuster. Zwey Mühlen.	Altemark	Seehausen	Adelich	Seehausen	
Geilenfelde	Dorf, Filia von Wugarten	Neumark	Friedeberg	Adelich	Landsberg	der Besitzer des Orts
Gellen oder Göllen	Dorf, Fil. von Nordhausen	Neumark	Königsberg	Amt Zehden	Königsberg	der König
Gellmersdorf	Dorf, Fil. Kirche von Stolpe	Ukermark		Adelich	Neu-Angermünde	der Besitzer des Orts
Gelkow	Dorf, mater. Windmühle.	Mittelmark	Havelland	Potsdamisch. Waisenhaus Amt Bornstädt	Potsdam	der König
Gennin	Dorf, Filia von Stennewitz	Neumark	Landsberg	A. Himmelstädt	Landsberg	der König
Genninsches-	Holländerey	Neumark	Landsberg	A. Himmelstädt		
Genschmar	Dorf, Filia von Golzow	Mittelmark	Lebus	Amt Friedrichsaue	Frankfurt	der König
Genshagen	Adel. Gut u. Dorf, Filia von Löwenbruch. Windmühle.	Mittelmark	Teltow	Adelich	Zossen	der Besitzer des Orts
Genzin	Dorf, mater.	Altemark	Arendsee	Amt Arendsee	Salzwedel	der König Alt-Gera

Name des Orts.	Stadt, Flecken, Dorf, Adelich Gut, Vorwerk ꝛc.	Provinz.	Kreis.	Adelicher Ort, Königl. Amtsort, Immediat-Stadt.	Geistliche Inspection.	Patron der Pfarr- und Filial-Kirche, Gerichts-Obrigkeit.
Alt-Gera oder Gehre	Vorwerk	Altmark	Seehausen	Adelich		
Georgen-Hospital	im Ferner vor Salzwedel, mater.	Altmark	Arendsee	Amt Salzwedel und adelich	Salzwedel	Patron der Magistrat zu Salzwedel, Ger. Obrigkeit ebendies. das Amt Salzwedel, u. von der Schulenburg auf der Probstey Salzwedel.
Gerchel an der Elbe s. Jerchel						
Gerchel bey Gardelegen	Dorf, Fil. v. Berge	Altmark	Salzwedel	Adelich	Calbe	der Besitzer des Orts
Gerhof	Adelich Gut	Altmark	Seehausen			
Guten-Germendorf	Dorf, mater.	Mittelmark	Ruppin	Adelich	Zehdenick	der Besitzer des Orts
Quaden-Germendorf	Dorf, mater.	Mittelmark	Glien- und Löwenb.	A. Oranienburg	Spandow	der König
Germenau	Adel. Gut u. Grundsitzer, eingepfarrt zu Steimcke	Altmark	Salzwedel		Salzwedel	
Germerschlage	Adel. Gut u. Dorf, eingepfarrt zu Berge	Altmark	Arneburg	Adelich	Werben	
Gerschee oder Geerische-See	Adelich Gut	Altmark	Seehausen			
Gersdorf	Dorf, Filia von Wusterwitz	Neumark	Dramburg	Adelich	Dramburg	der Besitzer des Orts
Gersdorf	Dorf, mater.	Neumark	Crossen	Adelich	Crossen	der Besitzer des Orts
Gersdorf oder Görsdorf	Dorf und Vorwerk, Filia von Arendsdorf, Plabberschäferey, Wind- und Wassermühle.	Churmark	Bees- und Storkow.	Amt Berstow	Berskow	der König
Gersdorf	Dorf, mater vagans, wird jetzt von dem Prediger zu Hohen-Finow besorgt.	Mittelmark	Ober-Barn.	Adelich	Neustadt-Eberswalde	der Besitzer des Orts
Gr. Gerstedt	Dorf, Filia von Bombeck. Wassermühle	Altmark	Salzwedel	Adelich	Salzwedel	die Besitzer des Orts
Kl. Gerstede	Dorf, Filia von Bombeck	Altmark	Salzwedel	Adelich	Salzwedel	der Besitzer des Orts

Name des Orts.	Stadt, Flecken, Dorf, Adelich Gut, Vorwerk ꝛc.	Provinz.	Kreis.	Adelicher Ort. Königl. Amtsdorf. Immediat-Stadt.	Geistliche Inspection.	Patron der Pfarr- und Filial-Kirche. Gerichts-Obrigkeit.
Gerswalde	Flecken mit gewissen Stadtrechten, mater. Wasser- und Windmühle. Drey Vorwerke.	Ukermark		Adelich	Prenzlow	der Besitzer des Orts
Gertzhagen, Gerhards- oder Gertshagen	Drey adel. Güter und Dorf, Filia vegans von Falkenhagen	Prignitz	Pritzwalk	Adelich	Pritzwalk	der Besitzer des Guts
Gesterhof	Adelich Gut	Altemark	Seehausen			
Gestin	Dorf, eingepfarrt zu Arendsee	Altemark	Arendsee	A. Arendsee	Salzwedel	
Getblingen oder Gestlingen	Dorf, Filia von Hindenburg	Altemark	Areneburg	Adelich	Werben	der Besitzer des Orts
Gevenitz oder Gebnitz	Dorf, Filia von Neuendorf	Altemark	Tangerm.	Amt Neuendorf	Garbelegen	der König
Gielsdorf	Adel. Gut u. Dorf, mater.	Mittelmark	Ober-Barn. Kreis	Adelich	Strausberg	der Besitzer des Orts
Gienow	Dorf, Filia von Janickow	Neumark	Dramburg	Adelich	Dramburg	der Besitzer des Orts
Giesenbrügge	Dorf, Filia von Neuenburg	Neumark	Soldin	Adelich	Soldin	der Besitzer des Orts
Giesensdorf	Dorf, Filia von Pritzwalk	Prignitz	Pritzwalk	Magistrat zu Pritzwalk	Pritzwalk	der Magistrat
Giesensdorf	Adel. Gut u. Dorf, mater.	Mittelmark	Teltow		Cöln an der Spree	Patr. zwey der adel. Besitzer des Orts, von welchen einer ⅓ und der andere ⅔ des Patronatrechts hat. Gerichts Obrigk. drey Edelleute.
Giesensdorf	Dorf, eingepfarrt zu Tauche.	Churmark	Beeskowsche Kreis	Prinzlich Amt Trebatsch	Königs-Wusterhausen	

Giesens-

Name des Orts.	Stadt, Flecken, Dorf, Adelich Gut, Vorwerk ꝛc.	Provinz.	Kreis.	Adelicher Ort. Königl. Amtsort. Immediat Stadt.	Geistliche Inspection.	Patron der Pfarr- und Filial-Kirche. Gerichts-Obrigkeit.
Giesenhagen	Col. Dorf, eingepfarrt zu Sertzhagen	Prignitz		Adelich	Pritzwald	
Ober- und Niederer-Giesenschlage	Dorf, Filia vagans von Berge	Altemark	Arneburg	Adelich	Werben	der Besitzer
Gieseritz	Dorf, Filia von Hinmsen. Mühle	Altemark	Salzwedel	Schul-Amt Dambeck	Salzwedel	Joach. Schuldirectorium
Gr. Giesckau	Dorf, mater.	Altemark	Salzwedel	Schul-Amt Dambeck	Salzwedel	Joach. Schul Directorium.
Kl. Giesckau	Dorf, Filial von Gr. Giesckau	Altemark	Salzwedel	Schul-Amt Dambeck	Salzwedel	Eben dasselbige
Gladenstädt oder Gladdenstädt	Dorf, eingepfarrt zu Jäber	Altemark	Salzwedel	Amt Diesdorf	Salzwedel	
Gladigau	Dorf, mater.	Altemark	Arendsee	Adelich	Seehausen	die Besitzer des Orts
Gläve oder Glöve	Dorf, Filia vagans jetzt von Schrepkow, vermöge der Matrikel von 1542 von Gr. Leppin	Prignitz	Pritzwalk	Adelich	Pritzwalk	die Besitzer des Orts
Glavenzin	Dorf, Filia von Premslin	Prignitz	Perleberg	Adelich	Perleberg	der Besitzer des Orts
Glambeck	Adel. Gut u. Dorf, Fil. K. von Alt Künckendorf. Wassermühle	Uckermark		Adelich	Neu-Angermünde	der Besitzer des Orts
Glambeck	Dorf, Ref. Fil. Gemeine v. Lindow	Mittelmark	Ruppin	A. Friedrichsthal	Ruppin	der König
Glambeck	Dorf, mater.	Neumark	Arendswalde	Adelich	Arendswalde	der Besitzer des Orts
Glasow	Dorf, mater.	Neumark	Soldin	Adelich	Soldin	der Besitzer des Orts
Glasow	Dorf, Fil. Kirche von Günedorf. Windmühle	Mittelmark	Teltow	Adelich	Cöln an der Spree	der Besitzer des Orts

Glas-

Name des Orts.	Stadt, Flecken, Dorf, Adelich Gut, Vorwerk 2c.	Provinz.	Kreis.	Adelicher Ort. Königl. Amtsort. Immediat-Stadt.	Geistliche Inspection.	Patron der Pfarr- und Filial-Kirche. Gerichts-Obrigkeit.
Glashagen	Vorwerk	Neumark	Dramburg	Adelich		
Glashütte zu	Basdorf	Mittelmark	Ruppin	Amt Ruppin		
Glauchow oder Glauche	Dorf, eingepfarrt zu Padligar	Neumark	Züllichow	Amt Züllichow	Züllichow	
Gleissen	Dorf, mater.	Neumark	Sternberg	Adelich	Drossen	
Glembach	Dorf, eingepfarrt zu Dobbertsaul	Neumark	Crossen	Adelich	Crossen	der Besitzer des Orts
Glienicke	Dorf, Vorwerk mit Colonisten besetzt, eingepfarrt zu Cöpenick. Windmühle.	Mittelmark	Teltow	Amt Cöpenick	Friderichswerder zu Berlin	
Gr. Glienicke	Adel. Gut u. Dorf, Filia v. Cladow. Schäferey.	Mittelmark	Havelland		Potsdam	
Glienicke	Dorf, Fil. Kirche von Stolpe	Mittelmark	Nied. Barn.	Adelich	Berlin	der Besitzer des Guts
Glienicke	Dorf, Filia von Saatze	Prignitz	Wittstock	Amt Wittstock	Wittstock	der Besitzer des Orts
Glienicke	Dorf, mater. Schäferey. Windmühle.	Mittelmark	Teltow	Amt Zossen	Zossen	der König
Klein-Glienicke	Dorf, eingepfarrt zu Potsdam	Mittelmark	Teltow	Amt Potsdam	Potsdam	der König
Glienicke	Dorf, mater.	Mittelmark	Bees- und Storkow.	Amt Stansdorf	Storkow	
Alt-Gliezen	Dorf, mater.	Neumark	Königsberg	A. Neuenhagen	Königsberg	der König
Neu-Gliezen	Col. Dorf, jetzt Fil. von Alt-Gliezen	Neumark	Königsberg	Bruchamt Wriezen	Wriezen	der König
Glindow	Dorf, Filia von Werder. Wasser- und Windmühle	Mittelmark	Zauche	Amt Lehnin	Potsdam	der König

Glinzig

Name des Orts.	Stadt. Flecken. Dorf. Adelich Gut. Vorwerk ic.	Provinz.	Kreis.	Adelicher Ort. Königl. Amtsort. Immediat-Stadt.	Geistliche Inspection.	Patron der Pfarr- und Filial-Kirche. Gerichts Obrigkeit.
Glinzig	Dorf, eingepfarrt zu Kolkwitz	Neumark	Cottbus	A. Cottbus	Cottbus	
Glöve s. Gläve						
Globzow oder Globsow	Col. Dorf, (ehemalige Glashütte,) angelegt 1752	Mittelmark	Ruppin	Amt Zechlin		
Glowe	Dorf	Churmark	Bees- und Storkow	Adelich		
Glossen	Dorf, eingepfarrt zu Kay	Neumark	Züllichow	Adelich	Züllichow	
Glubig	Teerofen bey Damsdorf	Churmark	Bees- und Stork.	Amt Stansdorf		
Auf der Glunebrücke	Försterhaus, eingepfarrt zu Gr. Beesten	Mittelmark	Teltow	Prinz v. Preußen Amt Königs-Wusterhausen		
Gneweckow	Dorf, unicum, jetzt verbunden mit Carwe	Mittelmark	Ruppin	Adelich	Neu-Ruppin	der Besitzer des Orts
Gnevesdorf	Dorf, Fil. Kapelle von Rühstedt	Prignitz	Havelberg	Adelich	St. Havelberg	der Besitzer des Orts
Göhlsdorf	Dorf, Fil. Kirche von Bochow	Mittelmark	Zauche	Amt Lehnin	Neustadt Brandenburg	der König
Göhren	Dorf, Filia von Cölzig	Neumark	Arenswalde	Amt Marienwalde	Arenswalde	der König
Göhren	Dorf, mater.	Neumark	Crossen	Adelich	Crossen	der Besitzer des Orts
Nieder-Göhren siehe Nieder-Görne						
Göllen oder Gellen	Dorf, Filia von Nordhausen	Neumark	Königsberg	A. Zehden	Königsberg	der König
						Görbitsch

Name des Orts.	Stadt, Flecken, Dorf, Adelich Gut, Vorwerk ꝛc.	Provinz.	Kreis.	Adelicher Ort, Königl. Amtsort, Immediat-Stadt.	Geistliche Inspection.	Patron der Pfarr- und Filial-Kirche, Gerichts-Obrigkeit.
Görbitsch	Dorf, mater.	Neumark	Sternberg	Adelich	Drossen	der Besitzer des Orts
Görden	Dorf, mater.	Mittelmark	Havelländ. Kreis	Adelich	Rathenow	der Besitzer des Orts
Görich oder Görick	Dorf	Neumark	Cottbus	Adelich		
Göricke	Dorf, Filial-Kirche von Söllenthin. Windmühle.	Prignitz	Wilsnack	Adelich	Wilsnack	Domkapitul zu Havelberg
Göritz	Flecken mit gewissen Stadtrechten. mater. Vorwerk. Windmühle zwischen Göritz und Detscher.	Neumark	Sternberg	A. Frauendorf	Frankfurt	der König
Göritz	Dorf, mater.	Ukermark		Adelich	Prenzlow	der Besitzer des Orts
Görlsdorf	Dorf, mater. Wassermühle.	Mittelmark	Lebus	Adelich	Müncheberg	der Besitzer des Orts
Görlsdorf	Dorf, Filia vagans.	Ukermark	Stolpirsche Kreis	Adelich	Neu-Angerm.	der Besitzer des Orts
Görlsdorf	Dorf, mater.	Neumark	Königsberg	hiesiges Amt	Königsberg	der König
Görnersdorf oder Germersdorf	Dorf	Neumark	Cottbus	Adelich		
Nieder-Görne	Dorf, mater.	Altemark	Arneburg	Adelich	Werben	der Besitzer des Orts
Görne oder Gorden	Vorwerk, eingepfarrt zu Altstadt Brandenburg	Mittelmark	Havelländ. Kreis	Magistrat zu Brandenburg		
Görnitz	Dorf, eingepfarrt zu Wustrow	Prignitz	Lenzen	Adelich	Lenzen	
Görsdorf siehe Gersdorf						

Görzig

Name des Orts.	Stadt, Flecken, Dorf, Adelich Gut, Vorwerk ꝛc.	Provinz.	Kreis.	Adelicher Ort. Königl. Amtsort. Immediat-Stadt.	Geistliche Inspection.	Patron der Pfarr- und Filial-Kirche. Gerichts-Obrigkeit.
Görzig	Dorf, Filial-Kirche von Sauen. Königl. Zollhaus am Neuen Graben. Vorwerk.	Churmark	Bees- und Storkow.Kr.	Amt Beeskow	Beeskow	der König
Göttin	Dorf, Filial-Kirche von Crane. Vorwerk. Wassermühle.	Mittelmark	Zauche	Adelich	Neustadt Brandenburg	der Besitzer des Orts
Göttin	Dorf, eingepfarrt zu Alt-Töplitz	Mittelmark	Zauche	Amt Lehnin	Neustadt Brandenburg	
Götz	Dorf, Fil. Kirche von Deetz	Mittelmark	Zauche	Amt Lehnin	Neustadt Brandenburg	der König
Götzlendorf	Adelich Vorwerk. Teerofen.	Ukermark	Ukermärk. Kr.			
Gohlitz	Dorf, Filia von Wachow	Mittelmark	Haveland	A. Nauen	Neustadt Brandenburg	der König
Gohlitz	Dorf, mater. Mühle.	Neumark	Sternberg	A. Frauendorf	Frankfurt	der König
Gohre oder Gohry	Dorf, eingepfarrt zu Briesen	Neumark	Cottbus	Adelich	Cottbus	
Gohre	Dorf, mater.	Altmark	Tangerm.	Adelich und Amt Tangerm.	Tangermünde	Patr. das Stift Walmirstädt, Ger.Obr. das Amt Tangermünde, die Universität zu Frankfurt u. einige Adeliche
Gohsen	Col. Dorf und Vorwerk, eingepfarrt zu Neu-Zittau. Windmühle.	Churmark	Bees- und Storkow	Amt Stamsdorf	Storkow	
Golberg siehe Colberg						
Goldbeck	Dorf und Vorwerk, Filia von Grube	Prignitz	Wittstock	Amt Goldbeck	Wittstock	der König

Gollen-

Name des Orts.	Stadt, Flecken, Dorf, Adelich Gut, Vorwerk ꝛc.	Provinz.	Kreis.	Adelicher Ort, Königl. Amtsort, Immediat-Stadt.	Geistliche Inspection.	Patron der Pfarr- und Filial-Kirche, Gerichts-Obrigkeit.
Gollensdorf oder Goldenstorf	Dorf, eingepfarrt zu Bömzien	Altemark	Arendsee	Adelich	Seehausen	
Goldbeck	Dorf, meist comb. mit Berskau, Windmühle	Altemark	Arneburg	Adelich	Stendal	der Besitzer des Orts
Gollbeck	Dorf, Vorwerk, Schäferey, Fil. von Stülpe	Churmark	Luckenwalde	Adelich	Luckenwalde	der Besitzer des Orts
Gollin	Dorf, Filia von Bietmannsdorf	Ukermark	Ukermärk. Kreis	Adelich	Templin	der Besitzer des Orts
Gollin	Dorf, eingepfarrt zu Cartzig	Neumark	Soldin	Amt Cartzig	Soldin	
Alt-Golmen	Dorf, eingepfarrt im folgenden. Die Kön. Schäferey u. die Schäferey auf dem Streitberge. Ober- und Unter-förster Teerofen.	Churmark	Beeskow- und Storkow	A. Beeskow, u. in Ansehung der Colonisten A. Stansdorf	Beeskow	
Neu-Golmen	Dorf, unter. Wassermühle	Churmark	Beeskow- und Storkow	A. Beeskow	Beeskow	der König
Golm	Dorf, Windmühle, Filia v. Bornim. Vorwerk, welches an sechs reformirte Schweizer verpachtet ist, die zu den sogenannten Vierhäusern eingepfarret sind.	Mittelmark	Haveländ. Kr.	Amt Potsdam	Potsdam	der König
Golmer-Bruch, oder Natewerder, oder Vierhäuser	Reformirtes Col. Dorf, unter.	Mittelmark	Haveländ. Kr.	Amt Potsdam	Ref. Inspection Potsdam	der König
Golm	Dorf, Vorwerk, Filia vagans von Zichow	Ukermark		Adelich	Prenzlow	der Besitzer des Orts

Golmitz

Name des Orts.	Stadt, Flecken, Dorf, Adelich Gut, Vorwerk ꝛc.	Provinz.	Kreis.	Adelicher Ort. Königl. Amtsort. Immediat Stadt.	Geistliche Inspection.	Patron der Pfarr und Filial Kirche. Gerichts-Obrigkeit.
Golmitz	Dorf, mater vagens jetzt von Gäston. Drey Vorwerke. Mühle.	Ufermark	Ufermärkische Kreis	Adelich	Prenzlow	der Besitzer des Orts
Golz	Dorf, Filia von Janickow	Neumark	Dramburg	Adelich	Dramburg	der Besitzer des Orts
Golze	Dorf, Filia von Joachimsthal	Ufermark		Joachimsthal. Schuldirect.	Neustadt-Eberswalde	das Schuldirectorium
Golzen	Dorf, eingepfarrt zu Klemzig	Neumark	Züllichow	Adelich	Züllichow	
das Golzer Guth	in Dramburg	Neumark	Dramburg	Adelich		
Golzer-Krug	Vorwerk	Neumark	Dramburg	Adelich		
Golzenruhe	Vorwerk zu Cürtow gehörig	Neumark	Arenswalde	Adelich		
Golzow	Dorf und Vorwerk, mater. Jagdhaus Windmühle	Mittelmark	Lebus	Amt Golzow	Frankfurt	der König
Golzow	Adel. Gut u. Dorf, mater. Wassermühle, Schäferey.	Mittelmark	Zauche		Neustadt Brandenburg	der Besitzer des Orts
Gollwitz	Adel. Gut u. Dorf, Filia vagens von Schmerzke. Windmühle.	Mittelmark	Zauche		Neustadt Brandenburg	der Besitzer des Orts
Gorgast	Dorf, mater. Windmühle.	Mittelmark	Lebus	Adelich	Frankfurt	der Besitzer des Orts
Gorz	Dorf, Filia von Ketzür	Mittelmark	Havelland	Adelich	Altstadt Brandenburg	die Besitzer des Orts
Goscar	Dorf, eingepfarrt zu Berg	Neumark	Crossen	Amt Crossen	Probstey bey Crossen	
Goseda	Dorf	Neumark	Cottbus	Adelich		

Gossow

Name des Orts.	Stadt, Flecken, Dorf, Adelich Gut, Vorwerk 2c.	Provinz.	Kreis.	Adelicher Ort. Königl. Amtsdorf. Immediat Stadt.	Geistliche Inspection.	Patron der Pfarr- und Filial-Kirche. Gerichts-Obrigkeit.
Gossow	Dorf, mater.	Neumark	Königsberg	Adelich	Königsberg	der Besitzer des Orts.
Gottberg	Dorf, unicum.	Mittelmark	Ruppin	Adelich	Neu-Ruppin	der Besitzer des Orts
Gottberg	Dorf	Neumark	Arenswalde	Adelich		
Gottow	Dorf, Vorwerk, Eisenhütte und Hammer, nahe gelegene Pechhütte. Sind eingepfarrt nach Schönerweide, werden aber in Amtsverrichtungen von dem Prediger zu Jänichendorf besorget.	Churmark	Luckenwalde	Amt Zinna	Zossen	
Gottschimb	Dorf, Filia von Driesen	Neumark	Landsberg	Amt Driesen	Landsberg	der König
Gottschimber-Bruch	Dorf, Fil. von Hohen-Carzig	Neumark	Friedeberg	Amt Driesen	Landsberg	der König
Gr. Gottschow	Dorf, mater.	Prignitz	Perleberg	Adelich	Perleberg	Patron, Graf von Kamcke, Ger. Obrigl. vier andere Edelleute.
Kl. Gottschow	Adel. Gut u. Dorf, Filial-Kirche von Krampfer	Prignitz	Perleberg	Adelich	Perleberg	der Besitzer des Orts
Gottsdorf	Dorf, vagans, jetzt verbunden mit Frankenförde	Churmark	Luckenwalde	A. Zinna	Pechül	der König
Gottsdorfsche Mühle	liegt zwischen Gottsdorf und Berlendrück, ist eingepfarrt nach Frankenfelde	Churmark	Luckenwalde	Amt Zinna	Pechül	

Grabkow

103

Name des Orts.	Stadt, Flecken, Dorf, Adelich Gut, Vorwerk rc.	Provinz.	Kreis.	Adelicher Ort. Königl. Amtsort. Immediat-Stadt.	Geistliche Inspection.	Patron der Pfarr- und Filial-Kirche, Gerichts-Obrigkeit.
Grabckow	Dorf, eingepfarrt zu Möhren	Neumark	Crossen	Adelich	Crossen	
zum heil. Grab	Adelich Stift, Filia von Techow	Prignitz	Pritzwalk		Pritzwalk	Stift zum heil. Grabe
Grabow bey Puttlitz	Dorf, Filia von Märtensdorf	Prignitz	Pritzwalk	Adelich	Puttlitz	die Besitzer des Orts
Grabow bey Horst	Dorf, Mühle, mater combinata v. Rosenwinkel. Aus den Consistorial-Abschieden von 1582 u. 1593, und aus einem 1670 getroffenem Vergleich erhellet, daß Grabow ein unicum, u. keine Filia von Rosenwinkel ist. Dieses ist auch 1687 von dem Consistorio erkannt worden.	Prignitz	Kyritz	Adelich	Kyritz	die Besitzer des Orts
Grabow	Dorf, Filia von Sternberg	Neumark	Sternberg	Adelich	Sonnenburg	der Besitzer des Orts
Grabow	Dorf, Filia von Rahausen	Neumark	Königsberg	Markgräflich Schwedisch	Königsberg	der Markgraf von Schwedt
Grabow	Vorwerk, eingepfarrt in der Domkirche zu Brandenburg	Mittelmark	Havelländ. Kreis	Dom-Kapit. zu Brandenburg		
Grabstorf jetzt Friderichsthal						
Gräbendorf oder Grävenstorf	Dorf, mater.	Mittelmark	Teltow	Prinzl. Amt Plossin	Königs-Wusterhausen	Pr. v. Preußen
Gräbs	Dorf, Filia von Netzen	Mittelmark	Zauche	Adelich	Neustadt Brandenburg	der Besitzer des Orts
						Gröningen

Name des Orts.	Stadt. Flecken. Dorf. Adelich Gut. Vorwerk ꝛc.	Provinz.	Kreis.	Adelicher Ort. Königl. Amtsort. Immediat-Stadt.	Geistliche Inspection.	Patron der Pfarr- und Filial-Kirche. Gerichts-Obrigkeit.
Gräningen oder Greeningen	Dorf, Filia von Bamme	Mittelmark	Havelland	Dom-Kapitul zu Brandenb.	Rathenow	das Domkapit. zu Brandenb.
Gräfendorf	Dorf, eingepfarrt zu Sossow	Neumark	Königsberg	Adelich	Königsberg	
Grävendickſche	Mühle, eingepfarrt zu Breitenfeld	Prignitz		das Stift zum heil. Grabe	Pritzwalk	
Grävenitz	Dorf	Altemark	Stendal	Adelich		
Gr. Grävenſtedt	Dorf, Filia von Henningen. Waſſermühle	Altemark	Salzwedel	Adelich	Salzwedel	der Beſitzer des Orts
Kl. Grävenſtede	Dorf, Filia von Henningen	Altemark	Salzwedel	Amt Diesdorf	Salzwedel	der König
Grablow	Dorf, mater.	Neumark	Landsberg	Adelich	Landsberg	der Beſitzer des Orts
Gramtzow	Flecken mit gewiſſen Stadtrechten. Vorwerk. Zwey Waſſermühlen, eine Windmühle. Luth. Pfarr-Kirche, Franzöſ. Ref. Gemeine.	Ukermark	Ukermärk. Kreis	Amt Gramtzow	Gramtzow	der König
Granow	Adel. Gut u. Dorf, mater.	Neumark	Arnswalde	St. Arnswalde Das Rittergut gehört einem Edelmann.	Arnswalde	der Magiſtrat zu Arnswalde
Granſee	Stadt. Meyerey. Ziegelſcheune. 5 Windmühlen.	Mittelmark	Ruppin	Immediat	Granſee	Patr. der König. Ger. Obrigl. der Magiſtrat
Granſee	Mühle	Neumark	Königsberg	Adelich		
Grantzow	Dorf, Fil. Kirche von Sumtow	Prignitz	Havelberg. Kreis	Domkapitul zu Havelberg	Dom-Havelberg	Domkapitul
Grantzow	Vorwerk, eingepfarrt zu Kleinkinde	Prignitz	Perleberg	Adelich		

Grapow

Name des Orts.	Stadt. Flecken. Dorf. Adelich Gut. Vorwerk ec.	Provinz.	Kreis.	Adelicher Ort. Königl. Amtsort. Immediat-Stadt.	Geistliche Inspection.	Patron der Pfarr- und Filial-Kirche. Gerichts-Obrigkeit.
Grapow	Adelich Gut	Neumark	Friedeberg			
Graffau	Dorf, mater. Vorwerk Schmoor. Zwey Windmühlen.	Altemark	Stendal	Adelich	Stendal	der Besitzer des Orts
Graffee	Dorf, Filia von Zanzow	Neumark	Dramburg	Adelich	Dramburg	der Besitzer des Orts
Graze	Vorwerk, zu der Pfarre Gränthal gehörig	Mittelmark	Ober-Barn.	Adelich		
Graulngen	Dorf, eingepfarrt zu Wegenstedt	Altemark	Salzwedel	Adelich	Garbelegen	
Gravenstedt siehe Grävenstedt						
Grebs s. Gräbs						
Greeden	Dorf, Filia von Matschdorf	Neumark	Sternberg	Adelich	Sonnenburg	der Besitzer des Orts
Greiffenberg	Flecken, mit gewissen Stadtrechten	Ukermark		Adelich	Neu-Angermünde	der Besitzer des Orts
Grenz	Dorf, Filial-Kirche von Drensen	Ukermark	Ukerm. Kr.	Amt Gramzow	Gramzow	der König
Grenz	Vorwerk, bey Gerdsdorf	Neumark	Dramburg	Adelich		
Grieben bey Bezendorf	Dorf, Filial-Kirche von Bezendorf	Altemark	Salzwedel	Adelich	Apenburg	der Besitzer des Orts
Grieben an der Elbe	Dorf, mater. Vorwerk Schären, mit einer Schäferey.	Altemark	Tangerm.	Adelich	Tangermünde	der Besitzer des Orts
Feld-Grieben	Schäferey, eingepfarrt zu Heinrichsdorf	Mittelmark	Ruppin	Prinzlich		
Grieben	Dorf, Filial-Kirche von Schöneberg, Windmühle.	Mittelmark	Ruppin	A. Friedrichsthal	Lindow	der König
Hohen-Grieben	Col. Dorf, eingepfarrt zu Rambke	Altemark	Salzwedel	Amt Diesdorf	Salzwedel	

Griesel

Name des Orts.	Stadt, Flecken, Dorf, Adelich Gut, Vorwerk ꝛc.	Provinz.	Kreis.	Adelicher Ort, Königl. Amtsort, Immediat-Stadt.	Geistliche Inspection.	Patron der Pfarr- und Filial-Kirche, Gerichts-Obrigkeit.
Griesel	Dorf, mater.	Neumark	Crossen	Adelich	Crossen	der Besitzer des Orts
Grillenberg	Vorwerk und Schäferey die Sorge genannt, eingepfarrt zu Beeskow	Churmark	Bees- und Storkow.	Amt Beeskow		
Grimm oder Grimmen	Dorf, Filia von Zerrenthin	Ukermark		Amt Löcknitz	Prenzlow	Der Königl. Ger. Obrigf. über zwey Bauerhöfe, v. Winterfeld.
Grimnitz	Vorwerk	Neumark	Sternberg	Adelich		
Neu-Grimnitz	Vorwerk	Ukermark		A. Grimnitz		
Alt-Grimnitz	Dorf, eingepfarrt zu Joachimsthal	Ukermark		Schul-Amt Joachimsthal	Neustadt-Eberswalde	
Grobleben	Dorf, Fil. von Ost- u. West-Heeren-Mühle.	Altmark	Tangerm.	A. Tangerm.	Tangermünde	der König
Gröben	Adel. Gut u. Dorf, mater.	Mittelmark	Tellow		Cöln an der Spree	der Besitzer des Orts
Gröningen	Dorf, Filia von Lagendorf	Altmark	Salzwedel	Adelich	Salzwedel	der Besitzer des Orts
Größin	Dorf, mater.	Neumark	Schievelb.	Adelich	Schievelbein	der Besitzer des Orts
Grötsch	Dorf, eingepfarrt zu Heinrichsbrück	Neumark	Cottbus	Adelich	Cottbus	
Grosburg	Halb-Dorf, unicum.	liegt in Schlesien, in des Fürstenth. Breslau breslauischen Kreise, gehört aber zur Churmark.		Adelich	Churmärkisch Consistorium	der Besitzer des Orts
Großmähl	bey Calvitz	Altmark	Salzwedel	Schul-Amt Dambeck		
Großvater	Dorf, Fil. von Döllen, ohne Kirche.	Ukermark	Ukerm. Kr.	Amt Zehdenick	Strasburg	der König
Grubau oder Grube	Dorf, Filia von Bornim. Vorwerk.	Mittelmark	Havelländ. Kreis	Amt Potsdam. Das Vorwerk gehört dem Waisenhaus zu Potsdam.	Potsdam	der König

Grube

107

Name des Orts.	Stadt, Flecken u. Dorf, Adelich Gut, Vorwerk ꝛc.	Provinz.	Kreis.	Adelicher Ort, Königl. Amtsort, Immediat-Stadt.	Geistliche Inspection.	Patron der Pfarr- und Filial-Kirche. Gerichts-Obrigkeit.
Grube	Col. Dorf, eingepfarrt zu Friedland	Mittelmark	Ober-Barn.	Adelich	Wrietzen	
Grube	Dorf, Fil. Kirche von Wiesecke	Prignitz	Perleberg	Adelich	Perleberg	der Besitzer des Orts
Grüna	Dorf, Filia von Jinna	Churmark	Luckenwalde	Amt Jinna	Pechül	der König
Grünaue siehe Grünow	Forsthaus					
Grünaue	Col. Dorf, eingepfarrt zu Bohnsdorf	Mittelmark	Teltow	Amt Cöpenick	Königl. Wusterhausen	
Grünberg	Dorf, Filia vagans von Waßnow, will unicum seyn.	Uckermark		Adelich	Prenzlow	der Besitzer des Orts
Gründel oder Grünthal	Adel. Gut u. Dorf, mater.	Mittelmark	Ober-Barn.	Adelich	Bernau	der Besitzer des Orts
Grüneberg	Dorf, mater.	Mittelmark	Glien u. Löwenberg.	Adelich	Zehdenick	der Besitzer des Orts
Grüneberg	Dorf	Neumark	Soldin	Adelich	Soltin	
Grüneberg	Dorf, mater.	Neumark	Königsberg	Ordens-Amt hieselbst	Sonnenburg	der Herrenmeister
Grüneberg	Dorf, mater.	Neumark	Arendswalde	Adelich	Arendswalde	der Besitzer des Orts
Grüneiche	Vorwerk bey Pernitz. Schäferey.	Mittelmark	Zauchische Kreis	Adelich		
Grünefeld	Dorf, mater.	Mittelmark	Glien- und Löwenb.	Amt Vehlefanz und adelich	Nauen	Patr. zwey der adel. Besitzer, Gerichts-Obrigk. Amt Vehlefanz u. vier Edelleute
Grünerlinde	Böhmisches Colonistendorf bey Cöpenick, daselbst eingepfarrt.	Mittelmark	Teltow	Amt Cöpenick	Friederichswerder zu Berlin	
Grünenwulsch	Dorf, Filia von Giesau	Altemark	Stendal	Adelich	Stendal	der Besitzer des Orts
Grün-Grund	Forsthaus	Mittelmark	Ruppin	Adelich		
Grünewald	Vorwerk	Neumark	Crossen	Adelich		Grüne-

D 2

Name des Orts.	Stadt, Flecken, Dorf, Adelich Gut, Vorwerk ic.	Provinz.	Kreis.	Ad. liche Ort. Königl. Amts-ort. Immediat-Stadt.	Geistliche In- spection.	Patron der Pfarr- und Filial-Kirche, Gerichts-Obrig- keit.
Grünewald	Dorf, Filia von Döllen mit einem Bethhause	Ukermark	Ukerm. Kr.	Amt Zehdenick	Strasburg	der König
Grünewald	Forst- und Jagd-haus	Mittelmark	Teltow	Amt Spandow		
Grünhof	Vorwerk	Neumark	Dramburg	Amt Sabin		
Grünhof	Vorwerk	Neumark	Arenswalde	Adelich		
Grünow	Dorf, Filia von Drossen	Neumark	Sternberg	Magistrat zu Drossen	Drossen	der Magistrat
Gr. Grünow	Dorf, mater.	Neumark	Dramburg	Adelich	Dramburg	der Besitzer des Orts
Kl. Grünow	Dorf, Filia von Mörenberg	Neumark	Dramburg	Adelich	Arenswalde	die Besitzer des Orts
verkehrt Grü- now	Dorf, Filia von Schönermark Wassermühle	Ukermark	Stolpitsche Kr.	der Markgraf zu Schwedt	Neu-Anger- münde	der Besitzer des Orts
Grünow	Dorf, Fil. K. von Drense. Mühle.	Ukermark	Ukerm. Kr.	Amt Gramzow und adelich	Gramzow	der König
Grünow oder Grünaue	Forsthaus, einge-pfarrt zu Mögelin	Mittelmark	Havell. Kr.	Königlich		
Grünorth	Vorwerk bey Cars-witz	Neumark	Dramburg	Adelich		
Grünrade	Dorf. Fil. v. Beer-felde	Neumark	Königsberg	Adelich	Königsberg	der Besitzer des Orts
Grützorth	Vorwerk, zu Kahn-werder gehörig	Neumark	Arenswalde	Adelich		
Grums	Vorwerk	Neumark	Dramburg	Adelich		
Grumsin	eingepfarrt zu Alt-Künkendorf	Ukermark		A. Neu-Grim- nitz	Neu-Anger- münde	
Grunden	Vorwerk	Neumark	Sternberg	Adelich		
Grunow	Dorf, eingepfarrt zu Plaue	Neumark	Crossen	Adelich	Crossen	

Grunow

Name des Orts.	Stadt, Flecken, Dorf, Adelich Gut, Vorwerk ꝛc.	Provinz.	Kreis.	Adelicher Ort, Königl. Amtsort, Immediat-Stadt.	Geistliche Inspection.	Patron der Pfarr- und Filial-Kirche, Gerichts-Obrigkeit.
Grunow	Dorf, eingepfarrt zu Neu-Lagow	Neumark	Sternberg	Commenthurey Lagow	Sonnenburg	
Grunow	Dorf, Filial von Predickow	Mittelmark	Ober-Barn. Kreis	Adelich	Strausberg	der Besitzer des Orts
Gühlen	Dorf	Mittelmark	Ruppin	Amt Ruppin		
Gühlitz	Dorf, Filia von Lacken	Prignitz	Perleberg	Adelich	Puttlitz	der Besitzer des Orts
Gühlitz	Teerofen	Mittelmark	Ruppin			
Günsdorf	Adel. Gut u. Dorf, mater.	Mittelmark	Teltow		Cöln an der Spree	der Besitzer des Guts
Günterberg	Adel. Gut u. Dorf, Filial-Kirche von Greiffenberg	Ukermark			Neu-Angermünde	der Besitzer des Orts
Güntersberg	Dorf, Filia von Eichberg	Neumark	Crossen	Amt Crossen	Crossen	der König
Güntershagen	Dorf, mater.	Neumark	Dramburg	Amt Sabin	Dramburg	der König
Güsefeld oder Güssefeld	Dorf, mater.	Altmark	Arendsee	Adelich	Calbe	die Besitzer des Orts
Güstebiese	Dorf, Filia von Lietzegöricke	Neumark	Königsberg	Ordens-Amt Grüneberg	Sonnenburg	der Herrenmeister
Güstow bey Prenzlau	Dorf, mater.	Ukermark		Adelich	Prenzlow	der Besitzer des Orts
Güstow bey Gramzow	Dorf, Filial-Kirche von Zichow	Ukermark		Adelich	Prenzlow	der Besitzer des Orts
Gütergotz	Dorf, mater. Vorwerk.	Mittelmark	Teltow	Amt Potsdam	Potsdam	der König
Guhden	Dorf, eingepfarrt zu Morin	Neumark	Königsberg	Adelich	Königsberg	
Guhlow	Dorf, mater Gramzowsche Wassermühle.	Prignitz	Perleberg	Adelich	Perleberg	der Besitzer des Orts
Guhlow	Dorf, eingepfarrt zu Gersdorf	Neumark	Crossen	Adelich	Crossen	Guhrow

Name des Orts.	Stadt, Flecken, Dorf, Adelich Gut, Vorwerk ic.	Provinz.	Kreis.	Adelicher Ort. Königl. Amtsort. Immediat-Stadt.	Geistliche Inspection.	Patron der Pfarr- und Filial-Kirche. Gerichts-Obrigkeit.
Gubrow siehe Gohre						
Ober- und Nieder-Gubren	Dorf, eingepfarrt zu Kay	Neumark	Züllichow	Adelich	Züllichow	
Gülpe	Dorf, Filia von Prietzen	Mittelmark	In des Havelländ. Kr. ländchen Rhinow	Adelich	Rathenow	die von der Hagen
Gulchenberg		Prignitz	Perleberg			
Gulsdorf	Dorf, Filial-Kirche von Krampfer	Prignitz	Perleberg	Adelich	Perleberg	der Besitzer des Orts
Gumtow	Dorf, eingepfarrt zu Klützkow	Neumark	Schievelb.	Adelich	Schievelbein	
Gumtow	Dorf, mater. Wassermühle.	Prignitz	Havelberg	Domkapitul zu Havelberg	Dom-Havelberg	Domkapitul
Gurkow	Dorf, mater.	Neumark	Friedeberg	St. Friedeberg	Landsberg	der Magistrat zu Friedeberg
Gurkowsche Bruch	Col. Dorf, eingepfarrt zu Gurkow	Neumark	Friedeberg	A. Driesen	Landsberg	
Guscht	Dorf, mater.	Neumark	Friedeberg	A. Driesen	Landsberg	der König
Guscheer alte und neue Holländer	Filia von Guscht	Neumark	Friedeberg	A. Driesen	Landsberg	der König
Gusow	Abel. Gut u. Dorf, mater.	Mittelmark	Lebus	Adelich	Frankfurt	der Besitzer des Orts
Gussow	Dorf, ist zu Gräbendorf eingepfarrt	Mittelmark	Teltow	Prinzlich Amt Königs-Wusterhausen	Kön. Wusterhausen	
Guten-Paaren	Abel. Gut u. Dorf, Fil. von Zachow. Windmühle.	Mittelmark	Havelland		Dom Brandenburg	der Besitzer des Orts
Gutsdorf	Dorf, mater.	Neumark	Dramburg	A. Balster	Dramburg	der König

Haasow

Name des Orts.	Stadt, Flecken, Dorf, Adelich Gut, Vorwerk ꝛc.	Provinz.	Kreis.	Adelicher Ort. Königl. Amtsort. Immediat-Stadt	Geistliche Inspection.	Patron der Pfarr- und Filial-Kirche. Gerichts-Obrigkeit.
Haasow s. Haso						
Haberwiese siehe Haverwiese						
Hackenberg	Dorf, unicum.	Mittelmark	Havelländ. Kr. ländchen Bellin	Amt Fehrbellin und adelich	Fehrbellin	der König
Hackenheide	Schäferey	Altmark	Arendsee	Adelich		
Hackenow	Adelich Gut	Mittelmark	Lebus			
Hägermühle	Dorf, Filia von Neustadt-Eberswalde. Königl. Schleif- und Papiermühle im Wolfswinkel. Kön. Meßingwerk und Eisen-Spaltherey. Vier Königl. Schleusen am Finow-Kanal. Ein Leerofen.	Mittelmark	Ober-Barnim. Kr.	Amt Biesenthal	Neustadt Eberswalde	Patron der Magistrat zu Neustadt
Hälst	Col. Dorf, eingepfarrt zu Schaunburg	Neumark	Königsberg	A. Quartschen	Küstrin	
Hänchen	Dorf, Filia von Groß-Gaglow in der Lausitz	Neumark	Cottbus	Adelich	Cottbus	der Besitzer des Orts
Feld-Häsen	Adelich Gut unweit Zehdenick	Mittelmark	Ruppin			
Häsewig	Dorf, Filia von Schwechten	Altmark	Stendal	Adelich	Stendal	der Besitzer des Orts
Haferland siehe Haverland						
Hagen	Adel. Gut u. Dorf, maier.	Mittelmark	In des Havelländ. Kr. Ländchen Friesack		Rathenow	der Besitzer des Orts

Hagen

Name des Orts.	Stadt, Flecken, Dorf, Adelich Gut, Vorwerk ꝛc.	Provinz.	Kreis.	Adelscher Ort, Königl. Amtsort, Immediat-Stadt.	Geistliche Inspection.	Patron der Pfarr- und Filial-Kirche, Gerichts-Obrigkeit.
Hagen	Dorf, Filia von Alten-Salzwedel	Altemark	Salzwedel	Schul-Amt Dambeck	Salzwedel	das Schul-Directorium.
Hagenau	Dorf, Filial von Packebusch	Altemark	Arendsee	Adelich	Salzwedel	der Besitzer des Orts
Hagenow-Ofen	ein Kalkofen zu Zechlin eingepfarrt	Prignitz		Amt Zechlin		
Hahnwerder	Schäferey	Ukermark		Adelich		
Halbe	Dorf, eingepfarrt zu Buchholz	Mittelmark	Teltow	Prinzlich Amt Buchholz	Kön. Wusterhausen	
Halenbeck	Dorf, mater.	Prignitz	Pritzwalk	Klösterlich	Pritzwalk	Patr. das Kloster Stepeniz. Ger. Obrigk. das Stift zum heil. Grabe.
Hammelspring	Dorf, mater.	Ukermark	Ukerm. Kr.	Amt Zehdenick	Templin	der König
der Hammer	Vorwerk, eingepfarrt zu Deutsch-Sagar	Neumark	Crossen	Adelich		
Hammer	Vorwerk	Neumark	Arenswalde	Amt Marienwalde		
Hammer	Dorf u. Vorwerk, Fil. Kirche von Liebenwalde, Wassermühle.	Mittelmark	Nieder-Bar.	A. Liebenwalde	Bernau	der König
Hammer	Dorf, Filia von Driesen	Neumark	Friedberg	Adelich	Landsberg	der Besitzer des Orts
Hammer	Dorf, Filia von Költschen	Neumark	Sternberg	Adelich	Drossen	der Besitzer des Orts
Hammer	Vorwerk, u. Oberförsterhaus, eingepfarrt zu Buchholz	Mittelmark	Teltow	Prinzlich Amt Buchholz		
Hammerdam	Vorwerk bey Solzow	Mittelmark	Jauchische Kr.	Adelich		

Hanemb,

Name des Orts.	Stadt. Flecken. Dorf. Adelich Gut. Vorwerk ꝛc.	Provinz.	Kreis.	Adelicher Ort. Königl. Amtsort. Immediat-Stadt.	Geistliche Inspection.	Patron der Pfarr- und Filial-Kirche. Gerichts-Obrigkeit.
Hanemb, oder Hanumb, oder Hanum	Dorf, Filia von Jüber. Forsthaus	Altemark	Salzwedel	Amt Diesdorf	Salzwedel	der König
Hangelsberg	Forsthaus, eingepfarrt zu Beerfelde	Mittelmark	Lebus	Amt Fürstenwalde		
Hanseberg	Dorf, mater.	Neumark	Königsberg	Adelich	Königsberg	der Besitzer des Orts
Harn	Col. Dorf	Prignitz	Perleberg	Adelich	Perleberg	
Hardenbeck oder Harnebeck	Dorf, Fil. von Thomsdorf	Ukermark	Ukerm. Kr.	Adelich	Templin	der Besitzer des Orts
Harnekopf	Adel. Gut u. Dorf, Filia von Haselberg	Mittelmark	Ober-Barnim. Kr.		Wriezen	der Besitzer des Orts
Harpe	Dorf, Filia von Gr.Garz. Windmühle.	Altemark	Arendsee	Adelich	Seehausen	der Besitzer des Orts
Hartensdorf s. Hartmansdorf						
Harthe	Vorwerk	Neumark	Züllichow	Adelich		
Hartmansdorf ob. Hartensdorf	Dorf, eingepfarrt zu Glienick	Churmark	Beeskowsche Kreis	Adelich	Storkow	
Hartmansdorf	Dorf, Vorwerk u. Schäferey, Fil. von Marggrafpieske	Churmark	Bees- und Storkow	Amt Stausdorf	Storkow	der König
Haselberg	Adel. Gut u. Dorf, mater. Das alte u. neue Vorwerk. Windmühle.	Mittelmark	Ober-Barn.		Wriezen	der Besitzer des Orts.
Hasenfelde	Dorf,Filial-Kirche von Buchholz	Mittelmark	Lebus	Adelich	Fürstenwalde	Patr. der König, Ger. Obrigk. d. Universität zu Frankfurt
Hasenholz oder Hasselholz	Dorf, Filial-Kirche von Garzin. Wassermühle	Mittelmark	Ober-Barn.	Adelich	Strausberg	der Besitzer des Orts Haseleben

Name des Orts.	Stadt. Flecken. Dorf. Adelich Gut. Vorwerk ꝛc.	Provinz.	Kreis.	Adelicher Ort. Königl. Amtsort. Immediat-Stadt.	Geistliche Inspection.	Patron der Pfarr- und Filialkirche. Gerichts-Obrigkeit.
Hasleben oder Heßleben	Dorf, Filia von Kutz	Ukermark	Uckerm. Kr.	Adelich	Prenzlow	der Besitzer des Orts
Hasow oder Hausow	Dorf, eingepfarrt zu Kahren	Neumark	Cottbus	Adelich	Cottbus	
Hassel	Dorf, Fil. Kirche von Sanne	Altemark	Arneburg	Amt Tangerm.	Stendal	der König
Hasselbeck		Prignitz	Perleberg			
Hasselburg	Adel. Gut u. Dorf, eingepfarrt zu Flechtingen	Altemark	Salzwedel	Adelich	Gardelegen	
Hasselhorst	Dorf, eingepfarrt zu Diesdorf	Altemark	Gardelegen	Amt Diesdorf	Salzwedel	
Hassendorf	Dorf, Filia von Glambeck	Neumark	Arenswalde	A. Reetz	Arenswalde	der König
Gr. Haßlow	Dorf, Filia von Babitz	Prignitz	Wittstock	Amt Goldbeck u. zum Theil A. Wittstock	Wittstock	der König
Kl. Haßlow	Dorf, Filia von Babitz	Prignitz	Wittstock	Amt Wittstock	Wittstock	der König
Hatznow	Dorf, Filia von Rathstock	Mittelmark	Lebus	Amt Golzow	Frankfurt	der König
Havelberg	Stadt 1) In die Stadt-Kirche sind alle sieben Berge bey Havelberg, die Gartenhäuser vor dem Sandauer u. Stein-Thor, Flecken-Garten, das Holzwärter-Haus im Mühlenholz, und das rote Haus in der obern Heide, eingepfarrt.	Prignitz	Havelberg. Kreis.	Immediat	1) Insp. Stadt Havelberg	1) Patr. des Pastorats das Domkapitul, und des Diaconats der Magistrat. Ger. Obrigk. über die Stadt einige Häuser am Sperlingsberge u. in der Lehmkuhle, über alle Garten-häuser u. über Hausow

Name des Orts.	Stadt. Flecken. Dorf. Adelich Gut. Vorwerk ꝛc.	Provinz.	Kreis.	Adelicher Ort. Königl. Amtsort. Immediat Stadt.	Geistliche Inspection.	Patron der Pfarr- und Filialkirche. Gerichts-Obrigkeit.
						Das Schulhaus am Schönberge Calvarii, ist der Stadt Magistrat. Ueber sechs Berge ist das Domkapitul, und über den Salternberg, der von Saldern zu Platenburg, Gerichtsherr.
	2) Zu der Domkirche gehören das Mühlenholz, der Terrassen die Weinberge beym Dom u. bey Toppel, das Mühlenhaus außerhalb des Doms, der Bauhof am Schönberg und das Prunkensche Haus am Neuberg.				2) Insp. Dom Havelberg	2) Patron, das Domkapitul
Hausow s. Hasow						
Haverland	Dorf	Prignitz	Plattenburg	Adelich	Wilsnack	
Haverland	Dorf, eingepfarrt zu Groß Garz	Altemark	Seehausen	Adelich	Seehausen	
Haverwiesen	Altes Col. Dorf	Neumark	Friedeberg	Amt Driesen		
Neu-Haverwiese	Neues Col. Dorf	Neumark	Friedeberg	Amt Driesen		
Heckelberg	Dorf, mater. Windsmühle.	Mittelmark	Ober-Barn.	Amt Biesenthal	Neustadt Eberswalde	der König
Ost- und West- Heeren	Dorf, mater. Mühle.	Altemark	Tangermündische Kr.	A. Tangerm.	Tangermünde	der König

Name des Orts.	Stadt, Flecken, Dorf, Adelich Gut, Vorwerk ıc.	Provinz.	Kreis.	Adelicher Ort. Königl. Amtsort. Immediat-Stadt.	Geistliche Inspection.	Patron der Pfarr- und Filial Kirche. Gerichts Obrigkeit.
Hegermühle	Dorf, Filia von Neustadt-Eberswalde	Mittelmark	Ober-Barn. Kr.	Amt Biesenthal	Neustadt-Eberswalde	Patron der Magistrat zu Neustadt-Eberswalde, Ger. Obr. das Amt Biesenthal
Heidau	Schäferey, eingepfarrt zu Tangeln	Altemark	Salzwedel	Adelich		
Lücken-Heide	Dorf, eingepfarrt zu Wittenberge	Prignitz	Perleberg	Adelich	Putlitz	
Klein-Heide	Alte Colonie	Neumark	Landsberg	Amt Himmelstädt		
Heide-	Schäferey	Altemark	Salzwedel	Adelich		
Heide-	Vorwerk	Neumark	Sternberg	Amt Neuendorf		
Heide-	Vorwerk	Neumark	Züllichow	St. Züllichow		
Heide-Läuferey	Vorwerk	Neumark	Züllichow	Adelich		
Heide-	Vorwerk	Neumark	Züllichow	Adelich		
Heide-	Vorwerk	Neumark	Züllichow	Adelich		
Heide-	Vorwerk	Neumark	Züllichow	Adelich		
Heidelbergsches	Wassermühle	Prignitz	Wittstock			
Heidenow	Dorf, eingepfarrt zu Trebbichow	Neumark	Crossen	Adelich	Crossen	
Heiligenfelde	Dorf, mater.	Altemark	Arendsee	Amt Arendsee	Salzwedel	der König
Heiligengrabe	Stift u. Dorf, Filia v. Techau. Wassermühle	Prignitz	Pritzwalk	das hiesige Stift	Pritzwalk	das Stift
Heiligensee	Dorf, mater.	Mittelmark	Nied. Barn.	A. Mühlenbeck	Berlin	der König
Heinersbrück ob. Heinrichsbrück	Dorf, Filia von Gr. Lieskow	Neumark	Cottbus	Amt Peitz	Cottbus	der König
Heinersdorf	Dorf, mater.	Neumark	Sternberg	herrenmeisterl. Amt Sonnenburg	Sonnenburg	der Herrenmeister

Heiners-

Name des Orts.	Stadt, Flecken, Dorf, Adelich Gut, Vorwerk 2c.	Provinz.	Kreis.	Adelicher Ort, Königl. Amtsort, Immediat-Stadt.	Geistliche Inspection.	Patron der Pfarr- und Filial-Kirche, Gerichts-Obrigkeit.
Heinersdorf	Dorf, mater.	Neumark	Züllichow	Adelich	Züllichow	der Besitzer des Orts
Heinersdorf	Dorf, Filia von Cladow	Neumark	Landsberg	A. Himmelstädt	Landsberg	der König
Heinersdorf	Adel. Gut u. Dorf, mater. Zwey Forsthäuser in der Heide.	Ukermark	Stolpirsche Kreis	Markgräflich	Schwedt	der Markgraf zu Schwedt
Heinersdorf	Dorf, mater. Wasser- und Windmühle.	Mittelmark	Lebus	Adelich	Müncheberg	der Besitzer des Orts
Heinersdorf oder Henersdorf	Adel. Gut u. Dorf, Fil. Kirche von Ruhlsdorf	Mittelmark	Telfow		Cölln an der Spree	der Besitzer des Orts
Heinersdorf	Dorf, Fil. Kirche von Weissensee	Mittelmark	N. Barnim.	A. Schönhausen	Berlin	der König
Heinrichsdorf	Dorf u. Bethhaus, Fil. v. Reinsberg	Mittelmark	Ruppin	Prinzlich	Neu-Ruppin	Prinz Heinrich von Preußen
Heinrichsdorf siehe Hingdorf						
Heinrichsdorf	Col. Dorf	Mittelmark	Ober-Barn.	Adelich		
Heinrichshof	Vorwerk	Ukermark		Adelich		
Helle	Dorf, Filia von Lachen	Prignitz	Pritzwalk	Adelich	Putlitz	der Besitzer des Orts
Hellersdorf	Vorwerk	Mittelmark	N. Barnim.	Adelich		
Helpe	Dorf, Filia von Raduhn	Neumark	Arenswalde	Adelich	Arenswalde	der Besitzer des Orts
Hemerten	Dorf, mater.	Altemark	Tangerm.	von Itzenplitz u. Kämmerey zu Stendal	Tangermünde	die Besitzer des Orts
Hemstedt	Dorf, Filia von Lüffingen	Altemark	Tangerm.	Amt Neuendorf	Garbelegen	der König
Henchen siehe Hänchen						
Henneckendorf	Dorf, Filia von Dobbrikow	Churmark	Luckenwalde	Amt Zinna	Luckenwalde	der König

Name des Orts.	Stadt. Flecken. Dorf. Adelich Gut. Vorwerk ꝛc.	Provinz.	Kreis.	Adelicher Ort. Königl. Amtsort. Immediat-Stadt.	Geistliche Inspection.	Patron der Pfarr- und Filial-Kirche. Gerichts-Obrigkeit.
Henneckendorf	Dorf, Fil. Kirche von Hertzfelde	Mittelmark	Ober-Barn. Kreis	A. Rüdersdorf	Strausberg	der König
Hennenwerder	Vorwerk	Neumark	Arenswalde	Adelich		
Hennigen bey Osterwohle	Dorf, mater, vereiniget mit Osterwohle	Altemark	Salzwedel	Adelich	Salzwedel	der Besitzer des Orts
Hennigen bey Clötze	Dorf, mater.	Altemark	Salzwedel	Joachimsthal. Schutz-Amt Daimbeck	Salzwedel	das Schulds rectorium
Henningsdorf	Dorf, Filial-Kirche von Heiligensee. Windmühle.	Mittelmark	Glien- und Löwenb.	Amt Spandow	Berlin	der König
Henriettenthal	Vorwerk	Neumark	Züllichow	Adelich		
Herbersdorf	Dorf, eingepfarrt zu Meinsdorf	Mittelmark	In des Zauchischen Kr. Ländchen Beerwalde	Adelich	Treuenbrietzen	
Hermersdorf	Dorf, mater. Eichendorfsche Wassermühle	Mittelmark	Lebus	Adelich. Die Mühle stehet unter dem Amt Quilitz	Müncheberg	der Besitzer des Orts
Hermsdorf	Dorf, eingepfarrt zu Münchehofe. Vorwerk, Schäferey. Wasser- u. Schneidemühle.	Churmark	Bees- und Stork.	Prinzlich Amt Münchehofe	Königs-Wusterhausen	
Hermsdorf	Dorf	Neumark	Fridberg	Adelich	Landsberg	
Hermsdorf	Dorf, unicum, jetzt vereiniget mit Rosenthal. Wasser- Schneide- u. Windmühle.	Mittelmark	Nieder-Barnim. Kr.	A. Schönhausen	Berlin	der König
Hermswalde	Dorf, Filia von Jähnsdorf	Neumark	Crossen	Adelich	Crossen	der Besitzer des Orts
Herrendorf	Dorf, Filia von Rosenthal	Neumark	Königsberg	Adelich	Königsberg	der Besitzer des Orts Hertefeld

Name des Orts.	Stadt, Flecken, Dorf, Adelich Gut, Vorwerk ic.	Provinz.	Kreis.	Adelicher Ort, Königl. Amtsort, Immediat Stadt.	Geistliche Inspection.	Patron der Pfarr- und Filial-Kirche, Gerichts-Obrigkeit.
Hertefeld	Vorwerk und Col. Dorf	Mittelmark	Havelland	Amt Königshorst	Fehrbellin	
Hertefeld	Vorwerk	Mittelmark	Glien- und Löwenb.	Adelich		
Herzberg	Col. Dorf, eingepfarrt zu Wierchow	Neumark	Dramburg	Amt Sabin	Dramburg	
Herzberg	Dorf, unicum.	Mittelmark	Ruppin	Amt Ruppin	Lindow	der König
Herzberg	Dorf, Vorwerk und Schäferey, Filia von Glienicke	Churmark	Beeskow. Kr.	A. Beeskow	Storkow	der König
Herzdorf	Col. Dorf, eingepfarrt zu Dorf Zechlin	Prignitz	Wittstock	Amt Zechlin	Wittstock	
Herzfelde	Dorf, eingepfarrt zu Schönberg. Mühle.	Uckermark	Seehausen	Adelich. Die Mühle gehört zum Amt Arendsee.	Seehausen	
Herzfelde	Dorf, mater.	Mittelmark	Ober-Barnim. Kr.	A. Rüdersdorf	Strausberg	der König
Herzfelde siehe Hirschfelde						
Herzfelde	Adel. Gut u. Dorf, mater. Wassermühle.	Uckermark	Uckermärkische Kreis		Templin	der Besitzer des Orts
Herzfelde	Vorwerk	Neumark	Soldin	A. Cartzig		
Herzhorn	Adelich Gut	Mittelmark	Ober-Barn.			
Herzogswalde	Dorf, mater.	Neumark	Sternberg	Adelich	Drossen	der Besitzer des Orts
Herzsprung	Dorf, mater. Vorwerk und Schäferey, welche mit Colonisten besetzt sind. Windmühle	Uckermark	Stolpirsche Kreis	Amt Chorin	Neu-Angermünde	der König
Herzsprung	Adel. Gut u. Dorf, mater.	Prignitz	Wittstock		Wittstock	der Besitzer des Orts
Hesewig siehe Häsewig						

Hesfeld

Name des Orts.	Stadt, Flecken, Dorf, Adelich Gut, Vorwerk ꝛc.	Provinz.	Kreis.	Adelicher Ort, Königl. Amtsort, Immediat-Stadt.	Geistliche Inspection.	Patron der Pfarr und Filial Kirch. Gerichts Conflict.
Hesfeld.	Dorf	Altemark	Salzwedel	Adelich		
Hessenhagen	Vorwerk	Ukermark	Ukerm. Kr.	Adelich		
Hestedt.	Dorf, Filia von Bombeck	Altemark	Salzwedel	Adelich	Salzwedel	der Besitzer des Orts
Heydorf oder Hesdorf	Dorf, mater.	Ukermark	Ukerm. Kr.	Adelich	Strasburg	der Besitzer des Orts
Hildebrandshagen	Adel. Gut u. Dorf, Filia von Fürstenwerder	Ukermark	Ukerm. Kr.		Prenzlow	der Besitzer des Orts
Hildesheim	Dorf, Filia von Groß-Sander	Neumark	Sternberg	Adelich	Drossen	der Besitzer des Orts
Hilgenfelde siehe Heiligenfelde						
Hilgensdorf	Schäferey	Altemark	Salzwedel	Adelich		
Hilligsdorf	Dorf, eingepfarrt zu Flechtingen	Altemark	Salzwedel	Adelich	Gardelegen	
Hilmsen, eigentlich Hildesheim	Dorf, mater, Wasser- und Windmühle	Altemark	Salzwedel	Amt Diesdorf	Salzwedel	der König
Himmelpfort	Dorf und Vorwerk, Fil. v. Rutenberg	Mittelmark	Ukermärk. Kr.	Amt Badingen	Templin	der König
Himmelstedt	Vorwerk, Filia von Eladow	Neumark	Landsberg	hiesiges Amt	Landsberg	
Hindenberg	Col. Dorf	Prignitz		Amt Zechlin		
Hindenburg	Dorf, mater.	Altemark	Arneburg	Amt Tangermünde und adelich	Werben	Patron der adeliche Mitbesitzer, Ger. Obrigl. eben derselbe und das Amt
Hindenburg	Dorf 1) Luth. Gemeine, Filia von S. Nicolai zu Prenzlow 2) Ref. Gemeine.	Ukermark	Ukermärk. Kreis	Magistrat zu Prenzlow	1) Luth. Insp. Prenzlow 2) Ref. Insp. Prenzlow	

Hinden-

Name des Orts.	Stadt, Flecken, Dorf, Adelich Gut, Vorwerk ꝛc.	Provinz.	Kreis.	Adelicher Ort, Königl. Amtsort, Immediat-Stadt.	Geistliche Inspection.	Patron der Pfarre und Filial ꝛc. nebst Gerichts-Obrigkeit.
Hindenburg	Dorf, unicum.	Ukermark	Ukerm. Kr.	Amt Zehdenick	Templin	der König
Hingdorf oder Heinrichsdorf	Adel. Gut u. Dorf, eingepfarrt zu Gr. Busse	Prignitz	Perleberg		Perleberg	
Hinzpatersche od. Boberosche Teerofen	eingepfarrt zu Menz	Mittelmark	Ruppin			
Hirnschädel	Vorwerk	Neumark	Königsberg	St. Küstrin		
Hirschfelde oder Herzfelde	Adel. Gut u. Dorf, Fil. v. Gielsdorf	Mittelmark	Ober-Barn.		Strausberg	der Besitzer des Orts
Hitzdorf	Dorf, Filia von Schwachenwalde	Neumark	Arendswalde	Amt Marienwalde	Arendswalde	der König
Hochzeit	Col. Dorf, eingepfarrt zu Regenthin	Neumark	Arendswalde	Amt Marienwalde	Arendswalde	
Höckendorf		Prignitz	Priegwall			
Höddelsen	Dorf, eingepfarrt zu Diesdorf	Altemark	Salzwedel	Amt Diesdorf	Salzwedel	
Höddelsche-Mühle	eine Wassermühle, eingepfarrt zu Dülsseberge	Altemark	Salzwedel	Amt Diesdorf		
Höhnow	Dorf, unicum.	Mittelmark	Nieder-Bar.	Amt Landsberg	Berlin	der König
Hörsingen	Dorf, unicum. Windmühle, Wassermühle, zwey Forsthäuser	Altemark	Salzwedel	Adelich	Garbelegen	die Besitzer des Orts
Höwisch	Dorf, mater. Mühle	Altemark	Seehausen	Adelich	Seehausen	der Besitzer des Orts
der alte Hof bey Glembach	Vorwerk	Neumark	Crossen	Adelich		
der alte Hof bey Deutsch-Nettkow	Vorwerk	Neumark	Crossen	Adelich		

Name des Orts.	Stadt, Flecken, Dorf, Adelich Gut, Vorwerk 2c.	Provinz.	Kreis.	Adelscher Ort, Königl. Amtsdorf, Immediat, Stadt.	Geistliche Inspection.	Patron der Pfarr und Filial Kirche, Gerichts-Obrigkeit.
Alten-Hof bey Stegelitz	Vorwerk	Ukermark	Ukerm. Kr.	Adelich		
Neu-Hof	Vorwerk	Ukermark	Ukerm. Kr.	Adelich		
Neu-Hof bey Schlepkow	Vorwerk	Ukermark	Ukermärk. Kreis	Adelich		
Neu-Hof bey Wilsikow	Vorwerk	Ukermark	Ukerm. Kr.	Adelich		
Hohefeld	Col. Dorf	Prignitz	Perleberg	Adelich		
Hohenberg	Dorf, eingepfarrt zu Krusemark	Altemark	Arneburg	Adelich	Werben	
Hohenbruch	Dorf, Reformirte Kirche	Mittelmark	Ellen- und Löwenb.	A. Friedrichsthal	Ref. Inspection Ruppin	der König
Hohenbrück	Col. Dorf, eingepfarrt zu Neu-Schadow	Churmark	Storkow. Kreis	Amt Stansdorf	Storkow	
Hohenfelde	Vorwerk bey Vierraden	Ukermark	Stolpirsche Kr.	Markgräflich Schwedtisch		
Hohenfelde	Vorwerk	Ukermark	Stolpirsche Kreis	Amt Löcknitz		
Hohensten siehe Hohen-Jülow						
Hohenster	Dorf, eingepfarrt zu Sebbin	Prignitz	Perkberg	Adelich	Putlitz	
Hohenhof	Adelich Gut	Altemark	Arneburg			
Hohennauen	Adel. Gut u. Dorf, unicum. Drey Schäfereyen. Zwey Wegerepen.	Mittelmark	In des Havelländ. Kr. Ländchen Rhinow	Adelich	Rathenow	die Besitzer des Orts
Hohenofen	Dorf, Filial-Kirche von Sieversdorf	Mittelmark	Ruppin	das Königliche Hüttenamt	Wusterhausen an der Dosse	der König
Hohenstein	Dorf, Filial von Predickow	Mittelmark	Ober-Barn.	Amt Landsberg	Strausberg	der König

Al-

Name des Orts.	Stadt. Flecken. Dorf. Adelich Gut. Vorwerk ꝛc.	Provinz.	Kreis.	Städtischer Ort. Königl. Amtsort. Immediat-Stadt.	Geistliche Inspection.	Patron der Pfarr- und Filialkirche. Gerichtsobrigkeit.
Alt-Hohenwalde	Vorwerk	Ukermark	Ukerm. Kr.	Adelich		
Neu-Hohenwalde	Vorwerk	Ukermark	Ukerm. Kr.	Adelich		
Hohenwalde	Dorf, mater.	Neumark	Landsberg	Adelich	Landsberg	der Besitzer des Orts
Hohenwalde	Dorf, mater. Vorwerk.	Mittelmark	Lebus	Amt Biegen	Frankfurt	der König
Hohenwulsch	Dorf, Filia von Arensberge. Windmühle.	Altemark	Stendal	Adelich	Stendal	der Besitzer des Orts
Holländische Papiermühle		Mittelmark	Nied. Barn.	Adelich		
Neu-Holland	Dorf, Reformirte Kirche	Mittelmark	Nieder-Barnim. ꝛc.	Amt Friedrichsthal	Ref. Inspection Ruppin	der König
Holtseelen siehe Holzseelen						
Holzendorf	Adel. Gut u. Dorf, Filia v. Dedelow	Ukermark	Ukerm. Kr.		Prenzlow	der Besitzer des Orts
Klein-Holzendorf	Vorwerk	Ukermark	Ukerm. Kr.	Adelich		
Holzhausen	Dorf, Filia von Zernitz	Prignitz	Kyritz	Adelich	Wusterhausen an der Dosse	der Besitzer des Orts
Holzhausen	Dorf, Filia von Königsde. Zwey Windmühlen	Altemark	Stendal	Adelich	Stendal	der Besitzer des Orts
Gr. Holzhausen	Dorf, Filia von Eisden. Mühle.	Altemark	Seehausen	Adelich	Seehausen	Patron der König. Gier. Der. der adel. Besitzer des Orts
Kl. Holzhausen	Dorf, eingepfarrt zu Schönberg	Altemark	Seehausen	Adelich	Seehausen	
Holzhausen	Dorf, Filia von Lagendorf	Altemark	Saltzwedel	Adelich	Saltzwedel	der Besitzer des Orts
Holzkrug	im Werlehoiz!	Altemark	Saltzwedel	Amt Diesdorf		

Name des Orts.	Stadt. Flecken. Dorf. Adelich Gut. Vorwerk ꝛc.	Provinz.	Kreis.	Adelicher Ort. Königl. Amtsort. Immediat-Stadt.	Geistliche Inspection.	Patron der Pfarr- und Filial-Kirche. Gerichts-Obrigkeit.
Holzkrug	in Ferchau	Altemark	Salzwedel	Schul-Amt Dambeck		
Holzmühle	eine Wassermühle zu Flechtingen	Altemark	Salzwedel	Adelich		
Holzseelen	Vorwerk, eingepfarrt zu Deibow	Prignitz	Lenzen	Adelich		
Holzwärter	nach Kränicke	Altemark	Seehausen	Adelich		
Holzwärter	bey Drüsedow	Altemark	Seehausen	Adelich		
Holzwärter	bey Gr. Rossau	Altemark	Seehausen	Adelich		
Holzwärter	an der Elbe, nach Schönberg	Altemark	Seehausen	Adelich		
Hoppengarten	Dorf, Filia von Müncheberg. Vorwerk Bienenwerder. Der neue Krug	Mittelmark	Lebus	Magistrat zu Müncheberg	Müncheberg	der Magistrat
Hoppenmühle	bey Gardelegen	Altemark	Salzwedel	Adelich		
Hoppenmühle	bey Immekaten	Altemark	Salzwedel	Adelich		
Hoppenrade	Dorf und Vorwerk, Filia vagans von Welle	Prignitz	Pritzwalk. Kreis	Domkapitul zu Havelberg	Wilsnack	Domkapitul zu Havelberg
Hoppenrade	Adel. Gut und Vorwerk mit einer Kapelle im Ritterstyl, ist vagans, wird jetzt v. dem Prediger zu Gräneberg besorget.	Mittelmark	Glien- u. Löwenberg.	Adelich	Zehdenick	der Besitzer des Orts
Hoppenrade	Dorf, Filia von Wustermark	Mittelmark	Havelländ. Kreis	Adelich	Potsdam	der Besitzer des Orts
Deutsch-Horst	Adel. Gut u. Dorf. Die Hofkapelle ist Filia v. Dähre	Altemark	Salzwedel	Adelich	Salzwedel	der Besitzer des Guts
Wendisch-Horst	Dorf, eingepfarrt zu Dähre	Altemark	Salzwedel	Adelich	Salzwedel	

Horst

Name des Orts.	Stadt, Flecken, Dorf, Adelich Gut, Vorwerk ꝛc.	Provinz.	Kreis.	Adelicher Ort, Königl. Amtsort, Immediat Stadt.	Geistliche Jnspection.	Patron der Pfarr- und Filial-Kirche, Gerichts-Obrigkeit.
Horst	Dorf, mit einer adelichen Hauscapelle, Fil. von Dahlhausen	Prignitz	Kyritz	Adelich	Kyritz	
Hottendorf	Col. Dorf, Ref. Filial-Gemeine von Treustedt	Altemark	Tangerm. Kr.	Amt Neuendorf	Ref. Jnspection Magdeburg	der König
Hülsebeck	Dorf, Filia von Mansfeld	Prignitz	Perleberg	Adelich	Putlitz	der Besitzer des Orts
Häuckau	Dorf	Neumark	Crossen	St. Sommerfeld		
Häselitz	Dorf, Filial von Bellingen	Altemark	Tangerm.	Amt Neuendorf und adelich	Tangermünde	der König
feine Hütte	Dorf, Filia von Dorf Zechlin	Prignitz	Wittstock	Amt Zechlin	Wittstock	der König
Alt-Hüttendorf siehe im Buchstaben A.						
Alt-Hüttendorf	Col. Dorf, Filia von Herzsprung	Uckermark	Stolpirsche Kr.	Amt Chorin	Neu-Angermünde	der König
Hof zur Hufe	ein Haus	Altemark	Seehausen	Adelich		
Höfe zur Hufe	zwey Häuser	Altemark	Seehausen	Adelich		
Hundebelle	Dorf, eingepfarrt zu Berg	Neumark	Crossen	St. Crossen	Probstey bey Crossen	
Hundekopf	Dorf, Filia von Groß-Lienichen	Neumark	Dramburg	Adelich	Dramburg	der Besitzer des Orts
Hunenberg	Vorwerk	Neumark	Dramburg	Adelich		

Siehe

Name des Orts.	Stadt, Flecken, Dorf, Adelich Gut, Vorwerk ꝛc.	Provinz.	Kreis.	Ad. licher Ort, Königl. Amtsort, Immediat-Stadt.	Geistliche Inspection.	Patron der Pfarr und Filial-Kirche, Gerichts-Obrigkeit.
Siehe auch G.						
Jabel	Dorf, Filia von Saatzke	Prignitz	Wittstock	Amt Goldbeck und adelich	Wittstock	der König
Jabsdorf siehe Jacobsdorf						
Jachzenbrück	Dorf und Wassermühle, eingepfarrt zu Wünsdorf	Mittelmark	Teltow	Amt Zossen	Zossen	
Jackenkrug oder Jachenkrug		Altemark	Aneburg	Adelich		
in der Jakl	ein Jägerhaus, eingepfarrt zu Klein-Lüben	Prignitz	Wilsnack	Adelich		
Jacobsdorf	Dorf, Filia von Städnitz	Neumark	Dramburg	Amt Sabin	Dramburg	der König
Jacobsdorf	Dorf und Vorwerk, mater.	Mittelmark	Lebus	Universität zu Frankfurt	Frankfurt	die Universität
Jacobsdorf oder Jabsdorf	Adel. Gut u. Dorf, eingepfarrt zu Tricalitz	Prignitz	Prigwalk		Putlitz	
Jacobshagen	Dorf, Filia von Wichmansdorf	Ukermark	Ukerm. Kr.	Adelich	Prenzlow	der Besitzer des Orts
Jädickendorf	Dorf, mater.	Neumark	Königsberg	Amt Zehden	Königsberg	der König
Jägerkrug bey Sandau		Altemark	Tangerm. u. Arneb.	Adelich		
Jägersburg	Col. Dorf, eingepfarrt zu Regenthin	Neumark	Arenswalde	Amt Marienwalde	Arenswalde	
Jägerwerder	Vorwerk	Neumark	Landsberg	Amt Himmelstädt		
Jähnsdorf	Dorf, mater.	Neumark	Crossen	A. Crossen	Crossen	der König
Jänickendorf	Dorf, Filia von Beerfelde	Mittelmark	Lebus	Amt Fürstenwalde	Fürstenwalde	der König
Jänjckendorf	Dorf, mater.	Churmark	Luckenwalde	Amt Zinna	Luckenwalde	der König Jänitsch

Name des Orts.	Stadt, Flecken, Dorf, Adelich Gut, Vorwerk ꝛc.	Provinz.	Kreis.	Adelicher Ort, Königl. Amtsort, Immediat-Stadt.	Geistliche Inspection.	Patron der Pfarr- und Filial-Kirche, Gerichts-Obrigkeit.
Jänischwalde	Dorf, mater Schäferey, Wassermühle.	Neumark	Cottbus	Amt Peitz	Cottbus	der König
Jännersdorf od. Jandersdorf	Dorf, eingepfarrt zu Stepenitz	Prignitz	Perleberg	Kloster Stepenitz	Puttlitz	
Jagel	Adel. Gut u. Dorf, eingepfarrt zu Cunlosen	Prignitz	Perleberg		Perleberg	
Jagow	Adel. Gut u. Dorf, mater. Wassermühle.	Uckermark	Uckerm. Kr.		Prenzlow	die Besitzer des Orts
Jagow	Dorf	Neumark	Arenswalde	Adelich		
Jahnsfelde	Dorf, mater. Wassermühle.	Mittelmark	Lebus	Adelich	Müncheberg	der Besitzer des Orts
Jahnsfelde	Dorf, Filia von Gralow	Neumark	Landsberg	Adelich	Landsberg	die Besitzer des Orts
Jahrstede	Dorf, eingepfarrt zu Altendorf im Fürstl. Lüneburg	Altemark	Salzwedel	Adelich	Salzwedel	die Besitzer des Orts
Jandersdorf s. Jännersdorf						
Janikow oder Janicke	Dorf, mater.	Neumark	Dramburg	Adelich	Dramburg	die Besitzer des Orts
Jarchau	Dorf, mater, welche gemeiniglich mit einer andern mater vereiniget ist, ist mit Saune Mühle.	Altemark	Arneburg. Kreis	Adelich	Stendal	der Besitzer des Orts
Jarsau	Dorf, Filia von ... er mit einer Kapelle.	Altemark	Arendsee	Adelich	Salzwedel	das Schuldirectorium
Jden	Dorf, mater, Windmühle.	Altemark	Arneburg	Adelich	Werben	der Besitzer des Orts
Jebel	Dorf, Filia von ... er mit einer Kapelle.	Altemark	Arendsee	Schul-Amt Dambeck	Salzwedel	
Jeben	Dorf, mater, Wassermühle.	Altemark	Salzwedel	Adelich	Apenburg	die Besitzer des Orts Jederitz

Name des Orts.	Stadt. Flecken. Dorf. Adelich Gut. Vorwerk 2c.	Provinz.	Kreis.	Adelicher Ort. Königl. Amtsort. Immediat Stadt.	Geistliche Inspection.	Patron der Pfarr- und Filialkirche. Gerichts-Obrigkeit.
Jederitz	Dorf, Filialkirche vom Dom zu Havelberg	Prignitz	Havelberg	Domkapitul zu Havelberg	Dom Havelberg	Domkapitul
Jeetze	Adel. Gut u. Dorf, mater. Mühle.	Altemark	Arendsee		Calbe	der Besitzer des Orts
Jeggau	Dorf, mater. Mühle	Altemark	Salzwedel	Hospital zu Gardelegen	Gardelegen	der Magistrat zu Gardelegen
Jeggel	Dorf, Filia von Lindenberg. Mühle.	Altemark	Seehausen	Adelich	Seehausen	der Besitzer des Orts
Jeggeleben	Dorf, mater.	Altemark	Arendsee	Amt Salzwedel und adelich	Calbe	der adeliche Mitbesitzer
Hohen-Jebsar	Adel. Gut u. Dorf, Filia v. Treplin. Wassermühle.	Mittelmark	Lebus		Frankfurt	der Besitzer des Orts
Nieder-Jebsar	Dorf, Filia von Döbberin	Mittelmark	Lebus	Universität zu Frankfurt	Frankfurt	die Universität
Jelad	Vorwerk bey Leutersdorf	Neumark	Crossen	Adelich		
Jemmeritz	Vorwerk, eingepfarrt zu Lackerbeck. Mühle.	Altemark	Salzwedel	Adelich	Gardelegen	
Jerchel bey Gardelegen	Dorf, Filia von Berge	Altemark	Salzwedel	Adelich	Calbe	der Besitzer des Orts
Jerchel an der Elbe	Dorf, Filia von Buch	Altemark	Tangerm.	Adelich	Tangermünde	der Besitzer des Orts
Jeserick oder Jeserig	Adel. Gut u. Dorf, mater. Windmühle.	Mittelmark	Zauche		Neustadt Brandenburg	der Besitzer des Orts
Jessen	Dorf	Neumark	Cottbus	Adelich		
Jetzendorf	Vorwerk	Prignitz	Wittstock			
Jhlow	Adel. Gut u. Dorf, Fil. von Batzlow	Mittelmark	Ober-Baru.		Wriezen an der Oder	der Besitzer des Guts

Illige.

Name des Orts.	Stadt. Flecken. Dorf. Adelich Gut. Vorwerk ꝛc.	Provinz.	Kreis.	Adelicher Ort. Königl. Amtsort. Immediat-Stadt.	Geistliche Inspection.	Patron der Mutter- und Filial-Kirche. Gerichts-Obrigkeit.
Illigsbruch	Vorwerk bey Gerdsdorf	Neumark	Dramburg	Adelich		
Ilmersdorff	Dorf	Neumark	Cottbus	Adelich		
Immekath	Dorf, mater. Zwey Wassermühlen	Altemark	Salzwedel	Adelich	Salzwedel	Patr. das Joachimsthal. Schuldirect. wegen des Amts Dambeck, Ger. Obr. die Grafen von der Schulenburg zu Bezendorf
Ost-Ingersleben	Dorf, unicum.	Altemark	Salzwedel	Adelich	Gardelegen	die Besitzer des Orts
Insel, wird in die Ost und West-Insel abgetheilt	Dorf, unicum. Zwey Mühlen.	Altemark	Tangerm. Kr.	Adelich	Tangermünde	die Besitzer des Orts
Joachimsthal	Stadt. Wassermühle. Kalkofen bey der Stadt. Teeröfen. 1) Luth. Stadt-Kirche, mater. 2) Ref. Gemeine, wird von dem Prediger zu Neustadt-Eberswalde besorgt.	Ukermark	Stolpirsche Kr.	Joachimsthal. Schuldirect. zu Berlin	1) Neustadt-Eberswalde 2) Ruppin	Schuldirectorium
Johannisthal	Col. Dorf, hält sich zu Rudow, ohne daselbst eingepfarrt zu seyn. Windmühle.	Mittelmark	Teltow	Amt Cöpenick	Cöln an der Spree	
Ipse oder Ipze	Dorf, unicum. Zwey Wassermühlen.	Altemark	Salzwedel	Adelich	Apenburg	die Besitzer des Orts
Isernschnibbe	Abel. Gut u. Kirche, mater. vereiniget mit Weterih. Wassermühle.	Altemark	Salzwedel	Adelich	Gardelegen	der Besitzer des Guts

Jüber

Name des Orts.	Stadt, Flecken, Dorf, Adelich Gut, Vorwerk rc.	Provinz.	Kreis.	Adelicher Ort. Königl. Amtsort. Immediat Stadt.	Geistliche Inspection.	Patron der Pfarr- und Filial Kirche, Gerichts Obrigkeit.
Jüber	Dorf, mater.	Ukermark	Salzwedel	Amt Diesdorf	Salzwedel	Patron die von Knesebeck zu Corvin Ger. Obrigkeit das Amt Diesdorf
Jüdsdorf siehe Günsdorf						
Jütkendorf oder Jutchendorf	Dorf, eingepfarrt zu Gröben	Mittelmark	Teltow	Adelich	Cölln an der Spree	
Jüterberg	Dorf, unicum vagans, wird jetzt von Strasburg aus, versehen.	Ukermark	Ukermärk. Kreis	Adelich	Strasburg	die Besitzer des Orts
Julianenhof	Vorwerk	Ukermark	Ukermärk. Kr.	Adelich		
Jungferheide	Vorwerk bey Damelang	Mittelmark	Zauchische Kr.	Adelich		

Siehe

131

Name des Orts.	Stadt, Flecken, Dorf, Adelich Gut, Vorwerk ꝛc.	Provinz.	Kreis.	Adelicher Ort, Königl. Amtsort, Immediat-Stadt.	Geistliche Inspection.	Patron der Pfarr- und Filial-Kirche, Gerichts-Obrigkeit.
Siehe auch C.						
Raackstedt	Dorf, Filia von Gerswalde	Ukermark	Uferm. Kr.	Adelich	Prenzlow	der Besitzer des Orts
Rackrow	Dorf, eingepfarrt zu Krieschen	Neumark	Cottbus	Adelich	Cottbus	
Röcklitz oder Röcklitz	Dorf, eingepfarrt zu Pollritz	Altemark	Arneburg	Adelich	Werben	der Besitzer des Orts
Räcklitz oder Röcklitz	Dorf, Fil. Kirche von Besendorf	Altemark	Arneburg	Adelich	Arenburg	der Besitzer des Orts
Rähnsdorf siehe Rehnsdorf						
Rähnemühle	Vorwerk	Neumark	Arenswalde	Amt Marienwalde		
Rähten oder Röhten	Dorf, Filia vagans von Gohre	Altemark	Tangerm.	Adelich	Tangermünde	der Besitzer des Orts
Rälberwisch s. Calberwisch						
Räpernitz	Vorwerk, eingepfarrt zu Heinrichsdorf. Wasser- u. Schneidemühle.	Mittelmark	Ruppin	Prinz Heinrich von Preußen		
Rärstenbruch		Mittelmark	Ober-Barn.	Adelich		
Räthen siehe Rähten						
Räuferberg	bey Havelberg	Prignitz	Havelberg	das Domkapitul zu Havelberg	Dom-Havelberg	
Rager	Dorf, Ref. Fil. von Linow. Kaltofen	Mittelmark	Ruppin	Amt Zechlin	Ref. Inspection Ruppin	der König
Ragel	Dorf, Filial-Kirche von Zindorf	Mittelmark	Ober-Bar. nim. Kr.	A. Rüdersdorf	Straußberg	der König
Rahden	Dorf, von der Lausitz eingeschlossen. 2 Windmühlen.	Mittelmark	Bees- und Storkow	Pr. v. Preußen		

R 2

Rahlen-

Name des Orts.	Stadt, Flecken, Dorf, Adelich Gut, Vorwerk ꝛc.	Provinz.	Kreis.	Adelicher Ort. Königl. Amtsort. Immediat-Stadt.	Geistliche Inspection.	Patron der Pfarr und Filial-Kirche. Gerichts-Obrigkeit.
Kahlenberge s. Calenberge						
Kahmen	Dorf, eingepfarrt zu Berg	Neumark	Crossen	Adelich	Crossen	
auf dem Kahnstieg	Zollhaus	Altemark	Arendsee	Adelich		
Kahren	Dorf, mater.	Neumark	Cottbus	Adelich	Cottbus	der Besitzer des Orts
Kahsel	Dorf, eingepfarrt zu Comptendorf	Neumark	Cottbus	Adelich	Cottbus	
Kalckwitz	Dorf, mater.	Neumark	Cottbus	Adelich	Cottbus	der Besitzer des Orts
Kalkofen	Vorwerk	Ukermark	Uckerm. Kr.	Adelich		
Kaltenhofe	Zwey adel. Güter mit einer Fil. Kapelle v. Premelin	Prignitz	Perleberg	Adelich	Perleberg	
Kaltenhausen	Vorwerk	Mittelmark	Zauche	Amt Lehnin		
Kaltenhausen	Vorwerk bey Plaue	Mittelmark	Havelländ. Kr.	der Magistrat zu Brandenburg		
Kaltenhausen	Vorwerk, eingepfarrt in dem sächsischen Pfarrdorf Petkuß	Churmark	Luckenwalde	Amt Zinna	Luckenwalde	
die Kanne siehe Canne						
Kaninchenwerder	Col. Ort auf einer Insel in der Havel, gegen Clasdow über.	Mittelmark	Havelländ. Kreis	Waisenhaus zu Potsdam		
Kanitzkamp	Vorwerk bey Stortow	Neumark	Dramburg	Adelich		
Kannenberg	Adelich Gut, eingepfarrt zu Hammelspring	Altemark	Arneburg			
Karpen	Vorwerk	Neumark	Dramburg	Adelich		Karstedt

Name des Orts.	Stadt, Flecken, Dorf, Adelich Gut, Vorwerk ꝛc.	Provinz.	Kreis.	Adelicher Ort. Königl. Amtsort. Immediat-Stadt.	Geistliche Inspection.	Patron der Pfarr- und Filial-Kirche. Gerichts-Obrigkeit.
Karstedt	Dorf, Filia von Pernislin. Forsthaus	Prignitz	Perleberg	Adelich	Perleberg	der Besitzer des Orts
Karstedts-Hof oder Langefeld	Adeliches Gut, eingepfarrt zu Jönigsberg	Prignitz	Wittstock			
Karstedt	Dorf, Filia von Wimersleben	Altemark	Arendsee	Adelich	Calbe	die Besitzer des Orts
Karzow siehe Carzow						
Karwesee siehe Carwesee						
Kattlow siehe Catelow						
Kaulitz	Dorf, Filia von Binde, Mühle.	Altemark	Arendsee	Amt Arendsee	Salzwedel	der König
Kaulsdorf	Dorf, Fil. Kirche von Biesdorf	Mittelmark	N. Barnim.	Domkirche zu Berlin	Berlin	die Domkirche zu Berlin
Kay	Dorf, mater.	Neumark	Züllchow	Adelich	Züllchow	der Besitzer des Orts
Kayfersmühle	Dorf, eingepfarrt zu Müllrose. Wasser- und Schneidemühle	Mittelmark	Lebus	Amt Biegen	Frankfurt	
Kehlickendorf od. Kelkendorf	Col. Dorf	Mittelmark	Ruppin	Adelich	Zehdenick	
Kehnsdorf oder Kähnsdorf	Dorf, eingepfarrt zu Beelitz	Mittelmark	Zauche	A. Saarmund	Beelitz	
Kehrberg	Adel. Gut u. Dorf, Filia von Lindenberg. Wassermühle.	Prignitz	Pritzwalk	Adelich	Pritzwalk	der Besitzer des Orts
Kehrick oder Kehrigke	Dorf, eingepfarrt zu Selchow	Churmark	Beers- und Storkow	Amt Stensdorf	Storkow	
Keller	Dorf, Filia von Lindow	Mittelmark	Ruppin	A. Ruppin	Lindow	der König

Kemnath

Name des Orts.	Stadt, Flecken, Dorf, Adelich Gut, Vorwerk ꝛc.	Provinz.	Kreis.	Adelicher Ort, Königl. Amtsdorf, Immediat-Stadt.	Geistliche Inspection.	Patron der Pfarr- und Filial-Kirche. Gerichts-Obrigkeit.
Remnath	Dorf, Filia von Sternberg	Neumark	Sternberg	Adelich	Drossen	der Besitzer des Orts
Remnitz siehe Chemnitz						
Remper-	Schäferey	Altemark	Salzwedel	Amt Diesdorf		
Renzendorf	Vorwerk und Mühle.	Altemark	Salzwedel	Adelich		
Rerchau oder Rerkow	Dorf, mater.	Altemark	Salzwedel	Adelich	Salzwedel	die Besitzer des Orts
Rerkow	Adel. Gut u. Dorf, fil. Kirche von Neu-Angermünde	Ukermark	Uckerm. Kr.		Neu-Angermünde	der Besitzer des Orts
Rerkow	Vorwerk	Mittelmark	Glien- und Löwenb.	Adelich		
Rerkow	Dorf, Filia von Schildberg	Neumark	Königsberg	das Züllichowsche Waisenhaus	Königsberg	das Waisenhaus
Rerkuhn	Dorf, Filia von Sanuen	Altemark	Arendsee	Adelich	Salzwedel	der Besitzer des Orts
Rerkwitz	Adelich Gut	Neumark	Cottbus	Ordensamt Schenkendorf		
Rernein	Dorf, Filia von der Concordien-Kirche zu Landsberg	Neumark	Landsberg	St. Landsberg	Landsberg	der Magistrat
Rersdorf oder Rerschdorf, od. Rerzendorf	Dorf, eingepfarrt zu Briesen	Mittelmark	Lebus	Amt Fürstenwalde und adelich	Frankfurt	
Rerstenbrügge	Col. Dorf	Neumark	Königsberg	Amt Neudamm		
Rerzendorf	Adel. Gut u. Dorf, Filia von Wittstock	Mittelmark	Teltow		Zossen	der Besitzer des Orts

Rerzen-

Name des Orts.	Stadt, Flecken, Dorf, Adelich Gut, Vorwerk rc.	Provinz.	Kreis.	Adelicher Ort. Königl. Amtsort. Immediat-Stadt.	Geistliche Inspection.	Patron der Pfarr- und Filial-Kirche. Gerichts-Obrigkeit.
Kergendorf siehe Kersdorf						
Kerzlin	Dorf, unicum.	Mittelmark	Ruppin	A. Alt-Ruppin	Neu-Ruppin	der König
Kessel	Vorwerk bey Köntopf	Neumark	Dramburg	Adelich		
Keutschendorf	Dorf, Fil. von Margarafpieske, ohne Kirche	Mittelmark	Beis- und Storkow	A. Beeskow	Storkow	der König
Ketzin	Flecken ohne Stadtrechte, mater. Zwey Windmühlen.	Mittelmark	Havelland	Amt Ziesar	Dom Brandenburg	Patron, Domkapitul zu Brandenburg Ger. Obrigk. Amt Ziesar
Ketzlin siehe Kötzlin						
Ketzür oder Ketzüre	Adel. Gut u. Dorf. Windmühle.	Mittelmark	Havelland		Altstadt Brandenburg	die Besitzer des Orts
Kieck	Vorwerk bey Garlitz	Mittelmark	Havelland	Dom-Kapitul zu Brandenb.		
Kieckebusch	Dorf, mater.	Mittelmark	Teltow	Prinzlich Amt Koßis	Königs-Wusterhausen	Pr. v. Preußen
Kieckebusch	Dorf, eingepfarrt zu Mablo	Neumark	Cottbus	Adelich	Cottbus	
Kieckmahl	Dorf, eingepfarrt zu Dahlewitz	Mittelmark	Nied. Barn.	Adelich	Berlin	
Kienbaum	Dorf, Filia von Zinderf	Mittelmark	Lebus	A. Rüdersdorf	Strausberg	der König
Kienberg	Vorwerk	Mittelmark	Glien- u. Löwenberg.	A. Königshorst	Fehrbellin	
Gr. Kienitz	Dorf, mater.	Mittelmark	Teltow	Prinzlich Amt Gr. Machenow	Königs-Wusterhausen	Pr. v. Preußen
Kl. Kienitz	Adel Gut u. Dorf. Filia vagans von Gr. Machenow. Windmühle.	Mittelmark	Teltow		Kön. Wusterhausen	der Besitzer des Orts

Kienitz

Name des Orts.	Stadt. Flecken. Dorf. Adelich Gut. Vorwerk 2c.	Provinz.	Kreis.	Adelicher Ort. Königl. Amtsdorf. Immediat-Stadt.	Geistliche Inspection.	Patron der Pfarr- und Filial-Kirche. Gerichts-Obrigkeit.
Kienitz	Dorf und Vorwerk, Sitz des Amts, Filia v. Letschin. Windmühle.	Mittelmark	Lebus	hiesiges Amt	Frankfurt	der König
Kienitz	Vorwerk, eingepfarrt zu Giefelsbrügge	Neumark	Soldin	Amt Cartzig	Soldin	
Kienwerder	Vorwerk	Uckermark	Uckerm. Kr.	Adelich		
Kietz vor Spandow	Fischerdorf, eingepfarrt in die Stadtkirche	Mittelmark	Havelland	Amt Spandow	Spandow	
Kietz bey Rhinow	Dorf, eingepfarrt zu Rhinow	Mittelmark	Havelland, Ländchen Rhinow	Adelich	Rathenow	die Besitzer des Orts
Kietz bey Gröben	Dorf, eingepfarrt zu Gröden	Mittelmark	Teltow	Adelich	Cöln an der Spree	
Altstädter-Kietz	bey Brandenburg	Mittelmark	Havelländ. Kr.	Magistrat zu Brandenburg		
Neustädter-Kietz	bey Brandenburg	Mittelmark	Zauche	Magistrat zu Brandenburg		
Dom-Kietz	bey Brandenburg	Mittelmark	Havelland	Dom Kapit. zu Brandenburg		
Alt-Kietz	Dorf bey Freienwalde	Mittelmark	Ober-Barn.	A. Freienwalde		
Neu-Kietz	Dorf bey Freienwalde	Mittelmark	Ober-Barn.	Amt Wrietzen		
Alt-Kietz	Dorf bey Wrietzen	Mittelmark	Ober-Barn.	Amt Wrietzen		
Neu-Kietz	Col. Dorf, bey Wrietzen	Mittelmark	Ober-Barn.	Amt Wrietzen		
Wendisch-Kietz	Dorf, eingepfarrt Saarow	Churmark	Storkow	Amt Stansdorf	Storkow	
Kietz bey Cöpenick	eingepfarrt zu Cöpenick	Mittelmark	Teltow	Amt Cöpenick	Friederichswerder zu Berlin	
Kietz bey Storkow	Dorf, eingepfarrt zu Storkow	Churmark	Storkow	Amt Stansdorf	Storkow	
Kietz bey Beeskow	Dorf	Mittelmark	Beeß- und Storkow.	Amt Beeskow		
Kietz	Vorwerk	Neumark	Arendswalde	A. Reetz		
Kietz	Vorwerk	Neumark	Dramburg	A. Balster		
Kietz	bey Driesen	Neumark	Frideberg	Amt Driesen		
der Kietz	bey Biesenthal	Mittelmark	Ober-Barn.	Amt Biesenthal		

Kietz

Name des Orts.	Stadt, Flecken, Dorf, Adelich. Gut, Vorwerk 2c.	Provinz.	Kreis.	Adelicher Ort, Königl. Amtsort, Immediat-Stadt.	Geistliche Inspection.	Patron der Pfarr- und Filial-Kirche. Gerichts-Obrigkeit.
Kietz	Dorf, mater, hat die Pfarrkirche für die ganze Lenzerwische	Prignitz	Lenzen	Adelich	Lenzen	der Besitzer der Lenzerwische
Kirchhofen	Dorf, Filia von Marg..spieske, ohne Kirche	Churmark	Bees- und Storkow	Magistrat zu Fürstenwalde	Storkow	der Magistrat
Kirschbaum	Dorf, Filia von Lindow	Neumark	Sternberg	Adelich	Sonnenburg	der Besitzer des Orts
Kirschbaum	Dorf, Filia von Rabach	Neumark	Sternberg	Adelich	Drossen	der Besitzer des Orts
Klästow oder Kleest	Dorf, eingepfarrt zu Großberge	Prignitz	Perleberg	Adelich	Perleberg	
Klarpuhl	Vorwerk bey Callies	Neumark	Dramburg	Adelich		
Klebow	Dorf, Filia von Teschendorf	Neumark	Dramburg	Adelich	Dramburg	der Besitzer des Orts
Kleinau	Dorf, mater.	Altmark	Arendste	Adelich	Apenburg	der Besitzer des Orts
Kleinau	Vorwerk, eingepfarrt zu Falkenwalde	Ukermark	Ukermärkische Kreis	Adelich		
Kleinau	Adel. Gut u. Dorf, Filial-Kirche von Uenze	Prignitz	Perleberg		Perleberg	der Besitzer des Orts
Kleine Mühle		Altmark	Salzwedel	Schul-Amt Dambeck		
Kleine Mühle		Mittelmark	Teltow	Königl. Amt Teupitz		
Kleinwalde	Wirthshaus in der Rüdersdorfer Heide, eingepfarrt zu Margrafspieske	Mittelmark	Ober-Barn. Kreis			

Kleistau

Name des Orts.	Stadt, Flecken, Dorf, Adelich Gut, Vorwerk ꝛc.	Provinz.	Kreis.	Adelicher Ort. Königl. Amtsort. Immediat-Stadt.	Geistliche Inspection.	Patron der Pfarr- und Filialkirche, Gerichts Obrigkeit.
Kleistau	Dorf, Filia von Dähre, ohne Kirche.	Altemark	Salzwedel	Adelich	Salzwedel	der Besitzer des Orts
Klemzig	Dorf, mater.	Neumark	Züllichow	Adelich	Züllichow	die Besitzer des Orts
Klemzow	Dorf, Filia von Wopersnow	Neumark	Schiebelb.	Adelich	Schievelbein	der Besitzer des Orts
Klemzow siehe Clemzow						
Klepelshagen	Vorwerk bey Schwarzensee	Ukermark	Uckerm. Kr.	Adelich		
Kleptow	Adel. Gut u. Dorf, Filia von Schönfelde. Windmühle.	Ukermark	Uckerm. Kr.	Adelich	Prenzlow	der Besitzer des Guts
Kleslin	Vorwerk	Neumark	Dramburg	Adelich		
Klessen	Adel. Gut u. Dorf, Filia v. Warsow. Wassermühle.	Mittelmark	In des Haveländ. Kr. ländchen Friesack		Rathenow	der Besitzer des Orts
Kletzke ehedessen Aliezke	Adel. Gut u. Dorf, mater. Forsthaus. Ist im 16ten Jahrhundert eine Zeitlang mit Welle vereiniget gewesen.	Prignitz	Perleberg		Perleberg	der Besitzer des Orts
Klewitz siehe Clewitz						
Klincke	Dorf, mater Mühle	Altemark	Stendal	Amt Burgstall	Stendal	der König
Klinckemühle	zwischen Gottsdorf u. Berkenbrück	Churmark	Luckenwalde	Amt Zinna		

Klinckow

Name des Orts.	Stadt, Flecken, Dorf, Adelich Gut, Vorwerk rc.	Provinz.	Kreis.	Adelicher Ort. Königl. Amtsort. Immediat-Stadt.	Geistliche Inspection.	Patron der Pfarr- und Filial Kirche. Gerichts-Obrigkeit.
Klinckow	Dorf, mater. Wassermühle.	Ukermark	Ukermärk. Kreis	Adelich	Prenzlow	der Besitzer des Orts
Klinge	Dorf, eingepfarrt zu Heinrichsbrück	Neumark	Cottbus	Adelich	Cottbus	
Klobbicks	Dorf, Vorwerk mit Colonisten besetzt, Zwey Wassermühlen. Ist mater vagans, und wird jetzt von dem Prediger zu Tranipo besorgt.	Mittelmark	Ober-Barnimt. Kr.	Amt Biesenthal	Neustadt-Eberswalde	der König
Klockow	Adel. Gut, eingepfarrt zu Cluthen	Prignitz	Perleberg			
Klockow	Adel. Gut u. Dorf, unicum, vereiniget mit Carmzow	Ukermark	Ukerm. Kr.	.	Prenzlow	der Besitzer des Guts
Klötzin	Dorf, Filia von Melepp	Neumark	Schievelb.	Adelich	Schievelbein	der Besitzer des Orts
Kloppitz	Dorf, eingepfarrt zu Rampitz	Neumark	Sternberg	Adelich	Sonnenburg	
Klostergut	Vorwerk zu Dramburg	Neumark	Dramburg	Adelich		
Klosterhof	Vorwerk, und Sitz des Amts Spandow	Mittelmark	Havelländ. Kreis	Amt Spandow		
Alt- und Neu-Klücken	Dörfer, Filiale von Sammenthien	Neumark	Arendswalde	Adelich	Arendswalde	die Besitzer der Derter
Klützkow	Dorf, mater.	Neumark	Schievelbein	Adelich	Schievelbein	der Besitzer des Orts
Kneeden	Vorwerk	Ukermark	Ukerm. Kr.	Magistrat zu Templin		
Knobloch	Dorf u. Vorwerk, Filial Kirche von Etzin	Mittelmark	Havelländ. Kreis	Amt Ziesar	Dom Brandenburg	Patr. das Domcap. zu Brandenburg, Ger. Obrigkeit das Amt Ziesar Köbbelitz

Name des Orts.	Stadt, Flecken, Dorf, Adelich Gut, Vorwerk ꝛc.	Provinz.	Kreis.	Adelicher Ort, Königl. Amtsort, Immediat-Stadt.	Geistliche Inspection.	Patron der Pfarr- und Filial-Kirche Gerichts-Obrigkeit.
Röbbelitz	Dorf, Filial von Immekath	Altemark	Salzwedel	Adelich	Salzwedel	Patr. das Joachimsthal. Schuldirectorium wegen des Amts Dambeck, Ger. Obrigl. die Grafen v. der Schulenburg zu Bezendorf
Röckelitz siehe Räcklitz						
Röckte	Dorf am Drömling, Fil. Kirche von Jeggau	Altemark	Salzwedel	Adelich	Apenburg	der Besitzer des Orts
Röckte	Adel. Gut u. Tagelöhnerhäuser, vagans v. Gohre.	Altemark	Tangerm.		Tangermünde	
Röhnkopf	Dorf, mater.	Neumark	Dramburg	Adelich	Dramburg	der Besitzer des Orts
Röhte oder Röhten s. Rähten						
Rölpin	Vorwerk	Neumark	Dramburg	Adelich		
Rölpin	Adelich Gut, eingepfarrt zu Cratznick	Neumark	Arenswalde	Adelich		
Klein Rölpin	Kuhpächterey bey Raackstedt	Ukermark	Ukerm. Kr.	Adelich		
Alt-Rölpin	Vorwerk	Ukermark	Ukerm. Kr.	Adelich		
Neu-Rölpin	Vorwerk	Ukermark	Ukerm. Kr.	Adelich		
Röltschen	Dorf, mater.	Neumark	Sternberg	Adelich	Drossen	der Besitzer des Orts
Röltschner	Holländer	Neumark	Sternberg	Adelich		
Rölzig	Dorf, mater.	Neumark	Arenswalde	Amt Marienwalde	Arenswalde	der König
Königs Plantage	bey Nieder-Schönhausen	Mittelmark	Nieder-Barnim. Kr.	gehört der Königin		Königs-

Name des Orts.	Stadt, Flecken, Dorf, Adelich Gut, Vorwerk ꝛc.	Provinz.	Kreis.	Adelicher Ort, Königl. Amtssess. Immediat-Stadt.	Geistliche Inspection.	Patron der Pfarr- und Filial-Kirche, Gerichts-Obrigkeit.
Königsberg	Stadt 1) Luther. Pfarr-Kirche. 2) Ref. Gemeine, welche der zweyte Prediger zu Küstrin besorget.	Neumark	Königsberg	Immediat	1) hiesige Luth. Inspection 2) Ref. Insp. zu Küstrin	1) Patron der Pfarr-Kirche ist der König. 2) der König
Königsberg	Adel. Gut u. Dorf, unicum. Die Sattenstelgsche Mühle.	Prignitz	Kyritz		Wittstock	die Besitzer des Orts der König
Königshorst	Dorf und Vorwerk, mater. Die Holländische u. alte Windmühle.	Mittelmark	Havelländ. Kreis	hiesiges Amt	Fehrbellin	
Königsmark	Adel. Gut u. Dorf, mater.	Altmark	Seehausen		Seehausen	Patr. v. Reder, Ger. Obrigl. noch einige andere.
Königstädt	Dorf, Filia von Garze. Mühle.	Altmark	Arendsee	Schul-Amt Dambeck	Salzwedel	das Joachimsthal.Schulrectorium
Königstädt	Col. Dorf, angelegt auf einer wüsten Feldmark. 1) Die reformirten Schweizer machen eine Filial-Gemeine von Lüderßdorf aus, 2) die wenigen Lutheraner gehören zur Pfarre Woltersdorf.	Mittelmark	Ruppin	Amt Ruppin	1) Ref. Insp. Ruppin 2) Luth. Insp. Zehdenick	
Königswalde	Städtgen.	Neumark	Sternberg	Adelich	Dressen	der Besitzer des Orts
Königs-Wusterhausen, siehe Wusterhausen						

Name des Orts.	Stadt, Flecken, Dorf, Adelich Gut, Vorwerk ꝛc.	Provinz.	Kreis.	Nächster Ort, Königl. Amtsort, ꝛc., nächste Stadt.	Geistliche Inspection ꝛc.	[Gerichts Obrigkeit]
Rönnigde	Dorf, mater. Zwey Windmühlen.	Altmark	Stendal	Adelich	Stendal	Patr. v. Moller, Erb. Dörfgl. Graf von der Schulenburg zu Wolfsburg
Rörbitz	Dorf, eingepfarrt zu Lenzen	Prignitz	Lenzen	Amt Eldenburg	Lenzen	
Gr. Röris	Dorf, eingepfarrt zu Teupitz	Mittelmark	Teltow	Prinzlich Amt Teupitz	Königs-Wusterhausen	
Kl. Röris	Dorf, eingepfarrt zu Teupitz	Mittelmark	Teltow	Prinzlich Amt Teupitz	Kön. Wusterhausen	
Röritz	Dorf, unicum. Vorwerk	Mittelmark	Ruppin	Amt Neustadt an der Dosse	Wusterhausen an der Dosse	der König
Alt-Rörtnitz	Dorf, mater.	Neumark	Dramburg	Amt Falster	Dramburg	der König
Neu-Rörtnitz s. Neu-Löcknitz						
Röritin	Dorf, eingepfarrt zu Jauchwitz	Mittelmark	Zauchische Kr.	Adelich	Beelitz	
Rössin siehe Cossin						
Röstrin siehe Cüstrinchen						
Rörchen	Adelich Gut und Dorf, mater. Schäferey	Mittelmark	Ober-Barn.		Neustadt Eberswalde	der Besitzer des Orts
Rörchen	Dorf, eingepfarrt zu Buchholz. Pechhütte.	Churmark	Bees- und Storkow	Prinzlich Amt Krausnick	Kön. Wusterhausen	
Rögelin	Dorf, Filial-Kirche von Gundelin. Windmühle.	Prignitz	Kyritz	Adelich	Kyritz	der Besitzer des Orts
Kohlhasenbrück	ein Krug und Theerofen, nebst einigen Tagelöhnerhäusern, eingepfarrt zu Stolpe.	Mittelmark	Zauchische Kreis	haben ihre Eb[en]genthümer.	Potsdam	
Kohlow	Dorf, mater.	Neumark	Dramburg	Adelich	Drossen	der Erbherr des Orts Kohlow

143

Name des Orts.	Stadt, Flecken, Dorf, Adelich Gut, Vorwerk 2c.	Provinz.	Kreis.	Adelicher Ort, Königl. Amtsort, Immediat, Stadt.	Geistliche Inspection.	Patron der Pfarr- und Filial-Kirche, Gerichts-Obrigkeit.
Kohlow	Dorf, mater.	Neumark	Sternberg	Adelich	Drossen	der Besitzer des Orts
Kohlreif siehe Colrep						
Kohlsdorf	Dorf, eingepfarrt zu Bornow	Churmark	Bees- und Storkow.	A. Beeskow	Beeskow	
Kolk	Zwey Vorwerke dieses Namens, eingepfarrt zu Wedelsdorf.	Neumark	Arenswalde	Adelich		
Kolkwitz	Dorf, mater.	Neumark	Cottbus	Magistrat zu Cottbus	Cottbus	der Magistrat
Kolrep s. Colrep						
Kolzenburg	Dorf, Mehl- und Schneidemühle, eingepfarrt zu Luckenwalde	Churmark	Luckenwalde	A. Zinna	Luckenwalde	
Koppatz	Dorf, eingepfarrt zu Kahren	Neumark	Cottbus	Adelich	Cottbus	
Korbiskrug ist oder Corbs- krug genannt.	eingepfarrt zu Gros-Beesten	Mittelmark	Telkow	Prinz v. Preussen Amt Kön. Wusterhausen		
Korbitz oder Kürbis	eingepfarrt zu Len- zen	Prignitz	Lenzen, Kr.	Amt Eldenburg	Lenzen	
Kortenbeck	Dorf, Filia von Dähre	Altemark	Salzwedel	Amt Diesdorf und adelich	Salzwedel	der König
Kosbahn	Vorwerk bey Dahls	Neumark	Dramburg	Adelich		
Kossebuh siehe Cossebau						
Kossen, ehedessen Kosseband	Adel. Gut u. Dorf, unicum. Wind- mühle.	Mittelmark	Havelländ. Kreis		Rathenow	der Besitzer des Orts
Kossen	Vorwerk	Neumark	Dramburg	Adelich		

Kraatz

Name des Orts.	Stadt, Flecken, Dorf, Adelich Gut, Vorwerk ıc.	Provinz.	Kreis.	Adel. oder Ort. Königl. Amtsort. Immediat-Stadt.	Geistliche Inspection.	Patron der Pfarr- und Filial Kirche. Gerichts-Obrigkeit.
Kraatz s. Craatz						
Hohen-Kränig	Dorf, mater.	Neumark	Königsberg	der Markgraf zu Schwedt	Königsberg	der Markgraf
Nieder-Kränig	Dorf, Filia von Hohen-Kränig	Neumark	Königsberg	der Markgraf zu Schwedt	Königsberg	der Markgraf
Krahne s. Crane						
Krambsow oder Krams	Adel. Gut u. Dorf, eingepfarrt zu Vettin	Prignitz	Pritzwalk		Pritzwalk	der Besitzer des Orts
Krampfer	Adel. Gut u. Dorf, mater. Windmühle.	Prignitz	Perleberg		Perleberg	der Besitzer des Orts
Krauschow oder Krausche	Dorf, eingepfarrt zu Züllichow	Neumark	Züllichow	Amt Züllichow	Züllichow	
Krauseeiche	Dorf, vagum.	Neumark	Königsberg	das Waisenhaus zu Züllichow	Königsberg	
Krause		Prignitz	Pritzwalk	Adelich		
Krausnick	Dorf, Filia von Buchholz. Vorwerk. Schäferey. Buschmeyerey. Hammelstall auf dem Puck und auf der Trandschäferey.	Churmark	Bees- und Storkow.	Prinzlich Amt hieselbst	Kön. Wusterhausen	Prinz von Preussen
Krebsflies	Vorwerk bey Zezin	Neumark	Dramburg	Adelich		
Kreffelitz	Dorf	Churmark	Bees- und Storkow.	Adelich		
Kreitzig	Dorf, Filia von Reiepp	Neumark	Schievelbein	Adelich	Schievelbein	der Besitzer des Orts
Kremkau siehe Cremkau						

Krempen-

Name des Orts.	Stadt, Flecken, Dorf, Adelich Gut, Vorwerk ꝛc.	Provinz.	Kreis.	Adelicher Ort, Königl. Amtsort, Immediat-Stadt.	Geistliche Jurisdiction.	Patron der Pfarr- und Filial-Kirche, Gerichts-Obrigkeit.
Krempendorf	Dorf, eingepfarrt zu Seepenitz. Wassermühle.	Prignitz	Pritzwalk	Kloster Stepenitz	Putlitz	das Kloster
Kremzow siehe Cremzow						
Krenzlin	Adel. Gut u. Dorf, unicum.	Mittelmark	Ruppin		Ruppin	die Besitzer des Orts
Kresem	Vorwerk bey Rampitz	Neumark	Sternberg	Adelich		
Kreuzwitz siehe Klein-Creutz						
Kricheldorf	Dorf, Filia von Brewitz.	Altemark	Arendsee	Amt Salzwedel und adelich	Salzwedel	Graf v. d. Schulenburg wegen der Probstey Salzwedel der Besitzer des Orts
Kriebe	Dorf, Filia von Neuhausen, ohne Kirche.	Prignitz	Perleberg	Adelich	Perleberg	
Kriecksdorf siehe Christdorf						
Kriele	Adel. Gut u. Dorf, minter. Windmühle.	Mittelmark	In des Havelländ. Kr. Ländchen Friesack.		Rathenow	der Besitzer des Orts
Kriening	Dorf, vagans.	Neumark	Arendswalde	Adelich	Arendswalde	
Krienitz	Dorf, war ehedessen zu Deibow eingepfarrt, hat sich aber nach dem dreißigjährigen Kriege davon getrennet, u. seitdem zu der nähern Kirche zu Gorlosen im Herzogthum Mecklenburg gehalten.	Prignitz	Lenzen	Adelich		
Krieschow oder Kruschen	Dorf, Filia von Papitz	Neumark	Cottbus	Adelich	Cottbus	der Besitzer des Orts Kriewen

Name des Orts.	Stadt, Flecken, Dorf, Adelich Gut, Vorwerk 2c.	Provinz.	Kreis.	Adelicher Ort. Königl. Amtsort. Immediat-Stadt.	Geistliche Inspection.	Patron der Pfarr- und Filial Kirche. Gerichts-Obrigkeit.
Kriewe u. Kriewen s. Criewe und Criewen						
Kriesche	Dorf, mater.	Neumark	Sternberg	herrenmeisterl. Amt Sonnenburg	Sonnenburg	der Herrenmeister
Kröchlendorf ob. Cralendorf, oder Kröchelndorf	Vorwerk mit einer Kirche, Filia ragans von Kuh	Ukermark	Ukerm. Kr.	Adelich	Prenzlow	der Besitzer des Orts
Kronenberg	Vorwerk bey Gersdorf	Neumark	Dramburg	Adelich		
Krügersdorf	Adel. Gut u. Dorf, mater. Windmühle.	Churmark	Bees- und Storkow.		Beeskow	Patr. v. Steinkeller, Ger. Obrigk. eben derselbe, Magistrat zu Beeskow, u. Ordensamt Friesland.
Kröpelwarte	ein Wirthshaus, eingepfarrt zu Winzelberg	Altemark	Tangerm.	hat einen Eigenthümer		
Krüllenkempe	Vorwerk	Prignitz	Havelberg			
Krüssow siehe Crüssow						
Neue-Krug bey Brandenburg	Krug und Colonistendorf	Mittelmark	Zauchische Kr.	Magistrat zu Brandenburg		
der neue Krug	eingepfarrt zu Hoppengarten	Mittelmark	Lebus	Magistrat zu Müncheberg		
Kruge	Vorwerk bey Hohen-Finow, eingepfarrt zu Gersdorf	Mittelmark	Ober-Barn.	Adelich	Neustadt-Eberswalde	
Kruger Grund	Col. Dorf	Neumark	Fridberg	Adelich		
Krullenhaus	Vorwerk	Ukermark	Ukerm. Kr.	Adelich		
Krumbeck	Adel. Gut u. Dorf, eingepfarrt zu Putlitz	Prignitz	Perleberg		Putlitz	

Krumbeck

Name des Orts.	Stadt. Flecken. Dorf. Adelich Gut. Vorwerk ic.	Provinz.	Kreis.	Adelicher Ort. Königl. Amtsort. Immediat-Stadt.	Geistliche Inspection.	Patron der Pfarr. und Filial-Kirche, Gerichts-Obrigkeit.
Krumbeck	Dorf u. Vorwerk, Filia vag. os jetzt v. Beggun. liegt im Herzogthum Meklenburg.	Ukermark, stehet aber nicht in dem catastris derselben.	Ukerm. Kr.	Adelich	Prenzlow	der Besitzer des Orts
Krummendamm	Vorwerk, eingepfarrt zu Plaue	Mittelmark	Havelländ. Kr.	Adelich		
Krumcke	Dorf, Filia vagans, jetzt von Losse. Schäferey. Windmühle.	Altemark	Seehausen	Adelich	Seehausen	der Besitzer des Orts
das Krumcksche Kleine	Vorwerk	Altemark	Seehausen	Adelich		
Krusemark	Dorf, mater. Mühle	Altemark	Arneburg	Adelich	Werben	der Besitzer des Orts
Küdow auch Kügow	Dorf, Filia von Garz	Mittelmark	Ruppin	Adelich	Neu-Ruppin	der Besitzer des Orts
Kühnemühle	Vorwerk	Neumark	Arenswalde	Adelich		
der Kühnwerder	eine neue Colonie bey Quiliz	Mittelmark	Lebus	Adelich	Müncheberg	
Künckendorf	Vorwerk bey Bahzlow	Mittelmark	Ober-Barnim. Kr.	Adelich		
Alt-Künckendorf oder Künickendorf	Adel. Gut u. Dorf, mater. Wassermühle.	Ukermark	Stolpirsche Kreis		Neu-Angermünde	der Besitzer des Orts
Neu-Künckendorf	Adel. Gut u. Dorf, mit einer Filial-Kirche von Dobberzin	Ukermark	Stolpirsche Kr.	Adelich und Magistrat zu Angermünde.	Neu-Angermünde	Patr. der Magistrat zu Angermünde, Ger. Obrigk. der von Euch
Küstrin	Hauptstadt der Neumark 1) Luth. Pfarrkirche 2) Reform. Kirche. 3) Gesetz. Kirche.	Neumark		Immediat	1) hiesige Luth. Inspection. 2) hiesige Ref. Inspection.	1) Patron der König 2) Küßliz

Name des Orts.	Stadt. Flecken. Dorf. Adelich Gut. Vorwerk ꝛc.	Provinz.	Kreis.	Adelicher Ort. Königl. Amtsort. Immediat. Stadt.	Geistliche Inspection.	Patron der Pfarr und Filial Kirche. Gerichts Obrigkeit.
Rützliz siehe Chüliz						
Ruhbier ehedessen auch Rohbier	Dorf, mater.	Prignitz	Pritzwalk	Adelich u. Magistrat zu Pritzwalk.	Pritzwalk	Patr. das Domkapitul zu Havelberg. Ger. Obrigkeit die v Putt iz und Magistrat zu Pritzwalk
Ruhblanck oder Coblanck	Dorf eingepfarrt zu Gr. Bresse	Prignitz	Perleberg	Adelich	Perleberg	
Ruhblancksches	Furt	Prignitz	Perleberg			
Ruhfelde	Dorf, mater. Mühle	Altemark	Salzwedel	Schul-Amt Dambeck	Salzwedel	das Joachimsthal. Schuldirectorium.
Ruhhorst	Vorwerk	Mittelmark	Havelländ. Kreis	A. Königshorst	Fehrbellin	
Ruhkädel	Dorf, eingepfarrt zu Coffar	Neumark	Crossen	Adelich	Crossen	
Ruhlenmorgen	Vorwerk	Ukermark	Ukerm. Kr.	Adelich		
Ruhlmühle oder Kühlenmühle	bey Dransee	Prignitz	Wittstock	Amt Zechlin		
Ruhnersdorf s. Cunersdorf						
Ruhneresdorf	Adelich Gut und Dorf. Filia von Lossen. Es geschehen in der hiesigen Kirche nur Taufen, Trauungen, und Leichenpredigten, zum ordentlichen Gottesdienst gehet die Gemeine nach Wulsow.	Mittelmark	Lebus		Frankfurt	der Besitzer des Orts

Ruhweide

Name des Orts.	Stadt, Flecken, Dorf, Adelich Gut, Vorwerk 2c.	Provinz.	Kreis.	Adelicher Ort, Königl. Amt ort, Immediat-Stadt.	Geistliche Inspection.	Patron der Pfarr- und Filial Kirche, Gerichts-Obrigkeit.
Ruhweide	Dorf, Filia von Bruchhagen. Zwey Wassermühlen.	Ukermark	Stolpirsche Kr.	Adelich	Neu-Angermünde	der Besitzer des Orts
Ruhwinkel	Adelich Gut bey Sükow	Prignitz	Perleberg			
Rukukömühle		Prignitz	Kyritz			
Rulpinchen	Dorf, eingepfarrt in Stokow. Forsthaus.	Churmark	Beek- und Storkow	Amt Storkow	Storkow	
Rummernitz	Vorwerk, Jägerhaus. Wasser- u. Windmühle.	Prignitz	Havelberg	Domkapitul zu Havelberg		
Rummersdorf siehe Lummersdorf						
Runitz	Vorwerk	Neumark	Dramburg	Adelich		
Runitz siehe Cunitz						
Runow siehe Cuno						
Runstersprings	Mühle, angelegt in der wüsten Feldmark Kunst	Mittelmark	Ruppin			
Runtendorf siehe Comptendorf						
Rurtschof	Adelich Gut	Neumark	Crossen			
Rustorf	Dorf, mater.	Prignitz	Pritzwalk	Adelich	Pritzwalk	der Besitzer des Orts
Ruthsdorf oder Rutzdorf	Dorf, Filia von Zicher	Neumark	Königsberg	N. Quartschen	Küstrin	der König
Rutzel	Vorwerk bey Doberfaul	Neumark	Crossen	Adelich		

Name des Orts.	Stadt, Flecken, Dorf, Adelich Gut, Vorwerk ꝛc.	Provinz.	Kreis.	Adelicher Ort, Königl. Amtsort, Immediat- Stadt.	Geistliche Inspection.	Patron der Pfarr- und Filial Kirche, Gerichts-Obrigkeit.
Kuz oder Kuhz	Dorf, mater.	Ukermark	Ukermärk. Kreis	Adelich	Prenzlow	der Besitzer des Orts
Kuzbahn	Vorwerk	Neumark	Dramburg	Adelich		
Küzkow	Adel. Gut u. Dorf. Fil. von Prizerbe	Mittelmark	Havelländ. Kr.		Altstadt Brandenburg seit 1773.	
Kuzrow	Adel. Gut u. Dorf, eingepfarrt zu Jagow. Vorwerk Dolgen. Wassermühle.	Ukermark	Ukermärk. Kr.		Prenzlow	
Kyritz	Stadt. Pfarrkirche. Verfallene Klosterkirche. Zwey Wassermühlen.	Prignitz	Kyritz	Immediat	Kyritz	der Magistrat ist Ger. Obrigk. das Domkapitul zu Havelberg Patr. des Pastorats, Magistrat Patron des Archidiaconats. Laaßlich

151

Name des Orts.	Stadt. Flecken. Dorf. Adelich Gut. Vorwerk ic.	Provinz.	Kreis.	Adelicher Ort. Königl. Amtsort. Immediat-Stadt.	Geistliche Inspection.	Patron der Pfarr- und Filial-Kirche. Gerichts-Obrigkeit.
Laaßlich siehe Laßlich						
Laasow	Dorf, mater.	Neumark	Cottbus	Adelich	Cottbus	der Besitzer des Orts
Labenz	Dorf, mater.	Neumark	Schievelbein	Commenthurey Schievelbein, Stadt Schievelbein, und adelich.	Schievelbein	die Besitzer des Orts
Lacoma	Dorf, eingepfarrt zu Cottbus	Neumark	Cottbus	Amt Peiz	Cottbus	
Labeburg	Dorf, ehedessen unicum, jetzt Fil. von Zepernick. Wassermühle.	Mittelmark	Ober-Barn.	Domkirche zu Berlin	Bernau	Dom-Directorium zu Berlin
Ladekath oder Laderkath	Dorf, mater.	Altemark	Arendsee	Adelich	Salzwedel	die Besitzer des Orts
die Läckeniz	Colonistenhäuser, eingepfarrt zu Petzow	Mittelmark	Zauchische Kr.			
Ligde s. Legde						
Lämmersdorf s. Lemmersdorf						
Lässig	Dorf, Filia von Göritz	Neumark	Sternberg	A. Frauendorf	Frankfurt	der König
Lagendorf	Dorf, mater.	Altemark	Salzwedel	Adelich	Salzwedel	die Besitzer des Orts
Lagow	Städtchen	Neumark	Sternberg	hiesige Commenthurey	Sonnenburg	der Commenthur
Neu-Lagow	Dorf, Filia von Lagow	Neumark	Sternberg	Commenthurey Lagow	Sonnenburg	der Commenthur
Lamitzsch	Dorf, eingepfarrt zu Pfassendorf	Churmark	Bees und Storkow	Amt Beesckow	Beeskow	
Lancke	Adel. Gut u. Dorf, Fil. K. von Prenden. Wasser- u. Schneidemühle.	Mittelmark	Nied. Barn.		Bernau	der Besitzer des Orts
						Landenow

Name des Orts.	Stadt. Flecken. Dorf. Adelich Gut. Vorwerk ꝛc.	Provinz.	Kreis.	Adelicher Ort. Königl. Amtsort. Immediat-Stadt.	Geistliche Inspection.	Patron der Pfarr- und Filial-Kirche. Gerichts-Obrigkeit.
Lanckenow	Dorf, Filia von Collrep. Heidelbergische Mühle.	Prignitz	Pritzwalk	Stift zum heil. Grabe	Pritzwalk	das Stift
Lanckow	Dorf, Filia von Wopersnow	Neumark	Schievelb.	Adelich	Schievelbein	der Besitzer des Orts
Lanckwitz	Dorf, Fil. Kirche von Schöneberg	Mittelmark	Tellow.Kr.	U. Mühlenhof	Cöln an der Spree	der König
Landin	Adel. Gut u. Dorf, Filia von Kriele. Windmühle.	Mittelmark	In des Havell. Kr. Ländchen Filsack.		Rathenow	der Besitzer des Guts
Hohen-Landin	Adel. Gut u. Dorf, mater.	Ukermark	Stolpirsche Kreis		Neu-Angermünde	der Besitzer des Orts
Nieder-Landin	Adel. Gut u. Dorf, Fil. Kirche von Hohen-Landin	Ukermark	Stolpirsche Kr.		Neu-Angermünde	der Besitzer des Orts
Alten-Landsberg	Stadt. Vorwerk. Drey Wasser- u. 2 Windmühlen. 1) Luther. Kirche, mater. 2) Reform. Schloß-Kirche, mater.	Mittelmark	Nieder-Barnim. Kr.	hiesiges Amt	1) Friederichswerder zu Berlin 2) Berlin	1) der König 2) der König
Landsberg an der Warthe	Stadt. 1) Luther. Stadt-Kirche. 2) Reform. Kirche.	Neumark	Landsberg	Immediat	1) hiesige Luth. Inspection. 2) Insp. Küstrin	1) Patr. der König in Ansehung des Pastorats, der Magistrat in Ansehung des Diaconats. 2) der König.
Landsberger Holländer	Filia von Dechsil	Neumark	Landsberg	St. Landsberg	Landsberg	der Magistrat
Langdorf		Prignitz	Lenzen			
Langefeld oder Karstedts-Hof	Dorf u. Adel. Gut. Ziegelscheune.	Prignitz	Wittstock			
Langefuhr	Col. Dorf, eingepfarrt zu Kemmersdorf	Neumark	Arenswalde	Amt Marienwalde	Arenswalde	

Langen

Name des Orts.	Stadt, Flecken, Dorf, Adelich Gut, Vorwerk 2c.	Provinz.	Kreis.	Adeliches Ort. Königl. Amtsort. Immediat-Stadt	Geistliche Inspection.	Patron der Pfarr- und Filial-Kirche, Gerichts-Obrigkeit.
Langen	Dorf, unicum.	Mittelmark	Ruppin	Kämmeren der Stadt Neu-Ruppin und adelich.	Neu-Ruppin	die Besitzer des Orts
Langenapel	Adel. Gut u. Dorf, Filia von Osterwohle. Wassermühle.	Altemark	Salzwedel		Salzwedel	die Besitzer des Orts
Hohen-Langenbeck	Dorf, Filial-Kirche von Kuhfeld	Altemark	Salzwedel	Adelich	Apenburg	der Besitzer des Orts
Nieder- oder Sieben-Langenbeck	Dorf, Filial-Kirche von Kuhfeld	Altemark	Salzwedel	Adelich	Apenburg	der Besitzer des Orts
Langenfeld	Dorf, mater.	Neumark	Sternberg	Commenthurey Lagow	Sonnenburg	der Commenthur
Langenhacken	Vorwerk, eingepfarrt zu Klützow	Neumark	Schievelbein	Commenthurey Schievelbein	Schievelbein	
Langenhagen	Dorf, Filia von Steinhöfel	Neumark	Dramburg	Adelich	Dramburg	die Besitzer des Orts
Langenpful	Dorf, Filia von Tempel	Neumark	Sternberg	Commenthurey Lagow	Sonnenburg	der Commenthur
Zur Langen Rönne	eine Wassermühle, eingepfarrt zu Rüdenitz	Mittelmark	Ober-Barn. Kreis	hat einen Eigenthümer		
Langen-Salzwedel siehe Salzwedel						
Langenwahl	Dorf, Kirche mater vagans. Vorwerk.	Churmark	Beeß- und Storkow.	Amt Stansdorf	Beeßkow	der Besitzer des Orts
Alt-Langerwisch	Dorf, seit 1773 eingepfarrt zu Neu-Langerwisch	Mittelmark	Zauche	A. Saarmund	Potsdam	
Neu-Langerwisch	Dorf, mater Vorwerk. Windmühle	Mittelmark	Zauche	Amt Potsdam	Potsdam	der König
Gr. Langerwisch	Adel. Gut u. Dorf, eingepfarrt zu Schönhagen.	Prignitz	Pritzwalk		Pritzwalk	
Kl. Langerwisch	Adel. Gut u. Dorf.	Prignitz	Pritzwalk			Langewahl

Name des Orts.	Stadt, Flecken, Dorf, Adelich Gut, Vorwerk ꝛc.	Provinz.	Kreis.	Adelicher Ort, Königl. Unmittelb. Immediat Stadt.	Geistliche Inspection.	Patron der Pfarr- und Filial-Kirche. Gerichts-Obrigkeit.
Langmeil	Dorf, Filia von Heimersdorf	Neumark	Züllichow	Adelich	Züllichow	der Besitzer des Orts
Langnow	Dorf, Filia von Colrep	Prignitz	Pritzwalk	Stift zum heil. Grabe	Pritzwalk	das Stift
Alt-Langsow	Dorf, eingepfarrt zu Seelow	Mittelmark	Lebus	Amt Friedrichsaue	Frankfurt	
Neu-Langsow	neues Dorf	Mittelmark	Lebus			
Lanze	Dorf, mater. Wassermühle.	Prignitz	Lenzen	Amt Eldenburg u. Kämmerey der St. Lenzen	Lenzen	der König
Lapenowsche Mühle	bey Ringenwalde	Mittelmark	Ober-Barn.	hat einen Eigenthümer		
Laßlich	Adel. Gut u. Dorf, Filia v. Nebelin	Prignitz	Perleberg		Perleberg	die Besitzer des Orts
Im Laßlicher Holz	ist ein Jägerhaus	Prignitz	Perleberg	Adelich		
Lazig	Col. Dorf	Neumark	Dramburg	Amt Sabin		
Latzke	Dorf, eingepfarrt zu Esteds. Mühle.	Altemark	Salzwedel	Kämmerey der Stadt Gardelegen	Calbe	
Kl. Latzke	Dorf, Filia von Groß-Latzke in Pommern	Neumark	Soldin	Adelich	Soldin	der Besitzer des Orts
Laubow	Dorf, mater.	Neumark	Sternberg	Herrenmeisterl. Amt Sonnenburg	Sonnenburg	der Herrenmeister
Laubsdorf	Dorf, eingepfarrt zu Comptendorf	Neumark	Cottbus	Adelich	Cottbus	
Lauchstädt	Dorf, mater.	Neumark	Friedberg	Adelich	Landsberg	der Besitzer des Orts
Lauenbrügge	Vorwerk	Neumark	Dramburg	Adelich		
Lauenhagen	Vorwerk bey Strasburg	Ukermark	Ukerm. Kr.	St. Strasburg und adelich		Lebimchen

Name des Orts.	Stadt, Flecken, Dorf, Adelich Gut, Vorwerk ꝛc.	Provinz.	Kreis.	Adelicher Ort, Königl. Amters. Immediat-Stadt.	Geistliche Inspection.	Patron der Pfarr- und Filial-Kirche, Gerichts-Obrigkeit.
Lebinschen oder Lübinschen	Dorf, eingepfarrt zu Storkow	Churmark	Bees- und Storkow	Amt Storkow	Storkow	
Lebus	Stadt, Drey Wassermühlen.	Mittelmark	Lebus	Amt Lebus	Frankfurt	der König
Leckow	Dorf, Filia von Rützenhagen	Neumark	Schievelbein	Adelich	Schievelbein	der Besitzer des Orts
Leddin	Dorf, Filial-Kirche von Plänitz	Mittelmark	Ruppin	Adelich	Wusterhausen an der Dosse	der Besitzer des Orts
Leeskow oder Leske	Dorf, eingepfarrt zu Ressen	Neumark	Cottbus	Adelich	Cottbus	
Leest oder Lehsto	Dorf, eingepfarrt zu Alt-Töplitz	Mittelmark	Zauche	Amt Lehnin	Neustadt Brandenburg	
Leetze	Dorf, Filia von Kuhfelde	Altemark	Salzwedel	Schul-Amt Dambeck	Salzwedel	das Joachimsthal.Schulrectorium
Legde	Dorf, mater.	Prignitz	Havelberg	Adelich	Wilsnack	der Besitzer des Orts
Hohen-Lehme	Dorf, eingepfarrt zu Kön. Wusterh.	Mittelmark	Teltow	Prinzlich Amt Kön.Wusterh.	Kön. Wusterhausen	
Nieder-Lehme	Dorf, eingepfarrt zu Kön. Wusterh.	Churmark	Bees- und Stork.	Amt Stansdorf	Kön. Wusterhausen	
Lehmgrube	Vorwerk bey Beeskow	Churmark	Bees- und Storkow.	A. Beeskow		
Lehmkuhle	Berg bey Havelberg	Prignitz	Havelberg	Domkapitul zu Havelberg, über einige Häuser der Magistrat.	Dom.Havelberg	
Lehmrühler		Prignitz	Lenzen			
Lehmshöfel	neues Dorf im Hohen Busch	Mittelmark	Lebus	Amt Wollup	Frankfurt	
Lehn-Guth	Vorwerk	Neumark	Züllichow	Adelich		

Name des Orts.	Stadt, Flecken, Dorf, Adelich Gut, Vorwerk ꝛc.	Provinz.	Kreis.	Adelicher Ort, Königl. Amtsort, Immediat-Stadt.	Geistliche Inspection.	Patron der Pfarr- und Filial-Kirche, Gerichts-Obrigkeit.
Lehnin	Flecken ohne Stadtrechte, Sitz eines Amts. Wasser- und Schneidemühlen. 1) Reform. Kirche, mater. 2) die Lutheraner sind eingepfarrt zu Damelang.	Mittelmark	Zauchische Kreis	das hiesige Königl. Amt	1) Potsdam 2) Neustadt Brandenburg	
Lehnitz	Vorwerk, Teerofen.	Mittelmark	N. Barnim.	A. Oranienburg		
Leibisch oder Leibsch	Dorf, eingepfarrt zu Münchehofe. Forsthaus auf dem Leibischen Damm.	Churmark	Bees- und Storkow.	Prinzlich Amt Münchehofe	Königs-Wusterhausen	
Leichholz	Dorf, vagans.	Neumark	Sternberg	Adelich	Sonnenburg	
das Leichholzische Hammerwerk	hält sich jetzt zu der Kirche in Griesel	Neumark		Adelich	Crossen	
Leissow	Vorwerk, Filia von Gohlitz Mühle.	Neumark	Sternberg	Amt Bischoffsee	Sonnenburg	der König
Leiten oder Leuthen	Dorf, mater.	Neumark	Cottbus	Adelich	Cottbus	der Besitzer des Orts
Leitersdorf	Dorf, mater.	Neumark	Crossen	Adelich	Crossen	die Besitzer des Orts
Leichau	Schäferey bey Bandau	Altemark	Salzwedel	Adelich		
Lemmersdorf	Vorwerk, Mahl- Oel- u. Schneidemühle bey Hetzdorf.	Ukermark	Ukerm. Kr.	Adelich		
Lemmersdorf	Dorf, Filia von Klosterfelde	Neumark	Arendswalde	Amt Marienwalde	Arendwalde	der König
Lemsel	Adel. Gut u. Dorf, eingepfarrt zu Flechtingen.	Altemark	Salzwedel	Adelich	Gardelegen	
Lennewitz	Dorf, Filial Kirche von Quitzöbel	Prignitz	Havelberg	Adelich	St. Havelberg	der Besitzer des Orts

Lenzen

Name des Orts.	Stadt, Flecken, Dorf, Adelich Gut, Vorwerk ꝛc.	Provinz.	Kreis.	Adelicher Ort, Königl. Amtsort, Immediat Stadt.	Geistliche Inspection.	Patron d. Pfarr- und Filial Kirche, Gerichts-Obrigkeit.
Lenzen	Stadt. Wind- und Wassermühle. Zollhaus an der Elbe.	Prignitz	Lenzen	hiesige Königl. Amts- und St. Gerichte.	hiesige Insp.	der Magistrat ist Patron der Pfarr-Kirche
Lenzensche Bolge	in welcher ein Jägerhaus	Prignitz	Lenzen	gehört der St. Lenzen		
Lenzcke	Adel. Gut u. Dorf, unicum.	Mittelmark	In des Havelländ. Kreises Ländchen Bellin.	Amt Fehrbellin und adelich	Fehrbellin	der König
Lenzckermühle	Vorwerk u. Wassermühle.	Mittelmark	Havelland	Amt Fehrbellin		
Lenzenbruch	Col. Dorf	Neumark	Arenswalde	Adelich		
Lenzendorfer-Mühle		Altemark	Tangerm.	der Eigenthümer		
Lenzerwisch	ein Strich Landes, welcher aus den Dörfern Groß- u. Klein-Wootz, Restorph, Kietz, Unbesandte, Besandte, Baarz und Garz bestehet. Er macht ein Kirchspiel aus, dessen Kirche in Kietz ist, und zu Klein-Wootz ist eine Kapelle. Es sind hier drey Rittergüter.	Prignitz	Lenzen	Adelich	Lenzen	von Wentsterin
Leyden	Dorf, eingepfarrt zu Teupitz	Mittelmark	Teltow	Prinzlich Amt Teupitz	Königs-Wusterhausen	
Gr. Leppin	Dorf, mater.	Prignitz	Havelberg	Adelich	Wilsnack	der Besitzer des Orts
Kl. Leppin	Adel. Gut, Dorf u. Wassermühle, eingepfarrt zu Gr. Leppin.	Prignitz	Wilsnack		Wilsnack	
Leppin	Dorf, Filial Neulingen. Mühle.	Altemark	Arendsee	Amt Arendsee	Salzwedel	der König
Lerchau	Schäferey	Altemark	Salzwedel	Adelich		Leseckow

Name des Orts.	Stadt, Flecken, Dorf, Adelich Gut, Vorwerk ꝛc.	Provinz.	Kreis.	Adelicher Ort, Königl. Amtsort, Immediat-Stadt.	Geistliche Inspection.	Patron der Pfarr- und Filial-Kirche, Gerichts-Obrigkeit.
Leseckow oder Läsickow	Dorf, Filial-Kirche von Nackel	Mittelmark	Ruppin	Magistrat zu Wusterhausen	Wusterhausen an der Dosse	Magistrat zu Wusterhausen
Leske siehe Lees-kow						
Lessig siehe Lässig						
Letkendorf siehe Lütkendorf						
Lettschin	Dorf, mater. Frey-guth. Windmühle.	Mittelmark	Lebus	Amt Wollup	Frankfurt	der König
Leglingen	Dorf, Filial von Rösforde. Pechhütte. Ein Forsthaus auf der Sorge. Mühle.	Altmark	Tangerm.	Amt Neuendorf	Gardelegen	der König
Leuenberg siehe Löwenberg						
Leuenbruch oder Löwenbruch	Adel. Gut u. Dorf, Schäferey, Windmühle, mater.	Mittelmark	Teltow		Zossen	der Besitzer des Orts
Leuendorf oder Löwendorf	Dorf, eingepfarrt zu Trebbin	Churmark	Luckenwalde	Adelich	Mittenwalde	
Leutersdorf siehe Leitersdorf						
Leuthen s Leiten						
Alt-Lewin	Dorf, eingepfarrt zu Wrietzen	Mittelmark	Ober-Barn.	Bruchamt Wrietzen	Wrietzen	
Neu-Lewin	Col. Dorf, mater.	Mittelmark	Ober-Barn.	Bruchamt Wrietzen	Wrietzen	der König
Neu-Lewinsche-	Herrenwiese, ein Vorwert					
Leyssow	Dorf, Filia von Sohlig. Mühle.	Neumark	Sternberg	Amt Neuendorf	Frankfurt	der König

Name des Orts.	Stadt, Flecken, Dorf, Adelich Gut, Vorwerk ?c.	Provinz.	Kreis.	Adelicher Ort, Königl. Amtsort, Immediat-Stadt.	Geistliche In-spection.	Patron der Pfarr- und Filial-Kirche. Gerichts Obrig-keit.
Libbenichen	Dorf, mater. Wassermühle.	Mittelmark	Lebus	A. Sachsendorf	Frankfurt	der König
Libbenow	Adelich Gut und Dorf, mater.	Uckermark	Uckermärkische Kreis		Strasburg, wie 1687 entschieben ist.	der Besitzer des Orts
Libbesicke	Vorwerk, einge-pfarrt zu Vietmannsdorf	Uckermark	Uckerm. Kr.	Adelich		
Lichen s. Lychen						
Lichtenberg	Dorf, mater. Windmühle.	Mittelmark	Lebus	Adelich	Frankfurt	der Besitzer des Orts
Lichtenberg	Dorf und Vorwerk, Fil. Kirche von Friderichsfelde.	Mittelmark	Nieder-Barnim. Kr.	Magistrat zu Berlin	Berlin	Magistrat zu Berlin
Lichtenberg	Dorf, unicum.	Mittelmark	Ruppin	A. Alt-Ruppin	Lindow	der König
Lichtenow	Dorf, Filia von Munnsfelde	Neumark	Friedeberg	Adelich	Landsberg	der Besitzer des Orts
Lichtenow	Dorf, Filial-Kirche von Rehfeld	Mittelmark	Ober-Barnim. Kr.	A. Rüdersdorf	Strausberg	der König
Lichtenrade	Dorf, mater.	Mittelmark	Teltow	Domkirche zu Berlin	Cölln an der Spree	Domkirchen-Directorium
Lichterfeld	Dorf, Filia von Wendemark. Mühle.	Altemark	Seehausen	Amt Tanger-münde und adelich	Seehausen	Patron der Kö-nig.(?)er Ober, das Amt und ein Paar Edel-leute.
Lichterfeld	Dorf, mater. Windmühle.	Mittelmark	Ober-Barn.	Adelich	Neustadt-Eberswalde	der Besitzer des Orts
Lichterfelde	Adel. Gut u. Dorf, ist ehedessen ein unicum vagans gewesen, nach-mals aber v. den Patronen dem Prediger zu Britz als Filia gegeben	Mittelmark	Teltow. Kr.		Cölln an der Spree	der Besitzer des Orts

Lieben

Name des Orts.	Stadt, Flecken, Dorf, Adelich Gut, Vorwerk ꝛc.	Provinz.	Kreis.	Adelicher Ort. Königl. Amtsort. Immediat-Stadt.	Geistliche Inspection.	Patron der Pfarr- und Filial-Kirche. Gerichts-Obrigkeit.
	worden, wie die 1633 ausgestellte Vocation zeiget, 1653 und 1663 wurde erkannt, daß Lichterfelde Filia von Gritz bleiben sollte, 1693 aber ward es als Filia zu der Pfarre Giesendorf gelegt. Windmühle.					
Lieben	Dorf, Filia von Bieberstein	Neumark	Sternberg	Adelich	Drossen	der Besitzer des Orts
Liebätz oder Libetz	Dorf, Filia von Luckenwalde	Churmark	Luckenwalde	Amt Zinna	Luckenwalde	der König
Liebenberg	Adelich Gut. Hat eine reformirte Kirche. Die Lutheraner sind eingepfarrt zu Bergsdorf. Windmühle und Ziegelscheune.	Mittelmark	Glien- u. Löwenberg.			der Besitzer des Guts
Liebenberg	Zoll, Krug u. Wassermühle, eingepfarrt zu Zinndorf.	Mittelmark	die Mühle liegt im Ober-Barnimischen, der Zoll und Krug im Lebusischen Kreise.	A. Rüdersdorf über die Mühle, Amt Fürstenwalde über den Zoll und Krug.	Strausberg	
Liebenfelde	Dorf, mater.	Neumark	Königsberg	Adelich	Königsberg	der Besitzer des Orts
Liebenfelde	Vorwerk	Neumark	Arenswalde	Adelich		
Liebenow	Dorf, mater.	Neumark	Arenswalde	Adelich	Arenswalde	der Besitzer des Orts
Liebenow	Dorf, Filia von Hohenwalde	Neumark	Landsberg	Adelich	Landsberg	der Besitzer des Orts
Liebenthal	Col. Dorf	Prignitz	Wittstock	Amt Goldbeck		
Liebenthal	Dorf, Fil. Kirche von Gr. Schönebeck. Vorwerk.	Mittelmark	Nieder-Bar.	A. Liebenwalde	Bernau	der König

Lieben-

Name des Orts.	Stadt, Flecken, Dorf, Adelich Gut, Vorwerk 2c.	Provinz.	Kreis.	Adelicher Ort. Königl. Amtsort. Immediat Stadt.	Geistliche Inspection.	Patron der Pfarr- und Filial Kirche, Gerichts-Obrigkeit.
Liebenwalde	Stadt. Sitz eines Königl. Amts. Wasser- u. Windmühle.	Mittelmark	N. Barnim.	Immediat	Bernau	der König
Liebes s. Liebäs						
Liebthal	Dorf. Filia von Coffar	Neumark	Crossen	Adelich	Crossen	der Besitzer des Orts
Liechfeld oder Lüchfeld	Dorf, Filia vagans, jetzt von Manker	Mittelmark	Ruppin	Adelich	Ruppin	der Besitzer des Orts
Liebkummer oder Lüdekummer	Adelich Gut	Altemark	Arneburg			
Gr. Lienchen	Dorf, mater.	Neumark	Dramburg	Amt Sabin	Dramburg	der König
Kl. Lienchen	Dorf, Filia von Zanche	Neumark	Dramburg	Adelich	Dramburg	die Besitzer des Orts
Lienewitz	ein Teerofen, eingepfarrt zu Neu Langerwisch	Mittelmark	Zauche	Amt Potsdam		
Liepe	Adel. Gut u. Dorf, mater.	Mittelmark	Havelländ. Kreis		Rathenow	der Besitzer des Guts
Liepe	Dorf, Filia von Nieder-Finow. Forsthaus.	Ukermark	Stolpirsche Kr.	Amt Chorin	Neustadt-Eberswalde	der König
Liepe	Dorf, Filia von der sächsischen mater Merzdorf. Windmühle, Schäferey.	Churmark	Luckenwalde	Adelich	Luckenwalde	der Besitzer des Orts
an der Liepnitz	Forsthaus	Mittelmark	Nied. Barn.	Kämmerey zu Bernau		
Liepz	Adelich Gut, eingepfarrt zu Wospersnow.	Neumark	Schievelb.		Schievelbein	
Gr. Lieskow	Dorf, mater.	Neumark	Cottbus	Amt Peitz	Cottbus	der König
Kl. Lieskow	Dorf, eingepfarrt zu Groß-Lieskow	Neumark	Cottbus	Adelich	Cottbus	
Liessen	Dorf und Windmühle. Filia von Stülpe.	Churmark	Luckenwalde	Adelich	Luckenwalde	der Besitzer des Orts Liessen

Name des Orts.	Stadt, Flecken, Dorf, Adelich Gut, Vorwerk c.	Provinz.	Kreis.	Adelicher Ort. Königl. Amtsort. Immediat-Stadt.	Geistliche Inspection.	Patron der Pfarr- und Filial-Kirche. Gerichts-Obrigkeit.
Liesten	Dorf, Filia von Jeggeleben. Windmühle.	Altmark	Arendsee	A. Arendsee und adelich	Calbe	der König
Lietzen	Dorf, mater, Wassermühle.	Mittelmark	Lebus	Commenthurey Lietzen	Müncheberg	der Commenthur
Lietzen Commenthurey	Filia von Lietzen. Wassermühle.	Mittelmark	Lebus		Müncheberg	der Commenthur
Lietzegöricke	Dorf, mater.	Neumark	Königsberg	A. Zehden	Königsberg	der König
Neu-Lietzegöricke	Col. Dorf, eingepfarrt zu Lietzegöricke	Neumark	Königsberg	Amt Wrietzen	Königsberg	der König
Lietzow	Dorf u. Meyerey, Filial-Kirche von Berge. Windmühle.	Mittelmark	Havelland	A. Nauen	Dom Brandenburg	der König
Limmeritz	Dorf, Filia von Zielenzig	Neumark	Sternberg	herrenmeisterl. Amt Sonnenburg	Sonnenburg	der Herrenmeister
Limsdorf	Dorf und adelich Gut, eingepfarrt zu Cossenblatt. Mühle.	Churmark	Beesk- und Storkow	A. Beeskow	Kön. Wusterhausen	
Lindchen oder Lindichen	Dorf, eingepfarrt zu Petershayen	Neumark	Cottbus	Adelich	Cottbus	
Linde	Vorwerk, bey Stolpe	Altmark	Stolpirsche Kreis	Adelich		
Hohen-Linde	Colonistenhaus in der Rüdersdorfer Heide am Spreebord, eingepfarrt nach Neu-Zittau. Unterförsterhaus.	Mittelmark	Lebus			
Gr. Linde	Dorf, Filial-Kirche von Blüthen	Prignitz	Perleberg	Adelich	Perleberg	die Besitzer des Orts

Kl. Linde

Name des Orts.	Stadt, Flecken, Dorf, Adelich Gut, Vorwerk ꝛc.	Provinz.	Kreis.	Adelicher Ort. Königl. Amtsort. Immediat-Stadt.	Geistliche Inspection.	Patron der Pfarr- und Filial-Kirche. Gerichts-Obrigkeit.
Kl. Linde	Adel. Gut u. Dorf, Filia vagans von Gr. Gottschau. Mühle.	Prignitz	Perleberg	Adelich	Perleberg	der Besitzer des Orts
Linde	Dorf, Fil. Kirche von Rüthenick. Schäferey. Grundmühle.	Mittelmark	Ruppin	A. Oranienburg und adelich	Lindow	der König und der adeliche Miethesitzer
Linde	Vorwerk, eingepfarrt zu Niewendt	Mittelmark	Havelländ. Kr.	Adelich		
Lindenberg	Dorf, eingepfarrt zu Cumlosen	Prignitz	Perleberg	Adelich	Perleberg	
Lindenberg	Dorf, mater. Windmühle.	Prignitz	Pritzwalk	Adelich	Pritzwalk	der Besitzer des Orts
Lindenberg	Adel. Gut u. Dorf, Kirche Fil. von Gr. Rietz. Wassermühle.	Churmark	Bees- und Storkow.		Beeskow	der Besitzer des Orts
Lindenberg	Dorf, mater.	Altemark	Seehausen	Adelich	Seehausen	der Besitzer des Orts
Lindenberg	Dorf, mater. Windmühle.	Mittelmark	Nieder-Barnim.	A. Mühlenhof	Berlin	der König
Kl. Lindenbusch	Vorwerk	Neumark	Soldin	Adelich		
Lindhauf	Colonistenhäuser, eingepfarrt zu Mehnke	Altemark	Salzwedel	Amt Diesdorf	Salzwedel	
Lindhorst	Vorwerk, eingepfarrt zu Rittgarten	Ukermark	Uckerm. Kr.	Adelich		
Lindow	Stadt. Vorwerk. Kloster jenseits des Vorwerks. Drey Wassermühlen. 1) Luther. Kirche. 2) Reform. Kirche. mater.	Mittelmark	Ruppin	Amt Ruppin. Der Magistrat hat die Untergerichte	1) Lindow 2) Ruppin	der König

Name des Orts.	Stadt. Flecken. Dorf. Adelich Gut. Vorwerk ꝛc.	Provinz.	Kreis.	Adelicher Ort. Königl. Amtsort. Immediat-Stadt.	Geistliche Inspection.	Patron der Pfarr und Filial-Kirche. Gerichts-Obrigkeit.
Hof zu Lindow	Freyhof, eingepfarrt zu Druseda	Altemark	Seehausen			
Ober-Lindow	Dorf, eingepfarrt zu Müllrose	Mittelmark	Lebus	Amt Biegen	Frankfurt	
Unter-Lindow	Dorf, eingepfarrt zu Lossow	Mittelmark	Lebus	Universität zu Frankfurt	Frankfurt	
Neu-Lindow	Col. Dorf	Mittelmark	Lebus		Frankfurt	
Lindow	Dorf, mater.	Neumark	Sternberg	Commenthurey Lagow	Sonnenburg	der Commenthur
Lindstädt	Försterhaus	Mittelmark	Havelland	Amt Potsdam		
Lindstädt	Dorf, mater. Wassermühle.	Altemark	Stendal	Adelich	Gardelegen	der Besitzer des Orts
Lindstädter-Horst	Dorf	Altemark	Stendal	Adelich		
Linickow	Vorwerk	Neumark	Fridberg	Adelich		
Linow	Dorf, gegen das Ende des 17ten Jahrhunderts auf einer wüsten Feldmark von Schweizern erbauet. Reformirte Kirche, mater. Die lutherischen Einwohner sind eingepfarrt zu Zühlen.	Mittelmark	Ruppin	Amt Zechlin	Ref. Inspection Ruppin	der König
Lintorf	Dorf, Filia von Laben. Windmühle	Altemark	Arneburg	Adelich	Stendal	die Besitzer des Orts
die Linzmühle	eine Wassermühle bey Neu Golm	Churmark	Bees- und Storkow.			

Linum

Name des Orts.	Stadt. Flecken. Dorf. Adelich Gut. Vorwerk ic.	Provinz.	Kreis.	Adelicher Ort. Königl. Amtsort. Immediat-Stadt.	Geistliche Inspection.	Patron der Pfarr- und Filial-Kirche. Gerichts-Obrigkeit.
Linum	Dorf u. Vorwerk, unicum. Ist jetzt der Sitz des Amts Fehrbellin	Mittelmark	Havell. Kr. Ländchen Bellin.	Amt Fehrbellin und adelich	Fehrbellin	der König
Lipke	Dorf, Filia von Gutscht	Neumark	Landsberg	Adelich	Landsberg	der Besitzer des Orts
Lipckische Holländer		Neumark	Landsberg	Adelich		
die Lippa	Schäferey	Churmark	Bees- und Storkow	Pr. v. Preußen		
in der Lippe	Col. Dorf	Neumark	Friedeberg	A. Driesen		
Lippehne	Stadt.	Neumark	Soldin	Immediat	Soldin	Patron der König in Ansehung des Pastorats, der Magistrat in Ansehung des Diaconats.
Lippen	Dorf, mater.	Neumark	Crossen	Adelich	Crossen	der Besitzer des Orts
Lippenze	Dorf	Neumark	Sternberg	St. Drossen		
Lobe of Sund	Vorwerk	Mittelmark	Havelländ. Kr.	A. Königshorst	Fehrbellin	
Alt-Lobitz	Dorf, Filia von Alt-Körtnitz	Neumark	Dramburg	Amt Balster u. adelich	Dramburg	halb der König, halb der adel. Mitbesitzer.
Neu-Lobitz	Dorf, Filia von Köntopf	Neumark	Dramburg	Adelich	Dramburg	der Besitzer des Orts
Lochow	Dorf, eingepfarrt zu Kay	Neumark	Züllichow	Adelich	Züllichow	
Lochow	Dorf, vier Vorwerke, Filia vacans jetzt von Ferchesar	Mittelmark	Havell Kr.	Adelich	Rathenow	die Besitzer des Orts
Lochwitz	Dorf, Filia von Berg	Neumark	Crossen	Amt Crossen	Probstey bey Crossen.	der König

Löcknitz

Name des Orts.	Stadt, Flecken, Dorf, Adelich Gut, Vorwerk ic.	Provinz.	Kreis.	Adelicher Ort, Königl. Amtsdorf, Immediat-Stadt.	Geistliche Inspection.	Patron der Pfarr- und Filial-Kirche, Gerichts-Obrigkeit.
Löcknitz	Ein sogenannter Burgflecken. Sitz eines Amts. mater.	Ukermark	Stolpirsche Kreis	hiesiges Amt	Prenzlow	der König
Löckstedt	Dorf, Filia von Mansfelde	Prignitz	Perleberg	Adelich	Puttlitz	der Besitzer des Orts
Lögow oder Löjow	Adel. Gut u. Dorf, mater.	Mittelmark	Ruppin		Wusterhausen an der Dosse	die Besitzer des Orts
Neu-Lögow	Pfälzer Col. Dorf, Simultankirche für die Reform. und Lutheraner. Jene Gemeine ist eine Filia von Lüdersdorf, diese ist eingepfarrt zu Woltersdorf.	Mittelmark	Ruppin	Amt Zehdenick	1) Ref. Insp. Ruppin 2) Luth. Insp. Zehdenick	
Hohen-Löhme	Dorf, eingepfarrt nach Königs-Wusterhausen	Mittelmark	Teltow	Prinzl. Amt Königs-Wusterhausen	Königs-Wusterhausen	
Nieder-Löhme	Dorf, eingepfarrt nach Königs-Wusterhausen	Churmark	Bees- und Storkow	Amt Stansdorf	Kön. Wusterhausen	
Löhme	Dorf und Vorwerk, Filial-Kirche von Wehfo	Mittelmark	Nied. Barn.	hiesiges Amt	Bernau	der König
Löjow s. Lögow						
Löpten oder Lepden	Vorwerk, eingepfarrt zu Teupitz	Mittelmark	Teltow	Prinzlich Amt Teupitz		
Löwenberg	Adel. Gut u. Dorf, Filia von Heckelberg. Windmühle.	Mittelmark	Ober-Barn.		Neustadt-Eberswalde	der Besitzer des Orts
Löwenberg	Adel. Gut u. Dorf, mater. Windmühle.	Mittelmark	Glien- und Löwenb.		Zehdenick	der Besitzer des Orts
Löwenbruch s. Leuenbruch						

Logau

Name des Orts.	Stadt, Flecken, Dorf, Adelich Gut, Vorwerk ꝛc.	Provinz.	Kreis.	Adelicher Ort. Königl. Amtsdorf. Immediat Stadt.	Geistliche Inspection.	Patron der Pfarr- und Filial-Kirche. Gerichts-Obrigkeit.
Logau	Dorf, mater.	Neumark	Crossen	Adelich	Crossen	der Besitzer des Orts
Lohm	Adel. Gut u. Dorf, mater. Windmühle. Jägerhaus auf Vogtsbruggenberg	Prignitz	Havelberg		Kyritz	der Besitzer des Orts
Lohne	Dorf, Filia von Kleinau	Altemark	Arendsee	Adelich	Apenburg	der Besitzer des Orts
Lohrensdorf	Dorf, mater.	Neumark	Landsberg	St. Landsberg	Landsberg	der Magistrat
Loppow	Dorf, Filia von Beyersdorf	Neumark	Landsberg	Amt Himmelstädt	Landsberg	der König
Losenrade	Dorf, eingepfarrt zu Groß Beuster	Altemark	Seehausen	Adelich	Seehausen	der Besitzer des Orts
Losse	Dorf, mater. Windmühle.	Altemark	Seehausen	Adelich	Seehausen	der Besitzer des Orts
Lossow	Adelich Gut und Dorf, mater. Die Schleusen zu dem Finkenheerd und auf dem Weissenberge. Zwey Wassermühlen.	Mittelmark	Lebus	Adelich. Die Schleusen und Mühlen stehen unter dem Amt Fürstenwalde	Frankfurt	der Besitzer des Orts
Lottro		Prignitz	Wittstock			
Lottsche	Dorf, Fil. von Lindstedt	Altemark	Tangerm.	Amt Neuendorf	Garbelegen	der König
der Lottsche Teerofen	eingepfarrt zu Klosterfelde	Mittelmark	Nieder-Bar.	hat einen Eigenthümer		
Lotzen	Dorf, Filia von Zanzhausen	Neumark	Landsberg	A. Himmelstädt	Landsberg	der König
Lotzensche Glashütte		Neumark	Landsberg	A. Himmelstädt		
der Lotzien	ein Teerofen, bey der Cappe	Mittelmark	N. Barnim.	Amt Zehdenick		
						Lublach

Name des Orts.	Stadt, Flecken, Dorf, Adelich Gut, Vorwerk ꝛc.	Provinz.	Kreis.	Adelicher Ort, Königl. Amtsort, Immediat-Stadt.	Geistliche Inspection.	Patron der Pfarr und Filial Kirche. Gerichts-Obrigkeit.
Lubiach	Dorf, Filial von Buscht	Neumark	Frideberg	Amt Driesen	Landsberg	der König
Lubochow	Dorf, eingepfarrt zu Ressen	Neumark	Cottbus	Adelich	Cottbus	
Luckenwalde	Stadt, Wasser- u. Windmühle.	Churmark	Luckenwalde	Amt Jinna	Luckenwalde	der König
Gr. Luckow	Adel. Gut u. Dorf, mater. Windmühle.	Ukermark	Ukermärk. Kreis		Strasburg	der Besitzer des Guts
Kl. Luckow	Adel. Gut u. Dorf, Filia von Gr Luckow. Windmühle	Ukermark	Ukermärk. Kr.		Strasburg	der Besitzer des Orts
Ludewigsaue	Col. Dorf	Mittelmark	N. Barn.	J. Oranienburg		
Ludewigsaue	Colonistendorf, eingepfarrt zu Rdchenick. Ist auf der Feldmark des wüsten Dorfs Mukammer angelegt.	Mittelmark	Ruppin	Adelich	Lindow	
Ludwigsfelde	Col. Dorf, eingepfarrt zu Lewenbruch	Mittelmark	Teltow	Adelich	Zossen	
Läbars	Dorf, Filia von Kerkau	Ukermark	Arendsee	Adelich	Salzwedel	die Besitzer des Orts
Läbars	Dorf, Filia von Dahldorf	Mittelmark	Nieder-Barnim. Kr.	Amt Spandow	Berlin	der König
Gr. Lübbenau	Dorf, Filia von der Stadtkirche zu Lübbenau in der Lausitz	Neumark	Cottbus	Adelich	Cottbus	der Besitzer des Orts
Gr. Lübbenau	Adel. Gut u. Dorf. Windmühle.	Churmark	Bees- und Storkow.		Storkow	
Neu-Lübbenow	Col. Dorf. Filia von Neu-Schadow. Vorwerk.	Churmark	Bees- und Storkow.	Amt Stansdorf		der König
Lübbenow siehe Libbenow						

Gr. Lüb-

Name des Orts.	Stadt, Flecken, Dorf, Adelich Gut, Vorwerk ꝛc.	Provinz.	Kreis.	Adelicher Ort. Königl. Amtsort. Immediat-Stadt.	Geistliche Inspection.	Patron d. r Pfarre und Filial-Kirche. Gerichts-Obrigkeit.
Gr. Lübbichow	Dorf, Filia von Reppen	Neumark	Sternberg	A. Frauendorf	Drossen	der König
Kl. Lübbichow	Dorf, Filia von Reppen	Neumark	Sternberg	Adelich	Drossen	der Besitzer des Orts
Hohen-Lübbichow	Dorf, mater.	Neumark	Königsberg	Adelich	Königsberg	der Besitzer des Orts
Nieder-Lübbichow	Dorf, Filia von Hohen-Lübbichow	Neumark	Königsberg	Adelich	Königsberg	der Besitzer des Orts
Lübbichow oder Lubochow	Dorf, eingepfarrt zu Reissen	Neumark	Cottbus	Adelich	Cottbus	
Gr. Lüben	Dorf, Filial-Kirche von Kl. Lüben	Prignitz	Havelberg	Adelich	Wilsnack	der Besitzer des Orts
Kl. Lüben	Dorf, mater.	Prignitz	Havelberg	Adelich	Wilsnack	die Besitzer des Orts
Lübzow	Dorf, Filial-Kirche von Rosenhagen	Prignitz	Perleberg	Magistrat zu Perleberg	Perleberg	Magistrat zu Perleberg
Lüchfeld siehe Liechfeld						
Lückstädt	Dorf, Filia v. Cossebau. Vorwerk mit Colonisten besetzt.	Altemark	Arendsee	Amt Arendsee	Seehausen	der König
Lüdelsen oder Lünsen	Dorf, Vorwerk, eingepfarrt zu Jüber. Mühle.	Altemark	Salzwedel	Amt Diesdorf	Salzwedel	
Lüderitz	Adel. Gut u. Dorf, mater. Zwey Mühlen.	Altemark	Tangerm.		Tangermünde	der Besitzer des Orts
Lüdersdorf	Col. Dorf, von reformirten Schweizern um das Jahr 1648 auf einer wüsten Feldmark erbauet, hat auch Lutherische Einwohner.	Mittelmark	Ruppin	Amt Ruppin		der König

Name des Orts.	Stadt. Flecken. Dorf. Adelich Gut. Vorwerk ꝛc.	Provinz.	Kreis.	Adelicher Ort. Königl. Amtsort. Immediat Stadt.	Geistliche Inspection.	Patron der Pfarr- und Filialkirche. Gerichts-Obrigkeit.
	1) Reform. Kirche, mater. 2) die Lutheraner sind zu Gransee eingepfarrt.				1) Ref. Insp. Ruppin 2) Luth. Insp. Gransee	
Lüdersdorf	Dorf, mater.	Mittelmark	Ober-Barnim. Kr.	Adelich	Wriezen	der Besitzer des Orts
Lüdersdorf	Dorf, eingepfarrt zu Christindorf. Windmühle.	Mittelmark	Teltow	Amt Zossen	Zossen	
Lüdersdorf	Dorf, Filial-Kirche v. Stolzenhagen	Ukermark	Stolpirsche Kr.	Amt Chorin	Neu-Angermünde	der König
Löffingen	Dorf, mater. Wassermühle.	Altemark	Tangerm.	Amt Neuendorf	Garbelegen	der König
Löge od. Lügow	Dorf, Filial-Kirche von Thüritz. Mühle.	Altemark	Arendsee	Adelich	Apenburg	der Besitzer des Orts
Lübsdorf	Dorf, Filia von Beelitz	Mittelmark	Zauche	A. Saarmund	Seelitz	der König
Lünow	Dorf, Filia von Weseram, vermöge der Visitations-Matrikeln von 1540 und 1575. Vorwerk.	Mittelmark	Habelland	Dom-Kapitul zu Brandenb.	Altstadt Brandenburg	Domkapitul
Lünow	Dorf u. Vorwerk, mater. Wassermühle.	Ukermark	Stolpirsche Kr.	Joachimsthal. Gymnasium zu Berlin.	Neu-Angermünde	Schuldirectorium
Lückendorf	Dorf, eingepfarrt zu Putlitz	Prignitz	Perleberg	Adelich	Putlitz	
Lückenmühle s. Kleine Mühle						
Lücken-Schäferey		Altemark	Stendal	Adelich		
Lückenwisch	Dorf, eingepfarrt zu Cumlosen	Prignitz	Perleberg	Adelich	Perleberg	

Lützen

Name des Orts.	Stadt, Flecken, Dorf, Adelich Gut, Vorwerk ꝛc.	Provinz.	Kreis.	Adelicher Ort, Königl. Amtsdorf, Immediat-Stadt.	Christliche Inspection.	Patron der Pfarr- und Filial-Kirche, Gerichts-Obrigkeit.
Lützen oder Lützow	ein der Stadt Charlottenburg einverleibter Ort, dessen Kirche eine Tochter der Stadt-Kirche ist.	Mittelmark	Teltow. Kr.	Magistrat der Stadt Charlottenburg	Cöln an der Spree	der Magistrat
Lüglow	Adel. Gut u. Dorf, mater.	Ukermark	Stolpirsche Kr.	Amt Gramzow und adelich	Gramzow	der Besitzer des Guts
Lützow s. Lützen						
Luggendorf	Adel. Gut u. Dorf, eingepfarrt zu Tuchen	Prignitz	Pritzwalk		Pritzwalk	
Luhme s. Lohme						
Luisenhof	Vorwerk	Ukermark	Ukerm. Kr.	Adelich		
Lunow siehe Lünow						
die Lutze	eine Insel auf welcher eine kleine Meyerey ist, bey Briest	Mittelmark	Havelländ. Kreis	hat einen Eigenthümer, gehört aber unter die adel. Gerichtsbarkeit zu Plaue.		
Lychen	Stadt. Wassermühle.	Ukermark	Ukermärkische Kreis	Immediat	Templin	Patron der König. Ger. Obr. der Magistrat

Name des Orts.	Stadt. Flecken. Dorf. Adelich Gut. Vorwerk ꝛc.	Provinz.	Kreis.	Adelicher Ort. Königl. Amtsort. Immediat Stadt.	Geistliche Inspection.	Patron der Pfarr und Filial Kirche Gerichts-Obrigkeit.
Gr. Machenow	Dorf und Vorwerk, mater. Zwey Windmühlen.	Mittelmark	Teltow	Prinzlich Amt hieselbst	Königs-Wusterhausen	Pr. v. Preußen
Kl. Machenow	Adel. Gut u. Dorf, Filial-Kirche von Stansdorf. Wassermühle.	Mittelmark	Teltow		Cölln an der Spree	der Besitzer des Orts
Madlitz	Dorf, Filia von Wilmersdorf. Das Rusch- und Falkenhagensche Vorwerk. Wassermühle. Zwey Forsthäuser.	Mittelmark	Lebus	Adelich	Frankfurt	der Besitzer des Orts
Madlow	Dorf, mater.	Neumark	Cottbus	Stadt Cottbus	Cottbus	der Magistrat
Mächow oder Mechow	Adel. Gut u. Dorf, Filial-Kirche von Gantifo	Prignitz	Kyritz		Kyritz	der Besitzer des Orts
Mäckern oder Möckern	Vorwerk, eingepfarrt zu Zerlang	Mittelmark	Ruppin	Prinz Heinrich		
Märtensmühle	Wassermühle.	Churmark	Luckenwalde	A. Zinna		
Mählow	Adel Gut u. Dorf, unicum.	Mittelmark	Havelland		Altstadt Brandenburg	der Besitzer des Orts
Mahlendorf	Vorwerk, eingepfarrt zu Wahrt	Ukermark	Ukermärk. Kreis	Adelich	Templin	
Mahlow	Dorf und Vorwerk, Fil. Kirche von Blankenfelde. Windmühle.	Mittelmark	Teltow	Amt Cöpenick	Cölln an der Spree	der König
Mahlphul	Dorf, Filia von Wäthen. Forsthaus.	Altemark	Tangerm.	Amt Burgstall	Tangermünde	der König
Mahlwinkel	Dorf, Filia von Cobbel im Herz. Magdeburg	Altemark	Tangerm.	Adelich	Tangermünde	der Besitzer des Orts

Malchow

Name des Orts.	Stadt, Flecku. Dorf. Adelich Gut. Vorwerk ꝛc.	Provinz.	Kreis.	Adelicher Ort. Königl. Amtsort. Immediat-Stadt.	Geistliche Inspection.	Patron der Pfarr- und Filial-Kirche. Gerichts Obrigkeit.
Malchow	Dorf, mater. Vorwerk. Windmühle.	Mittelmark	Nieder-Barnim. Kr.	A. Schönhausen	Berlin	der König
Malchow oder Malichow	Abel. Gut u. Dorf. Filia von Göritz	Ukermark	Ukerm. Kr.		Prenzlow	der Besitzer des Orts
Malisch oder Malitz	Dorf, Filial von Libbenichen. Vorwerk	Mittelmark	Lebus	Amt Lebus	Frankfurt	der König
Malkendorf	Dorf, Filia von Petersdorf	Neumark	Sternberg	Commenthurey Lagow	Sonnenburg	der Commenthur
Mallnow	Dorf, mater.	Mittelmark	Lebus	Amt Lebus	Frankfurt	der König
Malsdorf	Dorf und Vorwerk. War vor dem dreißigjährigen Kriege mater, ist nach demselben Filia von Biesdorf geworden. Windmühle.	Mittelmark	Nieder-Barnim. Kr.	Amt Cöpenick	Berlin	der König
Malsdorf	Dorf, Filia von Daudeck	Altemark	Arendsee	Amt Diesdorf und adelich	Salzwedel	das Joachimsthal. Schuldirectorium
Malsow	Dorf, Filia von Ostrow	Neumark	Sternberg	Adelich	Drossen	der Besitzer des Orts
Malz	Col. Dorf, eingepfarrt zu Oranienburg	Mittelmark	Nied. Barn.	Amt Friedrichsthal	Bernau	
Mancker	Dorf, mater.	Mittelmark	Ruppin	A. Alt-Ruppin und adelich	Neu-Ruppin	das Domkapitul zu Havelberg
Manckmuß	Adel. Gut u. Dorf, mater combinata von Boberow. Windmühle.	Prignitz	Lenzen		Lenzen	der Besitzer des Orts
Mangelhorst	Col. Dorf	Mittelmark	Havelland	A. Königshorst		

Name des Orts.	Stadt, Flecken, Dorf, Adelich Gut, Vorwerk 2c.	Provinz.	Kreis.	Adelicher Ort. Königl. Amtwort. Immediat Stadt.	Geistliche Inspection.	Patron der Pfarr und Filial-Kirche. Gerichts-Obrigkeit.
Mannhausen ob. Münchehausen	Dorf, eingepfarrt zu Wegenstedt	Altemark	Salzwedel	Adelich	Garbelegen	
Manschenow ob. Mantschenow	Dorf und Vorwerk, Filia v. Gorgast. Wassermühle.	Mittelmark	Lebus	Amt Golzow	Frankfurt	der König
Mansfeld	Dorf, mater.	Prignitz	Pritzwalk	Adelich	Putlitz	der Besitzer des Orts
Mansfelde	Dorf, mater.	Neumark	Frideberg	Adelich	Landsberg	der Besitzer des Orts
Gr. Mantel	Dorf, mater.	Neumark	Königsberg	Amt Zehden	Königsberg	der König
Kl. Mantel	Dorf, Filia von Gr. Mantel	Neumark	Königsberg	Adelich	Königsberg	der Besitzer des Orts
Markau	Adel. Gut u. Dorf, mater. Windmühle.	Mittelmark	Havelland		Dom Brandenburg	der Besitzer des Orts
Markau	Dorf, eingepfarrt zu Kloster Diesdorf	Altemark	Salzwedel	Amt Diesdorf	Salzwedel	
Markee	Adel. Gut u. Dorf, Fil. Kirche von Markau. Windmühle	Mittelmark	Havelland		Dom Brandenburg	Patron der Besitzer des adel. Guts Markau, Ger.Obr. vier Edelleute, das Domkap. zu Brandenb. und die Petri Kirche zu Berlin.
Markendorf eher dessen Markgrafendorf u. Markstorf	Dorf, Filia von Hohenwalde	Mittelmark	Lebus	Adelich	Frankfurt	der Besitzer des Orts
Marggrafpieske	Dorf, mater. Vorwerk. Schäferey. Windmühle. Unterförsterhaus.	Churmark	Bees- und Storkow	Amt Stanzdorf	Storkow	der König
Marienborf	Dorf, mater.	Mittelmark	Teltow	Magistrat zu Berlin	Cöln an der Spree	der Magistrat zu Berlin Marien-

Name des Orts.	Stadt. Flecken. Dorf. Adelich Gut. Vorwerk ꝛc.	Provinz.	Kreis.	Adelicher Ort. Königl. Amtsort. Immediat Stadt.	Geistliche Inspection.	Patron der Pfarr- und Filial-Kirche. Gerichts-Obrigkeit.
Marienfelde	Dorf, Filial-Kirche v. Marienborf. Windmühle.	Mittelmark	Teltow	Magistrat der Stadt Berlin	Cöln an der Spree	der Magistrat zu Berlin
Kloster Marienflies	an der Stepeniz, gemeiniglich Kloster Stepeniz genannt. mater.	Prignitz	Pritzwalk		Putlitz	das Kloster
Marienhof	Vorwerk, eingepfarrt zu Stavenow	Prignitz	Perleberg	Adelich		
Marienhof	Vorwerk	Neumark	Dramburg	Adelich		
Marienhof	Vorwerk	Neumark	Dramburg	Adelich		
Marienhof	Vorwerk zu Cran zu gehörig	Neumark	Arenswalde	Adelich		
Marienland	abgebautes Vorwerk	Neumark	Friedeberg	Amt Driesen		
Marienthal	Col. Dorf, und Windmühle. Ist 1773 eingepfarrt zu Ribbeck.	Mittelmark	Ruppin	Amt Gadingen	Zehdenick	
Marienthal	Col. Dorf, eingepfarrt zu Eschbruch	Neumark	Friedeberg	A. Driesen	Landsberg	
Marienwalde	Dorf, Filia von Klosterfelde. Sitz eines Amts.	Neumark	Arenswalde	hiesiges Amt	Arenswalde	der König
Marienwerder	Col. Dorf, Filia von Frenden, ohne Kirche.	Mittelmark	Nied. Barn.	A. Liebenwalde	Bernau	der König
Markwardt oder Marquard	Adel. Gut u. Dorf. mater.	Mittelmark	Havelland		Potsdam	der Besitzer des Orts
Marsch-	Mühle bey Gardelegen	Altmark	Salzwedel	Kämmerey zu Gardelegen		
Marthe	Vorwerk bey Dahlo	Neumark	Dramburg	Adelich		

Margahn

Name des Orts.	Stadt. Flecken. Dorf. Adelich Gut. Vorwerk ꝛc.	Provinz.	Kreis.	Adelicher Ort. Königl. Amtsort. Immediat-Stadt.	Geistliche Jurisdiction.	Patron der Pfarr- und Filial-Kirche. Gerichts-Obrigkeit.
Marzahn	Dorf, Filial-Kirche von Ferchesar	Mittelmark	Havelland	Domkapitul zu Brandenburg	Dom-Brandenburg	das Domkapit. zu Brandenb.
Marzahn	Dorf, Vorwerk, Fil. K. von Friederichsfelde	Mittelmark	Nieder-Barnim. Kr.	Amt Cöpenick	Berlin	der König
Marzelle	Vorwerk	Neumark	Arenswalde	Amt Marienwalde		
Marwitz	Dorf, mater. Vorwerk	Mittelmark	Glien-u. Löwenberg	A. Oranienburg und adelich	Spandow	der König
Marwitz	Dorf, mater.	Neumark	Landsberg	Adelich	Landsberg	der Besitzer des Orts
Marxdorf	Dorf, Filia von Kletzen. Die Schmerlmühle.	Mittelmark	Lebus	Commenthurey Kietzen	Müncheberg	der Commenthur
Massin	Dorf, Filia von Vietze	Neumark	Landsberg	A. Himmelstädt	Landsberg	der König
Massows-Burg	Vorwerk	Mittelmark	Havelland	Adelich		
Mattendorf	Dorf, eingepfarrt zu Comptendorf	Neumark	Cottbus	Adelich	Cottbus	
Matschdorf	Dorf, mater.	Neumark	Sternberg	Adelich	Sonnenburg	der Besitzer des Orts
Maulbeerwalde	Col. Dorf. u. Vorwerk. Hat sich bisher zu Bläsendorf gehalten. Der Besitzer kan es vermöge des Kaufcontracts entweder einpfarren, oder zu einem Filial machen.	Prignitz	Wittstock	hat einen Eigenthümer	Pritzwalk	der Besitzer des Orts
Mauskow	Dorf, Filia von Kriescht	Neumark	Sternberg	Herrenmeisterl. Amt Sonnenburg	Sonnenburg	der Herrenmeister
Maust	Dorf, eingepfarrt zu Peitz	Neumark	Cottbus	Amt Peitz	Cottbus	

Maxdorf

Name des Orts.	Stadt, Flecken, Dorf, Adelich Gut, Vorwerk ꝛc.	Provinz.	Kreis.	Adelicher Ort, Königl. Amtsort, Immediat-Stadt.	Geistliche Inspection.	Patron der Pfarr- und Filial Kirche, Gerichts-Obrigkeit.
Maxdorf	Dorf, Filia von Alt-Salzwedel	Altemark	Arendsee	Amt Dambeck	Salzwedel	Joach. Schuldirectorium.
Mechau	Dorf, mater. Mühle	Altemark	Arendsee	Adelich	Salzwedel	der Besitzer des Orts
Mechow	Dorf, Filia von Santikow	Prignitz	Kyritz	Adelich	Kyritz	die Besitzer des Orts
Mechow	Dorf, Fil. Kirche von Gramzow	Ukermark	Uckerm. Kr.	Amt Gramzow	Gramzow	der König
Mechow s. Möchow						
Meckern oder Möckern	Dorf, gehört zu Erxleben bey Oebisburg	Altemark	Stendal	Adelich		
Neu-Mecklenburg	Col. Dorf, mater.	Neumark	Friedeberg	Magistrat zu Friedeberg	Landsberg	der Magistrat
Alt-Medewitz	Dorf, eingepfarrt zu Wriezen	Mittelmark	Ober-Barn.	Bruchamt Wriezen	Wriezen	
Neu-Medewitz	Col. Dorf	Mittelmark	Ober-Barn.	Bruchamt Wriezen	Wriezen	
Meeckow	Dorf, Filia von Herzogswalde	Neumark	Sternberg	herrenmeisterl. Amt Sonnenburg	Sonnenburg	der Herrenmeister
Meerkatzen	Dorf, gehrt jetzt nach Reinsberg zur Kirche	Mittelmark	Ruppin	Adelich	Neu-Ruppin	
Meeseberg siehe Meseberg						
Mehlsdorf	Dorf, eingepfarrt zu Felgentreu	Churmark	Luckenwalde	Amt Zinna	Luckenwalde	
Mehrenthin	Dorf, vacans.	Neumark	Friedeberg	Adelich	Landsberg	
Mehrin	Dorf, mater.	Altemark	Arendsee	Adelich	Calbe	Patr. v. Alvensleben auf Wiesnau, Ger. Obrigkeit die gesammten v. Alvensleben. Mehrow

3

Name des Orts.	Stadt, Flecken, Dorf, Adelich Gut, Vorwerk ꝛc.	Provinz.	Kreis.	Adelicher Ort. Königl. Amtsort. Immediat-Stadt.	Geistliche Inspection.	Patron der Pfarr- und Filial-Kirche, Gerichts-Obrigkeit.
Mehrow	Adel. Gut u. Dorf, Filial-Kirche von Arensfelde	Mittelmark	Nied. Barn.		Berlin	der Besitzer des Orts
Meinsdorf	Dorf, mater.	Mittelmark	In des Jauchischen Kreises Ländchen Beerwalde.	Adelich	Treuenbrietzen	der Besitzer des Orts
Melchow	Vorwerk, bey Grünthal	Mittelmark	Ober-Barn.	Amt Biesenthal		
Mellen	Dorf, eingepfarrt zu Zossen. Wassermühle.	Mittelmark	Teltow	Amt Zossen	Zossen	
Mellen	Dorf, Filia von Coberow. Wassermühle.	Prignitz	Lenzen	Amt Eldenburg und adelich	Lenzen	
Mellen	Dorf, mater.	Neumark	Arenswalde	die Höfe gehören den Bauern erb-und eigenthümlich zu, und sie stehen unmittelbar unter der Neumärkischen Regierung. Drey Höfe gehören einem v. Bornstedt, u. einer dem hiesigen Prediger.	Arenswalde	die Gemeine
Mellen	Dorf, mater.	Neumark	Dramburg	Adelich	Dramburg	der Besitzer des Orts
Mellen	Dorf	Neumark	Soldin	Adelich	Soldin	
Mellenthin	Dorf, mater.	Neumark	Soldin	Adelich	Soldin	der Besitzer des Orts
Mellin	Vorwerk, eingepfarrt zu Glambeck	Ukermark		A. Grimnitz	Neu-Angermünde	

Mellin

179

Name des Orts.	Stadt. Flecken. Dorf. Adelich Gut. Vorwerk ic.	Provinz.	Kreis.	Adelicher Ort. Königl. Amtsort. Immediat-Stadt.	Geistliche Inspection.	Patron der Pfarr- und Filial-Kirche. Gerichts Obrigkeit.
Mellin	Dorf, Filia von Jüber	Altemark	Salzwedel	Amt Diesdorf	Salzwedel	der König
Melschnitz	Vorwerk	Neumark	Sternberg	Adelich		
Melsow oder Melzow	Dorf, Ref. Filial- Kirche von Blankenburg. Auf dem Amtsvorwerk sind acht reformirte Colonisten angesetzt, welche von dem Franz. Pred. zu Gramzow besorgt werden.	Ukermark	Ukermärk. Kreis	Amt Gramzow	Gramzow	der König
Memcke oder Membeck	Dorf, mater.	Altemark	Salzwedel	Amt Diesdorf	Salzwedel	der König
Menkin	Adel. Gut u. Dorf, mater vagans. wird jetzt von dem Prediger zu Brüssow versehen. Wassermühle.	Ukermark	Stolpirsche Kr.		Prenzlow	der Besitzer des Orts
Menz	Dorf, mater. Forsthaus. Wassermühle. Hieher gehören sechs nahgelegene Teeroefen.	Mittelmark	Ruppin	Amt Zechlin	Lindow	der König
Merien	Vorwerk	Mittelmark	Lebus	Amt Zellin		
Merritzer Fuhrt		Prignitz	Perleberg			
Mertensdorf	Dorf, mater.	Prignitz	Pritzwalk	Adelich	Puttlitz	die Besitzer des Orts
Merz	Adel. Gut u. Dorf, mater. Ziegeley.	Churmark	Beesk- und Storkow.		Beeskow	der Besitzer des Orts
Merzdorf	Dorf, eingepfarrt zu Cottbus	Neumark	Cottbus	Amt Peitz	Cottbus	

Z 2

Merzdorf

Name des Orts.	Stadt, Flecken, Dorf, Adelich Gut, Vorwerk ꝛc.	Provinz.	Kreis.	Adelicher Ort. Königl. Amtsort. Immediat-Stadt.	Geistliche Inspection.	Patron der Pfarr- und Filial-Kirche. Gerichts-Obrigkeit.
Mergdorf	Vorwerk	Neumark	Landsberg	A. Himmelstädt		
Mergdorf	Dorf, eingepfarrt zu Berg	Neumark	Crossen	Adelich	Probstey bey Crossen	
Mergwiese	Dorf, mater.	Neumark	Crossen	Amt Crossen	Crossen	der König
Mesdunk	Dorf und Vorwerk, bey Nekane	Mittelmark	Zauchische Kr.	Adelich		
Mesdorf siehe Mergdorf						
Meseberg bey Osterburg	Dorf, unicum. Mühle	Altemark	Seehausen	Adelich	Osterburg	der Besitzer des Orts
Meseberg	Abel. Gut u. Dorf, angelegt auf der Kön. Feldmark von Rönnebeck. Wassermühle. Ist unicum regens.	Mittelmark	Ruppin		Gransee	der Besitzer des Orts
Meseckow	Dorf, Fil. Kirche von Plütken. Ist ehedessen ein besonderes Pfarrdorf gewesen. Wassermühle.	Prignitz	Perleberg	Adelich	Perleberg	der Besitzer des Orts
Mesendorf	Ad l. Gut u. Dorf, unicum regans. Wird jetzt von dem Prediger zu Kuhsdorf versehen. Windmühle.	Prignitz	Perleberg		Pritzwalk	der Besitzer des Orts
Mesenthien siehe Mösenthien						
Meserig	Dorf, eingepfarrt zu Sermerow	Neumark	Schievelbein	Adelich	Schievelbein	
das Meßingwerk	bey Hegermühle	Mittelmark	Ober-Barnim. Kr.	Königlich	Neustadt-Eberswalde	
Messow	Dorf, mater.	Neumark	Crossen	Amt Crossen	Crossen	der König
Metlow siehe Mätzlow						

Mezdorf

Name des Orts.	Stadt, Flecken, Dorf, Adelich Gut, Vorwerk ꝛc.	Provinz.	Kreis.	Adelicher Ort, Königl. Amtsort, Immediat-Stadt.	Geistliche Inspection.	Patron der Pfarr- und Filial-Kirche, Gerichts-Obrigkeit.
Metzdorf oder Meesdorf	Dorf, mater. Mühle.	Altemark	Stendal	Adelich	Osterburg	der Besitzer des Orts
Metzdorf	Dorf, Filia von Eunersdorf	Mittelmark	Ober-Barnim. Kr.	Adelich	Wriezen	der Besitzer des Orts
Metzeltin	Vorwerk, hält sich jetzt zu Warthe	Ukermark	Ukermärk. Kr.	Adelich	Templin	
Metzeltin	Dorf, unicum. Hat seit 1767 wieder einen eigenen Prediger.	Mittelmark	Ruppin	Adelich	Wusterhausen an der Dosse	der Besitzer des Orts
Meyenburg	Städtchen. Zwey Adeliche Güter. Drey Wassermühlen, eine Windmühle.	Prignitz	Pritzwalk	Adelich	Pritzwalk	der Besitzer des Orts
Meyenburg	Vorwerk, bey Heinersdorf	Ukermark	Stolpirsche Kreis	Markgräflich Schwedisch		
kleine Meyerey	bey Schrampow, nebst einer Wassermühle.	Altemark	Arendsee	A. Arendsee		
Meyerhof	Vorwerk	Altemark	Seehausen	Adelich		
Michelsdorf	Dorf, dessen lutherische Einwohner zu Rahnitz eingepfarrt sind, die reformirten aber eine Filial-Gemeine v. Lehnin ausmachen. Windmühle	Mittelmark	Zauche	Amt Lehnin	1) Neustadt Brandenb. 2) Ref. Insp. Potsdam	
Michendorf	Dorf, Filia von Neu Langerwisch	Mittelmark	Zauche	A. Saarmund	Potsdam	der König
Mielitzwinkel	Neues Col. Dorf	Neumark	Friedeberg	A. Driesen		
Mielow	Adel. Gut u. Dorf, Filial-Kirche von Lübbenow	Ukermark	Ukerm. Kr.		Strasburg	der Besitzer des Orts
Mielow	Dorf, Filia von Pröllin	Prignitz	Lenzen	Amt Eldenburg Lenzen und adelich		der Besitzer des Orts Mienecken

Name des Orts.	Stadt. Flecken. Dorf. Adelich Gut. Vorwerk ꝛc.	Provinz.	Kreis.	Adelicher Ort. Königl. Amtsort. Immediat-Stadt.	Geistliche Inspection.	Patron der Pfarr- und Filial-Kirche. Gerichts-Obrigkeit.
Mienecken oder Minicken	Dorf, Filia von Fürstenau	Neumark	Arenswalde	Adelich	Arenswalde	der Pesitzer des Orts
Mierow siehe Mürow						
Miersdorf	Dorf, Filia von Ragow. Windmühle.	Mittelmark	Teltow	Prinzlich	Mittenwalde	Pr. v. Preußen
Mieß	Dorf, mater. Mühle	Altemark	Salzwedel	Adelich	Calbe	die Besitzer des Orts
Miesterhorst	Dorf, Filia von Mieß	Altemark	Salzwedel	Adelich	Calbe	die Besitzer des Orts
Miegelburg	Vorwerk, zu Cossin in Pommern gehörig	Neumark	Soldin	Adelich		
Miegelfelde	Dorf, Filia von Soldin	Neumark	Soldin	Amt Cartzig	Königsberg	der König
Milckersdorf	Dorf, eingepfarrt zu Papiz	Neumark	Cottbus	Adelich	Cottbus	
Mildenberg	Dorf, mater. Vorwerk	Mittelmark	Glien- und Löwenb.	Amt Badingen	Zehdenick	der König
Milmersdorf	Adel. Gut u. Dorf, Filia von Petersdorf. Wasser- und Schneidemühle.	Altemark	Uckerm. Kr.		Templin	der Besitzer des Orts
Miltern	Dorf, Filia von Tangermünde. Windmühle.	Altemark	Tangerm.	Amt Tangerm.	Tangermünde	der König
Mischen	Dorf, eingepfarrt zu Werben	Neumark	Cottbus	Adelich	Cottbus	
Mittelbruch	Altes Col. Dorf	Neumark	Friedeberg	Amt Driesen		
Mittelbusch	Vorwerk bey Ellersendorf	Mittelmark	Zauchische Kreis	Adelich		
Mittelfelde	Vorwerk bey Königstopf	Neumark	Dramburg	Adelich		

Mittelhof

Name des Orts.	Stadt. Flecken. Dorf. Adelich Gut. Vorwerk 2c.	Provinz.	Kreis.	Adelicher Ort. Königl. Amtsort. Immediat. Stadt.	Geistliche Inspection.	Patron der Pfarr= und Filial=Kirche. Gerichts=Obrigkeit.
Mittelhof	Dorf, eingepfarrt zu Cumlosen	Prignitz	Perleberg	Adelich		
Mittel=Vorwerk	zu Blumberg gehörig	Neumark	Crossen	Adelich		
Mittel=Vorwerk	zu Pommerzig gehörig	Neumark	Crossen	Adelich		
Mittenwalde	Stadt. Schäferey. Wassermühle. Fünf Windsmühlen.	Mittelmark	Teltow	Immediat	Mittenwalde	der Magistrat
Mittenwalde	Adel. Gut u. Dorf. Filia von Herpfelde. Vorwerk Krussenhaus.	Ukermark	Ukerm. Kr.		Templin	der Besitzer des Orts
Modderkuhl	Mehl= und Walkmühle.	Altemark	Tangerm.	hat einen Eigenthümer		
Modderwiese	Dorf, mater.	Neumark	Frideberg	A. Driesen	Landsberg	der König
Möckern siehe Meckern						
Möblich	Dorf, unicum.	Prignitz	Lenzen	Amt Eldenburg und adelich	Lenzen	der König
Möblisches	Ziegelscheune.	Prignitz	Lenzen			
Mögelin	Dorf, Filia von Reichenow. Windmühle.	Mittelmark	Ober=Barn.	Adelich	Wrietzen	der Besitzer des Orts
Mögelin	Dorf, Filia von Premnitz. Die Ziegelscheune. Teerhütte.	Mittelmark	Havelland	Amt Ziesar. Die Teerhütte mit den vier Familien, welche bey derselben wohnen, stehen unter dem Amt Tangermünde.	Rathenow	der König
Möllenbeck	Dorf, Fil. v. Dobbertau. Mühle.	Altemark	Stendal	Amt Tangermünde	Osterburg	der König Möllendorf

Name des Orts.	Stadt, Flecken, Dorf, Adelich Gut, Vorwerk ic.	Provinz.	Kreis.	Adelicher Ort. Königl. Amtsort. Immediat-Stadt.	Geistliche Inspection.	Patron der Pfarr- und Filial-Kirche. Gerichts-Obrigkeit.
Möllendorf oder Müllendorf	Dorf, Filial von Kl. Schwechten. Wasser-u. Windmühle.	Altemark	Stendal	Adelich	Stendal	die Besitzer des Orts
Möllendorf	Vorwerk bey Bliesendorf	Mittelmark	Zauchische Kr.	Adelich		
Möllendorf	Dorf, eingepfarrt zu Arensdorf. Eisenhammer.	Churmark	Beers- und Storkow	A. Beeskow	Beeskow	
Mönchhagen s. Münchehofe						
Mönchmühle	Wassermühle, eingepfarrt zu Mühlenbeck	Mittelmark	Nied. Barn.	A. Mühlenbeck		
Gr. Möringen	Dorf, mater. Windmühle.	Altemark	Stendal	Adelich	Stendal	der Besitzer des Orts
Kl. Möringen	Dorf, Filia von Gr. Möringen	Altemark	Stendal	Adelich	Stendal	der Besitzer des Orts
Mösenehlen	Dorf, Filia von Winterfeld	Altemark	Arendsee	Adelich	Apenburg	der Besitzer des Orts
Mötlow siehe Mützlow						
Mötzow oder Mötzen	Vorwerk, eingepfarrt in die Domkirche zu Brandenburg	Mittelmark	Havelländ. Kreis	Domkapitul zu Brandenburg		
Mohr	Dorf, eingepfarrt zu Lenzen	Prignitz	Lenzen	Amt Elbenburg	Lenzen	
Mohrin	Stadt.	Neumark	Königsberg	Adelich	Königsberg	der Besitzer des Orts
Mohrinsches	Mühle	Neumark	Königsberg	Adelich		
Mohsau oder Mohse	Dorf, mater.	Neumark	Züllichow	Adelich	Züllichow	der Besitzer des Orts
Molkow siehe Molmke						

Molchow

Name des Orts.	Stadt, Flecken, Dorf, Adelich Gut, Vorwerk zc.	Provinz.	Kreis.	Adelicher Ort, Königl. Amtsort, Immediat-Stadt.	Geistliche Inspection.	Patron der Pfarr- und Filialkirche, Gerichts-Obrigkeit.
Molchow	Dorf, eingepfarrt zu Alt-Ruppin	Mittelmark	Ruppin	Amt Ruppin	Neu-Ruppin	
Moliz	Dorf, Filia von Plate	Altemark	Arendsee	Adelich	Calbe	der Besitzer des Orts
Molniz oder Molnez	Vorwerk. Col. Dorf und Windmühle, bey Dresche	Prignitz	Perleberg	Adelich, zu Carwe gehörig.	Perleberg	
Molniz	Vorwerk bey Neuhausen. Neue Anlage.	Prignitz	Perleberg	Adelich		
Molmcke	Dorf, eingepfarrt zu Kl. Diesdorf. Wassermühle.	Altemark	Salzwedel	Amt Diesdorf	Salzwedel	
Moneh	ein Teerofen, eingepfarrt zu Prenden	Mittelmark	Nieder-Barnim. Kr.	Adelich		
Mon Plaisir	Vorwerk bey Schwedt	Ukermark	Stolpirsche Kreis	Markgräflich		
Mon Plaisir	Forsthaus	Mittelmark	Ruppin	Adelich		
Morzig oder Murzig	Dorf, eingepfarrt zu Berg	Neumark	Crossen	Adelich	Probstey bey Crossen	
Mostersche-	Fuhrt	Prignitz	Perleberg			
Moterich oder Morzig	Dorf, eingepfarrt zu Bendwisch	Prignitz	Perleberg	Adelich	Perleberg	der König
Motzen	Dorf, Filia von Zossen. Wind- u. Wassermühle.	Mittelmark	Teltow	A. Zossen	Zossen	
Mückenburg	abgebautes Vorwerk.	Neumark	Friedeberg	St. Friedeberg		
Mückenkrug	Jägerhaus bey Fahrenholz	Ukermark	Ukerm. Kr.	Adelich		
Müggelsheim	Col. Dorf, reformirte Filial-Gemeine von Cöpenick.	Mittelmark	Teltow	Amt Cöpenick	Ref. Inspection Berlin	der König

Name des Orts.	Stadt, Flecken, Dorf, adlich Gut, Vorwerk 2c.	Provinz.	Kreis.	Adelicher Ort, Königl. Amt 2c., zum Stab Stadt	Geistlich zu sehen.	Unter der Pfarr zur Stadtkirche, Gerichts-Obrigkeit.
Müggenburg	Vorwerk bey Golzow	Mittelmark	Zauchische Kreis	Adelich		
Müggenburg	Vorwerk, eingepfarrt in die Domkirche zu Brandenburg.	Mittelmark	Havelländ. Kreis	Dom-Kapitul zu Brandenb.		
Müggenbusche	Schäferey	Prignitz	Havelberg	Domkapitul zu Havelberg		
Müggendorf od. Mückendorf	Dorf, eingepfarrt zu Cumlosen	Prignitz	Perleberg	Adelich	Perleberg	
Boltzen Mühle	eine Wassermühle bey Zühlen	Mittelmark	Ruppin	Amt Zechlin		
die Hellmühle	bey Biesenthal	Mittelmark	Ober-Barn.	hat einen Eigenthümer		
die Hintermühle	eine Wassermühle, eingepfarrt zu Bossen	Mittelmark	Lebus	hat einen Eigenthümer		
die Hintermühle oder Wullowsche Mühle	eine Wassermühle, eingepfarrt zu Cunersdorf	Mittelmark	Lebus	hat einen Eigenthümer		
die hohe Mühle	Wassermühle bey Teupitz	Mittelmark	Teltow	Prinzlich		
die Magdeburger Mühle	bey Gardelegen	Altemark	Salzwedel	gehört dem großen Hospital zum H. Geist		
die Mittemühle	Wassermühle bey Bossen	Mittelmark	Lebus	hat einen Eigenthümer		
die Mittelmühle	Wassermühle bey Teupitz	Mittelmark	Teltow	Prinzlich		
die neue Mühle	Wassermühle bey Meriaden	Ukermark	Stolpirsche Kreis	Adelich		
die neue Mühle	Wassermühle bey Königs-Wusterhausen	Mittelmark	Teltow	Prinzlich		

die neue

Name des Orts.	Stadt. Flecken. Dorf. Adelich Gut. Vorwerk ꝛc.	Provinz.	Kreis.	Adelicher Ort. Königl. Amtsort. Immediat-Stadt.	Geistliche Inspection.	Patron der Pfarr- und Filial Kirche. Gerichts-Obrigkeit.
die neue Mühle	bey Brandenburg. Wassermühle. Vorwerk. Teerofen.	Mittelmark	Zauche	Magistrat zu Brandenburg		
die neue Mühle	bey Gr. Apenburg	Altemark	Arendsee	Adelich		
die neue Mühle	am Müllrosischen Canal, oder neuen Friedrichsgraben	Mittelmark	Lebus	Königlich		
die neue Mühle	bey Rossöhrde	Altemark	Tangerm.	hat einen Eigenthümer		
die Salzwedelsche Mühle	bey Garbelegen	Altemark	Salzwedel	gehört der Kämmerey		
die Stendalische Mühle	eben daselbst	Altemark	Salzwedel	gehört der Kämmerey		
die Vielitz-Mühle	eben daselbst, ist eine Loh-Mehl- und Wallmühle	Altemark	Salzwedel	gehört der Kämmerey		
die Vordermühle	eine Wassermühle, eingepfarrt zu Seßen	Mittelmark	Lebus	hat einen Eigenthümer		
die Wehrmühle	bey Biesenthal	Mittelmark	Ober-Barn.	hat einen Eigenthümer		
die Wiebeckers Mühle	bey Garbelegen. Das Tagelöhnerhaus bey derselben, stehet auf dem Boden des Dorfs Zinnau.	Altemark	Salzwedel	hat einen Eigenthümer		
Neu-Mühlendorf	Col. Dorf	Neumark	Friedeberg	Amt Driesen		
das Amt Mühlenhof	zu Berlin	Mittelmark	Nieder-Barnim.			
Mühlen-Vorwerk	gehört zu Kunersdorf	Neumark	Crossen	Adelich		

Müllenbeck

Name des Orts.	Stadt, Flecken, Dorf, Adelich Gut, Vorwerk ic.	Provinz.	Kreis.	Adelicher Ort. Königl. Amtsort. Immediat-Stadt.	Geistliche Inspection.	Patron der Pfarr- und Filial-Kirche. Gerichts-Obrigkeit.
Müllenbeck	Dorf und Vorwerk, Filial-Kirche von Schönerlinde. Forsthaus.	Mittelmark	Nieder-Barnim. Kr.	hiesiges Amt	Berlin	der König
Müllrose	Stadt, Vorwerk und Schäferey. Schneide- und Wassermühle.	Mittelmark	Lebus	das Amt Biegen hat die Criminal-Gerichtsbarkeit, der Magistrat die Civil-Gerichtsbarkeit.	Frankfurt	der König
Müncheberg	Stadt, Vorwerk. 1) Luther. Stadt-Kirche. 2) Deutsch-Reformirte Gemeine. 3) Franz. Reform. Gemeine.	Mittelmark	Lebus	Immediat	1) hiesige Insp. 2) Inspection Frankfurt. 3) Oberconsist. zu Berlin.	1) der Magistrat 2) der König 3) der König
Münchehofe	Dorf, mater Meyerey, Schäferey. Windmühle.	Churmark	Bees- und Storkow	Prinzlich Amt hieselbst	Königl. Wasterhausen	Prinz von Preußen
Münchehofe auch Mönchhagen	Dorf und Vorwerk, Fil. Kirche von Kl. Schönebeck. Heydemühle.	Mittelmark	Nieder-Barnim. Kr.	Adelich	Berlin	der Besitzer des Orts
Münchehofe	Adel. Gut u. Dorf, Filia von Obersdorf. Die alte Wassermühle.	Mittelmark	Lebus		Müncheberg	der Besitzer des Orts
Münchsdorf	Dorf, Filia von Neuendorf	Neumark	Crossen	Amt Crossen	Crossen	der König
Münchwinkel	Col. Dorf, Schäferey zu Rüdersdorf, eingepfarrt zu Margrafpieske.	Mittelmark	Ober-Barn. Kreis	A. Rüdersdorf		
Münkelkuhl	Vorwerk, zu dem adelichen Gut Carwe, gehörig	Prignitz	Perleberg	Adelich		
Mürbenfelde	Dorf, eingepfarrt zu Beckendrügge	Neumark	Arenswalde	Adelich	Arenswalde	

Mårow

Name des Orts.	Stadt, Flecken, Dorf, Adelich Gut, Vorwerk ꝛc.	Provinz.	Kreis.	Adelicher Ort, Königl. Amtsort, Immerdat. Stadt.	Geistliche Inspection.	Patron der Pfarr- und Filial-Kirche, Gerichts-Obrigkeit.
Märow	Adel. Gut u. Dorf, mater.	Ukermark	Stolpirsche Kr.		Neu-Angermünde	die Besitzer des Orts
Murzig siehe Morzig						
Kl. Mutz	Dorf, mater.	Ukermark	Ukerm. Kr.	A. Oranienburg	Zehdenick	der König
Gr. Mutz	Dorf, unicum. Windmühle.	Mittelmark	Ruppin	Amt Zehdenick	Zehdenick	der König
Mützlitz	Dorf, Filial-Kirche von Garlitz	Mittelmark	Havelland	Domkapitul zu Brandenburg	Dom Brandenburg	das Domkapit. zu Brandenb.
Mylau siehe Mielow						

Name des Orts.	Stadt, Flecken, Dorf, Adel. ich Gut, Vorwerk ic.	Provinz.	Kreis.	Geistlichs Ort. Königl. Amtsisch. Queis.	Bei?liche Inscep.	Wem im Staats- und Kirchl. Rücksicht gehörig.
Nabern	Dorf, Filia von Reudaum	Neumark	Königsberg	Amt Wittstock	Müßrix	der König
Nackel	Dorf, mater.	Mittelmark	Ruppin	Adelich	Wusterhausen an der Dosse	die Besitzer des Orts
Nahausen	Dorf, mater.	Neumark	Königsberg	Marktgräflich	Königsberg	der Markgraf zu Schwedt
Nahmitz	Dorf, Fil. Kirche von Netzen	Mittelmark	Zauche	Amt Lehnin	Neustadt Travenburg	der König
Nahrstedt	Dorf, unicum. Zwey Mühlen.	Altemark	Tangerm.	Adelich	Tangermünde	der Besitzer des Orts
Nantickow	Dorf, mater.	Neumark	Arensbrock	Adelich	Arendswalde	der Besitzer des Orts
Naffenheyde ob. Natheyde	Dorf, Filial Kirche von Quadendorf Germendorf	Mittelmark	Nied. Barn.	A. Friedrichs thal	Spandow	der König
Nachwerder s. Golmerbruch						
Naterheyde	Dorf, Filia v. Spe- ningen. Mühle.	Altemark	Stendal	Adelich	Osterburg	der Besitzer des Orts
Nauerwisch	Adelich Gut	Altemark	Tangerm.			
Nauen	Stadt	Mittelmark	Havelland	Immediat	hiesige Insp.	der Magistrat
Naugarten	Dorf, Filial Kirche v. Goßenburg	Altemark	Ukermärk. Kreis	Adelich	Prenzlow	der Besitzer des Orts
Naulin oder Nauelin	Dorf	Neumark	Soldin	Adelich		
Naustorf	Dorf, eingepfarrt zu Pöchlin. Wasserühle.	Prignitz	Lenzen	Adelich	Lenzen	
Nebelin	Zwey adeliche Güter und Dorf, mater.	Prignitz	Perleberg		Perleberg	der Besitzer des Orts
Nechlin	Adel. Gut u. Dorf, unicum. Wasserühle.	Altemark	Ukermärk- sche Kreis		Prenzlow	der Besitzer des Guts
Negendank	alte u. neue Windmühle.	Mittelmark	Zauchische Kreis			

Neky

Name des Orts.	Stadt, Flecken, Dorf, Adelich Gut, Vorwerk ꝛc.	Provinz.	Kreis.	Adelicher Ort, Königl. Amtsort. Immediat-Stadt.	Geistliche Inspection.	Patron der Pfarr- und Filial-Kirche, Gerichts-Obrigkeit.
Nelep	Dorf, mater.	Neumark	Schievelb.	Adelich	Schievelbein	halb die Commenthurey Schievelbein, halb einer von Herzberg
Nemerlang oder Niemerlang	Dorf, Filia von Frenenstein. Wassermühle.	Prignitz	Pritzwalk	Adelich	Pritzwalk	der Besitzer des Orts
Nemischhoff	Dorf, eingepfarrt zu Berkenbrügge	Neumark	Arenswalde	Adelich	Arenswalde	der Besitzer des Orts
Nemmin	Dorf, eingepfarrt zu Schievelbein	Neumark	Schievelb.	Magistrat zu Schievelbein	Schievelbein	
Nennhausen	Adel. Gut u. Dorf, unicum. Ziegelbrennerey. Mühle	Mittelmark	Havelland		Rathenow	der Besitzer des Orts
Nesewitz oder Nesenitz	Dorf, Filial-Kirche von Ristedt	Altemark	Salzwedel	Adelich	Apenburg	die Besitzer des Orts
Nesselgrund	Dorf, noch nicht eingepfarrt	Neumark	Soldin	Adelich	Soldin	
Polnisch-Netkow	Dorf, mater.	Neumark	Crossen	Adelich	Crossen	der Besitzer des Orts
Deutsch-Netkow	Dorf mater. Zwey Vorwerke, nemlich der Althof u. Dorfvorwerk.	Neumark	Crossen	Adelich	Crossen	der Besitzer des Orts
Netgau	Dorf, eingepfarrt zu Steinitz	Altemark	Salzwedel	Adelich	Salzwedel	die Besitzer des Orts
Netlitz	Dorf, eingepfarrt zu Fornstädt.	Mittelmark	Havelland	A. Fahrland	Potsdam	
Netlitzer-Fähre	Freygut	Mittelmark	Havelland	hat einen Eigenthümer		
Netschendorf	Dorf, Filia von Dobbrico	Churmark	Luckenwalde	Amt Zinna	Luckenwalde	der König
Nettelbeck	Adelich Gut	Prignitz	Pritzwalk			
Netzbruch	Dorf, mater.	Neumark	Friedeberg	Amt Driesen	Landsberg	der König
Netzen	Dorf, mater.	Mittelmark	Zauche	Amt Lehnin	Neustadt Brandenburg	der König
Netzow	Dorf, mater. Windmühle.	Prignitz	Havelberg	Domkapitul zu Havelberg	Dom-Havelberg	Domkapitul Netzow

Name des Orts.	Stadt Flecken. Dorf. Adelich Ort. Vorwerk 2c.	Provinz.	Kreis.	Adelicher Ort. Königl. Amtsort. Immediat-Stadt.	Geistliche Inspection.	Patron der Pfarr- und Filial-Kirche. Gerichts-Obrigkeit.
Nezow	Vorwerk	Ukermark	Uckerm. Kr.	Adelich		
Neubrück	Colonistendorf und Vorwerk, eingepfarrt zu Sauen. Unterförsterhaus. Krug.	Churmark	Bees- und Storkow.	Adelich	Beeskow	
Neubrück	Krug	Mittelmark	Teltow	Prinzlich		
Neubrück		Prignitz	Perleberg			
Neubrügge	Dorf	Neumark	Arenswalde	Amt Marienwalde		
Neubrug	Vorwerk	Neumark	Dramburg	Adelich		
Neuburg oder Neuenburg	Adelich Gut	Prignitz	Perleberg			
Neukammer	Vorwerk	Mittelmark	Havelland	Magistrat zu Nauen		
Neu-Damm	Stadt	Neumark	Königsberg	Immediat	Küstrin	der König
Neu-Damm	Dorf, eingepfarrt in der Stadt dieses Namens.	Neumark	Königsberg	A. Wittstock	Küstrin	
Neudorf	Dorf, mater.	Neumark	Sternberg	Züllichowsches Waisenhaus	Drossen	das Waisenhaus
Neudorf	Vorwerk	Ukermark	Uckerm. Kr.	Adelich		
Neudorf oder Neudörfchen	Dorf, Filial-Kirche von Closterfelde. Wassermühle.	Mittelmark	Nied. Barn.	Adelich	Bernau	der Besitzer des Orts
Neudorf	Col. Dorf, und Vorwerk	Mittelmark	Havelland	Magistrat zu Rathenow		
der neue Berg	bey Havelberg	Prignitz	Havelberg	das Domkapitul zu Havelberg		
Neue-Krug	Meyerey unweit Cöpenick	Mittelmark	Teltow			
Neue-Krug	Meyerey, eingepfarrt zu Berneubrück.	Mittelmark	Lebus			Neuenburg

Name des Orts.	Stadt, Flecken, Dorf, Adelich Gut, Vorwerk ꝛc.	Provinz.	Kreis.	Adelicher Ort, Königl. Amtvort, Immediat-Stadt.	Geistliche Inspection.	Patron der Pfarr- und Filial-Kirche, Gerichts-Obrigkeit.
Neuenburg	Dorf, mater.	Neumark	Soldin	Amt Cartzig	Soldin	der König
Neuenburg siehe Neuburg						
Neuendorf	Dorf, Sitz eines Amts, Filia vagans jetzt von Drenzig.	Neumark	Sternberg	hiesiges Amt	Drossen	der König
Neuendorf	Dorf, Filia von Gepersdorf	Neumark	Landsberg	Amt Himmelstädt	Landsberg	der König
Neuendorf	Dorf, eingepfarrt zu Peitz	Neumark	Cottbus	Amt Peitz	Cottbus	der König
Neuendorf	Dorf, mater.	Neumark	Crossen	A. Crossen	Crossen	der König
Neuendorf	Vorwerk	Prignitz	Kyritz	Adelich	—	—
Neuendorf im Sande	Dorf, Filial-Kirche des Insp. zu Fürstenwalde	Mittelmark	Lebus	Amt Fürstenwalde	Fürstenwalde	der König
Neuendorf im Bruch	Dorf, mater.	Mittelmark	Lebus	Amt Zellin	Frankfurt	der König
Neuendorf am Speck	Dorf, mater. Windmühle.	Altemark	Stendal	Universität zu Frankfurt	Stendal	die Universität
Neuendorf am Damm	Dorf, Filia von Cremkau. Mühle.	Altemark	Stendal	Adelich	Calbe	die Besitzer des Orts
Neuendorf bey Apenburg	Dorf, mater.	Altemark	Salzwedel	Adelich	Apenburg	die Besitzer des Orts
Neuendorf bey Gardelegen	Dorf, mater. Vorwerk. Mühle.	Altemark	Salzwedel	Amt Neuendorf	Gardelegen	der König
Neuendorf	ehemaliges Kloster, Sitz eines Amts, eingepfarrt zu Birkenwerder.	Altemark	Tangerm.			
Sohen-Neuendorf	Dorf, Filia von Birkenwerder	Mittelmark	Nieder-Barnim.	Amt Bötzow	Berlin	der König

Name des Orts.	Stadt, Flecken, Dorf, Adlich Gut, Vorwerk 2c.	Provinz.	Kreis.	Adelicher Ort, Königl. Amtsort, Immediat-Stadt.	Geistliche Inspection.	Patron der Pfarr- und Filial-Kirche, Gerichts-Obrigkeit.
Nieder-Neuendorf	Dorf und Vorwerk, Fil. Kirche von Heiligensee	Mittelmark	Glien- u. Löwenberg.	A. Bötzow	Berlin	der König
Neuendorf	Dorf, eingepfarrt zu Teupitz	Mittelmark	Teltow	Prinzlich Amt Teupitz	Königs-Wusterhausen	
Fern-Neuendorf	Dorf u. Pechhütte, eingepfarrt zu Sperenberg	Mittelmark	Teltow	Amt Zossen	Zossen	
Nächst-Neuendorf	Dorf, eingepfarrt zu Zossen	Mittelmark	Teltow	Amt Zossen	Zossen	
Neuendorf	Dorf, eingepfarrt zu Trebbin	Mittelmark	Teltow	A. Trebbin	Mittenwalde	
Neuendorf	Dorf, eingepfarrt zu Münchehofe. Vorwerk. Schäferey.	Churmark	Beer- und Storkow	Prinzlich Amt Münchehofe	Kön. Wusterhausen	
Neuendorf	Dorf, eingepfarrt zu Beeskow	Churmark	Beer- und Storkow	der Magistrat zu Beeskow	Beeskow	
Neuendorf	Adel. Gut u. Dorf, mater Vorwerk. Windmühle.	Mittelmark	Zauche		Treuenbrietzen seit 1770, vor der Neustadt Brandenburg	der Besitzer des Orts
Neuendorf	Dorf, Filia von der Pfarr-Kirche in der Altstadt Brandenburg.	Mittelmark	Havelland	der Magistrat zu Brandenburg	Altstadt Brandenburg	der Magistrat
Neuendorf	Dorf, Filia von Potsdam	Mittelmark	Teltow	Amt Potsdam	Potsdam	der König
Neuendorf	Dorf, Filial-Kirche von Oderberg. Ist nach alten Nachrichten eigentlich ein unicum.	Ukermark	Stolpirsche Kr.	hiesiges Schul-Amt	Neu-Angermünde	das Joachimsthal.Schulrectorium
Neuenfeld	Adel. Gut u. Dorf, Filial-Kirche von Schönefeld	Ukermark	Ukerm. Kr.		Prenzlow	der Besitzer des Guts

Neuen-

Name des Orts.	Stadt, Flecken, Dorf, Adelich Gut, Vorwerk ꝛc.	Provinz.	Kreis.	Adelicher Ort, Königl. Amtsort, Immediat-Stadt.	Geistliche Inspection.	Patron der Pfarr- und Filial-Kirche, Gerichts-Obrigkeit.
Neuengraben	Vorwerk	Neumark	Friedeberg	Adelich		
Neuenhagen	Dorf und Vorwerk, mater.	Mittelmark	Nied. Barn.	Amt Landsberg und adelich	Berlin	Gerichts-Obrigkeit das Amt, das Patronat ist adelich.
Neuenhagen	Dorf, Filia von Glietzen. Vorwerk. Sitz eines Amts.	Neumark	Königsberg	hiesiges Amt	Königsberg	der König
Neuenhof	Vorwerk bey Jeggau	Altmark	Salzwedel	Adelich		
Neuensund	Dorf, Filial-Kirche von Sehren im Herz. Mecklenburg. Windmühle, Ziegeley und Meyerhof.	Ukermark	Ukerm. Kr.	Adelich	Strasburg	der Besitzer des Orts
Neuenteich siehe Neuteich						
Neuentempel	Dorf, mater.	Mittelmark	Lebus	Commenthurey Lietzen	Müncheberg	der Commenthur
Neufelde	Vorwerk	Neumark	Dramburg	Adelich		
Neufließ	Vorwerk	Neumark	Arenswalde	Adelich		
Neuhaus	Vorwerk	Neumark	Friedeberg	Adelich		
Neuhaus	Vorwerk bey Greifsenberg	Ukermark	Stolpirsche Kr.	Adelich		
Neuhaus	Vorwerk	Mittelmark	Zauchsche Kr.	Adelich		
Neuhaus	ein neuer Ort	Churmark	Beeß- und Storkow.	Adelich		
Neuhausen	Dorf, eingepfarrt zu Kahren	Neumark	Cottbus	Adelich	Cottbus	

Name des Orts.	Stadt, Flecken, Dorf, Adelich Gut, Vorwerk ꝛc.	Provinz.	Kreis.	Adelicher Ort, Königl. Amtsort, Immediat-Stadt.	Geistliche Inspection.	Patron der Pfarr- und Filial-Kirche, Gerichts-Obrigkeit.
Neuhausen	Adel. Gut u. Dorf, mater. Wassermühle nahe bey dem Dorf.	Prignitz	Perleberg		Perleberg	der Besitzer des Orts
Neuhof	Vorwerk zu dem Gut Neuhausen gehörig.	Prignitz	Perleberg	Adelich		
Neuhof bey Schiepkow	Vorwerk	Ukermark	Ukermärk. Kr.	Amt Zehdenick		
Neuhof bey Wilsickow	Vorwerk, eingepfarrt zu Barnitz	Uckermark	Ukerm Kr.	Joachimsthal. Schuldirect.		
Neuhof	Vorwerk	Mittelmark	Glien- und Löwenb.	Adelich		
Neuhof	Dorf, Filia von Werder, Schäferen, neue Mühle.	Churmark	Luckenwalde	Amt Zinna	Pechüle	der König
Neuhof	Col. Dorf u. Vorwerk, eingepfarrt zu Wünsdorf.	Mittelmark	Teltow	Amt Zossen	Zossen	
Neuhof	Vorwerk	Neumark	Dramburg	Amt Sabin		
Neuhof	Dorf, eingepfarrt zu Oertenbrügge	Neumark		Adelich	Arendswalde	
Neuhütte	Vorwerk bey Berlsdorf	Neumark	Dramburg	Adelich		
Neukirchen	Dorf, unicum.	Altemark	Seehausen	Adelich	Seehausen	Patr. von Grävenitz, Ger. Obrigl. eben dieselbige und einige andere.
Neukrug	Vorwerk bey Hunskop	Neumark	Dramburg	Adelich		
Neulingen	Dorf, mater.	Altemark	Arendsee	A. Arendsee	Salzwedel	der König
						Neumühle

Name des Orts.	Stadt, Flecken, Dorf, Adelich Gut, Vorwerk ꝛc.	Provinz.	Kreis.	Welcher Ort, Königl. Amtsort, Immediat-Stadt.	Geistliche Inspection.	Patron der Pfarr- und Filial-Kirche. Gerichts-Obrigkeit.
Neumühle	eine Wassermühle, eingepfarrt zu Schönefeldt.	Mittelmark	Lebus	Magistrat zu Müncheberg		
Neumühle		Prignitz	Lenzen			
Neumühle	Vorwerk bey Klebo	Neumark	Dramburg	Adelich		
Neumühle	Dorf, Filial von Schaumburg	Neumark	Königsberg	Amt Neudamm oder Wartstock	Cüstrin	der König
Neumühle	Wassermühle und Vorwerk bey Tangeln	Altemark	Salzwedel	Adelich		
Neuschein	Vorwerk bey Gleissen	Neumark	Sternberg	Adelich		
Neustadt an der Dosse	Stadt und Vorwerk. Wassermühle.	Mittelmark	Ruppin	hiesiges Amt	Wusterhausen an der Dosse	der König
Neustadt-Eberswalde	Stadt, Königl. Kupferhammer. Zwey Schleusen am Finow-Kanal. Wassermühle.	Mittelmark	Ober-Barnim. Kr.	Immediat	Neustadt-Eberswalde	der Magistrat
Neuteich	Dorf, Filia von Driesen	Neumark	Frideberg	Amt Driesen	Landsberg	der König
Neuteichers	Holländer	Neumark	Frideberg	A. Driesen	Landsberg	
Neuwalde	Dorf, Filial von Költschen	Neumark	Sternberg	Adelich	Drossen	der Besitzer des Orts
Ober- und Unter-Michel	Dorf, eingepfarrt zu Treuenbriezen. Vorwerk mit Colonisten besetzt. Wassermühle.	Mittelmark	Zauche	A. Saarmund	Treuenbrietzen	der König
Nickern	Dorf, mater.	Neumark	Züllichow	Adelich	Züllichow	der Besitzer des Orts

Niebede

Name des Orts.	Stadt, Flecken, Dorf, Adlich Gut, Vorwerk ꝛc.	Provinz.	Kreis.	Welcher Art, Königl. Amtsort, Immediat-Stadt.	Geistliche Inspexion.	Patron der Pfarr- und Filial-Kirche, Gerichts-Obrigkeit.
Niebede	Dorf, mater.	Mittelmark	Havelland	Adelich	Dom Brandenburg	Patr. das Domkap. zu Brandenburg, Ger. Obrigkeit die Besitzer der adel. Güter Zeestow und Pessin.
Niebel	Dorf, Filia von Treuenbrietzen. Vorwerk mit Col. besetzt.	Mittelmark	Zauche	A. Saarmund	Treuenbrietzen	der König
Niebelhorst	Vorwerk	Mittelmark	Zauche	A. Saarmund		
Nieburg siehe Neuburg						
Nieden oder Niedow	Dorf, unicum. Wassermühle.	Ukermark	Ukermärk. Kreis	Adelich	Prenzlow	die Besitzer des Orts
Niedenburg	Vorwerk	Neumark	Sternberg	Adelich		
Die Niederlege	ein Colonisten-Ort, eingepfarrt zu Briesen	Mittelmark	Lebus	Magistrat zu Frankfurt		
Niedwerder	Dorf, Fil. Kirche von Wulckow	Mittelmark	Ruppin	Amt Ruppin	Neu-Ruppin	der König
Niemerlang s. Neinerlang						
Nienfelde	einzelner Hof	Altemark	Seehausen	hat einen Eigenthümer		
Niepage	Schäferey	Altemark	Saltzwedel	Adelich		
Niepölzig	Dorf, Filia von Sammenthin	Neumark	Arendswalde	Adelich	Arendswalde	der Besitzer des Orts
Nippentei oder Nipkendey	Schäferey	Altemark	Salzwedel	Adelich		
Nizahn	Dorf, mater. Windmühle.	Mittelmark	Havelland	Adelich	Altstadt-Brandenburg	der Besitzer des Orts
Nizow	Dorf, unicum. Windmühle.	Prignitz	Havelberg	Domkapitul zu Havelberg	Dom Havelberg	Domkapitel Nöblin

Name des Orts.	Stadt, Flecken, Dorf, Adelich Gut, Vorwerk ꝛc.	Provinz.	Kreis.	Adelicher Ort, Königl. Amtsort, Immediat-Stadt.	Geistliche Inspection.	Patron der Pfarr- und Filial-Kirche, Gerichts-Obrigkeit.
Nöblin	Dorf, Filia von Steinhöfel	Neumark	Dramburg	Adelich	Dramburg	die Besitzer des Orts
Nörenberg	Stadt, Vorwerk.	Neumark	Arenswalde	Adelich	Arenswalde	Patron der König. Er.Hör. von Göße und v. Bornstedt.
Nordhausen	Dorf, mater.	Neumark	Königsberg	Adelich	Königsberg	der Besitzer des Orts
Nordhof	Vorwerk	Mittelmark	Havelländ. Kreis	Amt Königshorst	Fehrbellin	
Nosberg	Vorwerk bey Büsow	Neumark	Friedberg	Adelich		
Nowa-Wes (d. i. neu Dorf)	Böhmisches Dorf bey Potsdam 1) Lutherische Gemeine, unicum. 2) Ref. Gemeine, Filia von Potsdam.	Mittelmark	Teltow	Magistrat zu Potsdam	1) Potsdam 2) Potsdam	der König der König
Nudow	Dorf, Filia von Arensdorf	Mittelmark	Teltow	Amt Potsdam	Potsdam	der König
die Nuhnen siehe Frankfurt						
Nunsdorf	Dorf, Filia von Glienicke.Windmühle.	Mittelmark	Teltow	Amt Zossen und adelich	Zossen	der König
Nuthagen	Dorf, Filia von Rützow	Neumark	Schievelbein	Commenthurey Schievelbein	Schievelbein	der Commenthur und unterschiedene Besitzer

Obergünde

Name des Orts.	Stadt, Flecken, Dorf, Adelich Gut, Vorwerk ꝛc.	Provinz.	Kreis.	Adelicher Ort, Königl. Amtdorf, Immediat-Stadt.	Geistliche Inspection.	Patron der Pfarr- und Filial-Kirche, Gerichts-Obrigkeit.
Obergünde oder Oberjünne	Vorwerk bey Cammer	Mittelmark	Zauchsche Kr.	Adelich		
Obersdorf	Adel. Gut u. Dorf, mater.	Mittelmark	Lebus		Müncheberg	der Besitzer des Orts
Oblath	Dorf, eingepfarrt zu Züllichow	Neumark	Züllichow	Amt Züllichow	Züllichow	
Oderberg	Stadt, Pfarrkirche. 1) Luthersche Kirche, mater. 2) Ref. Kirche, Filia von Neustadt-Eberswalde. Wassermühle.	Mittelmark	Ober-Barnim. Kr.	Joachimsthal. Gymnasium zu Berlin.	1) Neu-Angermünde 2) Prenzlow	1) Joach.Schuldirectorium. 2) der König
das Ober-Vorwerk	bey Zurith	Neumark	Sternberg	Adelich		
Oegeln	Adel. Gut u. Dorf, ist eingepfarrt zu Merz, gehet aber nach Ragow zur Kirche.	Churmark	Bees- und Storkow.		Beeskow	
Oegnitz	Dorf, Filia von Lunneritz	Neumark	Sternberg	herrenmeisterl. Amt Sonnenburg	Sonnenburg	der Herrenmeister
Oetscher	Dorf, ist eingepfarrt zu Göritz, doch wird in der hiesigen Kirche alle sechs Wochen geprediget und Abendmal gehalten.	Neumark	Sternberg	Amt Wollup	Frankfurt	
Oevelgünne oder Abelgunne bey Seehausen	einzelner Hof	Altemark	Arneburg	Amt Tangermünde		
Oevelgünne bey Werben	kleiner Hof	Altemark	Seehausen	der Eigenthümer		
Oevelgünne oder Abelgünde	Vorwerk, eingepfarrt zu Klein-Lüber	Prignitz	Wilsnack	Adelich		

Oranien-

Name des Orts.	Stadt, Flecken, Dorf, Adelich Gut, Vorwerk ꝛc.	Provinz.	Kreis.	Adelicher Ort, königl. Amtsort. Immediat-Stadt	Geistliche Inspection.	Patron der Pfarr- und Filial-Kirche. Gerichts-Obrigkeit.
Oranienburg	Stadt. Vorwerk, Schäferey, Mehl-, Loh- und Schneidemühle, eine viertel Meile von der Stadt. Forsthaus.	Mittelmark	Nieder-Bar-nim. Kr.	Immediat	Bernau	der Magistrat
	1) Luther. Kirche, mater.				1) Bernau	der König
	2) Reform. Kirche.				2) Berlin	der König
Orpensdorf	Dorf, Filia von Schmersow	Altemark	Stendal	Adelich	Osterburg	der Besitzer des Orts
Ortwig	Dorf, Vorwerk, Filia von Neuendorf im Bruch. Zwey Windmühlen.	Mittelmark	Lebus	Amt Zellin	Frankfurt	der König
Osdorf oder Ottorf	Dorf, eingepfarrt zu Kl. Beuster. Mühle.	Altemark	Seehausen	Amt Tangerm. und adelich.	Seehausen	
Osdorf	Adelich Gut	Mittelmark	Teltow			
Gr. Osnig	Dorf, Filia von Kl. Döbbern	Neumark	Cottbus	Adelich	Cottbus	der Besitzer des Orts
Kl. Osnig	Dorf, eingepfarrt zu Schorbus	Neumark	Cottbus	Adelich	Cottbus	
Osterburg	Stadt. Pfarrkirche, mater Kirche vor dem Thor. Vier Wind- und eine Wassermühle.	Altemark	Stendal	Immediat	hiesige Inspect.	der Magistrat
Gr. Osterholz	Adel. Gut u. Dorf.	Altemark	Arneburg			
Kl. Osterholz	drey Häuser	Altemark	Arneburg	Adelich		
Osterne	Vorwerk	Mittelmark	Glien- und Löwenb.	Amt Badingen		
Osterwalde	Dorf, Filia von Königswalde	Neumark	Sternberg	Adelich	Cottbus	der Besitzer des Orts
Osterwohl	Dorf, mater.	Altemark	Salzwedel	Adelich	Salzwedel	der Besitzer des Orts

Ostherrn

Name des Orts.	Stadt, Flecken, Dorf, Adelich Gut, Vorwerk ꝛc.	Provinz.	Kreis.	Adelicher Ort, Königl. Amtsort, Immediat-Stadt.	Geistliche Inspection.	Patron der Pfarr- und Filial-Kirche Gerichts-Obrig- keit.
Ost-Heeren, s. im Buchstaben H.						
Ostorf s. Oedorf						
Ostritz	Dorf, eingepfarrt zu Padligar	Neumark	Züllichow- sche Kreis	Adelich	Züllichow	
Ostrow	Vorstadt von Cott- bus	Neumark	Cottbus	A. Cottbus		
Ostrow	Dorf, meier.	Neumark	Sternberg	Commenthurey Amt Lagow	Sonnenburg	der Commen- thur
Ottenhagen	Vorwerk	Altmark		Adelich		
Ottersburg	Vorwerk, nebst Tagelöhnern, eingepfarrt zu Lüderitz	Altmark	Tangerm.	Amt Neuendorf	Tangermünde	
Ovelgunne siehe Oevelgünne						

Gute:

Name des Orts.	Stadt, Flecken, Dorf, Adelich Gut, Vorwerk 2c.	Provinz.	Kreis.	Adelicher Ort, Königl. Amtsort, Immediat-Stadt.	Geistliche Inspection.	Patron der Pfarr- und Filial-Kirche, Gerichts-Obrigkeit.
Guten-Paaren oder Parum, oder Parnim	Adel. Gut u. Dorf, Filial Kirche von Zachow. Windsmühle.	Mittelmark	Havelland		Dom Brandenburg	der Besitzer des Orts
Paaren, Parum, Parm, Parne	Dorf, unicum.	Mittelmark	Alten- u. Löwenb. Kr.	A. Königshorst	Nauen	der König
Paaren oder Parum an der Wublitz	Adel. Gut u. Dorf, Filia von Marquard	Mittelmark	Havelland		Potsdam	der Besitzer des Orts
Paarstein	Dorf 1) Luther. Kirche, mater. 2) Franz. Reform. Kirche.	Uckermark	Stolpirsche Kreis	Amt Chorin	1) Neu-Angermünde 2) Oberconsist. zu Berlin.	1) der König 2) der König
Packebusch	Hof	Altemark	Seehausen	Adelich		
Packebusch	Dorf, mater. Mühle	Altemark	Arendsee	Adelich	Salzwedel	die Besitzer des Orts
Padligar	Dorf, mater.	Neumark	Züllichow	Adelich	Züllichow	der Besitzer des Orts
Päckwitz	Dorf, Filia von Jeggau	Altemark	Salzwedel	Adelich	Calbe	die Besitzer des Orts
Pägesin siehe Pevesin						
Päblitz	Vorwerk	Uckermark	Stolpirsche Kr.	Amt Chorin		
Päulingen oder Peulingen siehe oben Beulingen						
Pabren siehe Paaren						
Palzig	Dorf, Filia von Nickern	Neumark	Züllichow	Adelich	Züllichow	der Besitzer des Orts
Palzow	Dorf, Filia von Baleleben. Wassermühle.	Mittelmark	Ruppin	Adelich	Neu-Ruppin	der Besitzer des Orts
Pammin	Dorf, Filia von Gr. Spiegel	Neumark	Dramburg	Adelich	Dramburg	der Besitzer des Orts
Pammin	Dorf, mater.	Neumark	Arendswalde	Adelich	Arendswalde	der Besitzer des Orts

Panckow

Name des Orts.	Stadt, Flecken, Dorf, Adelich Gut, Vorwerk ꝛc.	Provinz.	Kreis.	Adelicher Ort, Königl. Amtsort, Immediat-Stadt.	Geistliche Inspection.	Patron der Pfarr- und Filial-Kirche, Gerichts-Obrigkeit.
Panckow	Dorf, mater. Windmühle.	Mittelmark	Nied. Barn.	K. Schönhausen	Berlin	der König
Panckow	Adel. Gut u. Dorf, Fil. von Kubbler. Wassermühle.	Prignitz	Pritzwalk		Pritzwalk	der Besitzer des Orts
Pangerin	Dorf, Filia von Schönewitz	Neumark	Schievelb.	Adelich	Schievelbein	der Besitzer des Orts.
Papenbrock oder Papenbruch	Dorf, mater. Oberförsterhaus.	Prignitz	Wittstock	K. Wittstock	Wittstock	der König
Papendorf	Dorf, mater. Wassermühle.	Uckermark	Uckermärksche Kreis	Adelich	Strasburg	Patr. der König, Ger. Obrigl. v. Winterfeld
Papermühle	bey Freyenwalde	Mittelmark	Ober-Barn. Kreis	hat einen Eigenthümer		
Holländische Papiermühle, nebst einigen Colonistenhäusern		Mittelmark	Nieder-Barnim. Kr.	K. Liebenwalde		
Papitz	Dorf, mater.	Neumark	Cottbus	Adelich	Cottbus	der Besitzer des Orts
Paretz	Adel. Gut u. Dorf, Filial-Kirche von Ketzin. Windmühle.	Mittelmark	Haveland		Dom Brandenburg	Patr. das Domkapitul zu Brandenb. Ger. Obrigl. der Besitzer des Orts.
Parry an der Havel	Dorf, unicum vagans.	Mittelmark	Haveland	Adelich	Rathenow	der Besitzer des Orts
Paris nebst Engels- u. Erxhof	Vorwerk	Altemark	Arneburg	Stift zum heil. Grabe		
Paris-Wendemark	Dorf	Altemark	Arneburg	Adelich		
Parmen	Adel. Gut u. Dorf, Filial Kirche von Wegqun. Wassermühle.	Uckermark	Uckerm. Kr.		Prenzlow	der Besitzer des Guts
						Passow

Name des Orts.	Stadt, Flecken, Dorf, Adelich Gut, Vorwerk ꝛc.	Provinz.	Kreis.	Adelicher Ort, Königl. Amtsort. Immediat-Stadt.	Geistliche Inspection.	Patron der Pfarr- und Filial-Kirche, Gerichts-Obrigkeit.
Passow	Adel. Gut u. Dorf, Filial-Kirche v. Stenbalden. Schäferey. Wassermühle.	Ukermark	Stolpirsche Kreis		Neu-Angermünde	der Besitzer des Orts
Paulshof	Vorwerk zu Prädickow	Mittelmark	Ober-Barn.	Adelich		
Paulin	Dorf, unicum.	Mittelmark	Glien u. Löwenb. Kr.	A. Oranienburg	Spandow	der König
Pechüle	Dorf, unicum.	Churmark	Luckenwalde	Amt Zinna	hiesige geistliche Inspection	der König
Peckensen	Dorf, Filia von Hilmsen. Mühle.	Altemark	Salzwedel	Amt Diesdorf	Salzwedel	der König
Peckwitz siehe Päckewitz						
Peertz oder Pertz	Dorf, Filial-Kirche von Jeben. Wassermühle.	Altemark	Salzwedel	Adelich	Apenburg	der Besitzer des Orts
Peetz	Dorf, eingepfarrt zu Grabendorf	Mittelmark	Teltow	Prinzlich Amt Kön. Wusterh.	Kön. Wusterhausen	
Petz	Vorwerk zu Greifsenberg	Ukermark	Stolpirsche Kr.	Adelich		
Petzig	Vorwerk	Ukermark	Werm. Kr.	Adelich		
Petznick siehe Pegnick						
Pehlitz	Dorf, Filia von Mansfelde	Neumark	Friedeberg	Adelich	Landsberg	der Besitzer des Orts
Peitz	Stadt u. Vorwerk.	Neumark	Cottbus	Immediat	Cottbus	Patr. der König. in Ansehung des Pastorats, Magistrat u. Pastor in Ansehung des Diaconats.
Peitz	Eisenhüttenwerk, bey Peitz	Neumark	Cottbus	Amt Peitz		
Pelitz	Vorwerk im Trotewinschen Kirchspiel.	Ukermark	Stolpirsche Kr.	Amt Chorin		

Name des Orts.	Stadt, Flecken, Dorf, Adlich Gut, Vorwerk ꝛc.	Provinz.	Kreis.	Adelicher Ort, Königl. Amtsdorf, Immediat-Stadt.	Geistliche Inspection.	Patron der Pfarr- und Filial-Kirche, Gerichts-Obrigkeit.
Penzlin	Dorf, filia von Meyenburg	Prignitz	Pritzwalk	Adelich	Pritzwalk	der Besitzer des Orts
Perleberg	Stadt. Stadtkirche ist mater. Zu Perleberg sind die neue Mühle (eine Mehlmühle), noch zwey Wassermühlen, eine Walk- und eine Lohmühle. Auf zwey Seiten der Stadt an der Heide, stehen zwey Forsthäuser	Prignitz	Perleberg. Kreis	Immedia	hiesige Insp.	der Magistrat
Pernheide siehe Bernheyde						
Pernitz	Dorf, Filial-Kirche von Golzow	Mittelmark	Zauchische Kreis	Adelich	Neustadt Brandenburg	der Besitzer des Orts
Perwenitz	Dorf, unicum.	Mittelmark	Glien- u. Löwenb. Kr.	Amt Bötzow	Spandow	der König
Pertz siehe Peertz						
Perwer	Dorf, dicht bey Salzwedel, hat im Hospital zum heil. Georg eine Pfarrkirche, welche mater ist. s. Georgen-Hospital. Zwey Mühlen.					
Pessin	Adel. Gut u. Dorf, unicum. Windmühle.	Mittelmark	Havelland		Dom Brandenburg	Patron, von Bredow, Gerichts-Obr. außer denselben noch drey Edelleute.
Petersburg bey Stendal	zwey Häuser	Altemark	Stendal	Adelich		
Petersdorf	Dorf, mater.	Neumark	Sternberg	Commenthurey Lagow	Sonnenburg	der Commenthur
Petersdorf	Dorf, eingepfarrt zu Marggrafpieske	Churmark	Bees- und Storkow.	Amt Stanedorf	Storkow	Petersdorf

Name des Orts.	Stadt, Flect n. Dorf. Adelich Gut. Vorwerk ꝛc.	Provinz.	Kreis.	Adelscher Ort. Königl. Amtsort. Immediat-Stadt.	Geistliche Inspection.	Patron der Pfarr- und Filial-Kirche. Gerichts-Obrigkeit.
Petersdorf	Dorf, mater. Windmühle.	Ukermark	Uckerm. Kr.	Adelich	Templin	der Besitzer des Orts
Petersdorf	Dorf, Filia von Sieversdorf	Mittelmark	Lebus	Adelich	Frankfurt	der Besitzer des Orts
Petershagen	Dorf, mater. Vorwerk mit Colonisten besetzt.	Mittelmark	Nied. Barn.	A. Alten-Landsberg	Strausberg	der König
Petershagen	Dorf, Filia von Falkenhagen	Mittelmark	Lebus	Adelich	Frankfurt	der Besitzer des Orts
Petershayn	Dorf, mater.	Neumark	Cottbus	Adelich	Cottbus	der Besitzer des Orts
Petersmark	Dorf, Filia von Kl. Schwechten	Ukermark	Stendal	Adelich	Stendal	der Besitzer des Orts
Petzow	Dorf, Filia von Werder	Mittelmark	Zauche	Amt Lehnin	Potsdam	der König
Peseneck	Vorwerk	Ukermark	Uckerm. Kr.	Adelich		
Petzig an der Oder	Dorf, Filia von Raddubn	Neumark	Königsberg	der Markgraf zu Schwedt	Königsberg	der Markgraf
Petzig bey Schönfließ	Dorf, mater.	Neumark	Königsberg	Adelich	Königsberg	der Besitzer des Orts
Petznick	Dorf, Filia von Prochnow	Neumark	Dramburg	Adelich	Dramburg	der Besitzer des Orts
Petznick	Col. Dorf	Neumark	Arendswalde	Amt Marienwalde		
Petznich bey Templin	Vorwerk	Ukermark	Uckerm. Kr.	Adelich		
Petznich bey Boytzenburg	Vorwerk	Ukermark	Uckerm. Kr.	Adelich		
Peveßin	Dorf, unicum.	Mittelmark	Havelländ. Kreis	Magistrat zu Brandenburg	Neustadt Brandenburg	Magistrat zu Brandenburg
Peulingen siehe Beulingen						

Pfänder-

Name des Orts.	Stadt, Flecken, Dorf, Adelich Gut, Vorwerk ic.	Provinz.	Kreis.	Adelicher Ort. Königl. Amtsort. Immediat-Stadt.	Geistliche Inspection.	Patron der Pfarr- und Filial-Kirche. Gerichts-Obrigkeit.
Pfänderbuche	Viehstall zu Klein-Creutz	Mittelmark	Havelländ. Kreis	gehört den Ackerbürgern zu Brandenburg		
Pfaffendorf	Dorf, mater.	Churmark	Bees- und Storkow	I. Beeskow	Beeskow	der König.
Pfalzheim	Col. Dorf	Mittelmark	Ruppin	Amt Ruppin		
Pfeffermühle	bey Garbelegen	Altmark	Salzwedel	Adelich		
Pfeifferhahn	Dorf, eingepfarrt zu Crossen	Neumark	Crossen	Amt Crossen	Crossen	
Pfefferteich	Forsthaus	Mittelmark	Ruppin	A. Alt-Ruppin		
Phöben oder Seeben	Dorf, Fil. Kirche von Töplitz	Mittelmark	Zauche	Amt Lehnin	Neustadt Brandenburg	der König
Philipsthal	Colonistendorf, eingepfarrt zu Saarmund	Mittelmark	Teltow	hat einen Eigenthümer	Potsdam	
Pichelsdorf	Fischerdorf bey Spandow, eingepfarrt daselbst	Mittelmark	Havelland	Amt Spandow	Spandow	
Piesckow	Adel. Gut u. Dorf, eingepfarrt zu Neu-Golmen. Wassermühle.	Churmark	Bees- und Storkow		Teesckow	der Besitzer des Orts
Pilgram	Dorf, Filia vagans, jetzt von Ziegen. Vorwerk.	Mittelmark	Lebus	Amt Ziegen	Frankfurt	der König
Pillarpuhl	Vorwerk	Neumark	Dramburg	Adelich		
Pinnow	Vorwerk, Filial-Kirche von Birkenwerder	Mittelmark	Nieder-Barnim. Kr.	A. Cöpzow	Berlin	der König
Pinnow	Adel. Gut u. Dorf, unicum. Windmühle.	Priegnitz	Lenzen		Lenzen	Patron der von Karbenow, Ger. Obrigk. eben derselbe und v. Winterfeld. Pinnow

Name des Orts.	Stadt. Flecken. Dorf. Adelich Gut. Vorwerk ꝛc.	Provinz.	Kreis.	Adelicher Ort. Königl. Amtsort. Immediat-Stadt.	Geistliche Inspection.	Patron der Pfarr- und Filial-Kirche. Gerichts-Obrigkeit.
Pinnow bey Angermünde	Adel. Gut u. Dorf, mater. Windmühle.	Ukermark	Stolpirsche Kreis		Neu-Angermünde	der Besitzer des Orts
Pinnow bey Prenzlow	Adel. Gut u. Dorf, Filial-Kirche von Bergitz	Ukermark	Ukerm. Kr.		Prenzlow	die Besitzer des Orts
Pinnow	Dorf, Filia von Görbitsch	Neumark	Sternberg	Adelich	Drossen	der Besitzer des Orts
Pinnow	Vorwerk bey Zernickow	Neumark	Königsberg	Adelich		
Pipstock	Vorwerk	Neumark	Dramburg	Adelich		
Pirow	Dorf, fil. Kirche von Gr. Berge	Prignitz	Perleberg	Adelich	Perleberg	der Besitzer des Orts
Pirschheyde	Vorwerk, eingepfarrt zu Bornim	Mittelmark	Havelland	Waisenhaus zu Potsdam		
Pitzerwitz	Dorf, mater.	Neumark	Soldin	Adelich	Soldin	die Besitzer des Orts
Plänitz	Dorf, mater.	Mittelmark	Ruppin	Adelich	Wusterhausen an der Dosse	der Besitzer des Orts
Alt- und Neu-Plache	Vorwerk, Filia vagans, jetzt von Warthe	Ukermark	Ukermärk. Kreis	Adelich	Templin	der Besitzer des Orts
Plage	Vorwerk bey Hunslop	Neumark	Dramburg	Adelich		
Plagow	Dorf, Filia von Sellnow	Neumark	Arenswalde	Amt Marienwalde	Arenswalde	der König
Plan	Vorwerk bey Spandow	Mittelmark	N. Barnim.	Amt Spandow		
Plantage	unweit Cöpenick	Mittelmark	Teltow	Akademie der Wissenschaften zu Berlin		
Plantage	bey NiederSchönhausen s. Königin-Plantage					Platenhof

Name des Orts.	Stadt, Flecken, Dorf, Adelich Gut, Vorwerk ꝛc.	Provinz.	Kreis.	Adelicher Ort. Königl. Amtsort. Immediat-Stadt.	Geistliche Inspection.	Patron der Pfarr- und Filial Kirche. Gerichts Obrigkeit.
Platenhof	Adelich Vorwerk, eingepfarrt zu Suckow	Prignitz	Perleberg			
Plathe	Dorf, mater.	Altmark	Arendsee	Adelich	Calbe	der Besitzer des Orts
Platickow	Dorf, Filia v. Suckow. Mühle.	Mittelmark	Lebus	Adelich	Frankfurt	der Besitzer des Orts
Plattenburg	Adelich Gut, Dorf, Wassermühle u. nahgelegenes Jägerhaus, Fil. von Gr. Leppin	Prignitz	Havelberg		Wilsnack	der Besitzer des Guts
Plaue	Dorf, mater.	Neumark	Crossen	Adelich	Crossen	der Besitzer des Orts
Plaue	Städtchen und adelich Gut. Stadt-Pfarrkirche, Kapelle im adel. Schloß. Drey Windmühlen.	Mittelmark	Haveländ. Kreis	Adelich	Altstadt Brandenburg	der Besitzer des Orts
Plauer-Hof	Vorwerk und Ziegelscheune bey Plaue, eingepfarrt zu Plaue.	Mittelmark	Haveländ. Kr.	der Magistrat zu Brandenburg		
Pleetz bey Burgstall s. Bleetz						
Pleetz bey Walsleben	Dorf, Filia von Bertkow	Altmark	Arneburg	Adelich	Stendal	der Besitzer des Orts
Pleißhammer	Dorf, eingepfarrt zu Dobberpaul	Neumark	Crossen	Adelich	Crossen	
Plessow oder Pleissow	Adel. Gut u. Dorf, Filial-Kirche von Plötzin. Windmühle.	Mittelmark	Zauchische Kr.		Dom Brandenburg	der [?] Orts
Plössin oder Blossin	Adel. Gut u. Dorf, Filia vacans von Friedersdorf	Churmark	Bees- und Storkow	Prinzl. hiesiges Amt	Storkow	Pr. v. Preußen
Plötzin	Dorf, mater. Windmühle.	Mittelmark	Zauche	Adelich	Dom Brandenburg	der Besitzer des Orts Plöwen

Name des Orts.	Stadt, Flecken, Dorf, Adelich Gut, Vorwerk ic.	Provinz.	Kreis.	Adelicher Ort. Königl. Amtsort. Immediat-Stadt.	Geistliche Inspection.	Patron der Pfarr, und Filial-Kirche. Gerichts Obrigkeit.
Plöwen	Dorf, Filial-Kirche von Löcknitz. Eine Windmühle, zwey Wassermühlen.	Uckermark	Stolpirsche Kr.	Amt Löcknitz	Prenzlow	Patr. der König. Ger. Obr. unterschiedene.
Plonitz oder Plunitz	Col. Dorf, noch nicht eingepfarrt	Neumark	Landsberg	Magistrat zu Landsberg	Landsberg	
Plonitzwalde	Dorf, eingepfarrt zu Hammer	Neumark	Sternberg	Adelich	Drossen	
Podelzig	Adel. Gut u. Dorf, mater Vorwerk. Zwey Windmühlen.	Mittelmark	Lebus	Amt Lebus und adelich	Frankfurt	Patr. der König und der Edelmann, Ger. Obrigkeit das Amt.
Polchleben oder Polchlep	Dorf, eingepfarrt zu Schlönewitz	Neumark	Schievelb.	Commenthuren Schievelbein	Schievelbein	
Polckau	Dorf, Filia von Erxleben. Mühle	Altemark	Stendal	Amt Tangermünde	Stendal	der König
Polckern	Dorf, Filia von Crewese	Altemark	Seehausen	Adelich	Osterburg	der Besitzer des Orts
Polenzig	Dorf, eingepfarrt zu Messow	Neumark	Crossen	Amt Crossen	Crossen	
Polenzig	Dorf, mater.	Neumark	Sternberg	Stadt Drossen	Drossen	der Magistrat zu Drossen
Polenzwerder	Vorwerk, eingepfarrt zu Neustadt-Eberswalde.	Mittelmark	Ober-Barnim. Kr.	hat einen Eigenthümer		
...	Dorf, mater. Mühle	Altemark	Arneburg	Adelich	Werben	die Besitzer des Orts
Pollitz	Dorf, Filia von Gr. Wanzer	Altemark	Seehausen	Adelich	Seehausen	der Besitzer des Orts
Pollychen	Dorf, Filia von Gralow	Neumark	Landsberg	Adelich	Landsberg	der Besitzer des Orts

Polly-

Name des Orts.	Stadt, Flecken, Dorf, Adelich Gut, Vorwerk ꝛc.	Provinz.	Kreis.	Adelicher Ort. Königl. Amtsort. Immediat-Stadt.	Geistliche Inspection.	Patron der Pfarr- und Filial-Kirche. Gerichts-Obrigkeit.
Pollychensche Holländer		Neumark	Landsberg	Adelich		
Polssen	Adel. Gut u. Dorf, mater. Wassermühle.	Ukermark	Stolpirsche Kreis		Neu-Ungermünde	der Besitzer des Orts
Polte	Vorwerk u. Schäferey, bey Bitkau	Altemark	Tangerm.	Adelich		
Polzow	Dorf, Filial-Kirche von Wehenow	Ukermark	Stolpirsche Kreis	Adelich	Prenzlow	der Besitzer des Orts
Polzow	Neues Etablissement	Ukermark	Stolpirische Kreis	Amt Zehdenick		
Polwitz	Adelich Gut und Schäferey, eingepfarrt zu Wesseritz	Altemark	Salzwedel			
Pommerzig	Adel. Gut u. Dorf, mater.	Neumark	Crossen		Crossen	der Besitzer des Orts
Ponitz	Zwey adeliche Güter, eingepfarrt zu Diesecke	Prignitz	Perleberg			
Poppau	Dorf, Fil. Kirche von Jeben	Altemark	Salzwedel	Adelich	Apenburg	der Besitzer des Orts
Poratz	Vorwerk zum adel. Gut Ringenwalde gehörig	Ukermark	Ukermärk. Kreis	Adelich		
Porcellain-Hütte zu Basdorf s. Basdorf						
Poreip oder Porep	Dorf	Prignitz	Perleberg	Adelich		
Porig	Adel. Gut u. Dorf, mater. Windmühle.	Altemark	Stendal		Stendal	die Besitzer des Orts
der Poschreich	Unterförsterhaus für den Schönebeckschen Forstdistrict. Eingepfarrt zu Ruhlsdorf	Mittelmark	Nieder-Barnim.	A. Liebenwalde		

Postlin

213

Name des Orts.	Stadt. Flecken. Dorf. Adelich Gut. Vorwerk ꝛc.	Provinz.	Kreis.	Welcher Ort. Königl. Amtsort. Immediat. Stadt.	Geistliche Inspection.	Patron der Pfarr und Filial-Kirche. Gerichts-Obrigkeit.
Poftlin	Dorf, Fil. Kirche von Dalenin. Wassermühle.	Prignitz	Perleberg	Adelich	Perleberg	der Besitzer des Orts
Poftien	Vorwerk	Mittelmark	Lebus	Amt Zelln		
Potsdam	Stadt. Amts-Vorwerk vor der Stadt. Zwey Kunst- zwanzig Wind- und vier Wassermühlen. Jägerhof. Landjägerhaus u. Colonistenhäuser vor dem Teltower Thor.	Mittelmark	Havelländ. Kreis	Immediat		
	1) Ref. Hof- u. Besatzungs-Kirche.					1) der König
	2) das grosse Waisenhaus mit seinem Kirchsaal, hat einen Ref. u. Luth. Prediger.				2) der Feldpropst	2) Directorium des Waisenhauses.
	3) Lutherische Stadtkirche zu S. Nicolai, mater.				3) hiesige Luth. Inspection.	3) der Magistrat
	4) Heilige-Geist-Kirche, gehört den Reformirten und Lutheranern in Gemeinschaft.				4) hiesige Ref. u. Luth. Insp.	4) der König, doch meynet der Magistrat Patron zu seyn.
	5) Franz. Reform. Kirche.				5) das Französ. Oberconsist. zu Berlin.	5) der König
	6) Katholische Kirche.					
Pozehn	Dorf, Filia von Berge	Altermark	Salzwedel	Adelich	Calbe	die Besitzer des Orts
Poszlow	Dorf, im gemeinen Leben ein Flecken genannt, Vorwerk, mater. Wassermühle.	Ukermark	Ukermärk. Kr.	Amt Gramzow	Gramzow	der König
Prädickow oder Predico	Dorf, mater. Vorwerk Paulshof. Vorwerk und Forsthaus in der Blumenthalschen Heide. Windmühle.	Mittelmark	Ober-Barnim. Kr.	Adelich	Straußberg	der Besitzer des Orts

Prdsole

Name des Orts.	Stadt. Flecken. Dorf. Adelich Gut. Vorwerk ꝛc.	Provinz.	Kreis.	Adelicher Ort. Königl. Amtsdorf. Immediat-Stadt.	Geistliche Inspection.	Patron der Pfarr- und Filial-Kirche. Gerichts-Obrigkeit.
Präsolo	Vorwerk bey Falkenburg	Neumark	Dramburg	Adelich		
Pramsdorf	Vorwerk, eingepfarrt zu Gr. Machenow.	Mittelmark	Teltow	Prinzlich Amt Machenow		
Predoel	Dorf, Filia von Falkenhagen	Prignitz	Pritzwalk	Adelich	Pritzwalk	der Besitzer des Orts
Preichow	Dorf, eingepfarrt zu Jähnsdorf	Neumark	Crossen	A. Crossen	Crossen	
Premnitz	Dorf, mater.	Mittelmark	Havelland	Adelich	Rathenow	der Besitzer des Orts
Premsdorf	Dorf, eingepfarrt zu Arensdorf	Churmark	Beesk- und Storkow.	Amt Beeskow	Beeskow	
Premslin oder Prenzlin	Adel. Gut u. Dorf, mater. Wasser- u. Windmühle.	Prignitz	Perleberg		Perleberg	der Besitzer des Orts
Prenden	Adel. Gut u. Dorf, mater. Wassermühle.	Mittelmark	Nied. Barn.		Bernau	der Besitzer des Orts
Prenlo	Vorwerk	Neumark	Dramburg	Adelich		
Prenzlin siehe Premslin						
Prenzlow	Hauptstadt. Zwey Mehl- eine Schneide- eine Walk- drey Lohe- eine Papier- und eine Oelmühle. 1. Lutherische Kirchen. 1) Hauptkirche zu S. Marien. 2) Pfarrkirche zu S. Jacob. 3) Pfarrkirche zu S. Nicolai. 4) Kirche zur heil. Dreyfaltigkeit, deren Pastor der Inspector ist.	Uckermark	Uckerm. Kr.	Immediat	1. hiesige Lutherische Insp.	Ger. Obrigkeit der Magistrat. Patron 1) der Magistrat 2) der Magistrat 3) der Magistrat 4) der Magistrat Deutsch-

Name des Orts.	Stadt, Flecken, Dorf, Adelich Gut, Vorwerk ꝛc.	Provinz.	Kreis.	Adelicher Ort, Königl. Amtsort, Immediat Stadt.	Geistliche Inspection.	Patron der Pfarr- und Filial-Kirche, Gerichts-Obrigkeit.
	Das vormalige graue Kloster bey demselben, ist jetzt ein adeliches Gut.					
	5) Kirche beym Hospital zum heil. Geist, deren Pastor der Diaconus der Marienkirche ist. Die Lutherische Gemeine hat nur des Montags Gottesdienst in derselben.					5) der Magistrat
	6) S. Sabinen Pfarrkirche, in der Neustadt. Adelich Gut auf dem Neustädter Damm, mit einer Schäferey.					6) der Magistrat
	2. Reformirte Gemeinen. Sowohl 1) die Deutsche, als				1) hies. Reform. Inspection.	der König
	2) die Französische Gemeine, hält des Sonntags ihren öffentlichen Gottesdienst in der vorhin genannten Heil. Geist-Kirche.				2) Franz. Ober- consistorium zu Berlin.	der König
Deutsch-Pretzier	Dorf, mater.	Altemark	Arendsee	Adelich	Salzwedel	die Besitzer des Orts
Preylack	Dorf, eingepfarrt zu Peitz	Neumark	Cottbus	Amt Peitz	Cottbus	
Pribrow	Dorf, eingepfarrt zu Sonnenburg	Neumark	Sternberg	Herrenmeisterl. Amt Sonnenburg	Sonnenburg	
Priebelaf	Dorf, Filia von Gröffin	Neumark	Schievelbein	Commenthurey Schievelbein	Schievelbein	der Commenthur
Priemern	Dorf, Filia von Cretzsche	Altemark	Seehausen	Adelich	Seehausen	der Besitzer des Orts
Priros	Dorf, Fil. v. Storkow. Mehl- und Schneidemühle.	Churmark	Bees- und Storkow.	Amt Storkow	Storkow	Priester

Name des Orts.	Stadt, Flecken, Dorf, Adelich Gut, Vorwerk ꝛc.	Provinz.	Kreis.	Adelicher Ort. Königl. Amtsort. Immediat Stadt.	Geistliche Inspection.	Patron der Pfarr- und Filial-Kirche. Gerichts-Obrigkeit.
Priester-Kappe	ein einzelner Hof	Neumark	Seehausen	hat einen Eigenthümer		
Priezen	Dorf, mater. Windmühle.	Mittelmark	Havelland	Adelich	Rathenow	die Besitzer des Orts
Priort	Adel. Gut u. Dorf, Fil. von Carzow	Mittelmark	Havelland	Adelich	Potsdam	der Besitzer des Orts
Pritten	Dorf, Filia von Dolgen	Neumark	Dramburg	Adelich	Dramburg	die Besitzer des Orts
das Pritzer Bruch	in Dramburg	Neumark	Dramburg	Adelich		
Pritzerbe	Städtchen mit einer Pfarrkirche. Zwey Windmühlen.	Mittelmark	Havelländ. Kr.	Amt Zieser	Altstadt Brandenburg	der König
Pritzhagen	Dorf, Filia von Reichenberg. Wassermühle.	Mittelmark	Ober-Barn.	Adelich	Wriezen	der Besitzer des Orts
Pritzwalk	Stadt. Eine Wasser- und zwey Walkmühlen, eine Lohmühle.	Prignitz	Pritzwalk	Immediat	hies. Inspection	der Magistrat
Prochnow	Dorf, mater.	Neumark	Dramburg	Adelich	Dramburg	der Besitzer des Orts
Proddehl siehe Preddöl						
Prötzel	Adel. Gut u. Dorf, mater. Windmühl. Forsthaus. Teeröfen in der Blumenthalschen Heide.	Mittelmark	Ober-Barn.	Adelich	Strausberg	der Besitzer des Orts
Pröttlin	Adel. Gut u. Dorf mater. Windmühle.	Prignitz	Lenzen		Lenzen	Patr. von Blumenthal, Ger. Obrigk. ebenderselbe und v. Rathenow.
Protzen	Adel. Gut u. Dorf, mater. Windmühle.	Mittelmark	Ruppin		Neu-Ruppin	der Besitzer des Orts

Prützke

Name des Orts.	Stadt, Flecken, Dorf, Adelich Gut, Vorwerk ꝛc.	Provinz.	Kreis.	Adelicher Ort, königl. Amtsort, Immediat-Stadt	Geistliche Inspection.	Patron der Pfarr- und Filialkirche, Gerichts-Obrigkeit.
Prützke	Dorf, Filial-Kirche von Wuhst	Mittelmark	Zauchische Kreis	der Magistrat zu Brandenburg	Neustadt Brandenburg	der Magistrat
Püggen	Dorf, Filia von Rohrberg	Altemark	Salzwedel	Adelich	Salzwedel	der Besitzer des Orts
Pugling s. Beulingen						
Zum Pütten	Teerofen bey Schönow	Mittelmark	Nieder-Barnim. Kr.	Königlich		
der Pusch	eine Schäferey bey Gersdorf im Storkowschen	Churmark	Bees- und Storkow	Prinz von Preußen		
Putliz	Stadt. Drey adel. Güter. Die Stadtkirche ist mater. Wassermühle.	Prignitz	Prizwalk	Adelich	hiesige Insp.	die von Putliz
Pyrehne	Dorf, Filia von Tornow	Neumark	Landsberg	A. Himmelstädt	Landsberg	der König
Pyrehnischer-	Holländer, eingepfarrt zu Tornow.	Neumark	Landsberg	A. Himmelstädt	Landsberg	

217

Ee   Quaden-

Name des Orts.	Stadt, Flecken, Dorf, Adelich Gut, Vorwerk ꝛc.	Provinz.	Kreis.	Adelicher Ort. Königl. Amtsort. Immediat-Stadt.	Geistliche Inspection.	Patron der Pfarr- und Filial-Kirche. Gerichts-Obrigkeit.
Quaden-Germendorf siehe Germendorf						
Quaden-Dambeck s. Dambeck						
Quärstedt siehe Querstedt						
Quappendorf	Dorf, eingepfarrt zu Quilitz	Mittelmark	Lebus	Adelich	Müncheberg	
Quappenkrug	unweit Cöpenick	Mittelmark	Nied. Barn.			
Quarnebeck	Dorf, Filial-Kirche von Breitenfeld	Altemark	Salzwedel	Adelich	Apenburg	die Besitzer des Orts
Quartschen	Vorwerk. Sitz eines Amts, Filia von Zicher.	Neumark	Königsberg	hiesiges Amt	Cüstrin	der König
Querstede	Dorf, Filia von Babingen. Mühle	Altemark	Stendal	Amt Neuendorf	Stendal	der König
Quickedorf	Col. Ort vor Puttlitz, zu welcher Stadt er auch gehöret	Prignitz	Pritzwalk	Adelich	Puttlitz	
Quilitz	Dorf, unicum. Wintmühle.	Mittelmark	Lebus	Adelich	Müncheberg	der Besitzer des Orts
Quitzöbel	Adel. Gut u. Dorf, mater. Schäferey. Zwey Windmühlen.	Prignitz	Perleberg		St. Havelberg	der Besitzer des Orts
Quitzow	Adel. Gut u. Dorf, mater.	Prignitz	Perleberg		Perleberg	der Besitzer des Orts

Raackow

Name des Orts.	Stadt, Flecken, Dorf, Adelich Gut, Vorwerk ic.	Provinz.	Kreis.	Nächster Ort. Königl. Amtsort. Immediat-Stadt.	Geistliche Inspection.	Patron der Pfarr- und Filial Kirche. Gerichts-Obrigkeit.
Raackow	Dorf, Filia von Curtow	Neumark	Arendswalde	Adelich	Arendswalde	der Besitzer des Orts
Radach	Dorf, mater.	Neumark	Sternberg	Adelich	Drossen	die Besitzer des Orts
Gr. Rade	Dorf, Filia von Kl. Rade	Neumark	Sternberg	Churmärkische U. Frauendorf	Frankfurt	der König
Kl. Rade	Dorf, mater. Windmühle.	Neumark	Sternberg	U. Frauendorf	Frankfurt	der König
Radeberg	Vorwerk bey Riesenig	Neumark	Crossen	Adelich		
Rädeland	Vorwerk, eingepfarrt zu Schmöckwitz	Mittelmark	Teltow	Prinzlich Amt Waltersdorf		
Radelow oder Raslow	Adel. Gut u. Dorf, eingepfarrt zu Glienecke. Vorwerk Schäferey.	Churmark	Beeskow und Storkow.		Storkow	
Rademin	Dorf, Filia von Lübelath. Mühle.	Altemark	Arendsee	Adelich	Salzwedel	
Radenickel	Dorf, eingepfarrt zu Curtichow.	Neumark	Crossen	Adelich	Crossen	
Radensdorf	Dorf, nicht weit von Lübben in der Lausitz	Neumark	Cottbus	Adelich		
Radensleben	Adel. Gut u. Dorf, unicum.	Mittelmark	Ruppin		New-Ruppin	der Besitzer des Orts
Raderang oder Roberang	Neues Etablissement	Prignitz	Wittstock	Amt Zechlin		
Radewege	Dorf, ist ein unicum, wird aber als Fil. v. Grieslow angesehen.	Mittelmark	Havelland	Magistrat zu Brandenburg	Altstadt-Brandenburg	der Magistrat
Radewiese	Col. Dorf, eingepfarrt zu Drewitz	Neumark	Cottbus	Amt Peitz	Cottbus	
Radewitsch	Dorf, eingepfarrt zu Pabligar	Neumark	Züllichow	Adelich	Züllichow	

-Radin-

Name des Orts.	Stadt. Flecken. Dorf. Adelich Gut. Vorwerk ꝛc.	Provinz.	Kreis.	Adelicher Ort. Königl. Amtsort. Immediat Stadt.	Geistliche Inspection.	Patron der Pfarr- und Filial Kirche. Gerichts-Obrigkeit.
Radinickendorf	Dorf, eingepfarrt zu Beeskow	Churmark	Bees- und Storkow.	U. Beeskow	Beeskow	
Radlow siehe Radelow						
Radubn oder Radduhn	Dorf, mater.	Neumark	Königsberg	Adelich	Königsberg	der Besitzer des Orts
Raduhn	Dorf, mater.	Neumark	Arenswalde	der Magistrat zu Arenswalde	Arenswalde	der Magistrat
Radung bey Vietze	Col. Dorf, noch nicht eingepfarrt	Neumark	Landsberg	U. Himmelstädt	Landsberg	
Räbel	Dorf, Filia vug.ins v. Berge.Mühle.	Altemark	Arneburg	Adelich	Werben	der Besitzer des Orts
Räckahn siehe Rekane						
Rädel	Dorf, mater. Forsthaus. Teerofen. Zwischen diesem Dorf u. Lehnin, ist eine Ziegelen.	Mittelmark	Zauche	Amt Lehnin	Neustadt Brandenburg	der König
Rädenitz	Dorf, Filia von Berg	Neumark	Crossen	Amt Crossen	Probstey bey Crossen	der König
Rädickow	Vorwerk zu Haselberg gehörig	Mittelmark	Ober-Barn. Kreis	Adelich		
Rägelin siehe Rögelin						
Ragow	Adel. Gut u. Dorf, Filial-Kirche von Merch.Mehl und Schneidemühle.	Churmark	Bees- und Storkow.		Beeskow	der Besitzer des Orts
Ragow	Dorf, mater. Windmühle.	Mittelmark	Teltow	Magistrat zu Mittenwalde	Mittenwalde	der Magistrat zu Mittenwalde
Ragöser Schleifmühle bey Neustadt Eberswalde		Mittelmark	Ober-Barn.			Gr. Rahde

Name des Orts.	Stadt, Flecken u. Dorf, Adelich Gut, Vorwerk ꝛc.	Provinz.	Kreis.	Adelicher Ort. Königl. Amtsort. Immediat-Stadt.	Geistliche Inspection.	Patron der Pfarr- und Filial-Kirche. Gerichts-Obrigkeit.
Gr. u. Kl. Rahde	s. oben Rade					
Rahnsdorf	Dorf, Filia vagans jetzt von Petershagen. Wasser- und Schneidemühle.	Mittelmark	Nied. Barn.	Adelich	Strausberg	der Besitzer des Orts
Rahnwerder	Dorf, mater.	Neumark	Arenswalde	Adelich	Arenswalde	der Besitzer des Orts
Rakow	Vorwerk	Utermark	Uferm. Kr.	Adelich		
Rambow bey Perleberg	Dorf, Filial-Kirche von Rosenhagen	Prignitz	Perleberg	Adelich	Perleberg	der Besitzer des Orts
Rambow bey Lenzen	Dorf, Filia von Boberow	Prignitz	Lenzen	Adelich	Lenzen	Patr. von Bredow, Ger. Obrigk. eben derselbe und von Blumenthal.
Rampitz	Dorf, mater.	Neumark	Sternberg	hiesiges Herrenmeisterl. Amt	Sonnenburg	der Herrenmeister
Randow	Neues Etablissement u. Vorwerk, in Erbpacht ausgethan.	Prignitz	Wittstock	A. Wittstock		
Ranfft	Adel. Gut u. Dorf, Schäferey und Windmühle. Fil. v. Freyenwalde.	Mittelmark	Ober-Barn.		Wrietzen	der Besitzer des Orts
Neu-Ranfft	Col. Ort von sechs Höfen, hat ref Einwohner, welche zu Neu Cüstrinchen eingepfarret werden sollen.	Neumark	Königsberg			
Rangensdorf ob. Rangsdorf	Adel. Gut u. Dorf, Filia vagans von Gr. Kienitz. Windmühle.	Mittelmark	Teltow		Königs Wusterhausen	der Besitzer des Orts

Ranzig

Name des Orts.	Stadt, Flecken, Dorf, Adelich Gut, Vorwerk ꝛc.	Provinz.	Kreis.	Adelicher Ort, Königl. Amtsdorf, Immediat Stadt.	Geistliche Inspection.	Patron der Pfarr- und Filial-Kirche, Gerichts-Obrigkeit.
Ranzig	Dorf, eingepfarrt zu Stremmen. Vorwerk, welches auf Erbpacht ausgethan ist. Schäferey.	Churmark	Bees- und Storkow.	Amt Beeskow	Kön. Wusterhausen	
Ranzow	Adelich Gut nahe bey Laasow	Neumark	Cottbus			
Rapshagen	Dorf, Meyerey u. Schäferey. Filia von Halenbeck.	Prignitz	Pritzwalk	Adelich	Pritzwalk	Patron das Kloster Marienfließ, Ger. Obrigk. zwey Edelleute.
Rasdorf oder Rasmannsdorf	Abel. Gut u. Dorf, eingepfarrt zu Sauen	Churmark	Beeß- und Storkow.		Beeskow	
Rathenow	Stadt, Schäferey. Wassermühlen.	Mittelmark	Haveland	Immediat	hies. Inspection	der Magistrat
New Rathsdorf	Col. Dorf, nahe bey Wriezen	Mittelmark	Ober-Barn.	Magistrat zu Wriezen		
Rathsleben	Dorf, Filia von Coßebau	Altemark	Arendsee	Adelich	Seehausen	die Besitzer des Orts
Raths-Schäferey	Vorwerk der Stadt Cüstrin	Neumark	Königsberg			
Rathstock	Dorf, Vorwerk, adel.Gut, mater.	Mittelmark	Lebus	Amt Golzow und adelich	Frankfurt	der König und der adeliche Mitbesitzer
Ratzdorf	Dorf, Filia von Marwitz	Neumark	Landsberg	Amt Himmelstädt	Landsberg	der König
Rauckow	Adelich Gut	Neumark	Cottbus			
Rauden	Dorf, Filia von Neudorf	Neumark	Sternberg	das Züllichowsche Waisenhaus.	Drossen	das Waisenhaus
Rauen	Dorf, Filia von Marggrafpiesk	Churmark	Beeß- und Storkow.	Amt Stansdorf	Storkow	der König
Rauenlust	Vorwerk bey Mittgarten	Utemark	Utermärkische Kreis	Adelich		

Rauenthal

Name des Orts.	Stadt, Flecken, Dorf, Adelich Gut, Vorwerk rc.	Provinz.	Kreis.	Adelicher Ort. Königl. Amtsort. Immediat-Stadt.	Geistliche Inspection.	Patron der Pfarr- und Filial-Kirche. Gerichts-Obrigkeit.
Rauenthal	einzelner Hof	Altemark	Arneburg	Adelich		
Rauschendorf	Dorf, Vorwerk, Wasser- u. Windmühle, eingepfarrt zu Schönnermark.	Mittelmark	Ruppin	Adelich	Gransee	
Ravensbrück	Vorwerk, eingepfarrt zu Rutenberg	Ukermark	Ukerm. Kr.	Ist von dem Amt Badingen auf Erbpacht ausgethan.	Templin	
Ravensmühle	bey Wißmar	Ukermark	Ukerm. Kr.	Adelich		
Rebel s. Rädel						
Reckenthin	Dorf, mater.	Prignitz	Pritzwalk	Adelich	Pritzwalk	die Besitzer des Orts
Reckenzin	Dorf, Filia von Warnow	Prignitz	Lenzen	Adelich und Amt Eldenburg	Lenzen	unterschiedene Besitzer
Reßlingen	Dorf Filial-Kirche v. Gr. Apenburg Mühle.	Altemark	Arendsee	Adelich	Apenburg	Besitzer des Orts
Reddelin siehe Röddelin						
Reddigau	Dorf, eingepfarrt zu Diesdorf. Windmühle.	Altemark	Salzwedel	Amt Diesdorf	Salzwedel	
Redel s. Rädel						
Reehagen	Dorf, eingepfarrt zu Sperenberg	Mittelmark	Teltow	Amt Zossen	Zossen	
Reesdorf	Dorf, Filial-Kirche von Neuendorf	Mittelmark	Zauche	A. Saarmund	Trenenbrietzen seit 1764, vorher Neustadt Brandenburg.	der König
Reetz	Stadt	Neumark	Arendswalde	Immediat	Arenswalde	Patr. der König. in Ansehung des Pastorats, d. r Magistrat in Ansehung des Diaconats. Reetz

Name des Orts.	Stadt, Flecken, Dorf, Adelich Gut, Vorwerk ꝛc.	Provinz.	Kreis.	Adelicher Ort, Königl. Amtsort, Immediat-Stadt.	Geistliche Inspection.	Patron der Pfarr- und Filial-Kirche, Gerichts-Obrigkeit.
Reetz	Vorwerk	Neumark	Arenswalde	Amt Reetz		
Alt-Reetz	Dorf, Filia von Wrietzen	Neumark	Königsberg	A. Butterfelde	Wrietzen	
Neu-Königlich-Reetz	Col. Dorf im Bruch	Neumark	Königsberg	Amt Wrietzen		
Neu-Adelich-Reetz	Col. Dorf im Bruch	Neumark	Königsberg	Amt Wrietzen		
Reetze	Adel. Gut u. Dorf, Filia von Busche	Prignitz	Perleberg		Perleberg	der Besitzer des Orts
Regelsdorf	Vorwerk	Mittelmark	Ruppin	Adelich		
Regenmantel	Vorwerk in der Pfarre Faltenhagen	Mittelmark	Lebus	Adelich		
Regenthin	Dorf, Filia von Zatten	Neumark	Arenswalde	Amt Marienwalde	Arenswalde	der König
Regersdorf oder Reyersdorf	Forsthaus bey Vietmannsdorf	Ukermark	Ukerm. Kr.	Amt Zehdenick		
Rehberg	Vorwerk bey Dieteredorf	Neumark	Dramburg	Adelich		
Rehberg	Vorwerk	Neumark	Friedeberg	Adelich		
Rebedorf oder Rebtorf	Dorf, Filia von Hanseberg	Neumark	Königsberg	Adelich	Königsberg	der Besitzer des Orts
Rehfeld	Adel. Gut u. Dorf, Filial-Kirche von Berlit	Prignitz	Kyritz		Kyritz	der Besitzer des Orts
Rehfeld	Col. Dorf, noch nicht eingepfarrt	Mittelmark	Lebus			
Rehfeld	Dorf, mater.	Mittelmark	Ober-Barn.	A. Rüdersdorf	Strausberg	der König
Alt-Rehfeld	Dorf, eingepfarrt zu Crossen	Neumark	Crossen	Stadt Crossen	Crossen	der Magistrat
Neu-Rehfeld	Dorf, eingepfarrt zu Crossen	Neumark	Crossen	Amt Crossen	Crossen	

Rehluch

Name des Orts.	Stadt, Flecken, Dorf, Adelich Gut, Vorwerk &c.	Provinz.	Kreis.	Adelicher Ort, Königl. Amtsdorf, Immediat-Stadt.	Geistliche Inspection.	Patron der Pfarr und Filial-Kirche. Gerichts-Obrigkeit.
Rehluch	Teerofen	Mittelmark	Nieb. Barn.	A. Liebenwalde		
Rehmate	Unterförsterhaus für den Liebenwaldischen Forstdistrict, liegt in der Heide und ist eingepfarrt zu Zehlendorf.	Mittelmark	Nieder-Barnim. Kr.	Amt Friedrichsthal		
Gr. Rehne	Col. Dorf	Neumark	Landsberg	A. Himmelstädt		
Rehnitz	Dorf, Filia von Glasow	Neumark	Soldin	Adelich	Soldin	der Besitzer des Orts
Rehrorf f. Rehedorf						
Reichen	Dorf, Filia von Langenfeld	Neumark	Sternberg	Commenthurey Lagow	Sonnenburg	der Commenthur
Reichenberg	Adel. Gut u. Dorf, mater.	Mittelmark	Ober-Barn.		Wrietzen	der Besitzer des Orts
Reichenfelde	Dorf, Filia von Nahausen	Neumark	Königsberg	der Markgraf zu Schwedt	Königsberg	der Markgraf
Reichenow	Dorf, mater. Schäferey.	Mittelmark	Ober-Barnim. Kr.	Adelich	Wrietzen	der Besitzer des Orts
Reichenwalde	Dorf, Filia von Sandow	Neumark	Sternberg	Adelich	Drossen	die Besitzer des Orts
Reichenwalde	Dorf, mater. Vorwerk. Försterhaus.	Churmark	Beer- und Storkow.	Amt Storkow	Storkow	der König
Reichenwaldsche	Vorwerk	Neumark	Sternberg	Adelich		
Reierort	Altes Col. Dorf, eingepfarrt zu Lemmersdorf	Neumark	Arenswalde	Amt Marienwalde	Arenswalde	
Reiersdorf siehe Regersdorf						
Reinickendorf	Dorf, mater vagans. Vorwerk. Papiermühle.	Mittelmark	Nieder-Barnim. Kr.	Magistrat zu Berlin	Berlin	Magistrat zu Berlin Reinsberg

Name des Orts.	Stadt, Flecken, Dorf, Adelich Gut, Vorwerk 2c.	Provinz.	Kreis.	Adelicher Ort, Königl. Amtsort. Immediat Stadt.	Geistliche Inspection.	Patron der Pfarr und Filial Kirche. Gerichts Obrigkeit.
Reinsberg	Stadt. Sitz eines Königl. Amtes. Wassermühle.	Mittelmark	Ruppin	Prinzlich Amt Reinsberg	Neu-Ruppin	Prinz Heinrich von Preußen
Reinshagen	wüste Dorfstäte, auf welcher eine Mehl- u. Walkmühle erbauet ist.	Mittelmark	Ruppin			
Reinsmühle	Vorwerk bey Kotzen	Mittelmark	Havelland	Adelich		
Reipzig	Dorf, mater. Papiermühle. Walkmühle.	Neumark	Sternberg	St. Frankfurt	Frankfurt	der Magistrat
Reinwein siehe Reutwen						
Rekane	Adel. Gut u. Dorf, Filial-Kirche von Crane	Mittelmark	Zauchische Kreis		Neustadt Brandenburg	der Besitzer des Guts
Rengerschlage	Dorf, unicum, ist dem Prediger zu Iden zugelegt. Windmühle.	Altemark	Arneburg	Adelich	Werben	Der erste der vier Gerichtsherren ist Hutron.
Repente	Col. Dorf im Kirchspiel Zechlin	Prignitz		Amt Zechlin	Wittstock	
Reppen	Stadt	Neumark	Sternberg	Immediat	Drossen	Patr. der König
Replinichen	Vorwerk, eingepfarrt zu Teupitz	Mittelmark	Teltow. Kr.	Prinzlich Amt Teupitz		
Repzin	Dorf, Filia von Labenz	Neumark	Schievelbein	Adelich	Schievelbein	der Besitzer des Orts
Resau	Vorwerk	Mittelmark	Jauch. Kr.	Adelich		
Ressen	Dorf, Filia von Laforo in der Laußtz	Neumark	Cottbus	Adelich	Cottbus	der Besitzer des Orts
Rethausen	Dorf, eingepfarrt zu Woltersloge	Altemark	Seehausen	Adelich	Stendal	

Name des Orts.	Stadt, Flecken, Dorf, Adelich Gut, Vorwerk ꝛc.	Provinz.	Kreis.	Adelicher Ort, Königl. Amtsort, Immediat-Stadt.	Geistliche Inspection.	Patron der Pfarr- und Filial-Kirche. Gerichts-Obrigkeit.
Retze	Adel. Gut u. Dorf, Filial-Kirche von Berſche	Prignitz	Perleberg		Perleberg	der Beſitzer des Orts
Retzin	Adel. Gut u. Dorf, eingepfarrt zu Seddin. Waſſermühle.	Prignitz	Perleberg		Putlitz	
Retzin	Dorf, mater. Windmühle.	Ukermark	Stolpirische Kreis	Adelich	Prenzlow	der Beſitzer des Orts
Retzow	Vier adeliche Güter und Dorf, mater. Windmühle.	Mittelmark	Havelland		Dom Brandenburg	Patron der Beſitzer des adel. Guts, Ger. Obrigk. vier Edelleute.
Retzow oder Ritzow	Dorf, eingepfarrt zu Lychen	Ukermark	Ukermärk. Kr.	gehört dem Hospital zu Lychen	Templin	
Reutwen oder Ritwein	Adel. Gut u. Dorf, unicum.	Mittelmark	Lebus		Frankfurt	der Beſitzer des Orts
Rhinow	Städtchen und adelich Gut, mater. Windmühle. Das Ländchen Rhinow wird davon benannt.	Mittelmark	Havelland		Rathenow	die Beſitzer des Orts
Rhinow	Dorf, eingepfarrt zu Meinsdorf	Mittelmark	In des Zauchischen Kr. Ländchen Beerwalde.	Adelich	Treuenbrietzen	
Ribbeck	Dorf und Vorwerk, Filia von Jabelsdorf. Windmühle.	Mittelmark	Ruppin	Amt Badingen	Zehdenick	der König
Ribbeck	Zwey adel. Güter u. Dorf, unicum. Zwey Schäfereyen, von welchen eine die Ublenburg heißet. Windmühle.	Mittelmark	Havelland		Nauen	die Beſitzer des Orts
Richnow	Dorf, mater.	Neumark	Soldin	Amt Cartzig	Soldin	der König Rickedorf

Name des Orts.	Stadt. Flecken. Dorf. Adelich Gut. Vorwerk ꝛc.	Provinz.	Kreis.	Ad. licher Ort. Königl. Amtsort. Immediat- Stadt.	Geistliche Inspection.	Patron der Pfarr- und Filial-Kirche. Gerichts-Obrigkeit.
Ricksdorf oder Richsdorf	Dorf. Fünf Windmühlen. Deutsche Filial Kirche von Britz. Die hiesige lutherische Böhmische Gemeine welche eine Fil. der Böhmischen Kirche zu Berlin ist, bedienet sich der Kirche alle sechs Wochen zu ihrem Gottesdienst. Ein Theil der hiesigen Böhmen macht eine Gemeine der vereinigten evangel. Brüder aus, und hat ihren eigenen Kirchsaal und Prediger.	Mittelmark	Teltow	Magistrat der Stadt Berlin und Amt Mühlenhof	Cöln an der Spree	der Magistrat zu Berlin
Riebau	Dorf. Filial-Kirche von Pretzier. Mühle.	Altemark	Arendsee	Adelich	Salzwedel	die Besitzer des Orts
Rieben	Dorf, Fil. Kirche von Elsholz. Vorwerk, welches mit Colonisten besetzt ist.	Mittelmark	Zauche	A. Saarmund	Beelitz	der König
Riegel	Vorwerk	Neumark	Züllichow	Amt Züllichow		
Rieplos	Dorf, eingepfarrt zu Storkow	Churmark	Bees- und Storkow.	A. Storkow	Storkow	
Riesdorf	Dorf, Filia von Schlenzer	Churmark	Luckenwalde	Adelich	Pechüle	der Besitzer des adel. Guts Schäpe.
Riesenitz	Dorf, Filia von Tammendorf	Neumark	Crossen	Adelich	Crossen	der Besitzer des Orts
Rietz	Dorf, Fil. Kirche von Schmerzke	Mittelmark	Zauche	Amt Ziesar	Dom Brandenburg seit 1773.	der König Gr. Rietz

Name des Orts.	Stadt. Flecken. Dorf. Adelich Gut. Vorwerk ic.	Provinz.	Kreis.	Adelicher Ort. Königl. Amtsort. Immediat-Stadt.	Geistliche Inspection.	Patron der Pfarr- und Filial-Kirche. Gerichts-Obrigkeit.
Gr. Rietz	Dorf, mater. Schäferey. Zwey Wassermühlen.	Churmark	Beeß- und Storkow.	Adelich	Beeskow	der Besitzer des Orts
Kl. Rietz	Adel. Gut u. Dorf, eingepfarrt zu Gr. Rietz.	Churmark	Beeß- und Storkow.		Beeskow	
Wend. Rietz	Dorf, eingepfarrt zu Danisdorf. Vorwerk. Zwey Wassermühlen.	Churmark	Beeß- und Storkow.	Amt Storkow	Storkow	
Rietze	Dorf, Filia von Amt Salzwedel. Mühle.	Altemark	Arendsee	Amt Salzwedel und adelich	Salzwedel	der König
Rietzicke	Dorf, Filia von Wusterwitz	Neumark	Dramburg	Adelich	Dramburg	der Besitzer des Orts
Rietzig	Dorf, Filia von Curtow	Neumark	Arenswalde	A. Reetz	Arenswalde	der König
Rietzig	Adelich Gut	Neumark	Schievelb.			
Riewend	Dorf, unicum regens, wird jetzt von Fagow versehen.	Mittelmark	Havelland	Adelich	Altstadt Brandenburg	der Besitzer des Orts
Rinkersdorf	Dorf, eingepfarrt zu Woltersdorf	Prignitz	Pritzwalk	Adelich	Pritzwalk	
Ringenwalde	Adel Gut u. Dorf, unicum. Windmühle.	Ukermark	Ukermärk. Kreis		Templin	der Besitzer des Guts
Ringenwalde	Adel. Gut u. Dorf, Filia von Friedland. Wassermühle.	Mittelmark	Ober-Barnim. Kr.		Wriezen	der Besitzer des Orts
Ringenwalde	Dorf, Filia von Döltzig	Neumark	Königsberg	Adelich	Königsberg	der Besitzer des Orts
Rinow siehe Rhinow						

Ff 3   Rintorf

Name des Orts.	Stadt. Flecken. Dorf. Adelich Gut. Vorwerk ꝛc.	Provinz.	Kreis.	Adelicher Ort. Königl. Amtsort. Immediat Stadt.	Geistliche Inspection.	Patron der Pfarr und Filial Kirche. Gerichts Obrigkeit.
Rintorf oder Rüntorf	Dorf, mater vagans, wird jetzt von Baben besorgt. Windmühle.	Altemark	Arneburg	Adelich.	Stendal	der Besitzer des Orts
Ristedt	Dorf, mater. Wassermühle.	Altemark	Salzwedel	Adelich	Apenburg	die Besitzer des Orts
Ritzgarten	Dorf, mater vagans, wird jetzt von Schönermark aus besorgt.	Ukermark	Ukermärk. Kreis	Adelich	Prenzlow	der Besitzer des Orts
Rittleben	Adel. Gut u. Dorf.	Altemark	Salzwedel			
Ritzleben	Dorf, Filia von Mechow	Altemark	Arendsee	Adelich	Salzwedel	die Besitzer des Orts
Ritzow s. Rietze						
Riwende siehe Riewend						
Rochau	Dorf, mater. Windmühle.	Altemark	Stendal	Adelich	Stendal	die Besitzer des Orts
Rockenthin	Dorf, mater combinata mit Brombeck	Altemark	Salzwedel	Adelich	Salzwedel	die Besitzer des Orts
Rodahn oder Roddan	Dorf, Filial-Kirche von Quitzöbel	Prignitz	Havelberg	Adelich	St. Havelberg	die Besitzer des Orts
Rodahn oder Roddan	Adelich Gut, Filia von Lohm	Prignitz	Havelberg		Kyritz	die Besitzer des Guts
Röddelin	Dorf, unicum vagans vermöge Rescripts von 1698. Wird jetzt von Templin aus versehen.	Ukermark	Werm. Kr.	Amt Badingen	Templin	der König
Rödenberg oder Röthenberg	Schäferey	Altemark	Seehausen	Adelich		

Rögeßin

Name des Orts.	Stadt, Flecken, Dorf, Adelich Gut, Vorwerk ꝛc.	Provinz.	Kreis.	Adelicher Ort. Königl. Amtsort. Immediat Stadt.	Geistliche Inspektion.	Patron der Pfarr- und Filial Kirche. Gerichts-Obrigkeit.
Rögelin	Dorf, Filia von Caterbow. Wassermühle.	Mittelmark	Ruppin	Amt Zechlin	Neu-Ruppin	der König
Rönnebeck	Dorf, mater.	Mittelmark	Ruppin	Amt Ruppin	Lindow	der König
Rönnebeck	Dorf, Filia von Flessau. Mühle.	Altmark	Stendal	Adelich	Osterburg	der Besitzer des Orts
Röpersdorf	Dorf-Filial-Kirche von Sternhagen	Ukermark	Uckerm. Kr.	Adelich	Prenzlow	Graf v. Schlippenbach und Magistrat zu Prenzlow.
Rösekendorf	Col. Ort nahe bey Putlitz	Prignitz	Pritzwalk	Adelich	Putlitz	
Röstenberg	Dorf, Filia von Neu-Wedel	Neumark	Arenswalde	Adelich	Arenswalde	der Besitzer des Orts
Röthenberg siehe Röddenberg.						
Röxe	Dorf, Filia von der Domkirche zu Stendal	Altmark	Tangerm.	Universität zu Frankfurt	Stendal	die Universität
Röxförde	Dorf, mater. Mühle	Altmark	Tangerm.	Amt Neuendorf	Gardelegen	der König
Rogäser Schleifmühle	woselbst an 20 Familien von Messerschm. eben wohnen, eingepfarrt zu Neustadt-Eberswalde.	Ukermark	Stolpirsche Kreis	Amt Chorin	Neustadt-Eberswalde	
Roggow	Dorf, Fil. Kirche von Wetzenow	Ukermark	Uckerm. Kr.	Adelich	Prenzlow	der Besitzer des Orts
Rogosna	Dorf, eingepfarrt zu Mable	Neumark	Cottbus	Adelich	Cottbus	
Rohlsdorf bey Perleberg	Adel. Gut u. Dorf, Filia von Gr. Gottschau	Prignitz	Perleberg		Perleberg	die Besitzer des Orts
Rohlsdorf bey Pritzwalk	Dorf, mater.	Prignitz	Pritzwalk	Adelich	Pritzwalk	der Besitzer des Orts
Rohrbeck	Dorf, mater.	Neumark	Königsberg	Adelich	Königsberg	der Besitzer des Orts
Rohrbeck	Dorf, Filia von Selnow	Neumark	Arenswalde	Adelich	Arenswalde	der Besitzer des Orts Rohrbeck

Name des Orts.	Stadt. Flecken. Dorf. Adelich Gut. Vorwerk ꝛc.	Provinz.	Kreis.	Adelicher Ort. Königl. Amts ꝛc. Immediat-Stadt.	Geistliche Inspection.	Patron der Pfarr- und Filial-Kirche. Gerichts-Obrigkeit.
Rohrbeck	Dorf, Filia vagans, jetzt von Uchtenhagen. Mühle.	Altmark	Arneburg	Adelich	Werben	die Besitzer des Orts
Rohrbeck	Dorf, mater.	Mittelmark	Havelland	Amt Spandow	Potsdam	der König
Rohrberg	Dorf, mater. Mühle	Altmark	Saltzwedel	Adelich	Saltzwedel	die Besitzer des Orts
Rohrbruch	Vorwerk	Neumark	Dramburg	Adelich		
Rohrbruch	Colonistendorf, eingepfarrt zu Zanzhausen	Neumark	Landsberg	A. Himmelstädt	Landsberg	
Rohrlaack	Dorf, mater.	Mittelmark	Ruppin	Adelich und Magistrat zu Wusterhausen	Wusterhausen an der Dosse	die Besitzer des Orts
Rohrpfuhl	Vorwerk	Neumark	Arenswalde	Adelich		
Rohrpfuhl	Vorwerk zu Stetzberg gehörig	Neumark	Arenswalde	Adelich		
Rohrsdorf	Dorf	Neumark	Frideberg	St. Woldenberg		
Rohrsdorf	Altes Col. Dorf	Neumark	Frideberg	St. Friedeberg		
Rollwitz	Adel. Gut u. Dorf, Filial-Kirche von Schmarsow	Ukermark	Ukerm. Kr.		Prenzlow	der Besitzer des Orts
Roorlack siehe Rohrlaack						
Roscater oder Roscaterwerder	Vorwerk bey Bersenbrügge, eingepfarrt daselbst	Neumark	Arenswalde	Adelich		
Roschow oder Roschow	Adel. Gut u. Dorf, unicum vagans, welches jetzt von Prorsin versehen wird.	Mittelmark	Havelland		Neustadt Brandenburg	der Besitzer des Orts
Rosenfelde jetzt Friderichsfelde						
Rosendorf siehe Rosensdorf						
						Rosengarten

Name des Orts.	Stadt. Flecken. Dorf. Adelich Gut. Vorwerk ꝛc.	Provinz.	Kreis.	Adelicher Ort. Königl. Amtsort. Immediat-Stadt.	Geistliche Inspection.	Patron der Pfarr- und Filial-Kirche. Gerichts-Obrigkeit.
Rosengarten	Dorf, Filia von Lichtenberg. Vorwerk.	Mittelmark	Lebus	Adelich	Frankfurt	der Besitzer des Orts
Rosenhagen	Adel. Gut u. Dorf, mater.	Prignitz	Perleberg		Perleberg	der Besitzer des Orts
Rosenhof	Adelich Gut und Tagelöhner	Altemark	Arneburg			
Rosenmühle	Wassermühle bey Erxleben	Altemark	Salzwedel	hat einen Eigenthümer		
Rosenow	Dorf, Filia von Thomsdorf	Ukermark	Ukerm. Kr.	Adelich	Templin	der Besitzer des Orts
Rosensdorf oder Rostorph	Dorf in der Lenzerwische, eingepfarrt zu Kietz	Prignitz	Lenzen	Adelich	Lenzen	
Rosenthal	Vorwerk bey Gr. ruckow	Ukermark	Ukerm. Kr.	Adelich		
Rosenthal	Dorf, mater.	Neumark	Königsberg	Amt Neudamm	Königsberg	der König
Alt-Rosenthal	Dorf, Filia von Görlsdorf. Wassermühle.	Mittelmark	Lebus	Adelich	Müncheberg	der Besitzer des Orts
Neu-Rosenthal	Vorwerk bey Qulitz	Mittelmark	Lebus	Adelich		
Rosenthal	Dorf u. Vorwerk, mater.	Mittelmark	Nieder-Barnim. Kr.	A.Schönhausen	Berlin	der König
Rosenwinkel	Adel. Gut u. Dorf, mater.	Prignitz	Kyritz		Kyritz	die Besitzer des Orts
Rosmansdorf s. Rasmansdorf						
Gr. Rossow	Dorf, mater. Windmühle.	Altemark	Seehausen	Adelich	Osterburg	die Besitzer des Orts
Kl. Rossow	Dorf, Filia von Gr. Rossau. Windmühle.	Altemark	Stendal	Adelich	Osterburg	die Besitzer des Orts

Name des Orts.	Stadt, Flecken, Dorf, Adelich Gut, Vorwerk ꝛc.	Provinz.	Kreis.	Adlicher Ort, Königl. Amtsdorf, Immediat-Stadt.	Geistliche Inspektion.	Patron d. e. Pfarr und Filial-Kirche, Gerichts-Obrigkeit.
Kossow	Dorf, Filial-Kirche von Zehrenthin. Vorwerk Caselau. Wind- und Wassermühle.	Ukermark	Stolpirsche Kreis	Amt Löcknitz	Prenzlow	Patr. der König. Ger. Dingl. von Berg auf Schönerfeld wegen des Vorwerks, welches er in Erbpacht hat.
Kostin	Dorf, ehemals mater, nun Fil. von Rosenthal.	Neumark	Königsberg	Adelich	Königsberg	der Besitzer des Orts
Kostorph siehe Rosensdorf						
Kothe	Mühle.	Neumark	Königsberg	Adelich		
Rothenburg od. Rottenburg	Stadt.	Neumark	Crossen	Adelich	Crossen	der Besitzer der Stadt
Kothenwohl	ein Krug	Ukermark	Salzwedel	Adelich		
Rothhaus	Col. Dorf	Neumark	Fridberg	Stadt Friedeberg		
Kottstiel oder Kotztiel	Schneidemühle, auf der wüsten Feldmark Tornow.	Mittelmark	Ruppin	U. Alt-Ruppin		
Kotschertinde	Vorwerk bey Neskane. Windmühle.	Mittelmark	Zauchische Kreis	Adelich		
Kopschrede siehe Köpsede						
Kotze	Dorf und Vorwerk, Filia von Ricterbusch. Windmühle.	Mittelmark	Teltow	das hiesige Prinzl. Amt	Königs-Wusterhausen	Pr. v. Preußen.
Kuben	Dorf, eingepfarrt zu Werben	Neumark	Cottbus	Adelich	Cottbus	

Küdow

Name des Orts.	Stadt, Flecken, Dorf, Adelich Gut, Vorwerk ec.	Provinz.	Kreis.	Adelicher Ort, Königl. Amtsort, Immediat-Stadt.	Geistliche Inspection.	Patron der Pfarr- und Filial-Kirche. Gerichts Obrigkeit.
Rädow oder Rudow	Vorwerk. Mühle.	Prignitz	Lenzen	Amt Eldenburg. Die Mühle gehört dem Eigenthümer.		
Rudow	Dorf und Vorwerk, Windmühle. mater.	Mittelmark	Teltow	Amt Cöpenick	Cöln an der Spree	der König
Rübehorst	Col. Dorf	Mittelmark	Ruppin	Amt Neustadt an der Dosse	Wusterhausen an der Dosse	
Rüdenitz	Dorf, Filial-Kirche von Biesenthal.	Mittelmark	Ober-Barn.	Amt Biesenthal	Bernau	der König
Neu-Rüdenitz	Col. Dorf, soll Filia von Neu-Eustrinchen werden.	Mittelmark	Ober-Barn.	Bruchamt Wrietzen	Wrietzen	der König
Rüdenitz	Dorf, mater.	Neumark	Königsberg	Amt Zehden	Königsberg	der König
Rüdersdorf	Dorf, mater. Das Vorwerk ist der Sitz eines Amts.	Mittelmark	Ober-Barn.	hiesiges Amt	Strausberg	der König
Rueffen oder Ruwen	Dorf, Filia von St. Latzke in Pommern.	Neumark	Arendswalde	Adelich	Arendswalde	der Besitzer des Orts
Rüggen	Vorwerk bey Bertenbrügge.	Neumark	Arendswalde	Adelich		
Rühestedt oder Rühstedt	Adel. Gut u. Dorf, mater. Zwey Windmühlen.	Prignitz	Havelberg		St. Havelberg	der Besitzer des Guts
Rühlsdorf	Dorf, eingepfarrt zu Luckenwalde	Churmark	Luckenwalde	Amt Zinna	Luckenwalde	
Rüntorf siehe Rintorf						
Rüthenick	Dorf, mater. Forsthaus.	Mittelmark	Ruppin	A. Dranienburg	Lindow	der König
Ruffenhagen	Vorwerk	Neumark	Dramburg	Adelich		

Ruhleben

Name des Orts.	Stadt, Flecken, Dorf, Adelich Gut, Vorwerk ꝛc.	Provinz.	Kreis.	Adelicher Ort, Königl. Amtsort, Immediat Stadt.	Geistliche Inspection.	Patron der Pfarr- und Filial-Kirche, Gerichts-Obrigkeit.
Kuhleben	Vorwerk	Neumark	Dramburg	Adelich		
Kuhleben	Vorwerk bey Golzow	Mittelmark	Zauchische Kreis	Adelich		
Kuhleben	Vorwerk und nicht weit davon liegendes Forsthaus bey Spandow.	Mittelmark	Teltow	Amt Spandow		
Kuhlsdorf	Dorf, Filial Kirche von Prenden. Drey Königliche Schleusen am Kanal.	Mittelmark	Nieder-Barnim. Kr.	A. Liebenwalde	Bernau	der König
Kuhlsdorf	Adel. Gut u. Dorf, mater. Schäferey	Mittelmark	Teltow		Cölln an der Spree	der Besitzer des Guts
Kuhlsdorf	Dorf, Filial Kirche von Prädickow	Mittelmark	Ober-Barn. Kreis	Amt Landsberg	Strausberg	der König
Kuhnow	Dorf	Neumark	Dramburg	Adelich		
Kubven siehe Kuwen						
Kummelpforttische-	Wasser- u. Schneidemühle, bey Wichmannsdorf	Uckermark	Uckerm. Kr.	Adelich		
Kummelsburg	Ziegelbrennerey an der Spree unweit Berlin	Mittelmark	Nieder-Barnim.	Königlich		
Alt-Ruppin	Städtchen. Vorwerk und Sitz des Amts.	Mittelmark	Ruppin	das hiesige Amt	Neu-Ruppin	der König
Neu Ruppin	Stadt. Drey Wasser- und zwey Windmühlen.	Mittelmark	Ruppin	Immediat	Neu-Ruppin	Patr. des Pastorats der König, der Diaconate der Magistrat, welcher auch die Gerichte hat. Rußdorf

Name des Orts.	Stadt, Flecken, Dorf, Adelich Gut, Vorwerk ꝛc.	Provinz.	Kreis.	Adelicher Ort, Königl. Amtsort, Immediat-Stadt.	Geistliche Inspection.	Patron der Pfarr- und Filial-Kirche, Gerichts-Obrigkeit.
Rußdorf	Dorf, eingepfarrt zu Gersdorf	Neumark	Crossen	Stadt Crossen	Crossen	
Rastenbeck	Dorf, Filia von Dähre, jedoch jetzt ohne Kirche.	Altemark	Salzwedel	Amt Diesdorf	Salzwedel	der König
Ruthenberg	Dorf, mater.	Ukermark	Ukerm. Kr.	Amt Babingen	Templin	der König
Rützenhagen	Dorf, mater.	Neumark	Schievelbein	Adelich	Schievelbein	der Besitzer des Guts
Rützow	Dorf, mater.	Neumark	Schievelb.	Adelich	Schievelbein	der Besitzer des Orts
Ruwen	Dorf	Neumark	Königsberg	Adelich		
Ruwen siehe Rueffen						

Saadenbeck

Name des Orts.	Stadt, Flecken, Dorf, Adelich Gut, Vorwerk ꝛc.	Provinz.	Kreis.	Adelicher Ort. Königl. Amtsort. Immediat-Stadt.	Geistliche Inspection.	Patron der Pfarr und Filial-Kirche. Gerichts-Obrigkeit.
Saadenbeck	Dorf, mater. Zwey Wassermühlen.	Prignitz	Pritzwalk	Stift zum heil. Grabe	Pritzwalk	das Stift
Saalfelde	Dorf, Filial-Kirche von Alten Saltzwedel	Altemark	Arendsee	Amt Saltzwedel und adelich	Apenburg	Besitzer des Orts
Saalow oder Salow	Dorf, eingepfarrt zu Zossen	Mittelmark	Teltow	Amt Zossen	Zossen	
Saarmund	Stadt. Vorwerk. Wasser- u. Windmühle. 10 Colonistenhäuser bey der Stadt. Die Kirche ist verfallen, und die Gemeine 1774 vors erste nach eingepfarrt.	Mittelmark	Zauche	A. Saarmund	Potsdam	der König
Saarno	Teerofen.	Mittelmark	Glien- u. Löwenb. Kr.	A. Oranienburg		
Saarnow	Dorf, mater.	Prignitz	Pritzwalk	Adelich und Magistrat zu Pritzwalk	Pritzwalk	Patr. von Klitzing auf Demertin, u. der Magistrat zu Pritzwalk, Ger.Obr. das Stift zum heil. Grabe.
Saarow	Adel. Gut u. Dorf, eingepfarrt zu Reichenwalde	Churmark	Bees- und Storkow.		Storkow	
Hohen-Saaten	Dorf, Filial-Kirche von Lühnow	Ukermark	Stolpirsche Kreis	Joachimsthal. Gymnasium zu Berlin.	Neu-Angermünde	Schuldirectorium
Saatzke s. Zatzke						
Sabrode	Dorf, eingepfarrt zu Trebatsch	Churmark	Bees- und Storkow.	Prinzlich Amt Trebatsch	Königs-Wusterhausen	
Sachow	Dorf, Filia von Berge	Altemark	Saltzwedel	Adelich	Calbe	der Besitzer des Orts
Sachsendorf	Dorf, mater. Sitz eines Kön.Amts.	Mittelmark	Lebus	hiesiges Königl. Amt	Frankfurt	der König

Sachsen

239

Name des Orts.	Stadt. Flecken. Dorf. Adelich Gut. Vorwerk c.	Provinz.	Kreis.	Adelicher Ort. Königl. Amtsort. Immediat-Stadt.	Geistliche Inspection.	Patron der Pfarr- und Filial-Kirche. Gerichts-Obrigkeit.
Sachsenhausen	Col. Dorf, eingepfarrt zu Oranienburg	Mittelmark	N. Barnim.	A. Oranienburg	Bernau	
Sacrow	Adel. Gut u. Dorf, hat eine besondere Kirche und Gemeine, welche aber besage Visitationsabschiedes schon 1576 und 1602, und vermöge Vergleichs seit 1661 dem Prediger zu Fahrland beygelegt ist. Schäferey.	Mittelmark	Havelland		Potsdam	der Besitzer des Orts
Sacasin	Dorf	Neumark	Cottbus	Adelich		
Sadelberg oder Sattelberg	Dorf, Filia von Zeincke	Neumark	Dramburg	Adelich	Dramburg	der Besitzer des Orts
Säpzig s. Sepzig						
Deutsch-Sagar	Dorf, mater.	Neumark	Crossen	Adelich	Crossen	der Besitzer des Orts
Wend. Sagar	Dorf eingepfarrt zu Deutsch-Sagar	Neumark	Crossen	Amt Crossen	Crossen	
Sagast	Adel. Gut u. Dorf, eingepfarrt zu Putlitz	Prignitz	Perleberg		Putlitz	
Salchow	Vorwerk, mit einigen Colonistenhäusern.	Altmark	Tangerm.	Amt Neuendorf		
Saldernberg	bey Havelberg	Prignitz	Havelberg	von Saldern zu Plattenburg	Dom-Havelberg	
Sallentin siehe Söllentin						
Sallentin	Dorf, Fil. Kirche von Winterfeld	Altmark	Arendsee	Adelich	Apenburg	die Besitzer des Orts
Salow siehe Saalow						Salzborn

Name des Orts.	Stadt. Flecken. Dorf. Adelich Gut. Vorwerk ꝛc.	Provinz.	Kreis.	Adelicher Ort. Königl. Amtsort. Immediat-Stadt.	Geistliche Inspection.	Patron der Pfarr- und Filial-Kirche. Gerichts-Obrigkeit.
Salzborn oder Salzbrunn	Col. Dorf. Die Ref. Gemeine ist Filia von Lehnin	Mittelmark	Zauche	A. Saarmund	die Reform. Gemeine stehet unter der Potsdamschen Insp.	
Salzcoppel	Col. Dorf	Ukermark	Ukerm. Kr.	Amt Zehdenick	Zehdenick	
Salz-Cossathen	Dorf	Neumark	Frideberg	Amt Driesen		
Salzwedel	Stadt. 1) Altstadt. (1) Hauptkirche zu S. Marien. (2) die Mönchkirche bey dem ehemaligen Franciscanerkloster, Filia von der Marienkirche. (3) Kirche des grossen Hospitals zum heil. Geist, Filia. (4) die Kirche des S. Annenklosters, genannt zu S. Niklas. (5) S. Gertrauten Kapelle in der Vorstadt Bockhorn. 2) Neustadt. (1) S. Katharinen Kirche. (2) Elisabeth-Hospital. Filia. In der Altstadt sind drey Wassermühlen, und bey jeder ist eine Windmühle. In der Neustadt zwey Wasser- u. zwey Windmühlen.	Altemark	Salzwedel	Immediat	1) hiesige Inspection. 2) hiesige Inspection.	der Magistrat der Magistrat
Alt-Salzwedel	Dorf, mater. Mühle	Altemark	Salzwedel	Schul-Amt Dambeck	Salzwedel	das Joachimsthal. Schuldirectorium Amt-Salz-

Name des Orts.	Stadt, Flecken, Dorf, Adelich Gut, Vorwerk ꝛc.	Provinz.	Kreis.	Adeliger Ort, Königl. Amtsort, Immediat-Stadt.	Geistliche Inspection.	Patron der Pfarre und Filialkirche, Gerichts-Obrigkeit.
Amt-Salzwedel	mater. Wasser- und Windmühle. Sechs Colonistenhäuser.	Altemark	Salzwedel		Salzwedel	der König
Langen-Salzwedel	Dorf, Filia von Hemerten. Mühle.	Altemark	Tangerm.	Adelich	Osterburg	der Besitzer des Orts
Samnentbin	Dorf, mater.	Neumark	Arendswalde	A. Reez	Arendwalde	der König
Sand	Dorf, eingepfarrt zu Kay	Neumark	Züllichow	Adelich	Züllichow	
Sandauscher	Fehr Krug	Altemark	Tangerm. u. Arneb.	Adelich		
Sandkrug	Fährstelle	Prignitz	Havelberg			
Sandow	Vorstadt, vor Cottbus, eingepfarrt in die Stadtkirche	Neumark	Cottbus	A. Cottbus	Cottbus	
Sandow	Dorf, mater.	Neumark	Sternberg	Adelich	Drossen	der Besitzer des Orts
Sandschäferey	bey Friedersdorf	Churmark	Bees- und Storkow.		gehört der Gemeine zu Friedersdorf	
Sandvorwerk		Mittelmark	Lebus	Adelich		
Sanne	Adel. Gut u. Dorf, mater. Windmühle.	Altemark	Arneburg		Stendal	die Besitzer des Orts
Sannem oder Sanumb	Dorf, mater. Mühle	Altemark	Arendsee	Amt Arendsee und adelich	Salzwedel	der König
Sans Souci	Lustschloß u. Sommerwohnung des Königs unweit Potsdam, auf einem Berge.					
Sapel siehe Zapel						
Sarckow oder Sarcke	Dorf, eingepfarrt zu Bobersberg	Neumark	Crossen	Amt Crossen	Crossen	der König
Sargleben	Dorf, Filia von Garlin. Wassermühle.	Prignitz	Lenzen	Adelich	Lenzen	Patr. von Blumenthal zu Prödlin, Ger. Obrigk. ebenderselbe und sechs andere Edelleute. Saringen

Name des Orts.	Stadt. Flecken. Dorf. Adelich Gut. Vorwerk ꝛc.	Provinz.	Kreis.	Adelicher Ort. Königl. Amtsort. Immediat-Stadt.	Geistliche Inspection.	Patron der Pfarr- und Filial-Kirche. Gerichts-Obrigkeit.
Saringen	Dorf, Filial-Kirche von Kl. Creutz	Mittelmark	Havelland	Dom-Kapitul zu Brandenb.	Dom Brandenburg	das Domkapit. zu Brandenb.
Sarnow	Dorf, unicum.	Prignitz	Pritzwalk	Adelich und Magistrat zu Pritzwalk	Pritzwalk	die Besitzer des Orts
Sarranzig	Dorf, Filia von Dramburg	Neumark	Dramburg	Adelich	Dramburg	der Besitzer des Orts
Saspow	Dorf, eingepfarrt zu Cottbus	Neumark	Cottbus	A. Cottbus	Cottbus	
Hohen-Sathen	Dorf, Filia von Lunow	Ukermark	Stolpirsche Kreis	Schul-Amt Neuendorf	Neu-Angermünde	das Joachimsthal. Schul-Directorium.
Niedern-Sathen	Dorf, Filia von Hohen-Kränig	Neumark	Königsberg	der Markgraf zu Schwedt	Königsberg	der Markgraf
Sattelberg siehe Sadelberg						
Sauel s. Sawal						
Sauen	Adel. Gut u. Dorf, mater. Wasser- u. Windmühle.	Churmark	Bees- und Storkow.		Beeskow	der Besitzer des Orts
Sawal oder Sauel	Dorf, eingepfarrt zu Trebatsch	Churmark	Bees- und Storkow.	Prinzlich Amt Trebatsch	Kön. Wusterhausen	
Schaapow	Dorf, Filial-Kirche v. Schönermark. Schneidemühle.	Ukermark	Ukerm. Kr.	Adelich	Prenzlow	der Besitzer des Orts
Schadebeuster	Dorf, eingepfarrt zu Gr. Beuster in der Altmark	Prignitz	Perleberg	Adelich	Seehausen	
Schadewohle	Dorf, eingepfarrt zu Diesdorf	Altemark	Salzwedel	Amt Diesdorf	Salzwedel	
Schadow	Dorf	Neumark	Cottbus	A. Cottbus		
Alt-Schadow	Dorf, eingepfarrt zu Münchehofe. Försterhaus. Pechhütte.	Churmark	Bees- und Storkow.	Amt Storkow	Kön. Wusterhausen	

Neu-

243

Name des Orts.	Stadt, Flecken, Dorf, Adelich Gut, Vorwerk ꝛc.	Provinz.	Kreis.	Adelicher Ort. Königl. Amtsort. Immediat-Stadt.	Geistliche Inspection.	Patron der Pfarr- und Filial Kirche. Gerichts-Obrigkeit.
Neu-Schadow	Neues Dorf, mater. Forsthaus. Windmühle.	Churmark	Bees- und Storkow.	Amt Storkow	Storkow	der König
Schabstädt siehe Schorstedt						
Schäferey	Vorwerk	Neumark	Sternberg	Stadt Drossen		
Schäpe	Dorf, eingepfarrt zu Lüdersdorf	Mittelmark	Zauchische Kreis	A. Saarmund	Beelitz	
Schäplitz	Dorf, mater combinata mit Garlip. Mühle.	Altemark	Stendal	Adelich	Stendal	die Besitzer des Orts
Schären oder Scheeren	Vorwerk u. Schäferey bey Grieben an der Elbe. Zollstäte.	Altemark	Tangerm.	Adelich		
Schafsfelde	Vorwerk, gehört zu Berlenbrügge	Neumark	Arenswalde	Adelich	Arenswalde	
Schallun	Freyhof, eingepfarrt zu Schöneberg.	Altemark	Seehausen	Adelich		
Schalm	Vorwerk, zu Hammer gehörig.	Neumark	Sternberg	Adelich		
Scharfenbrück	Vorwerk, Schäferey. Mehl- und Schneidemühle.	Churmark	Luckenwalde	Amt Zinna	Jossen	
Scharin, jetzt Marquard						
Scharpenhufe	Adelich Gut bey Pollitz. Nabe daben die Werper, p Gänseburg.	Altemark	Seehausen			
Scharpenlohe	Dorf, eingepfarrt zu Kl. Beuster. Schiffmühle.	Altemark	Seehausen	Adelich	Seehausen	
Schartau	Dorf, Filia von Schorstedt	Altemark	Stendal	Adelich	Stendal	der Besitzer des Orts
Scharteucke		Prignitz	Havelberg			Schartow

Hh 2

Name des Orts.	Stadt, Flecken, Dorf, Adelich Gut, Vorwerk ic.	Provinz.	Kreis.	Ad. licher Ort, Königl. Amtsort, Immediat Stadt.	Geistliche Inspection.	Patron der Pfarr und Filial-Kirche, Gerichts-Obrigkeit.
Schartowswalde	Col. Dorf, eingepfarrt zu Eschbruch.	Neumark	Friedeberg	Amt Driesen	Landsberg	
Gr. Schauen	Dorf, Vorwerk, Schäferey, Hammelstall. mater.	Churmark	Bees- und Storkow.	Amt Storkow	Storkow	der König
Kl. Schauen	Dorf, eingepfarrt zu Storkow	Churmark	Bees- und Storkow.	Amt Storkow	Storkow	
Schaumburg	Dorf, mater. Freygut.	Neumark	Königsberg	A. Quartschen	Küstrin	der König
Scheeren siehe Schären						
Schegeln	Dorf, eingepfarrt zu Jähnsdorf	Neumark	Crossen	Adelich	Crossen	
Schelldorf	Dorf, Filia von Grieben. Mühle.	Altemark	Tangerm.	Amt Tangermünde	Tangermünde	der König
Schenkenberg	Adel. Gut u. Dorf, Filial-Kirche v. Baumgarten, Windmühle.	Ukermark	Ukermärkische Kreis		Prenzlow	der Besitzer des Guts
Schenkendorf	Dorf, mater.	Mittelmark	Teltow	Prinz v. Preußen Amt Königs-Wusterhausen	Kön. Wusterhausen	Pr. v. Preußen
Schenkendorf	Dorf, Filia von Arensdorf. Vorwerk.	Mittelmark	Teltow	A. Saarmund	Potsdam	der König
Schenkenhorst	Dorf, Filia von Estedt. Mühle.	Altemark	Salzwedel	Adelich	Calbe	die Besitzer des Orts
Schepliz siehe Schäpliz						
die hohe Schepping	an der Havel	Mittelmark	Nied. Barn.	A. Spandow		
Scheren siehe Schären						Schernebeck

Name des Orts.	Stadt, Flecken, Dorf, Adelich Gut, Vorwerk ꝛc.	Provinz.	Kreis.	Adelicher Ort, Königl. Amtsort, Immediat-Stadt.	Geistliche Inspection.	Patron der Pfarr und Filial-Kirche, Gerichts-Obrigkeit.
Schernebeck oder Scherbeck	Dorf, Filia von Gr. Schwarzlosen. Mühle.	Altemark	Tangerm.	Adelich	Tangermünde	Patron der Besitzer des adel. Guts zu Gr. Schwarzlosen, Ger. Obrigk. der Besitzer von Lüderitz.
Schernickau bey Arendsee	Dorf, mater. Mühle	Altemark	Arendsee	Adelich	Salzwedel	Patr. von Knesebeck im Fürstenth. Lüneburg, Ger. Obrigk. von Knesebeck zu Tylsen.
Schernickau bey Stendal	Dorf, mater. Windmühle.	Altemark	Stendal	Adelich	Stendal	der Besitzer des Orts
Scheune	in der Schanzer-Heide	Neumark	Sternberg	Adelich		
Scheunstelle	Vorwerk	Mittelmark	Havelland	Adelich		
Schias	Dorf, eingepfarrt zu Fresdorf	Mittelmark	Zauche	A. Saarmund	Beelitz	
Schieben	Dorf, eingepfarrt zu Alten-Salzwedel	Altemark	Salzwedel	Schul-Amt Dambeck	Salzwedel	das Joachimsthal. Schul-Directorium.
Schievelbein	Stadt, Adelich Gut in derselben, und das Kloster zur Wachholzhausen daselbst.	Neumark	Schievelb.	Immediat	hies. Inspection	Patr. der König in Ansehung des Pastorats, Insp. und Magistrat in Ansehung des Diaconats.
Commenthurey-Amt Schievelbein	bey Voldenhagen	Neumark	Schievelb.			
Schildberg	Dorf, mater.	Neumark	Königsberg	Adelich	Königsberg	der Besitzer des Orts

Name des Orts.	Stadt, Flecken, Dorf, Adelich Gut. Vorwerk ic.	Provinz.	Kreis.	Adelicher Ort. Königl. Amtsort. Immediat-Stadt.	Geistliche Inspection.	Patron der Pfarr- und Filial-Kirche. Gerichts-Obrigkeit.
Schilde	Adel. Gut u. Dorf, Fil. v. Bendwisch. Windmühle.	Prignitz	Perleberg		Perleberg	die Besitzer des Orts
Schilde	Dorf, Filia von Dramburg	Neumark	Dramburg	Adelich	Dramburg	der Besitzer des Orts
Schildow oder Schilde	Dorf, Filial-Kirche v.Schönerlinde. Wasser- und Schneidemühle.	Mittelmark	Nieder-Barnim. Kr.	A.Schönhausen	Berlin	der König
Schindelhöfe	Adelich Gut, eingepfarrt zu Schöneberg	Altemark	Seehausen			
Schindelmühle	Wassermühle.	Ufermark	Uferm. Kr.	Adelich		
Schinkenmühle		Altemark	Salzwedel	Amt Diesdorf		
Schinna	Dorf, mater. Windmühle.	Altemark	Stendal	adelich und die Aemter Tangermünde u. Burgstall	Stendal	Patr. von Borstel
Schipperhof	Vorwerk	Ufermark	Uferm. Kr.	Adelich		
Schlabendorf	Dorf	Neumark	Cottbus	Adelich		
Schlageborn	Schäferey, zu Zerslang eingepfarrt	Mittelmark	Ruppin	Prinzlich Amt Reinsberg		
Schlagenthin	Dorf, unicum.	Neumark	Arenswalde	Adelich	Arenswalde	die Besitzer des Orts
Schlagenthin	Vorwerk bey Damsdorf	Mittelmark	Lebus	Magistrat zu Müncheberg		
Schlageorth	Altes Col. Dorf	Neumark	Arenswalde	Amt Marienwalde		
Schlakup	Scheune und Hammelstall	Neumark	Königsberg	A. Zehden		
Schlalach oder Schlanlach	Dorf, mater. Vorwerk, auf Erbpacht ausgethan	Mittelmark	Zauche	AmtSaarmund	Treuenbrietzen	der König
Schlanow	Dorf, Filia von Lauchstädt	Neumark	Friedeberg	Amt Driesen	Landsberg	der König
Schlenzer	Dorf, mater.	Churmark	Luckenwalde	Amt Zinna	Pechüle	der König Schlenzig

247

Name des Orts.	Stadt, Flecken, Dorf, Adelich Gut, Vorwerk ꝛc.	Provinz.	Kreis.	Adelicher Ort. Königl. Amtsort. Immediat-Stadt.	Geistliche Inspection.	Patron der Pfarr- und Filial-Kirche. Gerichts-Obrigkeit.
Schlenzig oder Schlenzke	Dorf, Filia von Petershagen in Pommern	Neumark	Schievelbein	Adelich	Schievelbein	
Schlepkow	Adel. Gut u. Dorf, Filial-Kirche von Hetzdorf	Ukermark	Ukerm. Kr.		Strasburg	der Besitzer des Orts
Schleuen	Vorwerk, eingepfarrt zu Sommerfeld	Mittelmark	Ollen- und Löwenb.	Adelich		
Schleusse, oder Schleus, oder Schluß	Dorf, unicum, wird von Lüderitz aus versehen. Mühle.	Altemark	Tangerm.	Universität zu Frankfurt	Tangermünde	die Universität
Schlichow	Dorf, eingepfarrt zu Heinrichsbrück	Neumark	Cottbus	Adelich	Cottbus	
Schlickendorf od. Schlicksdorf	Dorf, Filia von Cretvese. Mühle.	Altemark	Seehausen	Adelich	Osterburg	die Besitzer des Orts
Schlippe siehe Seelübbe						
Schlönwitz	Dorf, mater.	Neumark	Schievelbein	Adelich	Schievelbein	die Besitzer des Orts
Schlößchen bey Tegel	Adelich Gut	Mittelmark	Nied. Barn.			
Schlößchen	Vorwerk	Neumark	Züllichow	Adelich		
Schlufft	Vorwerk bey Gr. Schönebeck	Mittelmark	Nieder-Barnim. Kr.	hat einen Eigenthümer		
Schlunkendorf	Dorf, Filia von Beelitz. Windmühle.	Mittelmark	Zauchische Kreis	A. Saarmund	Beelitz	der König
Schluß siehe Schleusse						
Schmachtenhagen	Dorf, Filial-Kirche v. Oranienburg	Mittelmark	Nied. Barn.	Amt Friedrichsthal	Bernau	der König
Schmachtenhagen	Vorwerk	Ukermark	Ukermärk. Kr.	Adelich		
						Schmachten-

Name des Orts.	Stadt, Flecken, Dorf, Adelich Gut, Vorwerk ic.	Provinz.	Kreis.	Adelicher Ort, Königl. Landort, Immediat-Stadt.	Geistliche Inspection.	Patron der Pfarr- und Filial-Kirche, Gerichts Obrigkeit.
Schmachtenhagen	Dorf, eingepfarrt zu Schönfeld	Neumark	Crossen	Adelich	Crossen	
Schmagorey	Dorf, Filia von Heinersdorf	Neumark	Sternberg	Adelich	Drossen	die Besitzer des Orts
Schmarfendorf	Dorf, ehedessen mater. wird jetzt vom dem Rector zu Schöneflies besorgt.	Neumark	Königsberg	Adelich	Königsberg	der Besitzer des Orts
Schmargendorf	Dorf, unicum voguni, wird jetzt von dem Prediger zu Wilmersdorf besorgt.	Mittelmark	Tellow	Adelich	Cöln an der Spree	der Besitzer des Orts
Schmargendorf	Dorf. Filial-Kirche von Herssprung. Vorwerk. Forstbau. Zehen Colonisten-Familien.	Ukermark	Stolpirische Kreis	Amt Chorin	Neu-Angermünde	der König
Schmarsow	Contrib. Gut und Dorf, mater. Wind-u. Wassermühle.	Ukermark	Ukermärk. Kreis		Prenzlow	der Besitzer des Orts
Schmarsow	Col. Dorf	Prignitz	Pritzwalk	Adelich	Putlitz	
Schmedodorf ob. Schmidtsdorf	Vorwerk	Mittelmark	Nied. Barn.	Kämmerey der St. Bernau		
Schmelzhütte	Vorwerk bey Britz	Ukermark		der Eigenthümer		
Schmelwitz siehe Schmölwitz						
Schmeerberg	Unterförsterhaus bey Neu Langerwisch	Mittelmark	Zauchische Kreis	Amt Potsdam		
Schmerge oder Schmergow	Dorf, unicum. Windmühle.	Mittelmark	Zauche	Amt Lehnin	Neustadt Brandenburg	der König
Schmerl-Mühle bey Marxdorf		Mittelmark	Lebus			

Schmersis

Name des Orts.	Stadt, Flecku. Dorf, Adel. Gut. Vorwerk 2c.	Provinz.	Kreis.	Adelicher Ort. Königl. Amtsort. Immediat-Stadt.	Geistliche Inspection.	Patron der Pfarr- und Filial-Kirche, Gerichts Obrigkeit.
Schmersau	Dorf, mater.	Altemark	Stendal	Adelich	Osterburg	der Besitzer des Orts
Schmergke	Dorf, mater.	Mittelmark	Zauchische Kr.	Domkapitul zu Brandenburg	Dom Brandenburg	Domkapitul zu Brandenburg
Schmetzdorf s. Schmedsdorf						
Schmiedeberg	Adel. Gut u. Dorf, Filial-Kirche von Polssen	Ukermark	Stolpirsche Kreis		Neu-Angerm.	der Besitzer des Orts
Schmilickendorf	Dorf, Filia von Stülpe. Vorwerk. Schäferey.	Churmark	Luckenwalde	Adelich	Luckenwalde	der Besitzer des Orts
Schmöckwitz	Dorf, Filial-Kirche v. Waltersdorf	Mittelmark	Teltow	Amt Cöpenick	Königs-Wusterhausen	der König
Schmöllau	Dorf, eingepfarrt zu Diesdorf	Altemark	Salzwedel	Amt Diesdorf	Salzwedel	
Schmöllen	Dorf u. Vorwerk, Filial-Kirche von Wallmow. Windmühle.	Ukermark	Stolpirsche Kreis	Amt Löcknitz	Prenzlow	der König
Schmöllen	Vorwerk, bey Brandenburg.	Mittelmark	Zauche	der Magistrat zu Brandenburg		
Schmöllen	Dorf, mater.	Neumark	Züllichow	Adelich	Züllichow	der Besitzer des Orts
Kl. Schmöllen	Vorwerk	Neumark	Züllichow	Adelich		
Schmölwitz	Dorf, eingepfarrt zu Cottbus	Neumark	Cottbus	Amt Cottbus	Cottbus	
Schmogrow	Dorf, eingepfarrt zu Briesen	Neumark	Cottbus	Amt Peitz	Cottbus	
Schmolde	Dorf, Filia von Meyenburg	Prignitz	Prizwalk	Adelich	Prizwalk	die Besitzer des Orts
Schmoos	Vorwerk zu Grafsau	Altemark	Stendal	Adelich		
Schneeberg	Dorf, eingepfarrt zu Krügersdorf	Churmark	Beers- und Storkow.	Magistrat zu Beeskow	Beeskow	

Schneide-

Name des Orts.	Stadt. Flecken. Dorf. Adelich Gut. Vorwerk ꝛc.	Provinz.	Kreis.	Adelicher Ort. Königl. Amtsort. Immediat-Stadt.	Geistliche Inspection.	Patron der Pfarr- und Filial-Kirche. Gerichts-Obrigkeit.
Schneide-	Vorwerk	Neumark	Züllichow	Adelich		
Schöggersburg	Vorwerk, Forsthaus, eingepfarrt zu Staats	Altmark	Tangerm.	Amt Neuendorf		
Schönau	Dorf, Fil. Kirche von Bernau	Mittelmark	Nieder-Barnim. Kr.	Magistrat zu Bernau und Amt Biesenthal	Bernau	Patron der Magistrat, Ger. Obrigt. eben derselbe und das Amt Biesenthal.
Schönberg	bey Havelberg	Prignitz	Havelberg	Domkapitul zu Havelberg	Dom-Havelberg	
Schönberg	Vorwerk bey Stolpe	Ukermark	Stolpirsche Kr.	Adelich		
Schönborn	Dorf, unicum.	Neumark	Züllichow	Adelich	Züllichow	der Besitzer des Orts
Schönebeck	Dorf, mater. Soll als Filia zu Buchholz bey Pritzwalk, gelegt werden.	Prignitz	Pritzwalk	Adelich	Pritzwalk	der Besitzer des Orts
Schönebeck	Dorf, mater. Mühle	Altmark	Stendal	Adelich	Osterburg	der Besitzer des Orts
Gr. Schönebeck	Dorf, mater. Windmühle.	Mittelmark	N. Barnim.	A. Liebenwalde	Bernau	der König
Kl. Schönebeck	Dorf, mater. Wassermühle.	Mittelmark	N. Barn.	Amt Landsberg und adelich	Berlin	Patr. der Edelmann, Ger. Obr. das Amt
Schöneberg	Dorf, mater.	Mittelmark	Teltow	A. Mühlenhof	Cöln an der Spree	der König
Schöneberg	Dorf, mater. Windmühle.	Altmark	Seehausen	Adelich	Seehausen	der Besitzer des Orts
Gr. Schöneberg	Vorwerk	Neumark	Dramburg	Adelich		
Kl. Schöneberg	Vorwerk bey Gersdorf	Neumark	Dramburg	Adelich		Schöneberg

Name des Orts.	Stadt, Flecken, Dorf, Adelich Gut, Vorwerk ꝛc.	Provinz.	Kreis.	Adelicher Ort. Königl. Amtsort. Immediat Stadt	Geistliche Inspection.	Patron der Pfarr- und Filial-Kirche. Gerichts-Obrigkeit.
Schöneberg	Col. Dorf, Filia von Neßebruch	Neumark	Friedeberg	Adelich	Landsberg	
Schöneberg	Dorf, mater.	Mittelmark	Ruppin	Amt Ruppin	Lindow	der König
Schöneberg	Dorf, Filia von Brugge. Freyschulzengericht dieselbst.	Neumark	Soldin	Amt Cartzig	Soldin	der König
Schönefeld	Dorf, Filial-Kirche von Beyersdorf	Mittelmark	Ober-Barn.	Amt Biesenthal und adelich.	Bernau	der König
Schönefeld	Dorf, Filial-Kirche von Rudow. Vorwerk.	Mittelmark	Teltow	die Domkirche zu Berlin. Das Vorwerk ist princlich, und in Erbpacht ausgethan.	Cöln an der Spree	das Domkirchen-Direct.
Schönefelde	Dorf, mater.	Mittelmark	Lebus	Amt Fürstenwalde	Fürstenwalde	der König
Schönefeld	Dorf, Fil. Kirche von Elsholz	Mittelmark	Zauchische Kr.	Adelich	Beelitz	die Besitzer des Orts
Schönefeld	Adel. Gut u. Dorf, mater. Windmühle.	Ukermark	Ukerm. Kr.		Prenzlow	der Besitzer des Guts
Schönefeld auf Berenfeld	Dorf, unicum, wird aber als Fil. von Schernickow versehen.	Altmark	Stendal	Adelich	Stendal	der Besitzer des Orts
Schönefeld	Dorf und Vorwerk, Filia von Grano	Neumark	Arendswalde	Amt Reetz	Arendswalde	der König
Schönefeld	Dorf, Filia von Strübenitz	Neumark	Dramburg	Amt Sabin	Dramburg	der König
Schönefeld	Vorwerk bey Kiltzenhagen	Neumark	Schievelbein	Adelich		
Schöneiche	Adel. Gut u. Dorf, Filia von kl. Schönebeck. Wasser- und Schneidemühle.	Mittelmark	Nieder-Bar.		Berlin	der Besitzer des Orts

Schöneiche

252

Name des Orts.	Stadt, Flecken, Dorf, Adelich Gut, Vorwerk ꝛc.	Provinz.	Kreis.	Adelicher Ort, Königl. Amtsort, Immediat-Stadt.	Geistliche Inspection.	Patron der Pfarr- und Filial-Kirche. Gerichts-Obrigkeit.
Schöneiche	Dorf, eingepfarrt zu Zossen	Mittelmark	Teltow	A. Zossen	Zossen	
Schönerlinde	Dorf, mater.	Mittelmark	N. Barnim.	A. Oranienburg	Berlin	der König
Schönerlinde	Dorf, eingepfarrt zu Cöpenick	Mittelmark	Teltow	Amt Cöpenick	Friedrichswerder zu Berlin	
Schönermark	Dorf, Filial-Kirche von Gransee	Mittelmark	Ruppin	Adelich	Gransee	die Besitzer des Orts
Schönermark	Dorf, unicum, hat einerley Prediger mit Städnitz, ohne Filia zu seyn, vermöge Consistorialbescheides von 1654. Windmühle.	Prignitz	Havelberg	das Domkapitul zu Havelberg	Dom-Havelberg	Domkapitul
Schönermark bey Prenzlow	Adel. Gut u. Dorf. In der Schönermarktschen Heide sind zwey Forsthäuser.	Ukermark	Ukerm. Kr.		Prenzlow	der Besitzer des Guts
Schönermark bey Schwedt	Dorf, mater. Vorwerk	Ukermark	Stolpirsche Kr.	der Markgraf zu Schwedt	Neu-Angermünde	Besitzer des Orts
Schönewalde	Dorf, Filia von Biebereich	Neumark	Sternberg	Adelich	Drossen	der Besitzer des Orts
Schönewalde ob. Schönwolde	Dorf, Filia von Kl. Schwarzlosen. Mühle.	Altemark	Tangerm.	Amt Neuendorf	Tangermünde	Patron zu ⅔ der König, zu ⅓ von Lüderitz
Schönewalde	Adel. Gut u. Dorf, Filial-Kirche von Bötzow.	Mittelmark	Ellen- u. Löwenb. Kr.		Spandow	der Besitzer des Orts
Schönewalde	Col. Dorf, erbauet 1754. Filia von Bernau. Der Gottesdienst wird in der Schulstube gehalten, weil noch keine Kirche erbauet ist. Windmühle.	Mittelmark	Nieder-Barnim. Kr.	A. Mühlenbeck	Bernau	der König

Schönfeld

Name des Orts.	Stadt, Flecken, Dorf, Adelich Gut, Vorwerk ꝛc.	Provinz.	Kreis.	Adelicher Ort. Königl. Amtsort. Immediat-Stadt.	Geistliche Inspection.	Patron der Pfarr- und Filial-Kirche. Gerichts-Obrigkeit.
Schönfeld	Dorf, Filial-Kirche von Quitzow	Prignitz	Perleberg	Adelich	Perleberg	Patr. von Möllendorf, Ger. Obr. derselbe u. v. Karstedt.
Schönfeld	Vorwerk bey Marwitz	Neumark	Landsberg	Adelich		
Schönfeld	Dorf, Filia von Sellin	Neumark	Königsberg	Adelich	Königsberg	der Besitzer des Orts
Schönfeld	Dorf, Filia von Messow	Neumark	Crossen	Adelich	Crossen	der Besitzer des Orts
Schönfeld	Dorf	Neumark	Crossen	Stadt Sommerfeld		
Schönfeld	abgebautes Vorwerk, eingepfarrt zu Frideberg	Neumark	Frideberg	Stadt Frideberg		
Schönfließ	Adel. Gut u. Dorf, unicum.	Mittelmark	Nieder-Barnim. Kr.		Berlin	der Besitzer des Orts
Schönfließ	Dorf, Filia von Mallnow	Mittelmark	Lebus	Amt Lebus	Frankfurt	der König
Schönfließ	Stadt	Neumark	Königsberg	Immediat	Königsberg	Patr. der König
Schönhagen bey Pritzwalk	Dorf, unicum, Wassermühle.	Prignitz	Pritzwalk	Adelich und Magistrat zu Pritzwalk.	Pritzwalk	die Besitzer des Orts
Schönhagen in der Probstey	Dorf, mater. Windmühle.	Prignitz	Havelberg	Domkapitel zu Havelberg	Dom-Havelberg	Domkapitel
Schönhausen	Zwey adel. Güter und Dorf, mater. Meyerey vor dem Damm. Drey Windmühlen.	Altemark	Tangerm.	Adelich	Tangermünde	der Besitzer des Orts
Hohen-Schönhausen	Adel. Gut u. Dorf, Filial-Kirche von Malchow	Mittelmark	Nieder-Barnim.		Berlin	der Besitzer des Orts
Nieder-Schönhausen	Dorf, Filial-Kirche von Pancow. Lustschloß der Königin.	Mittelmark	Nied. Barn.	Amt Schönhausen	Berlin	der König

Schönhöhe

Name des Orts.	Stadt, Flecken, Dorf, Adelich Gut, Vorwerk ꝛc.	Provinz.	Kreis.	Adelicher Ort. Königl. Amtsort. Immediat-Stadt.	Geistliche Inspection.	Patron der Pfarr- und Filial-Kirche. Gerichts-Obrigkeit.
Schönhöhe oder Schönhohre	Dorf	Neumark	Cottbus	Amt Peitz		
Schönholz	Dorf, Wasser- und Schneidemühle.	Mittelmark	Ober-Barn.	Amt Biesenthal		
Schönholz	Zwey Vorwerke	Mittelmark	Havelland	Adelich		
Neu-Schönings-bruch	Col. Dorf	Neumark	Friedeberg	Amt Driesen		
Schönow	Dorf, mater.	Neumark	Sternberg	Adelich	Sonnenburg	der Besitzer des Orts
Schönow	Dorf und Vorwerk, Filia von Teltow	Mittelmark	Teltow. Kr.	Amt Potsdam, das Vorwerk adelich	Cölln an der Spree	der König
Schönrade	Dorf, Filia von Wugarten	Neumark	Friedeberg	Adelich	Landsberg	der Besitzer des Orts
Schönthal	Teerofen auf der sogenannten Wildbräule.	Mittelmark	Nied. Barn.	A. Biesenthal		
Schönwalde s. Schönewalde						
Schönewerder	Adel. Gut u. Dorf, mater.	Ukermark	Ukerm. Kr.	Magistrat zu Prenzlow	Prenzlow	die Besitzer des Orts
Schönweide	einzeln Haus, bey Cöpenick	Mittelmark	Teltow	Amt Cöpenick		
Schönweide oder Schönerweide	Dorf, Filia von Christindorf, Teerofen.	Mittelmark	Teltow	Amt Zossen	Zossen	der König
Schöpfkurth	Dorf, Filia von Neustadt-Eberswalde. Wassermühle.	Mittelmark	Ober-Barn. Kreis	Amt Biesenthal	Neustadt Eberswalde	der König
Schöppe siehe Schäpe						

Schorbus

255

Name des Orts.	Stadt, Flecken, Dorf, Adelich Gut, Vorwerk ꝛc.	Provinz.	Kreis.	Adelicher Ort, Königl. Amtsort, Immediat-Stadt.	Geistliche Inspection.	Patron der Pfarr- und Filial-Kirche, Gerichts-Obrigkeit.
Schorbuß	Dorf, mater.	Neumark	Cottbus	Adelich	Cottbus	der Besitzer des Orts
Schorstädt oder Schadstädt	Dorf, mater. Windmühle.	Altemark	Stendal	Adelich	Stendal	der Besitzer des Orts
Schrampe	Dorf, eingepfarrt zu Arendsee. Mühle.	Altemark	Arendsee	Amt Arendsee	Salzwedel	
Schreibers	Mühle bey Lychen	Ukermark	Ukerm. Kr.	Adelich		
Schrepkow	Adel. Gut u. Dorf, mater.	Prignitz	Pritzwalk		Pritzwalk	Patr. Graf von Kanecke, Gerichts-Obr. v. Klinggräf.
Schreyisches Mühle	bey Gottberg	Mittelmark	Ruppin	Adelich		
Schünow	Dorf, Filia von Glienicke	Mittelmark	Teltow	Amt Zossen	Zossen	der König
Schüren siehe Scheeren						
Schulzendorf	Dorf, ist eine Pfarre für sich, wie 1565 von dem Consistorio erkannt worden, ist aber ehedessen laut der Matrikeln von 1542, 1567 und 1600 von dem Prediger zu Kiekebusch besorgt worden, jetzt wird es von dem Prediger zu Waltersdorf versehen. Schäferey. Windmühle.	Mittelmark	Teltow	Prinzlich Amt Waltersdorf	Königs-Wusterhausen	Pr. v. Preußen
Schulzendorf	Adel. Gut u. Dorf, Filia vagans jetzt von Lüdersdorf.	Mittelmark	Ober-Barnim. Kr.		Wrietzen	der Besitzer des Orts

Schulzen-

Name des Orts.	Stadt, Flecken, Dorf, Adelich Gut, Vorwerk ꝛc.	Proviuz.	Kreis.	Adelicher Ort, Königl. Amtsort, Immediat-Stadt.	Geistliche Inspection.	Patron der Pfarr und Filial-Kirche, Gerichts-Obrigkeit.
Schulzendorf	Schweizer Col. Dorf, angelegt gegen das Ende des 17ten Jahrhunderts auf einer wüsten Feldmark, Filia von der Reform. Kirche zu Rüdersdorf. Hat auch Luther. Einwohner, welche in Sonneberg zum Abendmal gehen.	Mittelmark	Ruppin	Amt Ruppin	1) Ref. Insp. Ruppin 2) Luther. Insp. Gransee	der König
Schulzendorf	Dorf, eingepfarrt zu Trebbin. Ist mater gewesen, und hat eine eigene Kirche gehabt. Forsthaus.	Mittelmark	Teltow	A. Trebbin	Mittenwalde	
Schulzendorf	Dorf, Filia von Wittstock. Windmühle.	Mittelmark	Teltow	Amt Zossen	Zossen	der König
Schulzendorf	Vorwerk bey Radduhn	Neumark	Arenswalde	gehört der St. Arenswalde		
Schulzendorf	Vorwerk zu Schönfeld gehörig	Neumark	Königsberg	Adelich		
Schulzenhof	Neues Etablissement	Mittelmark	Ruppin	Ist vom Amt Zechlin auf Erbpacht ausgethan.		
Schulzenwerder	Vorwerk	Neumark	Friedeberg	Amt Driesen		
Schuttenburg	Dorf	Neumark	Friedeberg	A. Driesen		
Schwachenwalde	Dorf, mater.	Neumark	Arenswalde	Amt Markenwalde	Arenswalde	der König
Schwandte	Adel. Gut u. Dorf, mater. Teerofen. Ziegeley.	Mittelmark	Ellen- u. Löwenb. Kr.		Spandow	der Besitzer des Orts
Schwanebeck						

Name des Orts.	Stadt, Flecken, Dorf, Adelich Gut, Vorwerk ıc.	Provinz.	Kreis.	Adelicher Ort, Königl. Amtsort, Immediat-Stadt.	Geistliche Inspection.	Patron der Pfarr- und Filial-Kirche. Gerichts-Obrigkeit.
Schwanebeck	Dorf, mater. Windmühle.	Mittelmark	Nied. Barn.	Amt Biesenthal	Berlin	der König
Schwanebeck	Dorf, Filia von Nebede. Zwey Vorwerke.	Mittelmark	Havelländ. Kreis	Adelich	Dom Brandenburg	Patr. das Domkap. zu Brandenburg, Ger. Obr. die adel. Besitzer des Orts
Schwaneberg	Adel. Gut u. Dorf, Filial-Kirche v. Falkenwalde. Windmühle.	Ukermark	Stolpirsche Kreis		Prenzlow	der Besitzer des Guts
Schwanow	Col. Dorf, angelegt auf einer wüsten Feldmark, hält sich zu der Kirche in Zühlen.	Mittelmark	Ruppin	Adelich	Lindow	
Schwarzenbruch	Vorwerk	Neumark	Arenswalde	gehört der St. Neuwedel		
Schwarzenhagen	Dorf, Filia von Rochau, woselbst es aber jetzt, in Ermangelung einer Kirche, eingepfarrt ist.	Altmark	Stendal	Amt Tangermünde	Stendal	der König
Schwarzenholz	Dorf, eingepfarrt zu Polkritz	Altmark	Arneburg	Adelich	Werben	
Schwarzensee	Dorf, Filia v. gans. Vorwerk.	Ukermark	Ukerm. Kr.	Adelich	Strasburg	der Besitzer des Orts
Gr. Schwarzlosen	Adel. Gut u. Dorf, mater. Mühle.	Altmark	Tangerm.		Tangermünde	der Besitzer des Guts
Kl. Schwarzlosen	Dorf, mater. Mühle	Altmark	Tangerm.	Adelich	Tangermünde	die Besitzer des Orts
Schwarzsee	Vorwerk bey Schlenzig	Neumark	Schievelb.	Adelich		
Schwarzwasser	Dorf, eingepfarrt zu Sieversdorf	Mittelmark	Ruppin	Amt Neustadt an der Dosse	Wusterhausen an der Dosse	Gr. Schwechten

Name des Orts.	Stadt, Flecken, Dorf, Adelich Gut, Vorwerk ꝛc.	Provinz.	Kreis.	Adelicher Ort, Königl. Amtsort, Immediat-Stadt.	Geistliche Inspection.	Patron der Pfarr- und Filial-Kirche, Gerichts-Obrigkeit.
Gr. Schwechten	Dorf, mater. Windmühle.	Altemark	Stendal	Adelich	Stendal	Patr. von Bismark, Ger. Obr. die von Jagow.
Kl. Schwechten	Adel. Gut u. Dorf, mater. Schäferey.	Altemark	Stendal		Stendal	der Besitzer des Guts
Schwedt	Stadt 1) luther. Stadt-Kirche. 2) Französisch Reformirte Kirche.	Ukermark	Stolpirische Kreis	Markgräflich	Schwedt	1) Patron der Markgraf zu Schwedt 2) der König
Schweinhausen	Vorwerk	Neumark	Dramburg	St. Dramburg		
Schweinkofen oder Schwienekaven	Dorf, eingepfarrt zu Gr. Berge.	Prignitz	Perleberg	Adelich	Perleberg	
Schweinrich	Dorf, Filia von Dransee	Prignitz	Wittstock	Amt Zechlin	Wittstock	der König
Schwenow	Dorf, eingepfarrt zu Cossenblat. Vorwerk.	Churmark	Beesk- und Storkow.	Prinzlich Amt zu Cossenblat.	Kön. Wusterhausen	
Schwerin	Dorf, eingepfarrt zu Teupitz	Mittelmark	Teltow	Prinzlich Amt Teupitz	Königl. Wusterhausen	
Schwerin	Dorf, eingepfarrt zu Selchau. Vorwerk. Wassermühle.	Churmark	Beesk- und Storkow.	Prinzlich Amt Plössin	Storkow	
Schwetig	Dorf, eingepfarrt zu Reipzig	Neumark	Sternberg	St. Frankfurt	Frankfurt	
Schwiebusser Gasse s. S. 91 unter Gasse						
Schwienekaven s. Schweinkofen						
die Schwiertze	Vorwerk, eingepfarrt zu Jähnsdorf	Neumark	Crossen	Amt Crossen	Crossen	

Schwiesar

Name des Orts.	Stadt, Flecken, Dorf, Adelich Gut, Vorwerk 2c.	Provinz.	Kreis.	Adelicher Ort, Königl. Amtsort, Immediat Stadt.	Geistliche Inspection.	Patron der Pfarr und Filial Kirche, Gerichts Obrigkeit.
Schwirsau	Dorf, Filia von Breitenfeld	Altemark	Salzwedel	Amt Neuendorf	Apenburg	der König
Schwina oder Schweina	Dorf, Filial Kirche von Nebel	Mittelmark	Zauchische Kreis	Amt Lehnin	Neustadt Brandenburg	der König
Scudow	Dorf	Neumark	Cottbus	Adelich		
Seyren	Dorf, Filia von Zellig	Neumark	Crossen	Adelich	Crossen	der Besitzer des Orts
Sebbin oder Zebbin	Dorf, mater.	Prignitz	Perleberg	Adelich	Putlitz	der Besitzer des Orts
Seddin	Dorf, Filia von Stücken	Mittelmark	Zauche	K. Saarmund	Beelitz	der König
Seebeck	Dorf, mater.	Mittelmark	Ruppin	Amt Ruppin	Lindow	der König
Seeben	Dorf, Filia von Rockenthin, Windmühle, 2c.	Altemark	Salzwedel	Adelich	Salzwedel	die Besitzer des Orts
Seeberg	Dorf Filial Kirche von Neuenhagen	Mittelmark	Nied. Barn.	Amt Alt-Landsberg u. adelich	Berlin	Ger. Obrigk. das Amt, das Patronat ist adelich.
Seeburg	Dorf, Filia von Dalgow	Mittelmark	Havelland	Amt Spandow	Potsdam	Patron der Besitzer des adelichen Guts Gr. Glienicke.
Seedorf	Dorf, mater.	Prignitz	Lenzen	Amt Eldenburg	Lenzen	der König
Seedorf	Dorf, eingepfarrt zu Jähnsdorf	Neumark	Crossen	Amt Crossen und adelich	Crossen	
Seefeld	Dorf und Vorwerk, bey Buchholz	Prignitz	Pritzwalk	Adelich		
Seefeld	Dorf, mater.	Mittelmark	Nied. Barn.	Amt Böhme	Bernau	der König
Seefeld	Dorf, mater.	Neumark	Sternberg	Churmärkische A. Frauendorf	Frankfurt	der König

Seegefeld

Name des Orts.	Stadt, Flecken, Dorf, Adelich Gut, Vorwerk ꝛc.	Provinz.	Kreis.	Adelicher Ort, Königl. Amtsort. Immediat Stadt.	Geistliche Inspection.	Patron der Pfarr und Filial Kirche, Gerichts Obrigkeit.
Seegefeld	Adel. Gut u. Dorf, mater. Jägerhaus auf dem Luch.	Mittelmark	Havelland		Potsdam	der Besitzer des Guts
Seegeletz	Adel. Gut u. Dorf, unicum.	Mittelmark	Ruppin	Adelich	Wusterhausen an der Dosse	Patr. von Taubenheim, Gr. Ohr. ebendenselbe und von Lüderitz.
Seegenfelde	Dorf, Filia von Falkenstein	Neumark	Frideberg	Adelich	Landsberg	der Besitzer des Orts
Seehausen	Dorf und Vorwerk, Fil. von Pohlow	Ukermark	Ukermärk. Kreis	hiesiges Schulamt	Gramzow	das Joachimthal Schulrectorium
Seehausen	Stadt, Neun Mühlen.	Altemark	Seehausen	Immediat	hies. Inspection	der Magistrat
Seehausen	Dorf, Filial Kirche von Pohlow. Brandmühle u. Windmühle. Vorwerk.	Ukermark	Ukermärkische Kreis	Joachimsthal. Gymnasium zu Berlin.	Gramzow	Schuldirectorium
Seelenhorst	Krug und Windmühle.	Mittelmark	Havelländ. Kreis	A. Königshorst	Fehrbellin	
Seelenhorst		Prignitz	Pritzwalk			
Seelow	Stadt. Vorwerk. Zwey Windmühlen.	Mittelmark	Lebus	A. Sachsendorf	Frankfurt	der König
Seelübbe oder Schlippe	Dorf, Filial Kirche von Bertickow. Vorwerk.	Ukermark	Ukermärk. Kreis	Joachimsthal. Gymnasium. Das Vorwerk U. Gramzow.	Gramzow	das Schuldirectorum.
Seeren	Dorf, mater.	Neumark	Sternberg	Commenthurey Lagow	Sonnenburg	der Commenthur
Seewickow siehe Sevickow						
Sehze oder Setz	Adel. Gut u. Dorf, eingepfarrt zu Cargleben.	Prignitz	Lenzen		Lenzen	
Seilershof	Neues Etablissement	Mittelmark	Ruppin	hat einen Eigenthümer		
						Selbelang

Name des Orts.	Stadt, Flecken, Dorf, Adelich Gut, Vorwerk 2c.	Provinz.	Kreis.	Adelicher Ort. Königl. Amtsort. Immediat. Stadt.	Geistliche Inspection.	Patron der Pfarr und Filial-Kirche. Gerichts-Obrigkeit.
Selbelang	Drey adel. Güter u. Dorf, Fil. K. von Retzow. Drey Meyereyen im Lindholze. Windmühle.	Mittelmark	Havelland		Dom Brandenburg	Patron der Besitzer des adel. Guts Retzow, Ger. Obrigf. drey andere Edelleute.
Selchow	Dorf, mater. Vorwerk. Windmühle.	Mittelmark	Teltow	Prinzl. hiesiges Amt	Kön. Wusterhausen	Pr. v. Preußen.
Selchow	Dorf u. Vorwerk, mater.	Churmark	Bees- und Storkow.	Amt Storkow. Das Vorwerk ist adelich.	Storkow	der König
Selchow	Dorf, Filia von Schönow	Neumark	Sternberg	Adelich	Sonnenburg	die Besitzer des Orts
Dörren-Selchow	Dorf, Filia von Grüneberg	Neumark	Königsberg	Ordens-Amt Grüneberg	Sonnenburg	der Herrenmeister
Selensdorf	Vorwerk bey Müglitz Forsthaus.	Mittelmark	Havelländ. Kreis		Domkapitel zu Brandenburg	
Sellenwalde, s. im alten Thiergarten						
Sellin	Dorf, mater.	Neumark	Königsberg	Adelich	Königsberg	der Besitzer des Orts
Sellnow	Dorf, mater.	Neumark	Arendswalde	Amt Marienwalde	Arendswalde	der König
Semmelin oder Semlin	Dorf, Filia von Rathenow	Mittelmark	Havelland	Adelich	Rathenow	die Besitzer des Orts
Semerow	Dorf, mater.	Neumark	Schievelbein	Adelich	Schievelbein	der Besitzer des Orts
Send	Vorwerk	Neumark	Sternberg	Adelich		
Senzig	Dorf, eingepfarrt zu Königs-Wusterhausen.	Mittelmark	Teltow	Prinzlich Amt Königs-Wusterhausen	Kön. Wusterhausen	
Senzke	Adel. Gut u. Dorf, mater. Windmühle.	Mittelmark	Havelland		Rathenow	der Besitzer des Orts

Name des Orts.	Stadt, Flecken, Dorf, Adelich Gut, Vorwerk ꝛc.	Provinz.	Kreis.	Adelicher Ort. Königl. Amtsort. Immediat-Stadt.	Geistliche Inspection.	Patron der Pfarr und Filial-Kirche. Gerichts-Obrigkeit.
Seyszig	Dorf, Filia von Tscherno	Neumark	Sternberg	A. Frauendorf	Frankfurt	der König
Sergen	Dorf, eingepfarrt zu Comptendorf	Neumark	Cottbus	Adelich	Cottbus	
Sernow	Dorf, mater.	Churmark	Luckenwalde	Amt Zinna	Dechäle	der König
Serwest	Dorf, Filial Kirche von Brodewin	Ukermark	Stolpirsche Kreis	Amt Chorin	Neu-Angermünde	der König
Sethen	Dorf, Filia von Lindstedt. Mühle.	Altemark	Tangerm.	Amt Neuendorf	Gardelegen	der König
Setz siehe Sehtze						
Seveckow	Dorf, Filia von Dransee	Prignitz	Wittstock	Amt Zechlin	Wittstock	der König
Seydlitz	Dorf, ragum.	Neumark	Landsberg	St. Landsberg	Landsberg	
Sichau oder Zichau	Adel. Gut u. Dorf, Filia von Miese	Altemark	Salzwedel		Calbe	die Besitzer des Orts
Sidow	Dorf, Filia von Clausdorf	Neumark	Arenswalde	Amt Bernstein	Arenswalde	der König
Siebenbeuthen	Vorwerk, eingepfarrt zu Schönfeld	Neumark	Crossen	Adelich	Crossen	
Sieberschlaa, eigentlich Sieverslack	Dorf, in der Rüdersdorfer Heide, eingepfarrt zu Marggrafspiesk.	Mittelmark	Ober-Barnim. Kr.	A. Rüdersdorf		
Siedentram siehe Tram						
Siegehof	Vorwerk	Neumark	Sternberg	Adelich		
Siepe	Dorf, Filia von Jerche	Altemark	Arendsee	Adelich	Calbe	die Besitzer des Orts
Sieten	Adel. Gut u. Dorf, Filial-Kirche von Gröben. Schäferey.	Mittelmark	Teltow		Cöln an der Spree	der Besitzer des Orts

Sternig

Name des Orts.	Stadt, Flecken, Dorf, Adelich Gut, Vorwerk ꝛc.	Provinz.	Kreis.	Adelicher Ort. Königl. Amtsort. Immediat-Stadt.	Geistliche Inspection.	Patron der Pfarr- und Filial-Kirche. Gerichts-Obrigkeit.
Sierzig	Vorwerk	Neumark	Sternberg	Adelich		
Sietzing oder Carlsfelde	Dorf, wird von dem Prediger zu Friedland besorget.	Mittelmark	Ober-Barn.	Adelich	Wriezen	
Sieversdorf	Dorf, mater.	Mittelmark	Ruppin	Amt Neustadt	Wusterhausen an der Dosse	der König
Sieversdorf	Adel. Gut u. Dorf, mater.	Mittelmark	Lebus		Frankfurt	der Besitzer des Orts
Wüsten-Sieversdorf	Dorf, eingepfarrt zu Damsdorf. Wassermühle.	Mittelmark	Lebus	Adelich	Müncheberg	
Sievertz	Terrofen.	Mittelmark	Ruppin	A. Ruppin		
Siewisch	Dorf	Neumark	Cottbus	Adelich		
Kl. Silber	Dorf, Filia von Nerz	Neumark	Arenswalde	Amt Nerz	Arenswalde	der König
Gr. Silber	Dorf, Filia von Mellen	Neumark	Arenswalde	Adelich	Arenswalde	der Besitzer des Orts
Silberberg	Vorwerk bey Saarow	Churmark	Beek- und Storkow	Adelich		
Silberberg	Dorf, Filia von Neu-Wedel	Neumark	Arenswalde	Adelich	Arenswalde	die Besitzer des Orts
Silbke	Col. Ort, eingepfarrt zu Weterig	Altmark	Salzwedel	Adelich	Gardelegen	
Silmarstorf	Adel. Gut u. Dorf bey Breslow. Windmühle.	Prignitz	Prigwalk		Putlitz	
Simmazig	Dorf, Filia von Kulzlow	Neumark	Schievelbein	Commenthuren Schievelbein	Schievelbein	der Commenthur
Simonsdorf	Dorf, Filia von Liebenfelde	Neumark	Königsberg	Adelich	Königsberg	der Besitzer des Orts
Simonshagen	Adelich Gut u. Col. Dorf, eingepfarrt zu Kl. Gottschow. Windmühle.	Prignitz	Perleberg		Perleberg	

Sinow

Name des Orts.	Stadt. Flecken. Dorf. Adelich Gut. Vorwerk ꝛc.	Provinz.	Kreis.	Adelicher Ort. Königl. Amtsort. Immediat-Stadt.	Geistliche Inspection.	Patron der Pfarr- und Filial-Kirche. Gerichts-Obrigkeit.
Sinow siehe Zienau						
Söllenthin	Dorf, mater.	Prignitz	Wilsnack	Adelich	Wilsnack	der Besitzer des adel. Guts zu Kl. Lüppin.
Soldin	Stadt. 1) Luther. Stadtkirche.	Neumark	Soldin	Immediat	1) hiesige Inspection.	1) Patr. der König in Ans. des Pastorats, Magistrat in Ansehung des Diaconats.
	2) Reform. Kirche.				2) Insp. Küstrin	2) der König
Solicante	Vorwerk	Neumark	Königsberg	Amt Zellin		
Solpcke oder Sulpcke	Dorf, Filia von Berge.	Altemark	Salzwedel	Adelich	Calbe	die Besitzer des Orts
Sommerfelde	Dorf, mater vagans, wird jetzt vom Prediger zu Nieder-Finow besorgt.	Mittelmark	Ober-Barn.	Adelich	Neustadt-Eberswalde	der Besitzer des Orts
Sommerfeld	Col. Dorf, Filia von Pech-Windmühle.	Mittelmark	Glien- und Löwenb.	A. Friedrichsthal	Zehdenick	der König
Sommerfeld	Stadt.	Neumark	Crossen	Adelich	Crossen	der Besitzer des Orts
Sonnenberg	Dorf, unicum. Windmühle.	Mittelmark	Ruppin	Prinzlich Amt Reinsberg	Gransee	Prinz Heinrich
Sonnenburg	Stadt. Vier adel. Güter.	Neumark	Sternberg	Herrenmeisterthum	hiesige Inspect.	der Herrenmeister
Sonnenburg	Vorwerk	Mittelmark	Ober-Barn.	A. Freienwalde		
Sonnenburg	Vorwerk	Neumark	Sternberg	Adelich		
Sophienhof	Vorwerk	Altemark	Tangerm.	Adelich		
Sophienhof	Vorwerk	Neumark	Arenswalde	Adelich		Sophienstedt

Name des Orts.	Stadt, Flecken, Dorf, Adelich Gut, Vorwerk ꝛc.	Provinz.	Kreis.	Adelicher Ort, Königl. Amtsort, Immediat-Stadt.	Geistliche Inspection.	Patron der Pfarr- und Filial-Kirche. Gerichts-Obrigkeit.
Sophienstedt	Colonistendorf und Vorwerk zu Prenden gehörig	Mittelmark	Nieder-Barnim. Kr.	Adelich		
Sophienthal	Vorwerk bey Hermswalde	Neumark	Crossen	Adelich		
Sophienthal	Vorwerk	Neumark	Dramburg	Adelich		
Sophienthal	Col. Ort, noch nicht eingepfarrt	Mittelmark	Lebus			
die Sorge	Schäferey bey dem Vorwerk Grillenberg.	Churmark	Beesk- und Storkow.	Amt Beesskow		
die Sorge	Vorwerk, eingepfarrt zu Neuendorf	Neumark	Crossen	A. Crossen	Crossen	
die Sorge	Vorwerk zu Topper gehörig, eingepfarrt zu Eunersdorf	Neumark	Crossen	Adelich	Crossen	
Alte-Sorge	abgebautetes Vorwerk	Neumark	Landsberg	A. Landsberg		
Sorge	Vorwerk	Neumark	Sternberg	Adelich		
Sorge	Vorwerk	Neumark	Sternberg	Amt Neuendorf		
Gr. Sorge	Vorwerk	Neumark	Züllichow	Adelich		
Kl. Sorge	Vorwerk	Neumark	Züllichow	Adelich		
auf der Sorge	ein Forstwärterhaus bey Letzlingen.	Altemark				
Sopker oder Sapkorn	Zwey abel. Güter und Dorf, Filia von Fahrland.	Mittelmark	Havelland		Potsdam	die Besitzer des Orts
Spaatz	Adel. Gut u. Dorf, mater.	Mittelmark	Havelland		Rathenow	die Besitzer des Orts

Spandow

Name des Orts.	Stadt. Flecken. Dorf. Adelich Gut. Vorwerk ꝛc.	Provinz.	Kreis.	Adelicher Ort. Königl. Amtsort. Immediat-Stadt.	Geistliche Inspection.	Patron der Pfarr- und Filial-Kirche. Gerichts-Obrigkeit.
Spandow	Stadt und Festung. Drey Wassermühlen. 1) Nicolai- oder Stadtkirche. 2) Moritz- oder Garnisonkirche. 3) Reform. Kirche.	Mittelmark	Havelland	Immediat	1) hiesige Insp. 3) Inspection Potsdam.	Der Obrigk. der Magistrat. Patron 1) der Magistrat 3) der König
Spåningen oder Speningen	Dorf, mater.	Altemark	Stendal	Adelich	Osterburg	der Besitzer des Orts
Sparbrügge	Vorwerk	Neumark	Dramburg	Adelich		
Speck-Neuendorf s. Neuendorf						
Spechthausen	Vorwerk. Eine Wasser- und Schneidemühle.	Mittelmark	Ober-Barn.	Ist vom Amt Biesenthal in Erbpacht ausgethan.		
Spechtsdorf	Dorf, mater.	Neumark	Arenswalde	Adelich	Arenswalde	der Besitzer des Orts
Gros Speerenwalde	Vorwerk	Ukermark	Ukermärk. Kr.	Kämmerey zu Prenzlow u. adelich		
Klein Speerenwalde	Vorwerk	Ukermark	Ukerm. Kr.	Adelich		
Speningen siehe Spåningen						
Speerenberg	Dorf, Filia von Zessen. Eine Wind- und eine Wassermühle.	Mittelmark	Teltow	Amt Zossen	Zossen	der König
Sperlingsberg	bey Havelberg	Prignitz	Havelberg	Domkapitel zu Havelberg, u. über einige Häuser der Magistrat zu Havelberg.	Dom-Havelberg	

Spiegel

Name des Orts.	Stadt, Flecken, Dorf, Adelich Gut, Vorwerk ꝛc.	Provinz.	Kreis.	Adelicher Ort, Königl. Amtsort, Immediat-Stadt.	Geistliche Inspection.	Patron der Mutter- und Filial-Kirche, Gerichts-Obrigkeit.
Spiegel	Col. Dorf, eingepfarrt zu Wartebruch.	Neumark	Landsberg	U. Himmelstädt	Landsberg	
Gr. Spiegel	Dorf, mater.	Neumark	Dramburg	Adelich	Dramburg	der Besitzer des Orts
Spiegel	Dorf, Filia von Reetz	Neumark	Arenswalde	Adelich	Arenswalde	der Besitzer des Orts
Spiegelsche Brücke	Vorwerk bey Pamin	Neumark	Dramburg	Adelich		
Spiegelsche Brücke	Vorwerk bey Röhrstopf	Neumark	Dramburg	Adelich		
Gr. Spiegelberg	Dorf und Vorwerk, Filia von Blumenhagen	Uckermark	Uckerm. Kr.	Adelich	Strasburg	der Besitzer des Orts
Kl. Spiegelberg	Dorf u. Vorwerk, Filia vagans.	Uckermark	Uckerm. Kr.	Adelich	Strasburg	der Besitzer des Orts
Spiegelberg	Dorf, mater. Vorwerk	Neumark	Sternberg	Commenthurey Lagow	Sonnenburg	der Commenthur
Spiegelhagen	Dorf, Filial-Kirche von Düpow	Prignitz	Perleberg. Kreis	der Magistrat zu Perleberg	Perleberg	der Magistrat
Spitzmühle bey Buchholz	Wassermühle	Mittelmark	Ober-Barn.			
Splinterfelde	Vorwerk	Neumark	Landsberg	U. Himmelstädt		
Spollerenberg	Teerbrennerey, eingepfarrt zu Damme.	Mittelmark	Havelland	Amt Tangerm.		
Sponbrügge	Vorwerk	Neumark	Arenswalde	Adelich		
Spreebord	Dorf, eingepfarrt zu Neu-Zittau	Churmark	Bees- und Storkow.	U. Rüdersdorf	Storkow	
Spreehagen	Dorf, Filia von Marggrafpieske	Churmark	Bees- und Storkow.	Amt Stansdorf	Storkow	

Sprengen

Name des Orts.	Stadt, Flecken, Dorf, Adelich Gut, Vorwerk ꝛc.	Provinz	Kreis.	Welcher Ort. Königl. Amtsort, Immediat-Stadt.	Geistliche Inspection.	Patron der Pfarr und Kirchen-Gerichts Obrigkeit.
Sprengerfelde oder Sprengfelde	Vorwerk, eingepfarrt zu Wedelsdorf	Neumark	Arenswalde	Adelich	Arenswalde	
Springe	Vorwerk	Neumark	Dramburg	Adelich		
Springe	Dorf, eingepfarrt zu Werder	Neumark	Arenswalde	Adelich	Arenswalde	
Spudelow oder Spudlow	Dorf, Filia von Stenzig. Windmühle.	Neumark	Sternberg	Churmärkisch A. Frauendorf	Frankfurt	der König
Sputendorf	Dorf, Fil. Kirche von Stanßdorf	Mittelmark	Teltow	Amt Saarmund	Cöln an der Spree	der König
Sputendorf	Vorwerk	Mittelmark	Teltow	Prinzlich Amt Trupitz		
Staacken	Col. Dorf u. Vorwerk. Wassermühle.	Mittelmark	Teltow	Prinzlich Amt Buchholz		
Staacken	Pfarrdorf, dessen Kirche aber seit 1560. mit der Stadtkirche in Spandow als Filia verbunden ist.	Mittelmark	Havelland	Magistrat zu Spandow	Spandow	der Magistrat
Staapen	Dorf, unicum.	Altemark	Salzwedel	Adelich	Arenburg	die Besitzer des Orts
Staats oder Staag	Dorf, mater Mühle	Altemark	Tangerm.	Amt Neuendorf	Gardelegen	der König
Staffelde	Adel. Gut u. Dorf, mater.	Mittelmark	Glien u. Löwenb. Kr.	Amt Oehlefanz	Nauen	Petr. der ält. Mitbesitzer des Orts Gerichts-Obr. eben derselbe und das Amt.
Staffelde	Dorf, mater. Windmühle.	Ukermark	Arneburg	Universität zu Frankfurt	Stendal	die Universität
Staffelde	Dorf, Filia von Soldin	Neumark	Soldin	Amt Cartzig	Soldin	der König
der neue Stall	Vorwerk bey Alt-Drewitz	Neumark	Crossen	Adelich		Stanßdorf

Name des Orts.	Stadt, Flecken, Dorf, Adelich Gut, Vorwerk ic.	Provinz.	Kreis.	Adelicher Ort, Königl. Amtsort, Immediat Stadt	Geistliche Inspection.	Patron der Pfarr- und Filial-Kirche. Gerichts-Obrigkeit.
Sransdorf	Dorf, mater.	Mittelmark	Teltow	Adelich	Cöln an der Spree	der Besitzer des Orts
Stansdorf	Dorf, Vorwerk welches der Sitz eines Amts ist. Eingepfarret zu Storkow. Wind- u. Wassermühle.	Churmark	Bees- und Storkow.	hiesiges Amt	Storkow	
Stapeln	Dorf, Filia von Gr. Rossau	Altemark	Seehausen	Adelich	Osterburg	die Besitzer des Orts
Stapen	Dorf, unicum.	Altemark	Salzwedel	Adelich	Apenburg	die Besitzer des Orts
Stapensbeck oder Stappenbeck	Dorf, mater.	Altemark	Arendsee	Adelich	Apenburg	die Besitzer des Orts
Stavenow	Adel. Gut u. Dorf, Filia v. Blüthen	Prignitz	Perleberg		Perleberg	der Besitzer des Guts
Stebritz	Dorf, mater.	Neumark	Cottbus	Adelich	Cottbus	die Besitzer des Orts
der Stechlin, siehe der Tradensche Teerofen						
Stechow	Adel. Gut u. Dorf, mater.	Mittelmark	Havelland		Rathenow	die Besitzer des Orts
Steffenshagen	Dorf, unicum, vereiniget mit Schönhagen	Prignitz	Pritzwalk	Adelich	Pritzwalk	die Besitzer des Orts
Steffin	Dorf, Filia von Protzen	Mittelmark	Ruppin	Magistrat zu Neu-Ruppin und adelich	Neu-Ruppin	die Besitzer des Orts
Stegelitz	Adel. Gut u. Dorf, Filial-Kirche von Giersdorf	Mittelmark	Teltow		Cöln an der Spree	der Besitzer des Orts
Stegelitz	Adel. Gut u. Dorf, mater, hat mit Flieth einen gemeinschaftlichen Pred:ger. Wasser-, Wind- und Schneidemühle.	Ukermark	Ukerm. Kr.		Prenzlow	der Besitzer des Guts

Stegelitz

Name des Orts.	Stadt Flecken. Dorf. Adelich Gut. Vorwerk ꝛc.	Provinz.	Kreis.	Ab icher Ort. Königl. Amtsort. Immediat-Stadt.	Geistliche Inspection.	Patron der Pfarr- und Filial-Kirch. Gerichts-Obrigkeit.
Stegelitz	Dorf, Filia von Gr. Schwarzlosen.	Altemark	Tangerm.	Amt Neuendorf und adelich	Tangermünde	Patron der Besitzer des adelichen Guts zu Gr. Schwarzlosen, Ger. Obrigl. Amt Neuendorf u. drey adeliche.
Stegemanns	Teerofen.	Mittelmark	Ruppin	Amt Ruppin		
Steimke	Dorf, Filia von Grobme im Fürst. Lüneburg. Mühle.	Altemark	Salzwedel	Adelich	Salzwedel	die Besitzer des Orts
Steinbeck	Vorwerk	Neumark	Dramburg	Adelich		
Steinbeck	Adel. Gut u. Dorf, Filia vagans jetzt von Heckelberg. Windmühle.	Mittelmark	Ober-Barnim. Kr.		Neustadt-Eberswalde	der Besitzer des Orts
Steinberg	Col. Dorf, angelegt auf einer wüsten Feldmark gleiches Namens	Mittelmark	Ruppin	hat einen Eigenthümer	Lindow	
Steinberg	Dorf, eingepfarrt zu Suhlow	Prignitz	Perleberg	Adelich	Perleberg	
Steinberg	Dorf, Filia von Nantikow	Neumark	Arendswalde	Adelich	Arendswalde	der Besitzer des Orts
Steinbinde	Forsthaus, eingepfarrt zu Bonsdorf	Mittelmark	Teltow	Amt Cöpenick		
Steinbusch	Dorf, eingepfarrt zu Werder	Neumark	Arendswalde	Adelich	Arendswalde	Ger. Obrigl. die Besitzer des Orts. An dem Patronat hat der König f.
Steinfeld bey Stendal	Dorf, Filia von Kläden. Mühle.	Altemark	Stendal	Adelich	Stendal	

Steinfeld

Name des Orts.	Stadt, Flecken, Dorf, Adelich Gut, Vorwerk ꝛc.	Provinz.	Kreis.	Adelicher Ort. Königl. Amtsort. Immediat-Stadt.	Geistliche Inspection.	Patron der Pfarr- und Filial Kirche. Gerichts-Obrigkeit.
Steinfeld an der Elbe	Dorf, eingepfarrt zu Gr. Beuster	Altemark	Seehausen	Adelich	Stendal	
Steinfurth	Dorf, Filia von Lichterfelde	Mittelmark	Ober-Barn. Kreis	Amt Biesenthal	Neustadt-Eberswalde	der König
Steinfurth oder Steinsöhrde	Neues Etablissement	Prignitz	Wittstock	Amt Zechlin		
Steinfurth	Vorwerk	Churmark	Beeß- und Storkow.	Amt Storkow		
Steinhöfel	Dorf, mater.	Neumark	Dramburg	Adelich	Dramburg	der Besitzer des Orts
Steinhöfel	Col. Dorf	Neumark	Friedeberg	St. Friedeberg		
Steinhöfel	Adel. Gut u. Dorf, mater. Schäferep. Windmühle.	Mittelmark	Lebus		Müncheberg	der Besitzer des Orts
Steinhöfel	Vorwerk und Försterhaus, eingepfarrt zu Briesen	Mittelmark	Lebus	Adelich		
Steinhöfel	Dorf, Fil. Kirche v. Greiffenberg. War ehedessen mater, als aber das Pfarrhaus abbrannte und einging, wurde es von Greiffenberg aus besorgt, und endlich dem dasigen zweyten Prediger als ein Filial beygelegt.	Ukermark	Stolpirsche Kreis	Adelich	Neu-Angermünde	der Besitzer des Orts
Steinitz	Dorf	Neumark	Cottbus	Adelich		
Stemmenberge	Jagdhaus	Altemark	Salzwedel	Adelich		
Stempnitz	Vorwerk	Ukermark	Ukermärkische Kreis	Kämmerey zu Templin		

Stendal

Name des Orts.	Stadt, Flecken, Dorf, Adelich Gut, Vorwerk ꝛc.	Provinz.	Kreis.	Adelicher Ort, Königl. Amtsort, Immediat-Stadt.	Geistliche Inspection.	Patron der Pfarr- und Filialkirche, Gerichts-Obrigkeit.
Stendal	Hauptstadt. 1. Lutherische Kirchen. 1) Dom- oder S. Nicolai-Kirche, mater. 2) Kirche bey dem Kloster S. Catharinen, Filia von der Domkirche. 3) Pfarrkirche zu S. Marien, mater. 4) Kirche bey dem S. Annen-Kloster, mater vagans. 5) Pfarrkirche zu S. Jacob. 6) Pfarrkirche zu St. Petri. Zu derselben gehören die Hospitäler zu S. Georg und S. Elisabeth mit ihren Kirchen, imgleichen das Hospital zu S. Gertrud vor dem Unglingischen Thor. 2. Reformirte Kirchen. 1) Deutsch Reformirte Kirche. 2) Französ. Kirche. Bey der Stadt sind 14 Windmühlen, eine Roß u. eine Walkmühle.	Altmark	Stendal	Immediat	1. hiesige Inspection. 1) Magdeburgische Insp. 2) Oberconsist. zu Berlin.	Gerichts-Obr. der Magistrat Patroni der Lutherschen 1) die Universität zu Frankfurt 2) der Kloster-Convent, welcher aber irren besondern Vocat. von aus stellt. 3) der Magistrat 4) der Kloster Convent. 5) der König in Ansehung des Pastorats, der Magistrat in Ansehung des Archidiaconats. 6) der König der Magistrat 1) der König 2) der König

Stendal

Name des Orts.	Stadt, Flecken, Dorf, Adelich Gut, Vorwerk ec.	Provinz.	Kreis.	Adelicher Ort. Königl. Amtsort. Immediat-Stadt.	Geistliche Inspection.	Patron der Pfarr- und Filial-Kirche. Gerichts-Obrigkeit.
Stendel oder Stendalchen	Adel. Gut u. Dorf mater Vorwerk. Schäferey.	Ukermark	Stolpirsche Kreis		Neu-Angermünde	die Besitzer des Orts
Stendelitz oder Stendnitz	Neues Etablissement auf einer wüsten Feldmark	Mittelmark	Ruppin	Amt Ruppin		
Stennewitz	Dorf, mater.	Neumark	Landsberg	Adelich	Landsberg	der Besitzer des Orts
Stensdorf	Adelich Gut	Mittelmark	Lebus			
Stenzig	Dorf, mater.	Neumark	Sternberg	Churmärkische A. Frauendorf	Frankfurt	der König
Stepenitz, siehe Marienfließ						
Sterbitz	Vorwerk, eingepfarrt zu Luitze	Prignitz	Lenzen	Vom Amt Eldenburg in Erbpacht ausgethan.	Lenzen	
Steritzer-	Krug, eingepfarrt zu Neu-Zittau	Mittelmark	Ober-Barn.			
Stern	Königl. Jagdschloß bey Drewitz	Mittelmark	Teltow	Amt Potsdam		
Sternbeck	Adel. Gut u. Dorf, Filial-Kirche von Prötzel. Windmühle.	Mittelmark	Ober-Barn.		Strausberg	der Besitzer des Orts
Sternberg	Stadt.	Neumark	Sternberg	Adelich	Drossen	die Besitzer des Orts
Sternhagen	Adel. Gut u. Dorf, mater.	Ukermark	Ukerm. Kr.		Prenzlow	der Besitzer des Guts
Stesow	Vorwerk, eingepfarrt zu Deibow	Prignitz	Lenzen	Vom Amt Eldenburg in Erbpacht ausgethan.		
Stier	Vorwerk	Ukermark	Ukermärk. Kreis	Adelich		
Stock	Vorwerk	Neumark	Sternberg	Adelich		Stockheim

273

N m

Name des Orts.	Stadt, Flecken, Dorf, Adelich Gut, Vorwerk zc.	Provinz.	Kreis.	Welcher Ort, Königl. Amtsort, Immediat, Stadt.	Geistliche Inspection.	Patron der Pfarr und Filial-Kirche, Gerichts-Obrigkeit.
Stöckheim	Dorf, Filia von Ahlum	Altemark	Salzwedel	Adelich	Apenburg	die Besitzer des Orts
Stöberitz siehe Stüberitz						
Stöffin s. Steffin						
Stöllen	Adel. Gut u. Dorf, Fil von Rhinow. Windmühle.	Mittelmark	Havelland		Rathenow	die Besitzer des Orts
Stölpchen	Dorf, eingepfarrt zu Bärwalde	Neumark	Königsberg	St. Bärwalde	Königsberg	
Störpke	Dorf, Filial-Kirche von Thüritz	Altemark	Arendsee	Adelich	Apenburg	die Besitzer des Orts
Stöwen	Dorf, Filia von Wutzig	Neumark	Dramburg	Amt Sabin	Dramburg	
Stolpe	Schäferey und Wassermühle.	Prignitz	Kyritz	Die Schäferey ist vom Magistrat zu Kyritz auf Erbpacht ausgethan.		
Stolpe	Col. Ort, dem Dorf Kreuzendorf zugehörig	Prignitz	Pritzwalk			
Stolpe	Dorf, Filia von der Nicolaikirche zu Potsdam. Schäferey.	Mittelmark	Teltow	Amt Potsdam	Potsdam	der Magistrat zu Potsdam
Stolpe	Adel. Gut u. Dorf, mater.	Mittelmark	Nieder-Barnim. Kr.		Berlin	der Besitzer des Orts
Stolpe	Adelich Gut und Flecken, mit gewissen Stadtrechten, mater. Wassermühle.	Ukermark	Stolpirsche Kreis		Neu-Angermünde	der Besitzer des Orts
Stolzenberg	Rittersitz, Dorf, Filial-Kirche von Wormefelde.	Neumark	Landsberg	der Markgraf zu Schwedt	Landsberg	der Markgraf zu Schwedt Stolzenfelde

Name des Orts.	Stadt, Flecken, Dorf, Adelich Gut, Vorwerk ꝛc.	Provinz.	Kreis.	Adelicher Ort. Königl. Amtsort. Immediat-Stadt.	Geistliche Inspection.	Patron der Pfarr- und Filial-Kirche. Gerichts-Obrigkeit.
Stolzenfelde	Dorf, Filia von Pammin	Neumark	Arenswalde	Adelich	Arenswalde	der Besitzer des Orts
Stolzenfelde	Dorf, Filia von Peetzig	Neumark	Königsberg	Adelich	Königsberg	der Besitzer des Orts
Stolzenhagen	Adel. Gut u. Dorf, mater. Wassermühle.	Ukermark	Stolpirsche Kreis	Adelich	Neu-Angermünde	der Besitzer des Orts
Stolzenhagen	Dorf, Filial-Kirche von Closterfelde	Mittelmark	Nied. Barn.	A. Mühlenbeck	Bernau	der König
Storbeck	Dorf, mater.	Altemark	Stendal	Adelich	Osterburg	der Besitzer des Orts
Storbeck	Col. Dorf, hat reformirte und lutherische Einwohner, jene machen eine Filial-Gemeine von Neu-Ruppin aus, diese gehören zum Kirchspiel Alt-Ruppin.	Mittelmark	Ruppin	Amt Ruppin		
Storkow	Stadt, Vorwerk, Schäferey, Wind u. Wassermahlmühle. Zwey Burglehne. Pfarrkirche ist mater.	Churmark	Bees- und Storkow.	Immediat	hiesige Insp.	Patr. der König
Storkowsche Haide, gemeiniglich Storksche Pfort	in der Rüdersdorfer Heide	Mittelmark	Ober-Barn.			
Storkow	Dorf, Filia von Drewitz in der Drossenschen Inspection.	Neumark	Sternberg	Churmärkisch A. Frauendorf	Frankfurt	der König
Storkow	Dorf, Filia von Nörenberg	Neumark	Dramburg	Adelich	Arenswalde	der Besitzer des Orts
Storkow	Adel. Gut u. Dorf, mater vagans. Mühle.	Altemark	Tangern.		Stendal	der Besitzer des Guts

Name des Orts.	Stadt, Flecken, Dorf, Adelich Gut, Vorwerk ꝛc.	Provinz.	Kreis.	Adlicher Ort, Königl. Amtsort, Immediat-Stadt.	Geistliche Inspection.	Patron der Pfarr- und Filial-Kirche, Gerichts-Obrigkeit.
Storkow	Dorf, Filia von Hamelspring	Ukermark	Ukermärk. Kreis	Amt Badingen	Templin	der König
Stradow	Dorf, mater.	Neumark	Cottbus	Adelich	Cottbus	der Besitzer des Orts
Strahlow	Dorf, Filia vagans, jetzt dem Neuen Arbeitshause zu Berlin.	Mittelmark	Nieder-Barnim. Kr.	Magistrat zu Berlin	Berlin	Magistrat zu Berlin
Strammehl	Vorwerk bey Carmzow	Ukermark	Ukerm. Kr.	Adelich		
Strasburg	Stadt. Wind-Wasser-Schneide- und Walkmühle.	Ukermark	Ukerm. Kr.	Immediat	Strasburg	Ger. Obrigkeit der Erbrichter. Patroni
	1) luther. Stadt-Kirche. mater.				1) hiesige Insp.	1) der Magistrat
	2) Deutsch-Reformirte Gemeine, mater.				2) Insp. Prenzlow	2) der König
	3) Französisch Reform. Gemeine.				3) Franz. Oberconsistorium zu Berlin.	3) der König
Straube	Dorf, eingepfarrt zu Doberfaul	Neumark	Crossen	Adelich	Crossen	
Strausberg	Stadt. Vorwerk. Windmühle. Vormühle. Hegermühle. Schlagmühle. Schneidemühle. Walkmühle.	Mittelmark	Ober-Barn.	Immediat	Strausberg	der Magistrat
Streckenthin	Adel. Gut u. Dorf, Filia von Groveringen. Hat eine Kapelle.	Prignitz	Pritzwalk		Pritzwalk	der Besitzer des Orts
Streelow oder Strelen	Ad. l. Gut u. Dorf, Filial-Kirche von Poglow.	Ukermark	Ukerm. Kr.		Gramzow	der Besitzer des Orts
Streganz	Adel. Gut u. Dorf, eingepfarrt zu Seichow	Churmark	Bees- und Storkow.	Amt Standsdorf und adelich.	Storkow	
						Strehlen

Name des Orts.	Stadt, Flecken, Dorf, Adelich Gut, Vorwerk ꝛc.	Provinz.	Kreis.	Adelicher Ort, Königl. Amtsort, Immediat-Stadt.	Geistliche Inspection.	Patron der Pfarr- und Filial-Kirche. Gerichts-Obrigkeit.
Strehlen	Dorf, Filial-Kirche von Dalmin	Prignitz	Perleberg	Adelich	Perleberg	der Besitzer des Orts
Streitberg	Col. Dorf, eingepfarrt zu Neu-Golmen	Churmark	Bees- und Storkow.	A. Stanssdorf	Berskow	
Streitwald	Dorf, eingepfarrt zu Kölschen. mater.	Neumark	Sternberg	Adelich	Drossen	
Stremmen	Dorf, Vorwerk. Schäferey. Windmühle.	Churmark	Bees- und Storkow.	Prinzigl. Amt Trebatsch	Kön. Wusterhausen	Pr. v. Preußen
Stresau	Dorf, eingepfarrt zu Warnow	Altmark	Seehausen	Adelich	Lenzen	
Stresow	Vorstadt vor Spandow	Mittelmark	Havelland			
Striepleben oder Stricheleben	Adel. Gut und Col. Dorf, eingepfarrt zu Bäcke	Prignitz	Perleberg		Perleberg	
Striesow	Dorf, eingepfarrt zu Sylow	Neumark	Cottbus	Amt Sylow	Cottbus	
Strodehne	Dorf, unicum. Windmühle.	Mittelmark	In des Havelländ. Kr. Ländchen Rhinow.	Adelich	Rathenow	die Besitzer des Orts
Ströbitz	Dorf, eingepfarrt zu Cottbus	Neumark	Cottbus	Magistrat zu Cottbus	Cottbus	
Strubensee oder Struensee	Dorf, Filial-Kirche von Seebeck	Mittelmark	Ruppin	Amt Ruppin	Lindow	der König
Strüberitz oder Ströberitz, oder Sträweritz	Dorf, mater. Windmühle.	Churmark	Bees- und Storkow.	Adelich	Storkow	der Besitzer des Orts
Stücken	Adel. Gut u. Dorf, mater. Wassermühle.	Mittelmark	Zauche		Beelitz	der Besitzer des Guts

Stüdenitz

Name des Orts.	Stadt. Flecken. Dorf. Adelich Gut. Vorwerk ꝛc.	Provinz.	Kreis.	Adelicher Ort. Königl. Amtsort. Immediat-Stadt.	Geistliche Inspection.	Patron der Pfarr- und Filial-Kirche. Gerichts-Obrigkeit.
Stüdenitz	Dorf, unicum.	Prignitz	Havelberg	Adelich	Dom Havelberg	Patr. das Domkapitul zu Havelberg. Ger. Obrigl. eben dasselbige und drey Edelleute.
Neu-Stüdenitz	Dorf, Filia von Neu Curtnitz	Neumark	Arenswalde	Adelich	Arenswalde	der Besitzer des Orts
Stüdenitz	Dorf, mater.	Neumark	Dramburg	Adelich	Dramburg	der Besitzer des Orts
Stüdenitzsches	Teerofen.	Neumark	Dramburg	Amt Sabin		
Stülpe	Adelich Schloß und Dorf, mater. Wassermühle.	Churmark	Luckenwalde		Luckenwalde	der Besitzer des Orts
Stützkow	Dorf, Filial-kirche von Crussow	Uckermark	Stolpirsche Kreis	Adelich	Neu-Angerm.	der Besitzer des Orts
Stulbenhagen	Dorf, eingepfarrt zu Költzchen	Neumark	Sternberg	Adelich	Drossen	der Besitzer des Orts
Suckow	Dorf, mater. Zwey Schäfereyen. Zwey Wassermühlen. Das Dorf ist halb meklenburgisch.	Prignitz	Perleberg	Adelich	Perleberg	Patr. von Platen. Gerichts Obr. eben derselbe, noch zwey Edelleute und der Magistrat zu Perleberg.
Suckow	Vorwerk, unicum vagans, welches entweder von einem besondern Prediger, oder aus Flieth, oder Stegelitz besorget werden kan, vermöge des Consistorialbescheides von 1630.	Uckermark	Uckerm. Kr.	Adelich	Prenzlow	der Besitzer des Orts
Suggelrade		Prignitz	Lenzen			Sulpke

Name des Orts.	Stadt, Flecken, Dorf, Adelich Gut, Vorwerk ꝛc.	Provinz.	Kreis.	Adelicher Ort. Königl. Amtsort. Immediat-Stadt.	Geistliche Inspection.	Patron der Pfarr- und Filial-Kirche. Gerichts-Obrigkeit.
Sulpcke siehe Solpcke						
Sülzbrunn oder Salzbrunn	Unterförsterhaus, eingepfarrt zu Wittbriezen	Mittelmark	Zauchische Kreis	A. Saarmund		
Sumt oder Sumbt, oder Sumter, oder Summetholz.	Dorf, mater vaga, wird jetzt von dem Prediger zu Schönfließ besorgt. Vorwerk.	Mittelmark	Nieder-Barnim.	Vom Amt Mühlenbeck in Erbpacht ausgethan.	Berlin	der König
Neu-Sunde s. Neuensund						
Suppe	Vorwerk	Neumark	Züllichow	Adelich		
Sydow	Adel. Gut u. Dorf, Filial-Kirche von Grünthal. Windmühle.	Mittelmark	Ober-Barnim. Kr.		Bernau	der Besitzer des Orts
Sydows-Wiese	Colonistendorf, noch nicht eingepfarrt	Mittelmark	Lebus			
In der Sylge sind	drey Försterhäuser, zu Sulow eingepfarrt	Prignitz	Perleberg	Adelich		
Sylow	Dorf, Filia von Dissen. Vorwerk. Sitz eines Amts.	Neumark	Cottbus	Amt Sylow	Cottbus	der König
Sylpke	einzelner Hof	Altemark	Salzwedel	Adelich		

Tacken

Name des Orts.	Stadt, Flecken, Dorf, Adelich Gut, Vorwerk ꝛc.	Provinz.	Kreis.	Adelicher Ort, Königl. Amtsort. Immediat-Stadt.	Geistliche Inspection.	Patron der Pfarr-und Filial-Auch Gerichts Obrigkeit.
Tacken	Dorf, mater.	Prignitz	Perleberg	Adelich	Putlitz	die Besitzer des Orts
Tammendorf	Dorf, mater.	Neumark	Crossen	Adelich	Crossen	der Besitzer des Orts
Tamsel	Dorf, mater.	Neumark	Landsberg	Adelich	Cüstrin	die Besitzer des Orts
Tankow	Dorf, Filia von Büssow	Neumark	Friedeberg	Adelich	Landsberg	der Besitzer des Orts
Tangeln	Dorf, Filial-Kirche von Ahlum	Altmark	Salzwedel	Adelich	Apenburg	die Besitzer des Orts
Tangendorf	Dorf, eingepfarrt zu Seddin	Prignitz	Perleberg	Adelich	Putlitz	
Tangermünde	Stadt, zwey Schif- und eilf Windmühlen.	Altmark	Tangerm.	Immediat	hies. Inspection	der Magistrat
Tangersdorf	Col. Dorf, eingepfarrt zu Rusthenberg	Uckermark	Uckerm. Kr.	Amt Badingen	Templin	
Tantow	Adel. Gut u. Dorf, Windmühle.	Uckermark	Uckerm. Kr.	Adelich		
Tarmow	Dorf, Fil. Kirche von Fehrbellin	Mittelmark	In des Havelländ. Kreises ländchen Bellin.	Amt Fehrbellin und adelich	Fehrbellin	der König
Tarnewitz	Col. Dorf, eingepfarrt zu Jeggau Mühle	Altmark	Salzwedel	Amt Neuendorf	Gardelegen	
Taschenberg	Adel. Gut u. Dorf, Filial-Kirche von Jagow	Uckermark	Uckerm. Kr.		Prenzlow	der Besitzer des Guts
Taßdorf	Adel. Gut u. Dorf, Filial-Kirche v. Rüdersdorf. Wasser- und Schneidemühle.	Mittelmark	Nieder-Barnim. Kr.		Strausberg	der Besitzer des Orts
Tauche	Dorf, mater. Vorwerk.Schäferey.	Churmark	Bees- und Storkow.	Prinzlich Amt Trebatsch	Königs-Wusterhausen	Pr. v. Preußen
Tauer	Dorf, eingepfarrt zu Pritz	Neumark	Cottbus	Amt Peitz		Tauerzig

Name des Orts.	Stadt. Flecken. Dorf. Adelich Gut. Vorwerk ic.	Provinz.	Kreis.	Adelicher Ort. Königl. Amtsort. Immediat-Stadt.	Geistliche Inspection.	Patron der Pfarr- und Filial-Kirche. Gerichts Obrigkeit.
Tauerzig	Dorf, Filia von Ostrow	Neumark	Sternberg	Commenthurey Lagow	Sonnenburg	der Commenthur
Techow	Dorf, mater. Schäferen. Teerofen. Forsthaus.	Prignitz	Pritzwalk	das Stift zum heil. Grabe.	Pritzwalk	das Stift
Teetze	Dorf, Filia von Hersprung	Prignitz	Wittstock	Amt Wittstock	Wittstock	der König
Teetz	Dorf, Filia von Garlin, aber das. eingepfarrt.	Prignitz	Lenzen	Adelich	Lenzen	
Tegel	Dorf, Filial-Kirche von Dahldorf. Forsthaus. Wasser- und Schneidemühle.	Mittelmark	Nied. Barn.	Amt Spandow	Berlin	der König
Tegel oder Schlößgen bey Tegel	Vorwerk, auf Erbpacht ausgethan	Mittelmark	Nieder-Barnim. Kr.	A. Schönhausen		
Telschow	Dorf, Filia von Stepenitz. Wassermühle.	Prignitz	Perleberg	Adelich	Putlitz	Patron Kloster Marienfließ, Ger. Obrigl. von Putlitz zu Rettelbeck.
Teltow	Stadt. Adel. Vorwerk. Zwey Windmühlen.	Mittelmark	Teltow	Mediat	Mittenwalde	der König Patron, die von Wilmersdorf Erbherrichter. Das Amt Mühlenhof hat die Criminalgerichtsbarkeit.
Telz	Dorf, eingepfarrt zu Mittenwalde	Mittelmark	Teltow	Amt Zossen	Mittenwalde	
Alt-Temmen	Vorwerk bey Fredenwalde	Ukermark	Ukerm. Kr.	Adelich		
Neu-Temmen	Vorwerk mit einer eigenen Kirche, auch bey Fredenwalde.	Ukermark	Ukerm. Kr.	Adelich		
Temmensche	Mühle.	Ukermark	Ukerm. Kr.	Adelich		
Tempel	Dorf, mater.	Neumark	Sternberg	Commenthurey Lagow	Sonnenburg	der Commenthur Neuen-

Name des Orts.	Stadt, Flecken, Dorf, Adelich Gut, Vorwerk ꝛc.	Provinz.	Kreis.	Adelicher Ort, Königl. Amtsort. Immediat Stadt.	Geistliche Inspection.	Patron der Pfarr und Filial-Kirche, Gerichts-Obrigkeit.
Neuen-Tempel	Dorf, mater.	Mittelmark	Lebus	Commenthurey Lietzen	Müncheberg	der Commenthur
Tempelberg	Försterhaus, eingepfarrt zu Erkner	Mittelmark	Lebus	Adelich	Frankfurt	
Tempelberg	Dorf, Filia von Steinhöfel. Schäferey. Windmühle.	Mittelmark	Lebus	Adelich	Müncheberg	der Besitzer des Orts
Tempelfelde	Dorf, unicum. Ist 1707 wieder ein besondres Pfarrdorf geworden, nachdem es eine Zeitlang war von dem Prediger zu Grünthal versehen worden.	Mittelmark	Ober-Barn.	Adelich	Bernau	der Besitzer des Orts
Tempelhof	Adel. Gut u. Dorf. Schäferey. Die Kirche ist mater vagans, wird jetzt von dem Prediger zu Britz besorgt. Windmühle.	Mittelmark	Teltow		Cöln an der Spree	der Besitzer des Orts
Templin	Stadt. Wasser- und Schneidemühle.	Ukermark	Ukerm. Kr.	Immediat	hiesige Insp.	der Magistrat
Teschendorf	Dorf, Filia von Löwenberg	Mittelmark	Glien u. Löwenb. Kr.	Adelich	Zehdenick	der Besitzer des Orts
Teschendorf	Dorf, mater.	Neumark	Dramburg	Adelich	Dramburg	der Besitzer des Orts
Tetschendorf	Vorwerk bey Nemerlang	Prignitz	Pritzwalk	Adelich		
am Teufelsee oder Tütschenwall	ein Teerofen	Mittelmark	Ruppin	Königlich		

Teupit

Name des Orts.	Stadt, Flecken, Dorf, Adelich Gut, Vorwerk ꝛc.	Provinz.	Kreis.	Adelicher Ort, Königl. Amtsort, Immediat-Stadt.	Geistliche Inspection.	Patron der Pfarr- und Filial-Kirche, Gerichts-Obrigkeit.
Teupitz	Stadt. Die Hohe-Mittel- und Kleine-Mehl-u. Schneidemühle.	Mittelmark	Teltow	hiesiges Prinzl. Amt	Kön. Wusterhausen	Pr. v. Preußen.
Teurow	Dorf, eingepfarrt zu Buchholz. Vorwerk. Schäferey und Hammelstall. Wassermühle. Forsthaus.	Mittelmark	Teltow	Prinzlich Amt Buchholz	Königl. Wusterhausen	
Teutschhoff	Vorwerk und Colonistenort	Mittelmark	Havelland	A. Königshorst		
Thalhausen siehe Dalhausen						
Theenhof oder Hof zum Theen	Adelich Gut	Altemark	Arneburg			
Theeren oder Thören	Dorf, Filia von Görlsdorf	Neumark	Königsberg	Adelich	Königsberg	der Besitzer des Orts
Theerofen	Vorwerk zu Berkenbrügge gehörig.	Neumark	Arnswalde	Adelich		
Thielbär oder Tielebier, oder Tielpke, oder Thielbeen.	Dorf, Filia von von Sannen	Altemark	Arendsee	A. Arendsee	Salzwedel	der König
Alt- und Neu-Thienen, siehe Thümen						
Thiemendorf	Dorf, mater.	Neumark	Crossen	Adelich	Crossen	der Besitzer des Orts
im alten Thiergarten oder Sellenwalde	ein Teerofen und Forsthaus	Mittelmark	Ruppin	Amt Ruppin		
im neuen Thiergarten	ein Teerofen	Mittelmark	Ruppin	A. Ruppin		
Thiesortsche-	Wassermühle.	Ukermark		Adelich		Thören

Name des Orts.	Stadt, Flecken, Dorf, Adelich Gut, Vorwerk ꝛc.	Provinz.	Kreis.	Adelicher Ort, Königl. Amtsort. Immediat-Stadt.	Geistliche Inspection.	Patron der Pfarr- und Filial-Kirch. Gerichts-Obrigkeit.
Thören siehe Theeren						
Thomsdorf	Dorf, mater.	Ukermark	Ukermärkische Kreis	Adelich	Templin	der Besitzer des Orts
Thoringewerder	im Oberbruch bey Wrietzen, neuer Ort.	Mittelmark	Ober-Barn.			
Alt-Thümen	Col. Dorf, Filia v. Ruthenberg. Wassermühle.	Ukermark	Ukerm. Kr.	Amt Badingen	Templin	der König
Neu-Thümen	Vorwerk, eingepfarrt zu Ruthenberg	Ukermark	Ukerm. Kr.	Ist vom Amt Badingen auf Erbpacht ausgethan.		
Thür	Col. Dorf. Die Lutherauer sind eingepfarrt zu Wietbrietzen.	Mittelmark	Jauchsche Kreis	Amt Saarmund	Treuenbrietzen	
Thüritz	Dorf, mater.	Altemark	Arendsee	Adelich	Arenburg	die Besitzer des Orts
Thyrow	Dorf, mater. Vorwerk	Mittelmark	Teltow	A. Trebbin	Mittenwalde	der König
Tickow	Dorf, eingepfarrt zu Föhrde. Vorwerk. Windmühle.	Mittelmark	Habelländ. Kr.	Adelich	Altstadt Brandenburg seit 1773	der Besitzer des Orts
Tiefegrund	ein Krug	Altemark	Salzwedel	Adelich		
Tieffenthal oder Dependahl	Dorf und Schäferey eingepfarrt zu Daßmin	Prignitz	Perleberg	Adelich	Perleberg	
Tilebier siehe Thielbär						
Tielpke siehe Thielbär						
Tirzow	Dorf, unicum.	Mittelmark	Ellen- und Löwenb.	Amt Behlefanz und adelich	Nauen	Patron die adel. Besitzer, Ger. Obr. eben dieselbe u. das Amt. Tirow

Name des Orts.	Stadt, Flecken, Dorf, Adelich Gut, Vorwerk ꝛc.	Provinz.	Kreis.	Adelicher Ort. Königl. Amtsdorf. Immediat-Stadt.	Geistliche Inspection.	Patron der Pfarr- und Filial-Kirche. Gerichts-Obrigkeit.
Tirow s. Thyrow						
Tobelhof	eingepfarrt zu Berlinchen	Neumark	Soldin	gehört dem Magistrat zu Berlinchen		
Todtenkopf	Vorwerk, eingepfarrt zu Wehlgast	Prignitz	Havelberg	Adelich		
Töpchin oder Tepchin	Dorf, eingepfarrt zu Zossen	Mittelmark	Teltow	A. Zossen	Zossen	
Alt-Töplitz	Dorf, mater. Windmühle.	Mittelmark	Zauche	Amt Lehnin	Neustadt Brandenburg	der König
Neu-Töplitz	Vorwerk, welches sechs Schweizer-Familien in Erbpacht haben, ist eingepfarrt zu Alt-Töplitz	Mittelmark	Zauche	Amt Lehnin	Neustadt Brandenburg	
Tonnenspring	Vorwerk zu Tantow gehörig	Neumark	Friedeberg	Adelich		
Toppel	Dorf, Filial Kirche vom Dom zu Havelberg	Prignitz	Havelberg	Domkapitel zu Havelberg	Dom-Havelberg	Domkapitel
Topper	Dorf, Filia von Spiegelberg	Neumark	Crossen	Adelich	Sonnenburg	der Besitzer des Orts
Torgelow	Vorwerk	Mittelmark	Ober-Barn.	A. Freienwalde		
Tornow	Dorf, eingepfarrt zu Teupitz	Mittelmark	Teltow	Prinzlich Amt Teupitz	Königl. Wusterhausen	
Tornow bey Neustadt-Eberswalde	Dorf, Filia von Hohen-Finow. Wasser- und Windmühle.	Mittelmark	Ober-Barn. Kreis	Adelich	Neustadt-Eberswalde	der Besitzer des Orts
Alt-Cornow	Dorf bey Freienwalde	Mittelmark	Ober-Barnim. Kr.	Amt Freyenwalde		
Tornow	Adel. Gut u. Dorf. Filial-Kirche von Bantickow. Wassermühle.	Prignitz	Kyritz		Kyritz	der Besitzer des Orts

Name des Orts.	Stadt, Flecken, Dorf, Adelich Gut, Vorwerk ꝛc.	Provinz.	Kreis.	Adelicher Ort, Königl. Amtsort, Immediat Stadt.	Geistliche Inspection.	Patron der Pfarr- und Filial-Kirche, Gerichts-Obrigkeit.
Tornow	Adel. Gut u. Dorf, unicum, wird v. Baumgarten aus versehen.	Ukermark	Ukermärk. Kr.		Prenzlow	der Besitzer des Guts
Tornow	Dorf, Filia von Uenglin. Mühle	Altemark	Stendal	Amt Tangermünde	Stendal	der König
Neu-Tornow	Col. Dorf, eingepfarrt zu Alt-Glietzen, soll Filia v. Neu-Küstrinchen werden.	Neumark	Königsberg	Bruchamt Wriehen	Wriehen	
Tornow	Vorwerk	Mittelmark	Zauche	Amt Lehnin		
Tornow	Dorf, mater.	Neumark	Cottbus	Adelich	Cottbus	der Besitzer des Orts
Tornow	Dorf, Filia von Weissig	Neumark	Crossen	Adelich	Crossen	der Besitzer des Orts
Tornow	Dorf, mater.	Neumark	Landsberg	U. Himmelstädt	Landsberg	der König
Tornow	Dorf, Filia von Reppen	Neumark	Sternberg	Adelich	Drossen	der Besitzer des Orts
Trackensee	Vorwerk	Neumark	Arendswalde	Adelich		
Tradenhof oder Trutenhof der Tradensche	Freyhof	Altemark	Arneburg			
	Teerofen, sonst Stechlin genannt	Mittelmark	Ruppin	Königlich		
Hohen-Tramm	Dorf, Filial-Kirche von Zeben	Altemark	Salzwedel	Adelich	Apenburg	die Besitzer des Orts
Nieder- oder Sieden Tramm	Dorf, Fil. Kirche von Neuendorf. Mühle.	Altemark	Salzwedel	Adelich	Apenburg	die Besitzer des Orts
Tramnitz	Dorf, unicum, wird jetzt von Brunn aus versehen, ist auch v. Tornow in der Prignitz besorgt worden. Ist auf einer wüsten Feldmark angelegt.	Mittelmark	Ruppin	Adelich	Wusterhausen an der Dosse	der Besitzer des Orts

Trampe

287

Name des Orts.	Stadt, Flecken, Dorf, Adelich Gut, Vorwerk ꝛc.	Provinz.	Kreis.	Aemtlicher Ort. Königl. Amtsort. Immediat-Stadt.	Geistliche Inspection.	Patron der Pfarr- und Filial-Kirche. Gerichts-Obrigkeit.
Trampe	Vorwerk, unicum vogans, wird jetzt von Wallmow aus versehen.	Ukermark	Stolpirsche Kreis	Adelich	Prenzlow	
Trampe	Vorwerk, eingepfarrt zu Dieschow.	Neumark	Soldin	Adelich		
Trampow	Adel. Gut u. Dorf, mater Schäferey.	Mittelmark	Ober-Barn.		Neustadt Eberswalde	der Besitzer des Orts
Tranitz	Dorf, eingepfarrt zu Heinrichsbrück	Neumark	Cottbus	Adelich	Cottbus	
Trebatsch	Dorf, mater. Sitz eines Prinzlichen Amts. Zwey Schäfereyen. Wasser- und Schneidemühle.	Churmark	Bees- und Storkow.	Prinzl. hiesiges Amt	Kön. Wusterhausen	Prinz von Preußen
Trebbin	Stadt. Vorwerk, welches der Sitz eines Amts ist. Amts-Schäferey. Wassermühle. Zwey Windmühlen. Pechhütte.	Mittelmark	Teltow	Immediat	Mittenwalde	der König
Alt-Trebbin	Dorf, eingepfarrt zu Wrietzen. Windmühle.	Mittelmark	Ober-Barn.	Fruchamt Wrietzen	Wrietzen	
Neu-Trebbin	Col. Dorf, dessen Filial-Kirche zum Gottesdienst der Reformirten und Lutheraner gewidmet ist. 1) Reform. Gem. mater. 2) Luther. Gemeine ist Filia von Neu-Lewin.	Mittelmark	Ober-Barn.	Fruchamt Wrietzen	1) Inspection Frankfurt 2) Inspection Wrietzen	der König
Trebendorf	Dorf, eingepfarrt zu Comptendorf	Neumark	Cottbus	Adelich	Cottbus	
Trebenow	Dorf, mater.	Ukermark	Ukerm. Kr.	Adelich	Strasburg	der Besitzer des Orts Trebichow

Name des Orts.	Stadt, Flecken, Dorf, Adelich Gut, Vorwerk ꝛc.	Provinz.	Kreis.	Adelicher Ort. Königl. Amtsort. Immediat-Stadt.	Geistliche Inspection.	Patron der Pfarr- und Filial-Kirche, Gerichts-Obrigkeit.
Trebichow oder Trebbichow	Dorf, Filia von Cartschow	Neumark	Crossen	Adelich	Crossen	der Besitzer des Orts
Trebiesch	Dorf, Filia von Driesen	Neumark	Frideberg	Amt Driesen	Landsberg	der König
Trebnitz	Dorf, Filia von Jahnsfelde. Schäferey. Windmühle.	Mittelmark	Lebus	Adelich	Müncheberg	der Besitzer des Orts
Trebow	Dorf, Filia von Heinersdorf	Neumark	Sternberg	herrenmeisterl. Amt Sonnenburg	Sonnenburg	der Herrnmeister
Trebschen oder Friederichshulde siehe den letzten Artikel.						
Trebus	Dorf, Kirche Filia vagans, jetzt von Beersfelde.	Mittelmark	Lebus	Adelich	Fürstenwalde	der Besitzer des Orts
Trechwitz	Adel. Gut u. Dorf, Filial-Kirche von Jeserick. Windmühle.	Mittelmark	Zauche		Neustadt Brandenburg	der Besitzer des Orts
Tremmen	Dorf, unicum. Windmühle.	Mittelmark	Havelland	Domkapitel zu Brandenburg	Dom Brandenburg	Domkapitel zu Brandenburg
Tremsdorf	Dorf, eingepfarrt zu Fresdorf	Mittelmark	Zauche	A. Saarmund	Beelitz	
Trenk	Vorwerk zu Hammer gehörig	Neumark	Sternberg	Adelich		
Treplin	Adel. Gut u. Dorf, mater. Die kleine und große Wassermühle.	Mittelmark	Lebus		Frankfurt	der Besitzer des Orts
Treppeln	Dorf, mater.	Neumark	Crossen	Adelich	Crossen	der Besitzer des Orts
Treptow	Vorwerk u. Wirthshaus an der Spree, gegen Strahlow über.	Mittelmark	Nied. Barn.	der Magistrat zu Berlin		

Treslo

Name des Orts.	Stadt, Flecken, Dorf, Adelich Gut, Vorwerk ec.	Provinz.	Kreis.	Adelicher Ort. Königl. Amtsort. Immediat-Stadt.	Geistliche Inspection.	Patron der Pfarr- und Filial-Kirche. Gerichts-Obrigkeit.
Tresko oder Treschow	Vorwerk	Mittelmark	Ruppin	Magistrat zu Neu-Ruppin		
Trettin	Dorf, Filia von Eunersdorf	Neumark	Sternberg	St. Frankfurt	Frankfurt	der Magistrat
Treuenbrietzen	Stadt. Die Zindel-, Neue- u. Steinmühle. 1) Sanct Marien-Kirche. 2) Sanct Nikolai-Kirche.	Mittelmark	Zauchische Kreis	Immediat	hiesige geistliche Inspection	der Magistrat
Trieglitz	Adel. Gut u. Dorf, mater. Wassermühle.	Prignitz	Pritzwalk		Putlitz	der Besitzer des Orts
Trippleben	Schäferey bey Bombeck	Altemark	Salzwedel	Adelich		
Trossin	Dorf, Filia von Sellia	Neumark	Königsberg	Adelich	Königsberg	der Besitzer des Orts
Trüstädt	Col. Dorf, mater.	Altemark	Tangerm.	Amt Neuendorf		
Tschausdorf	Dorf, eingepfarrt zu Plaue	Neumark	Crossen	Stadt Crossen	Crossen	
Tschensche	Vorwerk	Neumark	Sternberg	Adelich		
Tschernow	Dorf, mater. Windmühle.	Neumark	Sternberg	Churmärkische A. Frauendorf	Frankfurt	der König
Tschichertzig	Dorf, eingepfarrt Züllichow	Neumark	Züllichow	Amt Züllichow	Züllichow	
Tucheband	Adel. Gut u. Dorf, unicum. Windmühle.	Mittelmark	Lebus		Frankfurt	der Besitzer des Orts
Tüchen	Dorf, Filia von Reckenthin	Prignitz	Pritzwalk	Adelich	Pritzwalk	der Besitzer des Orts
Tuchen	Dorf, Filial-Kirche von Grünthal. Wassermühle.	Mittelmark	Ober-Barn.	Amt Biesenthal	Bernau	der König
Töpchien siehe Töpchin						

Tütschen-

Name des Orts.	Stadt, Flecken, Dorf, Adelich Gut, Vorwerk ꝛc.	Provinz.	Kreis.	Adelicher Ort. Königl. Amtsort. Immediat-Stadt.	Geistliche Inspection.	Patron der Pfarr- und Filial-Kirche. Gerichts-Obrigkeit.
Türschenwall s. am Teufels-See						
Turnow	Dorf, eingepfarrt zu Peitz	Neumark	Cottbus	Amt Peitz	Cottbus	
Tylsen	Dorf, mater.	Altemark	Salzwedel	Adelich	Salzwedel	die Besitzer des Orts
Tzschetzschnow	Dorf und Vorwerk, unicum. Fünf Wassermühlen. Die sechste ist verwüstet.	Mittelmark	Lebus	Magistrat zu Frankfurt	Frankfurt	der Magistrat Uchtenhagen

Name des Orts.	Stadt. Flecken. Dorf. Adelich Gut. Vorwerk ꝛc.	Provinz.	Kreis.	Welcher Obrigkeit, Königl. Amtsort. Immediat-Stadt.	Geistliche Inspection.	Patron der Pfarr-und Filial-Kirche. Gerichts-Obrigkeit.
Uchtenhagen	Dorf, mater.	Altemark	Seehausen	Adelich	Werben	der Besitzer des Orts
Uchtdorf	Dorf, Filia von Burgstall.Mühle.	Altemark	Tangerm.	u. Burgstall	Garbelegen	der König
Uenglingen	Adel. Gut u. Dorf, mater. Mühle.	Altemark	Stendal		Stendal	der Besitzer des Orts
Uenze	Adel. Gut u. Dorf, mater. Jägerhaus.	Prignitz	Perleberg		Perleberg	der Besitzer des Orts
Uetz	Dorf, Filia vagans von Cobbel	Altemark	Tangerm.	Adelich	Tangermünde	der Besitzer des Orts
Uetz siehe Lutz						
Uetzdorf	Vorwerk bey Lanke	Mittelmark	Nied. Barn.	Adelich		
die Uhlenburg	eine Schäferey bey Ribbeck	Mittelmark	Havelland	Adelich		
Uhlenhof und Schluft	Vorwerk bey Gr. Schönebeck	Mittelmark	Nieder-Bar.	haben einen Eigenthümer		
Uhrsleben	Dorf, unicum. Windmühle.	Altemark	Salzwedel	Adelich	Garbelegen	die Besitzer des Orts
Unbekandte	Dorf in der Lenzerwische, eingepfarrt zu Kietz.	Prignitz	Lenzen	Adelich	Lenzen	

Name des Orts.	Stadt, Flecken, Dorf, Adelich Gut, Vorwerk ꝛc.	Provinz.	Kreis.	Welcher Ort. Königl. Amtsort. Immediat Stadt.	Geistliche Inspection.	Patron der Pfarr und Filial Kirch. Gerichts Obrigkeit.
Vachen oder Vethen	Dorf, mater.	Altemark	Tangerm.	Adelich	Tangermünde	der Besitzer des Orts
vahrholz siehe Fahrholz						
Valentin Werder	Colonistendorf	Mittelmark	Havelland	A. Spandow		
Valwitz oder Valsitz, oder Valwitz	Dorf, Filia von Kuhfelde	Altemark	Salzwedel	Schul-Amt Daunbeck	Salzwedel	das Joachimsthal. Schul Directorium
varnow insgemein Wüsten Varnow	Col. Dorf, eingepfarrt zu Bäck	Prignitz	Perleberg	Adelich	Perleberg	
Vehlefanz	Dorf u. Vorwerk, mater. Zwey Windmühlen.	Mittelmark	Glien- u. Löwenberg.	Amt Vehlefanz und adelich.	Spandow	der König
Vehlgast	Dorf, Kirche unicum vagans, wird von Bebbin aus besorgt.	Prignitz	Havelberg	Adelich	Dom-Havelberg	der Besitzer des Orts
Vehlin ob. Vellin	Dorf, unicum. Windmühle.	Prignitz	Kyritz	Adelich	Kyritz	die Besitzer des Orts
vehlow	Adel. Gut u. Dorf, mater.	Prignitz	Kyritz		Kyritz	der Besitzer des Orts
velgau	Dorf, wird mit Callehne für eine mater gerechnet. Windmühle.	Altemark	Arendsee	Adelich	Apenburg	die Besitzer des Orts
vellin s. Vehlin						
velten oder Velditen	Dorf, Filial Kirche von Marwitz	Mittelmark	Glien- u. Löwend. Kr.	A. Lögow und adelich	Spandow	Patr. der König, Ger.Ob.d. Amt Lögow, das Crenburgische Waisenhaus und v. Külen.
verbig	Adel. Gut u. Dorf, Filia von Döbritz	Mittelmark	Havelland		Potsdam	der Besitzer des Guts Verchelat

Name des Orts.	Stadt, Flecken, Dorf, Adelich Gut, Vorwerk 2c.	Provinz.	Kreis.	Adelicher Ort, Königl. Amtsort, Immediat-Stadt.	Geistliche Inspection.	Patron der Pfarr und Filial-Kirche. Gerichts-Obrigkeit.
Verchesar siehe Ferchesar						
Vergitz oder Sergitz	Adel. Gut u. Dorf, mater. Wasser- und Schneidemühle.	Ukermark	Ukermärk. Kreis		Prenzlow	der Besitzer des Orts
Kl. Vertel	Vorwerk	Neumark	Landsberg	Adelich		
Vethen s. Däthen						
Vettin	Adel. Gut u. Dorf, Filia von Kindenberg. Wassermühle.	Prignitz	Pritzwalk		Pritzwalk	der Besitzer des Orts
Viechel siehe Fiechel						
Vielbaum	Dorf, mater vagans, wird jetzt von dem Prediger zu Crüden besorgt.	Altmark	Seehausen	Adelich	Seehausen	Patron von Jagow, Ger. Obr. ebenderselbe, und zwey andere Edelleute.
Vielitz	Dorf, eingepfarrt zu Lindow	Mittelmark	Ruppin	Amt Ruppin	Lindow	
Vienau	Adel. Gut u. Dorf, mater. Mühle.	Altmark	Arendsee		Calbe	Patron der Besitzer des hiesl. abel. Guts, Ger. Obr. die von Alvensleben.
Vier	Vorwerk	Neumark	Dramburg	Amt Sabin		
Vierraden	Stadt. Vorwerk.	Ukermark	Stolpirische Kreis	Markgräflich	Schwedt	der Markgraf zu Schwedt
Vieradenscher	Neue Wasser- und Schneidemühle.	Ukermark	Stolpirische Kreis	der Eigenthümer		
Viere	Schäferey	Altmark	Salzwedel	Amt Diesdorf		
Viesecke	Dorf, mater. Wassermühle.	Prignitz	Perleberg	Adelich	Perleberg	der Besitzer des Orts
Viesum oder Vissum, oder Vissem	Dorf, Filia von Kl Garze. Windmühle.	Altmark	Arendsee	Amt Salzwedel und adelich	Salzwedel	der König und das adeliche Haus Thüden. Vietmansdorf

Name des Orts.	Stadt, Flecken, Dorf, Adelich Gut, Vorwerk ꝛc.	Provinz.	Kreis.	Adelicher Ort, Königl. Amtsort, Immediat-Stadt.	Geistliche Inspection.	Patron der Pfarr und Filial-Kirche, Gerichts-Obrigkeit.
Dietmansdorf	Dorf, mater. Holländerey. Wasser- und Schneidemühle.	Ukermark	Ukermärk. Kreis.	Adelich	Templin	der Besitzer des Orts
Dietenitz	Dorf, Filia von Butterfelde	Neumark	Königsberg	Adelich	Königsberg	der Besitzer des Orts
Dietze	Dorf, mater.	Neumark	Landsberg	Amt Himmelstädt	Landsberg	der König
Dietzer Kadung, siehe Kadung						
Dietzen	Dorf, Filia von Güssefeld	Altemark	Arendsee	Adelich	Calbe	der Besitzer des Orts
Dietznitz	Dorf, Filia von Fritsack	Mittelmark	Havelland	Adelich	Rathenow	die Besitzer des Orts
Vinzelberg	Dorf, Filia vorgens, jetzt von Räthen	Altemark	Tangerm.	Adelich	Tangermünde	der Besitzer des Orts
Virchow	Dorf, mater.	Neumark	Dramburg	Amt Sabin	Dramburg	der König
Vissum s. Viesum						
Vitzke	Dorf, Filia von Kuhfelde	Altemark	Salzwedel	Schul-Amt Dambeck	Salzwedel	das Joachimsthal. Schul-Directorium.
Dölzkow	Dorf, Filia von Wenzlafshagen	Neumark	Schievelbein	Adelich	Schievelbein	der Besitzer des Orts
Vogelsang	Vorwerk	Ukermark	Ukerm. Kr.	Ist von dem A. Zehdenick auf Erbpacht ausgethan.		
Vogelsang	Vorwerk, eingepfarrt zu Bagow	Mittelmark	Havell. Kr.	Adelich		
Vogelsang	Vorwerk bey Mittenwalde	Mittelmark	Teltow	Magistrat zu Mittenwalde		
Vogelsang	Vorwerk, Forsthaus u. Wassermühle.	Mittelmark	Lebus	Adelich		
Vogelsdorf	Adel. Gut u. Dorf, Filial-Kirche v. Fredersdorf.	Mittelmark	Nieder-Barnim. Kr.		Berlin	der Besitzer des Orts

Voges-

Name des Orts.	Stadt, Flecken, Dorf, Adelich Gut, Vorwerk 2c.	Provinz.	Kreis.	Adelicher Ort, Königl. Amtsort, Immediat-Stadt.	Geistliche Inspection.	Patron der Pfarr- und Filial-Kirche, Gerichts-Obrigkeit.
Dogrobruggenberg	Dorf, Schäferey und Jägerhaus, eingepfarrt zu Lohm.	Prignitz	Kyritz	Adelich	Kyritz	
Doigtey	Vorwerk	Neumark	Friedberg	A. Driesen		
Doigtsdorf	Dorf, edessen mater, jetzt Filia vagans von Zellin.	Neumark	Königsberg	Adelich	Königsberg	der Besitzer des Orts
Dolgfelde	Dorf, Filia von Staats-Mühle.	Altmark	Tangerm.	Amt Neuendorf	Gardelegen	der König
Doliwig	Schäferey bey Zagle	Prignitz		Adelich		
Dollenschier oder Wollenscher	Adelich Gut	Altmark	Tangerm.			
Dorbruch	Col. Dorf, Filia von Netzbruch	Neumark	Friedberg	Amt Driesen	Landsberg	der König
Dordamm	Col. Dorf	Neumark	Friedberg	A. Driesen		
Dorheyde	Vorwerk u. Schäferey, eingepfarrt zu Beeskow.	Churmark	Bees- und Storkow.	A. Beeskow		
Dormühle	bey Freyenwalde	Mittelmark	Ober-Barnim. Kr.	hat einen Eigenthümer		
Stadt-Vorwerk Heyde-Vorwerk	}	Neumark	Züllichow	St. Züllichow		
Dorwerk	Adel. Gut u. Dorf.	Churmark	Beess- und Storkow.			
Dorwerk vor dem Spandower Thor	bey Berlin	Mittelmark	Nieder-Barnim. Kr.	A. Schönhausen		
Dorwerk	zu Dietersdorf gehörig	Neumark	Landsberg	Adelich		
Dorwerk	zu Hohenwalde gehörig	Neumark	Landsberg	Adelich		

Vorwerk

Name des Orts.	Stadt, Flecken, Dorf, Adelich Gut, Vorwerk ꝛc.	Provinz.	Kreis.	Adelicher Ort. Königl. Amtsort. Immediat-Stadt.	Geistliche Inspection.	Patron der Pfarr und Filial-Kirche. Gerichts-Obrigkeit.
Vorwerk	zu Liebenow gehörig	Neumark	Landsberg	Adelich		
Vorwerk	zu Jahnsfelde gehörig	Neumark	Landsberg	Adelich		
Stadt-Vorwerk		Neumark	Soldin	Stadt Lippehne		
Vorwerk	bey Selchow	Neumark	Sternberg	Adelich		
Vorwerk	bey Balkow	Neumark	Sternberg	Adelich		
Alte-Vorwerk Neue-Vorwerk	} bey Lieben	Neumark	Sternberg	Adelich		
Vorwerk	bey Bieberteich	Neumark	Sternberg	Adelich		
Vorwerk	bey Rabach	Neumark	Sternberg	Adelich		
Vorwerk	bey Rauden	Neumark	Sternberg	Adelich		
Vorwerk	bey Pollenzig	Neumark	Sternberg	Adelich		
Raths-Vorwerk		Neumark	Sternberg	Stadt Reppen		
Rothe Vorwerk	bey Frankfurt	Mittelmark	Lebus	gehört dem Magistrat zu Frankfurt		

Wachholz

297

Name des Orts.	Stadt, Flecken, Dorf, Adelich Gut, Vorwerk ꝛc.	Provinz.	Kreis.	Adelicher Ort, Königl. Amtsort, Immediat-Stadt.	Geistliche Inspection.	Patron der Pfarr- und Filial-Kirche. Gerichts-Obrigkeit.
Wachholzhausen	Klostergut in Schievelbein	Neumark	Schievelbein	Adelich		
Wachow	Dorf, mater. Windmühle.	Mittelmark	Havelland	A. Rauen	Neustadt Brandenburg	der König
Waddekate oder Waddekal	Dorf, eingepfarrt zu Diesdorf	Altemark	Salzwedel	Amt Diesdorf	Salzwedel	
Wadenberg oder Wageberg	Schäferey, zu Flechtingen gehörig	Altemark	Salzwedel	Adelich		
Wäteritz siehe Weteritz						
Wagenitz	Adel. Gut u. Dorf, Filia v. Senzke. Windmühle.	Mittelmark	Havelland		Rathenow	die Besitzer des Orts
Wahlendorf	Col. Dorf, Vorwerk und Windmühle. Die Einwohner sind 1772 nach Waldleben eingepfarrt worden.	Mittelmark	Ruppin	Adelich		
Wahlsdorf	Adel. Gut u. Dorf, Filia v. der sächsischen Pfarre Petkuß. Schäferey. Windmühle.	Churmark	Luckenwalde		Luckenwalde	der Besitzer des Orts
Wahrburg	Dorf, Filia vagans, jetzt von Insel. Windmühle.	Altemark	Stendal	Adelich	Tangermünde	die Besitzer des Orts
Wahrenberg	Dorf, Filia von Berkow. Windmühle.	Altemark	Seehausen	Adelich	Garbelegen. Der Inspector zu Puttliz setzet dieses Dorf als extrem in seine Inspectionsliste.	der Besitzer des Orts
Walchow	Dorf, mater.	Mittelmark	Ruppin	A. Alt-Ruppin	Neu-Ruppin	der König Waldberg

Name des Orts.	Stadt. Flecken. Dorf. Adelich Gut. Vorwerk ꝛc.	Provinz.	Kreis.	Adelicher Ort. Königl. Amtsort. Immediat-Stadt.	Geistliche Inspection.	Patron der Pfarr- und Schulkirche. Gerichts-Obrigkeit.
Waldberg	Vorwerk bey Kl. Luckow	Ukermark	Ukermärkische Kreis	Adelich		
Klein-Walde	in der Rüdersdorfer Heide, eingepfarrt zu Marggrafpiesle.	Mittelmark	Ober-Barn. Kreis			
Waldow	Vorwerk	Neumark	Sternberg	Adelich		
Walkmühle bey Alt-Landsberg		Mittelmark	Nieder-Bar.			
Wall	Vorwerk	Mittelmark	Glien- u. Löwenb. Kr.	A. Friedrichsthal		
Wallmow	Dorf, mater. Vorwerk	Ukermark	Stolpirsche Kreis	Amt Löcknitz	Prenzlow	der König
Wallwitz	Dorf, Filia von Sternberg	Neumark	Sternberg	Adelich	Drossen	die Besitzer des Orts
Kl. Wallwitz oder Wallitz	auf einer wüsten Feldmark von Schweizern erbauet.	Mittelmark	Ruppin	Amt Zechlin		
Walsleben	Dorf und Wasser-Mühle. mater.	Mittelmark	Ruppin	Adelich	Neu Ruppin	der Besitzer des Orts
Walsleben	Adel. Gut u. Dorf, mater. Schäferey Windmühle.	Altemark	Arneburg		Werben	der Besitzer des Guts
Walstawe	Dorf unicum. Mühle.	Altemark	Salzwedel	Adelich	Salzwedel	Patron von der Schulenburg zu Wolfsburg, Ger. Dirigt eben derselbe und einige andere Edelleute.
Waltersdorf	Dorf, mater. Sitz eines Prinzlichen Amts. Windmühle,	Mittelmark	Teltow	Prinzlich Amt hieselbst	Königs-Wusterhausen	Pr. v. Preußen Walters-

Name des Orts.	Stadt, Flecken, Dorf, Adelich Gut, Vorwerk ꝛc.	Provinz.	Kreis.	Adelicher Ort, Königl. Amtsort, Immediat-Stadt.	Geistliche Inspection.	Patron der Pfarr- und Filial-Kirche, Gerichts-Obrigkeit.
Waltersdorf	Dorf und Vorwerk, Filial-Kirche v. Rüdersdorf. Wasser- und Schneidemühle.	Mittelmark	Nieder-Barnim. Kr.	Magistrat zu Berlin	Strausberg	der Magistrat zu Berlin
Waltersdorfsche Schleuse		Mittelmark	Nied. Barn.			
Waltersdorf	Dorf, Papiermühle, Forsthaus, eingepfarrt zu Luckenwalde.	Churmark	Luckenwalde	Amt Zinna	Luckenwalde	
Wandelitz	Dorf, mater.	Mittelmark	N. Barnim.	A. Mühlenbeck	Bernau	der König
Wandern	Dorf, vagans.	Neumark	Sternberg	Adelich	Sonnenburg	
Wannefeld	Dorf, Filia von Ropfohrde	Altmark	Tangerm.	Amt Neuendorf	Gardelegen	der König
Wansdorf	Adel. Gut u. Dorf, unicum.	Mittelmark	Glien- und Löwenb.	Adelich und Amt Bötzow	Spandow	der Besitzer des Orts
Gr. Wanzer	Dorf, mater. Mühle	Altmark	Seehausen	Adelich	Seehausen	die Besitzer des Orts
Kl. Wanzer	Dorf, Filia von Gr. Wanzer	Altmark	Seehausen	Adelich	Seehausen	die Besitzer des Orts
Warbende	Vorwerk	Ufermark	Uferm. Kr.	Adelich		
Wardin	Dorf, Filia von Raduhn	Neumark	Arendswalde	Adelich	Arendswalde	der Besitzer des Orts
Warburg siehe Wahrburg						
Warnick	Dorf, Filia von Tauisel	Neumark	Landsberg	Adelich.	Küstrin	die Besitzer des Orts
Warnitz	Dorf, Filial-Kirche v. Blankenburg. Windmühle.	Ufermark	Uferm. Kr.	Amt Granzow	Granzow	der König
Warnitz	Dorf, mater.	Neumark	Königsberg	Adelich	Königsberg	der Besitzer des Orts Warnow

Name des Orts.	Stadt, Flecken, Dorf, Adelich Gut, Dorfwerk ꝛc.	Provinz.	Kreis.	Adelicher Ort, Königl. Amtsort, Immediat Stadt.	Geistliche Inspection.	Patron der Pfarr- und Filial-Kirche, Gerichts-Obrigkeit.
Warnow	Dorf, mater.	Prignitz	Lenzen	Adelich	Lenzen	Patron v. Blumenthal zu Prötzlin, Ser. Dir. eben derselbige und noch zwey Edelleute.
Wend. Warnow	Adel. Gut u. sieben mit Colonisten besetzten Kathen, eingepfarrt zu Warnow.	Prignitz	Lenzen		Lenzen	
Warsow	Dorf, Filia von Frisack	Mittelmark	Havelland	Adelich	Rathenow	die Besitzer des Orts
Wartenberg	Dorf mit zwey adelichen Gütern, mater.	Mittelmark	N. Barn.		Berlin	der Besitzer des Orts
Wartenberg	Dorf	Altmark	Stendal	Adelich		
Wartenberg	Dorf, Filia von Warnitz	Neumark	Königsberg	Amt Neudamm ½, adelich ½.	Königsberg	der adel. Mitbesitzer des Orts.
Wartenstein	Vorwerk	Neumark	Schievelbein	Commenthurey Schievelbein		
die Warthe	ein Vorwerk am Arendseeischen Krug vor Seehausen.	Altmark	Seehausen	gehört dem Magistrat zu Seehausen.		
Warthe	Dorf, mater. Wassermühle.	Ukermark	Ukerm. Kr.	Adelich	Templin	der Besitzer des Orts
Warthebruch	Dorf, mater.	Neumark	Landsberg	Amt Himmelstädt	Landsberg	der König
Wasmerslage	Dorf, eingepfarrt zu Königsmark	Altmark	Seehausen	Adelich	Seehausen	
Gr. und Kl. Wasserburg	Dorf, eingepfarrt zu Krausnick. Vorwerk. Schäferey. Wasser- und Schneidemühle.	Churmark	Bees- und Storkow.	Prinzlich Amt Krausnick	Kön. Wusterhausen	

Wasser-

Name des Orts.	Stadt, Flecken, Dorf, Adelich Gut, Vorwerk ꝛc.	Provinz.	Kreis.	Adelicher Ort, Königl. Amtsort, Immediat-Stadt.	Geistliche Inspection.	Patron der Pfarr- und Filial-Kirche, Gerichts-Obrigkeit.
Wasserbusch	Vorwerk zu Neuwalde gehörig	Neumark	Sternberg	Adelich		
Wasserfelde	Vorwerk, eingepfarrt zu Berkenbrügge	Neumark	Arendswalde	Adelich	Arendswalde	
Wassersuppe	Adel. Gut u. Dorf, Filia von Witzke	Mittelmark	Havelland		Rathenow	die Besitzer des Orts
Waßmannsdorf oder Wasdorf	Dorf, Filia von Selchow. Windmühle.	Mittelmark	Teltow	Adelich	Kön. Wusterhausen	der Besitzer des Orts
Wedding	Vorwerk und Papiermühle unweit Berlin.	Mittelmark	Nieder-Barnim. Kr.	Vom Amt Mühlenhof in Erbpacht gegeben.		
Wedel	Dorf, Filia von Roherbeck	Neumark	Königsberg	Amt Zehden	Königsberg	der König, von Wedel u. von Normann.
Neu-Wedel	Städtchen	Neumark	Arendswalde	Adelich	Arendswalde	die Besitzer des Orts
Alten-Wedel	Vorwerk	Neumark	Arendswalde	Adelich		
Wedelsdorf	Dorf, Filia von Rahnwerder	Neumark	Arendswalde	Adelich	Arendswalde	der Besitzer des Orts
Werselitz	Dorf, Filial-Kirche von Bertickow, Vorwerk. Windmühle.	Ukermark	Ukerm. Kr.	Amt Gramzow	Gramzow	der König
Weesenthal siehe Wesenthal						
Wegendorf oder Wedigendorf	Dorf, Filial-Kirche von Alt-Landsberg. Das Vorwerk ist mit Colonisten besetzt.	Mittelmark	Ober-Barnim. Kr.	A. Alten-Landsberg	Friderichswerder	der König
Wegenstedt	Dorf, mater. Zwey Windmühlen.	Altmark	Salzwedel	Adelich	Gardelegen	der Besitzer des Orts
Weggun	Dorf, mater.	Ukermark	Ukermärk. Kreis	Adelich	Prenzlow	der Besitzer des Orts
Wegnitz	Freyhof, eingepfarrt zu Kl. Beuster.	Altmark	Seehausen	Adelich		

Name des Orts.	Stadt, Flecken, Dorf, Adelich Gut, Vorwerk ꝛc.	Provinz.	Kreis.	Adelicher Ort. Königl. Amtsort. Immediat-Stadt.	Geistliche Inspection.	Patron der Pfarr-und Filial-Kirche, Gerichts Obrigkeit.
Wehsow, Weese oder zur Wese	Dorf, ehedessen mater, ist durch ein Rescript vom 13. Jan. 1674 zu einer Filia von Löhme gemacht worden.	Mittelmark	Ober-Barn.	Amt Löhme	Bernau	der König
Weidenmühle	eine Wassermühle bey Erxleben.	Altemark	Salzwedel	hat einen Eigenthümer		
Weisen	Zwey adel. Güter und Dorf, Filia von Gr. Bresse. Windmühle.	Prignitz	Perleberg	Adelich	Perleberg	die Besitzer des Orts
Weissen	Dorf, eingepfarrt zu Meinsdorf	Mittelmark	In des Zauchischen Kreises Ländchen Beerwalde.	Adelich	Treuenbriezen	
auf dem Weissenberg	eine Schleuse	Mittelmark	Lebus	Amt Fürstenwalde		
Weissenbruch	Vorwerk	Neumark	Dramburg	Adelich		
Weissenmohr	Adel. Gut u. Dorf, Filia von Kälberitz, Mühle.	Altemark	Tangerm.		Tangermünde	der Besitzer des Orts
Weissenspring	Col. Ort, Tabackspfeiffenfabrik. Wassermühle.	Mittelmark	Lebus	hat einen Eigenthümer		
Weissenschan	Vorwerk	Neumark	Königsberg	St. Königsberg		
Weissensee	Adel. Gut u. Dorf, mater. Windmühle.	Mittelmark	Nied. Barn.		Berlin	der Besitzer des Guts
Weissewarthe	Col. Dorf, Filia von Eloerstorf. Vorwerk, Schäferey und Forsthaus.	Altemark	Tangerm.	Amt Tangermünde	Tangermünde	der König
Weissig	Dorf, mater.	Neumark	Crossen	Adelich	Crossen	der Besitzer des Orts
Weissorth	Vorwerk	Neumark	Dramburg	Adelich		Weitkendorf

Name des Orts.	Stadt. Flecken. Dorf. Adelich Gut. Vorwerk ꝛc.	Provinz.	Kreis.	Adelicher Ort. königl. Amtsort. Immediat Stadt.	Geistliche Inspection.	Patron der Pfarr- und Filial-Kirche. Gerichts-Obrigkeit.
Weitkendorf oder Weitgendorf	Col. Dorf, welches der Diaconus zu Putlitz versiehet. Schäferey.	Prignitz	Pritzwalk	Adelich	Putlitz	
Welck	Vorwerk	Neumark	Züllichow	Adelich		
Wellborn	Schäferey	Altmark	Arneburg	Adelich		
Al. Wellen	Col. Dorf, eingepfarrt zu Biesecke	Prignitz	Perleberg	Adelich	Perleberg	
Welle	Dorf, mater.	Prignitz	Pritzwalk	Adelich	Wilsnack	der Besitzer des Orts ist Patron. Es stehet zwar in der Matrikel von 1600, daß der Bischof zu Havelberg das Jus patronatus habe; allein die von Saldern sind seit 1581 im Besitz des juris vocandi, in welchem sie auch 1610, 1655 u. 1681 von dem Consistorio geschützt werden.
Welle oder Wolle	Dorf, Filia von Eloerstorf	Altmark	Tangerm.	Adelich	Tangermünde	der Besitzer des Orts
Wellenhof oder Neuerhof	bey Pollitz	Altmark	Seehausen	Adelich		
Wellmitz	Dorf, eingepfarrt zu Jähnsdorf	Neumark	Crossen	Adelich	Crossen	
Welschenburg	Dorf, Filia von Mellen	Neumark	Dramburg	Adelich	Dramburg	der Besitzer des Orts

Welsickenz

Name des Orts.	Stadt, Flecken, Dorf, Adelich Gut, Vorwerk ꝛc.	Provinz.	Kreis.	Adelicher Ort. Königl. Amtsort. Immediat-Stadt.	Geistliche Inspection.	Patron der Pfarr-und Filial-Kirche, Gerichts-Obrigkeit.
Welsickendorf	Dorf, mater. Windmühle.	Mittelmark	Ober-Barnim. Kr.	Adelich	Strausberg	der Besitzer des Orts
Welsow	Dorf, Filial-Kirche von Neu-Angermünde	Ukermark	Stolpirsche Kreis	Magistrat zu Neu-Angermünde und adelich.	Neu-Angermünde	die Besitzer des Orts
Wendeberg	bey Havelberg	Prignitz	Havelberg	das Domkapitul	Dom-Havelberg	
Wendemark	Vorwerk, eingepfarrt zu Brieft	Ukermark	Ukermärk. Kreis	Amt Gramzow		
Paris Wendemark, siehe diesen Artikel in P.						
Ober- und Nieder-Wendemark	Dorf, mater. Mühle	Altemark	Seehausen	Adelich	Seehausen wie 1679 das Consistorium für diese Inspection, und wieder den Anspruch des Inspectors zu Werben erkannt hat. Auch die jenseit der Aland stehende sieben Bauerhöfe, sind der Werbenschen Inspection ab, und der Seehausenschen zugesprochen worden 1687.	Patron die von Jagow, Ger. Obrigk. ebendieselben, die von Puttlitz u. das Obergericht zu Stendal.
Wenningen	Dorf	Neumark	Dramburg	Adelich		
Wensickendorf	Dorf, unicum. Windmühle.	Mittelmark	Nieder-Barnim. Kr.	A. Oranienburg	Bernau	der König

Wenedorf

Name des Orts.	Stadt. Flecken. Dorf. Adelich Gut. Vorwerk ic.	Provinz.	Kreis.	Adelicher Ort. Königl. Amtsort. Immediat-Stadt.	Geistliche Inspection.	Patron der Pfarr- und Filial-Kirche. Gerichts-Obrigkeit.
Wendorf	Adel. Gut u. Dorf, Filial-Kirche von Cunlosen	Prignitz	Perleberg		Perleberg	die Besitzer des Orts
Wentz	Dorf, Filia von Immekath	Altemark	Salzwedel	Adelich	Salzwedel	die Besitzer des Orts
Wenzlafshagen	Dorf, mater.	Neumark	Schievelbein	die Commenthuren Schievelb.	Schievelbein	der Commenthur
Wenzlow	Vorwerk. Windmühle.	Churmark	Bees- und Storkow.		Amt Storkow	
Weperitz	Dorf, Filia von der Stadtkirche zu Landsberg.	Neumark	Landsberg	St. Landsberg	Landsberg	der Magistrat
Werbelitz	Dorf, mater.	Neumark	Königsberg	Stadt Solbin	Königsberg	der Magistrat
Werbellin	Pfälzer Col. Dorf, eingepfarrt zu Steinfurt.	Uckermark	Uckerm. Kr.	Amt Grimnitz	Neustadt-Eberswalde	
Werbelow	Adel. Gut u. Dorf, Filial-Kirche von Trebenow. Wasser- und Schneidemühle.	Uckermark	Uckerm. Kr.		Strasburg	der Besitzer des Guts
Werben	Stadt. Fünf Wind- und zwey Schiffsmühlen.	Altemark	Arneburg. Kreis	Immediat	Werben	der Magistrat
Werben bey Nunsdorf	Vorwerk u. Schäferey, eingepfarrt zu Nunsdorf.	Mittelmark	Teltow	A. Zossen	Zossen	
Werben	Dorf, mater.	Neumark	Cottbus	Adelich	Cottbus	der Besitzer des Orts
Werbig	Dorf, eingepfarrt zu Seelow	Mittelmark	Lebus	Amt Friedrichs-aue	Frankfurt	
Werder	Stadt. Drey Windmühlen.	Mittelmark	Zauchische Kreis	Amt Lehnin	Potsdam	der König
Werder	Dorf, eingepfarrt zu Gr. Beuthen	Prignitz	Perleberg	Adelich	Seehausen	

Werder

Name des Orts.	Stadt, Flecken, Dorf, Adelich Gut, Vorwerk ꝛc.	Provinz.	Kreis.	Adelicher Ort, Königl. Amtsort, Immediat-Stadt.	Geistliche Inspection.	Patron der Pfarr- und Filial-Kirche, Gerichts-Obrigkeit.
Werder	Adel. Gut u. Dorf, unicum.	Mittelmark	Ruppin		Neu-Ruppin	der Besitzer des Orts
Werder	Dorf, eingepfarrt zu Cossenblatt	Churmark	Bees- und Storkow.	Prinzlich Amt zu Cossenblat	Kön. Wusterhausen	
Werder	Forsthaus, eingepfarrt zu Schmöckewitz	Mittelmark	Teltow	Amt Cöpenick		
Werder	Dorf, mater. Wassermühle.	Mittelmark	Ober-Barn.	A. Rüdersdorf	Strausberg	der König
Werder	Vorwerk, Filia von Grüneberg	Neumark	Arenswalde	Adelich	Arenswalde	der Besitzer des Orts
Werder	Vorwerk zu Sachsendorf	Mittelmark	Lebus	A. Sachsendorf		
der Werder	eine Kuhmelkerey bey Lindow	Mittelmark	Ruppin			
Werder	Dorf, mater.	Churmark	Luckenwalde	Amt Zinna	Pechül	der König
Werderfelde	Vorwerk bey Zelnicke	Neumark	Dramburg	Adelich		
Werenthin oder Warenthin	Vorwerk auf einer wüsten Feldmark	Mittelmark	Ruppin	Ist auf Erbpacht ausgethan.		
Werftphul	Vorwerk, eingepfarrt zu Schönefeld	Mittelmark	Ober-Barn.	Adelich		
Werneuchen siehe Berneuchen						
Wernickow	Dorf, mater.	Wittstock	Prignitz	Amt Wittstock	Wittstock	der König
Wernitz	Dorf Filial Kirche von Zeestow	Mittelmark	Havelland	Adelich	Nauen	Patron der König. Ger. Obr. die von Bredow.
Wernitz	Dorf, mater vagant, wird jetzt von dem Prediger zu Isernschnibbe versehen.	Altmark	Salzwedel	Adelich	Gardelegen	der Besitzer des Orts
						Wernsdorf

Name des Orts.	Stadt, Flecken, Dorf, Adelich Gut, Vorwerk ic.	Provinz.	Kreis.	Adelicher Ort, Königl. Amtsort. Immediat-Stadt.	Geistliche Inspection.	Patron der Pfarr- und Filial-Kirche. Gerichts-Obrigkeit.
Wernsdorf	Col. Dorf	Prignitz	Pritzwalk	Adelich	Pritzwalk	
Wernsdorf	Dorf, Filia von Neu-Zittau. Forsthaus. Gehört ursprünglich zur Pfarre Margarafpieske, ist aber schon im 17ten Jahrh. zu Cabelow, und endlich zu Neu-Zittau gelegt worden.	Churmark	Bees- und Storkow.	A. Stansdorf	Storkow	der König
Wernstädt	Dorf, Filia von Zichtau	Altmark	Salzwedel	Amt Salzwedel	Calbe	der König
Wergin oder Warzin	Dorf, Filia vagans von Diesecke	Prignitz	Perleberg	Adelich	Perleberg	der Besitzer des Orts
Kl. Wergin	Tagelöhnerhäuser	Prignitz	Perleberg			
Wesche	Vorwerk	Neumark	Sternberg	Adelich		
Weselitz	Dorf und Vorwerk, Filia von Versikow. Windmühle.	Ukermark	Ukerm. Kr.	Amt Gramzow	Gramzow	
Wesendorf	Dorf, Filia von Kl. Mutz	Ukermark	Ukerm. Kr.	A. Zehdenick	Zehdenick	der König
Wesenthal oder Wiesenthal	Dorf, Filia vagans, jetzt von Gielsdorf. Wassermühle.	Mittelmark	Ober-Barn.	Adelich	Strausberg	der Besitzer des Orts
Weseram	Dorf, mater. Windmühle.	Mittelmark	Havell. Kr.	Amt Ziesar	Altstadt Brandenburg	der König
West-Heeren siehe Heeren						
West-Insel siehe Insel						

Name des Orts.	Stadt, Flecken, Dorf, Adelich Gut, Vorwerk ꝛc.	Provinz.	Kreis.	Adelicher Ort, Königl. Amtsort, Immediat-Stadt.	Geistliche Inspection.	Patron der Pfarr und Filial Kirche. Gerichts-Obrigkeit.
Weteritz	Vorwerk. Schäferey. Wassermühle. Ist mater vagans und wird jetzt v. dem Prediger zu Isernschnibbe versehen.	Altemark	Salzwedel	Adelich	Gardelegen	der Besitzer des Orts
Wetlitz	Vorwerk bey Havelberg	Prignitz	Havelberg	Dom-Kapitul Havelberg		
Wetz		Prignitz	Lenzen			
Wetzenow	Adel. Gut u. Dorf, mater.	Ukermark	Ukermärk. Kr.		Prenzlow	der Besitzer des Guts
Wichmannsdorf	Dorf, mater. Kummerfortische Wasser- und Schneidemühle.	Ukermark	Ukerm. Kr.	Adelich	Prenzlow	der Besitzer des Orts
Wiebecker Mühle	auf den Grund und Boden des Dorfs Zinau	Altemark	Tangerm.	Amt Neuendorf		
Gr. Wiebelitz	Dorf, Filia von Ipsen	Altemark	Salzwedel	Adelich	Salzwedel	die Besitzer des Orts
Kl. Wiebelitz	Dorf, Filia von Bombeck. Wassermühle.	Altemark	Salzwedel	Adelich	Salzwedel	die Besitzer des Orts
Wiebke	Dorf, Filia vagans, jetzt von Zichtau. Zwey Mühlen.	Altemark	Salzwedel	Adelich	Calbe	die Besitzer des Orts
Wiedebusch	Vorwerk	Ukermark	Ukerm. Kr.	Adelich		
Wieglitz	Dorf, Filial-Kapelle von Bülstringen	Altemark	Salzwedel	Adelich	Gardelegen	der Besitzer des Orts
Wiepersdorf	Adel. Gut u. Dorf, Filia von Meinsdorf. Windmühle.	Mittelmark		In des Jauchischen Kr. Ländchen Peerwalde.	Treuenbrietzen	der Besitzer des Orts
Wieröbl siehe Wiewohl						Wiersdorf

Name des Orts.	Stadt, Flecken, Dorf, Adelich Gut, Vorwerk c.	Provinz.	Kreis.	Adelicher Ort, Königl. Amtsort. Immediat-Stadt.	Geistliche Inspection.	Patron der Pfarr- und Filial-Kirche. Gerichts-Obrigkeit.
Wiersdorf	Dorf, Filia von Dähre, aber ohne Kirche.	Altemark	Salzwedel	Amt Diesdorf	Salzwedel	der König
Wiesendorf	Dorf, eingepfarrt zu Kriescen	Neumark	Cottbus	Adelich	Cottbus	
Wiesenthal siehe Wesenthal						
Wiesenwerder oder Gimmel	Vorwerk, eingepfarrt zu Berlenbrügge	Neumark	Arenswalde	Adelich	Arenswalde	
Wieissen siehe Weissen						
Wiestädt	Dorf, Filia von Osterwohle	Altemark	Salzwedel	Amt Diesdorf	Salzwedel	der König
Wittstock oder Wittstock	Dorf, mater. Windmühle.	Mittelmark	Teltow	Amt Zossen	Zossen	der König
Wiewohl oder Wieröhl	Dorf, eingepfarrt zu Lagendorf	Altemark	Salzwedel	Amt Diesdorf	Salzwedel	
Wickmannsmühle	-	Altemark	Salzwedel	Adelich		
Wilkendorf	Dorf, Kirche Fil. von Gielsdorf	Mittelmark	Ober-Barn.	Adelich	Strausberg	der Besitzer des Orts
Wilkersdorf	Dorf, Filia von Zorndorf	Neumark	Königsberg	A. Quartschen	Cüstrin	der König
Wildberg	ein Flecken, unicum. Zwey adel. Güter. Wind- u. Wassermühle.	Mittelmark	Ruppin	Amt Alt-Ruppin und adelich	Neu-Ruppin	der König
Wildenbruch	Dorf, mater. Windmühle.	Mittelmark	Zauchische Kreis	Adelich	Beelitz	der Besitzer des Orts
Wildenhagen	Dorf, Filia von Bottschow	Neumark	Sternberg	Adelich	Drossen	der Besitzer des Orts
Wildenow	Dorf, Filia von Birkholz	Neumark	Friedeberg	Adelich	Landsberg	der Besitzer des Orts
Wildenowsche Försterey	Colonie	Neumark	Landsberg	A. Himmelstädt		Wildforth

Name des Orts.	Stadt, Flecken, Dorf, Adelich Gut, Vorwerk ꝛc.	Provinz.	Kreis.	Adelicher Ort, Königl. Amtsort, Immediat-Stadt.	Geistliche Inspection.	Patron der Pfarr- und Filial Kirche. Gerichts-Obrigkeit.
Wildforth	Vorwerk	Neumark	Dramburg	A. Balster		
Wilhelminenhof oder Willmine	Vorwerk bey Friedenwalde	Uckermark		Adelich		
Wilhelmsaue	Vorwerk	Mittelmark	Lebus	Amt Wollup		
der Wilhelms-Krug	Col. Ort, eingepfarrt zu Briesen	Mittelmark	Lebus	Amt Fürstenwalde	Frankfurt	
Willmersdorf	Dorf, eingepfarrt zu Cottbus	Neumark	Cottbus	Amt Peitz	Cottbus	
Willmersdorf	Dorf, Fil. Kirche von Websow. Windmühle.	Mittelmark	Ober-Barn.	Amt Löhme	Bernau	der König
Wend. Willmersdorf	Adel. Gut u. Dorf, Fila von Christinadorf	Mittelmark	Teltow		Zossen	der Besitzer des Orts
Willmersdorf	Dorf, Filia von Chemnitz	Prignitz	Pritzwalk	Domkapitel zu Havelberg	Pritzwalk	das Domkapitel
Willmersdorf	Dorf, mater. Zwey Windmühlen.	Mittelmark	Lebus	Adelich	Frankfurt	der Besitzer des Orts
Willmersdorf	Dorf und Vorwerk, mater. Schäferey. Windmühle.	Mittelmark	Teltow	Amt Mühlenhof	Cöln an der Spree	der König
Willmersdorf im Storkowschen	Dorf, eingepfarrt zu Stöberitz. Windmühle.	Churmark	Bees- und Storkow.	Adelich	Storkow	
Willmersdorf im Beeskowschen	Dorf, eingepfarrt zu Pfaffendorf	Churmark	Bees- und Storkow.	A. Beeskow	Beeskow	
Willmersdorf	Adel. Gut u. Dorf, Kirche Filia vagans, jetzt von dem Diaconat zu Greifenberg.	Uckermark	Stolpirische Kreis		Neu-Angermünde	der Besitzer des Orts
Willmersen oder Wölmersen	Dorf, Filia von Memke	Altemark	Salzwedel	Amt Diesdorf	Salzwedel	der König

Wilsnack

Name des Orts.	Stadt, Flecken, Dorf, Adelich Gut, Vorwerk ꝛc.	Provinz.	Kreis.	Adelicher Ort, Königl. Amtsort, Immediat-Stadt.	Geistliche Inspection.	Patron der Pfarr- und Filial-Kirche. Gerichts-Obrigkeit.
Wilsnack	Stadt, adelicher Hof, mit dazu gehöriger Wasser-, Wind- und Walkmühle.	Prignitz	Havelberg	Adelich	hies. Inspection	Ger. Obrigkeit der hiesige v. Saldern, Patron des Pastorats eben derselbige u. der von Saldern auf Plattenburg. Patron des Diaconats der Magistrat.
Wilseckow oder Wilschkow	Adel. Gut u. Dorf, Filial-Kirche von Trebenow. Wassermühle.	Ukermark	Ukerm. Kr.		Strasburg	der Besitzer des Orts
Winkel	Vorwerk zu Pernecuchen gehörig	Neumark	Landsberg	Adelich		
Winkelstädt bey Diesdorf	Dorf, Filia von Dähre	Altemark	Salzwedel	Amt Diesdorf	Salzwedel	der König
Winkelstädt am Weider	Dorf, Filia vacans, jetzt von Kalerbeck	Altemark	Salzwedel	Adelich	Garbelegen	der Besitzer des Orts
Windberge	Adel. Gut u. Dorf, Filia v. rüderitz	Altemark	Tangerm.		Tangermünde	die Besitzer des Orts
Winddorf	Dorf, eingepfarrt zu Leiten	Neumark	Cottbus	Adelich	Cottbus	
Winterfeld	Dorf, mater.	Altemark	Arendsee	Adelich	Apenburg	die Besitzer des Orts
Lücken-Wisch	eingepfarrt zu Cumlosen	Prignitz	Perleberg	Adelich	Perleberg	
Wismar	Dorf, unicum, wird jetzt als Filia von Lübbenow angesehen.	Ukermark	Ukerm. Kr.	Adelich	Strasburg	die Besitzer des Orts
Gr. Wismar	Vorwerk	Altemark	Salzwedel	Adelich		
Kl. Wismar	Schäferey	Altemark	Salzwedel	Adelich		Wittbriezen

Name des Orts.	Stadt, Flecken, Dorf, Adelich Gut, Vorwerk 2c.	Provinz.	Kreis.	Adelicher Ort, Königl. Amtsort, Immediat Stadt.	Geistliche Inspection.	Patron der Pfarr und Filial-Kirche, Gerichts-Obrigkeit.
Wietbriezen	Dorf, mater. Wind- u. Wassermühle. Vorwerk mit Colonisten besetzt.	Mittelmark	Zauche	Amt Saarmund	Treuenbriezen	der König
Witeeberg	Holzwärterhaus an der Havel, eingepfarrt zu Zehlendorf	Mittelmark	Nied. Barn.	Amt Friedrichsthal		
Wittenberge	Stadt. Pfarrkirche ist mater. Zwey Windmühlen. Adelich Gut auf der Burg.	Prignitz	Perleberg	Adelich	Putlitz	der Besitzer des Orts
Wittenhagen s. Weissenhagen						
Wittenmohr od. Weissenmohr	Dorf, Filia von Lüderitz, will mater combinata seyn. Mühle.	Altmark	Tangerm.	Adelich	Tangermünde	der Besitzer des Orts
Wittstock	Dorf, Filia von Fürstenfelde	Neumark	Königsberg	hiesiges Amt	Cüstrin	der König
Gr. Wittstock	Vorwerk bey Schapow	Ukermark	Ukerm. Kr.	Adelich		
Kl. Wittstock	Schäferey	Ukermark	Ukerm. Kr.	Adelich		
Wittstock	Stadt. Drey Wassermühlen. Sitz eines Amts. Die reform. Gemeine wird von dem Prediger zu Lenow versehen.	Prignitz	Wittstock	Immediat	hiesige Insp.	der Magistrat
Wizke	Dorf, mater.	Mittelmark	In des Havelländ. Kreises Ländchen Rhinow.	Adelich	Rathenow	die Besitzer des Orts
Wochosee	Dorf, eingepfarrt zu Storkow	Churmark	Bees- und Storkow.	Amt Storkow	Storkow	
Wocha	Holländer	Neumark	Landsberg	A. Himmelstädt		Wobbow

Name des Orts.	Stadt-, Flecken, Dorf, Adelich Gut, Vorwerk ꝛc.	Provinz.	Kreis.	Adelicher Ort, königl. Amtsort, Immediat-Stadt.	Geistliche Inspection.	Patron der Pfarr- und Filial-Kirche, Gerichts-Obrigkeit.
Woddow	Adel. Gut u. Dorf, Filia von Bagemühle, ehedessen unicum Wassermühle.	Ukermark	Stolpirsche Kreis		Prenzlow	der Besitzer des Orts
Wölle siehe Welle						
Wölmsdorf	Dorf, Filia von dem Chursächs. Dorf Nieder-Gersdorf.	Churmark	Luckenwalde	Amt Zinna		
Wölsickendorf s. Welsickendorf						
Wöpel oder Wöpole, ob. Wopel	Dorf, Filial-Kirche von Kuhfelde	Altmark	Salzwedel	Adelich	Salzwedel	die Besitzer des Orts
Wohlenberg oder Woldenberg	Dorf, Filia vagans, jetzt von Glasbigow.	Altmark	Arendsee	Adelich	Osterburg	die Besitzer des Orts
Wohtke s. Wutike						
Wolkenberg	Dorf, Filia von Stradow	Neumark	Cottbus	Adelich	Cottbus	der Besitzer des Orts
Woldenberg	Stadt. Hiesiges Burglehn.	Neumark	Friedeberg	Immediat	Landsberg	Patron der König in Ansehung des Pastorats, der Magistrat in Ansehung des Diacon.
Woldenhagen s. Wollenhagen						
Wolfersdorf s. Wulfersdorf						
Wolfsberg	Meyerey bey Prüort	Mittelmark	Havelland	Adelich		
Wolfshagen	Vorwerk bey Alt-Landsberg	Mittelmark	Nieder-Barnim. Kr.	A. Alten-Landsberg		

Name des Orts.	Stadt, Flecken, Dorf, Adelich Gut, Vorwerk ꝛc.	Provinz.	Kreis.	Adelicher Ort. Königl. Amtsort. Immediat-Stadt.	Geistliche Inspection.	Patron der Pfarr- und Filial-Kirche, Gerichts-Obrigkeit.
Wolfshagen	Adel. Gut u. Dorf, Filia v. Seddin. Wassermühle.	Prignitz	Pritzwalk		Putlitz	der Besitzer des Guts
Wolfshagen	Vorwerk, Filia von Hetzdorf. Wasser-, Schneide- und Oelmühle.	Uckermark	Uckermärk. Kreis	Adelich	Strasburg	der Besitzer des Orts
Wolfslaake	eine Schäferey und ein Krug	Mittelmark	Glien- u. Löwenberg.	Amt Oehlefanz		
Wolfsmühle		Altmark	Salzwedel	Adelich		
Wolgast	Dorf, vacans.	Neumark	Friedeberg	Adelich	Landsberg	
Gr. u. Kl. Wolgemuth	Schäferey bey Bestendorf	Altmark	Salzwedel	Adelich		
Wollenberg oder Woldenberg	Adel. Gut u. Dorf, Filia von Weißackendorf. Windmühle.	Mittelmark	Ober-Barnim. Kr.		Strausberg	der Besitzer des Orts
Wollenhagen od. Woldenhagen	Dorf, unicum, aber seit vielen Jahren combinirt mit Klinke.	Altmark	Stendal	Adelich	Stendal	die Besitzer des Orts
Wollenrade oder Woldenrade	Dorf, Filia von Schönebeck	Altmark	Stendal	Adelich	Osterburg	Patron der König wegen des Amts Neuendorf, Ger. Obr. zwey Edelleute.
Wolletz	Adel. Gut u. Dorf, Filial-Kirche von Alt Künkendorf. Blumbergische Mühle.	Uckermark	Stolpirsche Kr.		Neu-Angermünde	der Besitzer des Orts
Wollin	Adel. Gut u. Dorf, mater. Windmühle.	Uckermark	Stolpirsche Kreis		Prenzlow	der Besitzer des Orts
Wollup	Vorwerk. Sitz eines Amts.	Mittelmark	Lebus	Amt Wollup		

Wolstkow

Name des Orts.	Stadt. Flecken. Dorf. Adelich Gut. Vorwerk ꝛc.	Provinz.	Kreis.	Adelicher Ort. Königl. Amtsort. Immediat-Stadt.	Geistliche Inspection.	Patron der Pfarr- und Filial-Kirche. Gerichts Obrigkeit.
Wolfeckow oder Wolschow	Dorf, Filial-Kirche von Brüssow	Ukermark	Stolpirsche Kr.	Amt Brüssow und adelich	Prenzlow	der König
Wolsier	Adel. Gut u. Dorf, Filia v. Spaaz	Mittelmark	Havelland		Rathenow	der Besitzer des Orts
Wolterslage	Adel. Gut u. Dorf, Filia von Königsmarkl. Mühle.	Ukermark	Seehausen		Seehausen	der Besitzer des Guts
Woltersdorf	Dorf, mater. Windmühle.	Mittelmark	Ruppinsche Kreis	Amt Zehdenick	Zehdenick	der König
Kl. Woltersdorf	Vorwerk, eingepfarrt zu Darritz	Mittelmark	Ruppinsche Kreis	Adelich	Neu-Ruppin	
Woltersdorfer Baum	Taglöhnerhäuser	Mittelmark	Ruppinsche Kr.	Adelich		
Gr. Woltersdorf	Dorf, Filia von Reckenthin	Prignitz	Pritzwalk	Adelich	Pritzwalk	der Besitzer des Orts
Kl. Woltersdorf	Dorf, Filia von Schönbeck. Soll Filia von Buchholz werden.	Prignitz	Pritzwalk	das Stift zum heil. Grabe.	Pritzwalk	das Stift
Woltersdorf	Dorf, Filia von Luckenwalde	Churmark	Luckenwalde	Amt Zinna	Luckenwalde	der König
Woltersdorf	Dorf, Filia von Güntershagen	Neumark	Dramburg	Amt Sabin	Dramburg	der König
Woltersdorf	Dorf, Filia von Jädickendorf	Neumark	Königsberg	A. Butterfelde	Königsberg	der König
Woltersdorf	Dorf, Filia von Werbellig	Neumark	Königsberg	Stadt Soldin	Königsberg	der Magistrat
Wolzig	Dorf, eingepfarrt zu Storkow	Churmark	Bees- und Storkow.	Amt Stamsdorf	Storkow	

Name des Orts.	Stadt, Flecken, Dorf, Adelich Gut, Vorwerk ꝛc.	Provinz.	Kreis.	Adelicher Ort, Königl. Amtsort, Immediat-Stadt.	Geistliche Inspection.	Patron der Pfarr- und Filial-Kirche, Gerichts-Obrigkeit.
Wolzigermühle	bey Neuhof, eingepfarrt zu Wünsdorf	Mittelmark	Teltow	hat einen Eigenthümer		
Groß-Wootz oder Wutze	Dorf, in der Lenzerwische, eingepfarrt zu Rieth	Prignitz	Lenzen	Adelich	Lenzen	
Klein-Wootz oder Wutze	Dorf in der Lenzerwische mit einer Kapelle	Prignitz	Lenzen	Adelich	Lenzen	
Wopersnow	Adel. Gut u. Dorf, mater.	Neumark	Schievelbein		Schievelbein	der Besitzer des Guts
Worin	Dorf, Filia von Görisdorf. Wassermühle.	Mittelmark	Lebus	Adelich	Müncheberg	der Besitzer des Orts
Wormsfelde	Adel. Gut u. Dorf, mater.	Neumark	Landsberg	Markgräflich	Landsberg	der Markgraf zu Schwedt
Wossinke	Vorwerk	Neumark	Crossen	Adelich		
Wostrowsches	Schäferey	Prignitz	Lenzen			
Wrechow	Dorf, mater.	Neumark	Königsberg	Kön. Amt Zehden und Ordens-Amt Grüneberg.	Königsberg	der König
Alt-Wrietzen	Dorf, Filia von Wrietzen	Mittelmark	Ober-Barn.	St. Wrietzen		
Wrietzen	Stadt. Zwey Vorwerke. Zwey Wasser- und vier Windmühlen. Hiesiges Bruchamt.	Mittelmark	Ober-Barn.	Immediat	hies. Inspection	der Magistrat
Gr. Wubieser	Dorf, Filia von Kl. Wubieser	Neumark	Königsberg	Amt Zehden	Königsberg	der König
Kl. Wubieser	Dorf, mater.	Neumark	Königsberg	A. Neuenhagen	Königsberg	der König
Kl. Wubieser	Vorwerk	Neumark	Königsberg	A. Neuenhagen		

Gr. Wn

Name des Orts.	Stadt, Flecken, Dorf, Adelich Gut, Vorwerk ꝛc.	Provinz.	Kreis.	Adelicher Ort, Königl. Amtsort, Immediat-Stadt	Geistliche Inspection.	Patron der Pfarr- und Filial-Kirche, Gerichts-Obrigkeit.
Gr. Wubiesersche	Mühle	Neumark	Königsberg	Amt Zehden		
Wuden	Dorf, eingepfarrt zu Lebus	Mittelmark	Lebus	Amt Lebus	Frankfurt	
Wüllmersen siehe Willmersen						
Fern-Wünsdorf Nächst-Wünsdorf	Dorf, Filia von Zossen	Mittelmark	Teltow	Amt Zossen	Zossen	der König
Wugarten	Dorf, mater.	Neumark	Fridberg	Adelich	Landsberg	der Besitzer des Orts
Alt-Wubrow	Dorf, Filia von Teschendorf	Neumark	Dramburg	Adelich	Dramburg	der Besitzer des Orts
Wulckendorf s. Wilckendorf						
Wulckow	Dorf, mater. Vorwerk	Mittelmark	Ruppin	Adelich. Das Vorwerk gehört zu dem Amt Neu-Ruppin.	Neu-Ruppin	der Besitzer des Orts
Wulckow bey Quilitz	Adel. Gut u. Dorf, Filia von Hermersdorf	Mittelmark	Lebus		Müncheberg	der Besitzer des Orts
Wulckow bey Frankfurt, oder Wüsten-Wulckow	Dorf, Filia von Zossen. Wassermühle.	Mittelmark	Lebus	Adelich	Frankfurt	der Besitzer des Orts
Wulfersdorf ob. Wulsstorf	Dorf, Filia von Wernicke	Prignitz	Wittstock	A. Wittstock	Wittstock	der König
Wulfersdorf ob. Wolfersdorf	Dorf, mater. Vorwerk	Churmark	Beer- und Storkow.	Amt Beeskow	Beeskow	der König
Wulfshagen s. Wolfshagen						

Name des Orts.	Stadt, Flecken, Dorf, Adelich Gut, Vorwerk ꝛc.	Provinz.	Kreis.	Adelicher Ort. Königl. Amtsort. Immediat-Stadt.	Geistliche Inspection.	Patron der Pfarr- und Filial-Kirche. Gerichts-Obrigkeit.
Wohen, Wulsch und Grünen-Wulsch, siehe diese Artikel in H und G.						
Wupgarten, jetzt Antonettens-Lust	Vorwerk	Ukermark	Ukermärkische Kreis	Adelich		
Wuschewire	Colonistendorf	Mittelmark	Ober-Barn.	Adelich		
Wust oder Wubst	Dorf, mater.	Mittelmark	Zauch. Kr.	Magistrat zu Brandenburg	Neustadt Brandenburg	der Besitzer des Orts
Wüstenbrieß s. in B.						
Wusterhausen an der Dosse	Stadt, Drey Mehl- eine Schneide- und eine Walk- mühle.	Mittelmark	Ruppin	Immediat	Wusterhausen an der Dosse	Patron der König in Ansehung des Pastorats, Magistrat in Ansehung des Diaconats.
Königs- oder Wendisch-Wusterhausen	Flecken, mater. Sitz eines Prinzlichen Amts, Wasser- u. Schneidermühle.	Mittelmark	Teltow	Pr. v. Preußen Amt hierselbst	Königs-Wuster-hausen	Pr. v. Preußen
Deutsch-Wusterhausen	Dorf, unicum, jetzt filia von Kön. Wusterhausen	Mittelmark	Teltow	Prinzlich Amt Kön. Wuster-hausen	Kön. Wuster-hausen	Pr. v. Preußen
Wustmark		Prignitz	Lenzen			
Wustermark	Dorf, mater. Zwey Windmühlen.	Mittelmark	Havelland	A. Spandow	Potsdam	Patr. das Dom-kapitel zu Berlin.
Wusterwitz	Dorf, Filia von Bernowichen	Neumark	Königsberg	Adelich	Landsberg	der Besitzer des Orts
Wusterwitz	Dorf, mater.	Neumark	Dramburg	Adelich	Dramburg	der Besitzer des Orts

Wustrow

Name des Orts.	Stadt, Flecken, Dorf, Adelich Gut, Vorwerk ꝛc.	Provinz.	Kreis.	Adelicher Ort. Königl. Amtsort. Immediat-Stadt.	Geistliche Inspection.	Patron der Pfarr- und Filial-Kirche. Gerichts-Obrigkeit.
Wustrewe	Dorf, Filia vagans, jetzt von Kalerbeck	Altemark	Salzwedel	Adelich	Gardelegen	der Besitzer des Orts
Wustrow	Dorf	Neumark	Königsberg	Adelich		
Neu Wustrow	Col. Dorf, soll Filia v. Neu-Küstrinchen werden.	Mittelmark	Ober-Barn. Kreis	Bruchamt Wrietzen	Wrietzen	
Alt-Wustrow	Dorf, eingepfarrt zu Wrietzen	Mittelmark	Lebus	Amt Kienitz	Wrietzen	
Wustrow	Dorf, mater Wasser-u. Walkmühle.	Mittelmark	Ruppin	Adelich	Neu-Ruppin	der Besitzer des Orts
Wustrow	Dorf, mater. Schäferey.	Prignitz	Lenzen	Adelich	Lenzen	der Besitzer des Orts
Wuchenow	Dorf, unicum, jetzt Filia von Neu Ruppin	Mittelmark	Ruppin	A. Alt-Ruppin	Neu-Ruppin	der König
Wuthenow	Dorf, mater.	Neumark	Soldin	Adelich	Soldin	der Besitzer des Orts
Wuticke oder Wucke, oder Wohlke	Adel. Gut u. Dorf, mater. Wassermühle.	Prignitz	Kyritz	Stift zum heil. Grabe	Kyritz	das Stift
Wuz siehe Woos						
Hohen-Wutzen	Dorf, eingepfarrt zu Glietzen	Neumark	Königsberg	A. Neuenhagen	Königsberg	
Nieder-Wutzen	Dorf, Filia von Rüdnitz	Neumark	Königsberg	Amt Zehden	Königsberg	der König
Wutzetz	Dorf, Filial Kirche von Nackel	Mittelmark	Ruppin	Adelich	Wusterhausen an der Dosse	die Besitzer des Orts
Wuzig	Dorf, mater.	Neumark	Dramburg	Adelich	Dramburg	der Besitzer des Orts
Wuzig	Dorf, vagans.	Neumark	Friedeberg	Adelich	Landsberg	

Zabelsdorf

Name des Orts.	Stadt, Flecken, Dorf, Adelich Gut, Vorwerk ꝛc.	Provinz.	Kreis.	Adelicher Ort. Königl. Amtsort. Immediat-Stadt.	Geistliche Inspection.	Patron der Pfarr- und Filialkirche. Gerichts-Obrigkeit.
Jabelsdorf	Dorf, mater. Försterhaus.	Mittelmark	Sten. u. Löwenb. Kr.	Amt Babingen	Zehdenick	der König
Zacharin	Dorf, Filia von St. Lienichen	Neumark	Dramburg	Amt Sabin	Dramburg	der König
Zachow	Dorf, mater.	Mittelmark	Havelland	Domkapitul zu Brandenburg	Dom Brandenburg	Dom-Kapitul zu Brandenb.
Zachow	Dorf, Filia von Brechow	Neumark	Königsberg	Amt Zehden	Königsberg	der König
Zadow	Dorf	Neumark	Dramburg			
Zamzow	Dorf, mater.	Neumark	Dramburg	Adelich	Dramburg	die Besitzer des Orts
Zantoch	Dorf, Filia von Gralow	Neumark	Landsberg	Adelich	Landsberg	die Besitzer des Orts
Zanzhausen	Dorf, mater.	Neumark	Landsberg	A. Himmelstädt	Landsberg	der König
Zanzin	Dorf, Filia von Beyersdorf	Neumark	Landsberg	A. Himmelstädt	Landsberg	der König
Zanzthal	Neues Colonistendorf	Neumark	Landsberg	A. Himmelstädt		
Zapel	Vorwerk bey Boberow	Prignitz	Lenzen	Adelich		
Zarnitz	Forsthaus, gehört zu Neu-Haldensleben	Altemark	Tangerm.	Adelich		
Zartau	Jägerhaus	Altemark	Salzwedel	Adelich		
Zasow	Dorf, eingepfarrt zu Cottbus	Neumark	Cottbus	A. Cottbus	Cottbus	
Zatten	Dorf, mater.	Neumark	Arenswalde	Amt Marienwalde	Arenswalde	der König
Zatzke ob. Saatzke, oder Zatz	Adel. Gut u. Dorf, mater. Wassermühle.	Prignitz	Wittstock		Wittstock	der Besitzer des Orts
Zauche	Vorwerk	Neumark	Züllichow	Adelich		Zauchelrade

Name des Orts.	Stadt, Flecken, Dorf, Adlich Gut, Vorwerk ꝛc.	Provinz.	Kreis.	Adelicher Ort, Königl. Amtsdorf, Immediat-Stadt.	Geistliche Inspection.	Patron der Pfarr- und Filial-Kirche, Gerichts-Obrigkeit.
Zauchelrade siehe Zůchelrade						
Zauchwitz	Dorf, unicum.	Mittelmark	Zauche	Amt Saarmund u. Magistrat zu Beelitz	Berlitz	der König
Zechin	Dorf, Filia von Goltzow. Zwey Windmühlen.	Mittelmark	Lebus	Amt Wollup	Frankfurt	der König
Zechlin	Dorf, mater.	Prignitz	Wittstock	Amt Zechlin	Wittstock	der König
Zechlin	Flecken. Sitz eines Kön. Amts. Fil. v. Dorf Zechlin. Die Kirche ist abgebrochen, und noch nicht wieder erbauet. Die Neue Mühle. Die Schneidemühle.	Prignitz	Wittstock	Amt Zechlin	Wittstock	der König
Zechlinsche weisse Hütte, s. in H.						
Zechlinsche grüne Hütte	Glashütte	Prignitz	Wittstock	Amt Zechlin		
Zechow	Dorf, Fil. Kirche von Zühlen	Mittelmark	Ruppin	Amt Zechlin	Lindow	der König
Zechow	Dorf, Filia von Lohrensdorf	Neumark	Landsberg	St. Landsberg	Landsberg	der Magistrat
Zeckerick	Dorf, Filia von Lietzegöricke	Neumark	Königsberg	Ordens-Amt Grüneberg	Sonnenburg	der Herrenmeister
Zedau od. Zehdau	Dorf ist vermöge der Visitations-abschiede von 1541. 81 und 1600, und vermöge des Erkenntnißes vom Jahr 1685, eine Filia des Pastorats zu Osterburg.	Altemark	Stendal	Ger. Obrigkeit der Kirchen-Inspector zu Osterburg.	Osterburg	
Zeddin s. Seddin						

Zeerten

Name des Orts.	Stadt, Flecken, Dorf, Adelich Gut, Vorwerk ꝛc.	Provinz.	Kreis.	Adelicher Ort. Königl. Am dort. Immediat-Stadt.	Geistliche Inspection.	Patron der Pfarr und Filial-Kirche. Gerichts-Obrigkeit.
Zeerten	Dorf und Vorwerk, Filia von Rahnwerder	Neumark	Arenswalde	Adelich	Arenswalde	der Besitzer des Orts
Zeesen	Dorf und Vorwerk, eingepfarrt zu Königs-Wusterhausen	Mittelmark	Teltow	Vom Prinzl. u. Kön. Wusterhausen in Erbpacht gegeben.	Kön. Wusterhausen	
Zeestow oder Zestow	Adel. Gut u. Dorf, mater.	Mittelmark	Havelland		Rauen	Patr. von Trebow, Ger. Obrigk. eben derselbe und das Dom-Directorium zu Berlin.
Zegendorf	Dorf, Filia von Zühsdorf	Neumark	Arenswalde	Amt Marienwalde	Arenswalde	der König
Zehden	Stadt, Vorwerk, welches der Sitz des Amts ist.	Neumark	Königsberg	hiesiges Amt	Königsberg	der König
Zehdenick	Stadt, Vorwerk, welches der Sitz eines Amts ist. Schäferey, Vorstädte Hast, Kamp und Ackerhof. Eine Wasser- und Schneidemühle. Die ref Gemeine ist Filia v. Neu-Holland.	Ukermark	Ukermärk. Kr.	A. Zehdenick	Zehdenick	Patron der König. Gerichts Obrigkeit das Amt und der Stadtrichter.
Zehlendorf	Dorf und Vorwerk, mater.	Mittelmark	Nieder-Barnim.	Amt Friedrichsthal	Bernau	der König
Zehlendorf	Dorf, Filia von Gütergotz, Windmühle.	Mittelmark	Teltow	Amt Mühlenhof	Potsdam	der König
Zehren	Dorf, Filia von Neulingen	Altmark	Arendsee	Amt Arendsee	Salzwedel	der König
Zehrensdorf siehe Zernsdorf						
Zehrensdorf	Dorf, eingepfarrt zu Wünsdorf	Mittelmark	Teltow	A. Zossen	Zossen	

Zehren

Name des Orts.	Stadt, Flecken, Dorf, Adelich Gut, Vorwerk ꝛc.	Provinz.	Kreis.	Adelicher Ort. Königl. Amtsort. Immediat-Stadt.	Geistliche Inspection.	Patron der Pfarr- und Filial-Kirche. Gerichts-Obrigkeit.
Zebrenthin siehe Zerrenthin						
Zehrten s. Zeerten						
Zeinicke oder Zeincke	Adel. Gut u. Dorf, mater.	Neumark	Dramburg		Dramburg	der Besitzer des Orts
Zelkow		Prignitz	Lenzen			
Zellin	Marktflecken, Vorwert. Sitz eines Amts.	Neumark	Königsberg	hiesiges Amt Zellin	Königsberg	der König
Zempow	Dorf, Filia von Zechlin	Prignitz	Wittstock	Amt Zechlin	Wittstock	der König
Zepernick	Dorf, mater. Windmühle.	Mittelmark	Nieder-Barnim. Kr.	Domkirche zu Berlin	Bernau	Dom-Directorium zu Berlin
Zerbow	Dorf, Filia von Kohlow	Neumark	Sternberg	Amt Neuendorf	Drossen	der König
Gr. Zerlang	Adel. Gut u. Dorf, Filia vagans, jetzt von Reinsberg	Mittelmark	Ruppin	Adelich	Neu-Ruppin	der Besitzer des Orts
Kl. Zerlang	Colonistendorf	Prignitz	Wittstock	Amt Zechlin		
Zermenzel oder Zermützel	Dorf, eingepfarrt zu Alt-Ruppin	Mittelmark	Ruppin	Adelich	Neu-Ruppin	
Zernickow	Vorwerk, eingepfarrt zu Gr. Leppin	Prignitz	Wilsnack	Adelich	Wilsnack	
Zernickow	Dorf, Filia von Liebenfelde	Neumark	Königsberg	Adelich	Königsberg	der Besitzer des Orts
Zernickow	Dorf, eingepfarrt zu Seelow	Mittelmark	Lebus	Amt Golzow	Frankfurt	
Zernickow	Adel. Gut u. Dorf, Filial-Kirche von Jagow	Ukermark	Ukerm. Kr.		Prenzlow	der Besitzer des Guts
Zernickow	Dorf, Filia von Waltersdorf, Wassermühle.	Mittelmark	Ruppin	Adelich	Zehdenick	der Besitzer des Orts

Name des Orts.	Stadt, Flecken, Dorf, Adelich Gut, Vorwerk ꝛc.	Provinz.	Kreis.	Adelicher Ort, Königl. Amtsort, Immediat, Stadt.	Geistliche Inspection.	Patron der Pfarr und Filial-Kirche, Gerichts-Obrigkeit.
Zernitz	Dorf, mater.	Mittelmark	Ruppin	Adelich	Wusterhausen an der Dosse	der Besitzer des Orts
Zernow s. Tschernow						
Zernsdorf	Dorf, eingepfarrt zu Königs-Wusterhausen	Mittelmark	Teltow	Gr. v. Preußen Amt Königs-Wusterh.	Kön. Wusterhausen	
Zerpenschleuse ob. Alte Glashütte	Dorf, Filial-Kirche v. Liebenwalde. Vorwerk. Neue Colonie bey diesem Ort, welche zu Zerpenschleuse eingepfarrt ist.	Mittelmark	Nied. Barn.	Das Vorwerk vom Amt Liebenwalde in Erbpacht gegeben.	Bernau	der König
Zerrenthin oder Zehrenthin	Dorf, mater.	Ukermark	Ukerm. Kr.	Amt Löcknitz und adelich	Prenzlow	Patron der König, Ger. Obr. das Amt und der adeliche Mitbesitzer.
Zerrndorf	Vorwerk bey Stolpe	Mittelmark	Nieder-Barnim. Kr.	Adelich		
Zerwelin	Vorwerk	Ukermark	Ukerm. Kr.	Adelich		
Zesdorf oder Zetschdorf	Dorf und Vorwerk, eingepfarrt zu Wallnow	Mittelmark	Lebus	Amt Lebus	Frankfurt	
Zestow s. Zeestow						
Zetschow siehe Tschetschenow						
Zethlingen oder Zechlingen	Dorf, mater. Windmühle.	Ukermark	Arendsee	Adelich	Calbe	die Besitzer des Orts
Zetschdorf siehe Zesdorf						
Zetschenow siehe Tschetschenow						

Gr. Zr.

Name des Orts.	Stadt, Flecken, Dorf, Adelich Gut, Vorwerk ꝛc.	Provinz.	Kreis.	Adelicher Ort, Königl. Amtsort, Immediat-Stadt.	Geistliche Inspection.	Patron der Pfarr- und Filial-Kirche, Gerichts-Obrigkeit.
Gr. Zetteritz	Col. Dorf, noch nicht eingepfarrt	Neumark	Landsberg	St. Landsberg	Landsberg	
Kl. Zetteritz	Col. Dorf, noch nicht eingepfarrt					
Zettritz	Dorf, mater.	Neumark	Crossen	Adelich	Crossen	der Besitzer des Orts
Zezlehn	Dorf, Filia von Wusterwitz	Neumark	Dramburg	Adelich	Dramburg	der Besitzer des Orts
Zeuthen s. Ziethen an der Spree						
Zichow	Adel. Gut u. Dorf, mater. Schäferey. Windmühle.	Uckermark	Uckerm. Kr.		Prenzlow	der Besitzer des Guts
Zichau oder Zichow s. Sichau						
Zicher	Dorf, mater.	Neumark	Königsberg	A. Quartschen	Cüstrin	der König
Zichtow	Dorf und Vorwerk, eingepfarrt zu Gr. Leppin	Prignitz	Wilsnack	Adelich	Wilsnack	
Zichtau	Dorf, mater. Zwey Mühlen.	Altmark	Salzwedel	Adelich	Calbe	die Besitzer des Orts
Ziebingen	Dorf, mater.	Neumark	Sternberg	Adelich	Sonnenburg	der Besitzer des Orts
Ziegelscheune	Vorwerk	Neumark	Züllichow	Adelich		
Ziegelscheune	Vorwerk bey Storkow	Neumark	Dramburg	Adelich		
Ziegelwerder	Vorwerk	Neumark	Arnswalde	Adelich		
Ziegelwerder	Vorwerk	Neumark	Dramburg	Adelich		
Ziegenberg	Vorwerk	Neumark	Dramburg	Adelich		
Ziegenhagen	Dorf, eingepfarrt zu Gr. Schwechten	Altmark	Stendal	Adelich	Stendal	der Besitzer des Orts

Name des Orts.	Stadt, Flecken, Dorf, Adelich Gut, Vorwerk ꝛc.	Provinz.	Kreis.	Adelicher Ort, Königl. Amtsort, Immediat-Stadt.	Geistliche Inspection.	Patron der Pfarr- und Filial-Kirche, Gerichts-Obrigkeit.
Zielenzig	Stadt. Freyes Burglehn hieselbst.	Neumark	Sternberg	Herrenmeisterthum Sonnenburg	Sonnenburg	der Herrenmeister
Ziemendorf	Dorf, Filia von Arendsee. Mühle.	Altemark	Arendsee	A. Arendsee	Salzwedel	der König
Ziemkendorf	Adel. Gut u. Dorf. Filial-Kirche von Wollin	Ukermark	Ukerm. Kr.	Adelich	Prenzlow	der Besitzer des Orts
Zienau bey Salzwedel	Dorf, Filia von Brewitz	Altemark	Salzwedel	Schul-Amt Daunbeck	Calbe	Joachimsthal. Schul-Directorium.
Zienau bey Gardelegen	Dorf, eingepfarrt zu Neuendorf	Altemark	Tangerm.	Amt Neuendorf	Gardelegen	
Ziepel	Dorf, eingepfarrt zu Isernschnibbe	Altemark	Salzwedel	Adelich	Calbe	
Ziepel	Dorf, Filia von Weteritz	Altemark	Salzwedel	Adelich	Gardelegen	der Besitzer des Orts
Zierau	Dorf, Filia von Jeggeleben. Windmühle.	Altemark	Arendsee	Amt Salzwedel und adelich.	Calbe	die Besitzer des Orts
Ziesau s. Netzow						
Ziethen an der Spree oder Zeuthen	Dorf, vacans, jetzt eingepfarrt zu Ragow	Mittelmark	Teltow	Amt Cöpenick	Mittenwalde	
Ziethen	Dorf, Filia von Derzow	Neumark	Soldin	Adelich	Soldin	der Besitzer des Orts
Gr. Ziethen	Adel. Gut u. Dorf. Filial-Kirche von Staffelde. Vorwerk.	Mittelmark	Glien- und Löwenb.	Amt Vehlefanz und adelich	Nauen	Patron der Kirnia, Ger. Obr. das Amt und der adel. Mitbesitzer.
Kl. Ziethen	Adel. Gut u. Dorf. Vorwerk, Fil. v. Schwandte.	Mittelmark	Glien- und Löwenb.	Amt Vehlefanz und adelich	Spahdow	die Besitzer des Orts
Gr. Ziethen	Dorf, mater. Windmühle.	Mittelmark	Teltow	Adelich	Cöln an der Spree	die Besitzer des Orts Kl. Ziethen

Name des Orts.	Stadt, Kirchen, Dorf, Adelich Gut, Vorwerk ꝛc.	Provinz.	Kreis.	Adelicher Ort. Königl. Amtsort. Immediat-Stadt.	Geistliche Inspection.	Patron der Pfarr- und Filial-Kirche, Gerichts-Obrigkeit.
Kl. Ziethen	Adel. Gut u. Dorf, Filial-Kirche von Gr. Ziethen	Mittelmark	Tellow		Cöln an der Spree	der Besitzer des Orts
Gr. Ziethen	Dorf. Französische Colonie. Die wenigen Lutheraner machen ein Filial von Grodewin aus.	Ukermark	Stolpirsche Kreis	Amt Chorin		der König
Kl. Ziethen	Dorf, dessen Französ.he Gemeine von dem Prediger zu Gr. Ziethen besorget wird. Die Deutschen Lutheraner gehen nach Herzsprung.	Ukermark	Stolpirsche Kreis	A. Chorin und adelich		
Ziethensche Mühle	Wassermühle.	Ukermark	Stolpirsche Kr.	Adelich		
Gr. und Kl. Ziethen	Vorwerk bey Tornow	Neumark	Cottbus	Adelich		
Ziethensfer	Vorwerk. Filia von Neu-Curtnitz	Neumark	Arendswalde	Adelich	Arendswalde	der Besitzer des Orts
Zietnitz	Dorf, Filia von Brewitz	Altemark	Salzwedel	Adelich	Calbe	Patr. der Probst zu Salzwedel, Ger. Obrigk. der dasige Magistrat u. einige Bürger.
Zietnitzer-Warte	ein Ackergildehaus	Altemark	Salzwedel		Magistrat zu Salzwedel	
Zietzow oder Zielau	Dorf, eingepfarrt zu Arendsee	Altemark	Arendsee	Amt Arendsee	Salzwedel	
Zilichendorf siehe Zülichendorf						
Zinau s. Zienau						

Kloster-

Name des Orts.	Stadt, Flecken, Dorf, Adelich Gut, Vorwerk 2c.	Provinz.	Kreis.	Adelicher Ort. Königl. Amtsort. Immediat Stadt.	Geistliche Inspection.	Patron der Pfarr und Filial-Kirche. Gerichts-Obrigkeit.
Kloster-Zinna	Sitz eines Amts, nebst einer neuen Stadt.	Churmark	Luckenwalde	hiesiges Amt	Pechül	
Dorf Zinna	mater.	Churmark	Luckenwalde	Amt Zinna	Pechül	der König
Zinndorf	Dorf, mater. Wassermühle.	Mittelmark	Ober-Barn.	A. Rüdersdorf	Strausberg	der König
Zippelsdörfische Burg	Forsthaus	Mittelmark	Ruppin	Amt Alt-Ruppin		
Zippelsdörfische	Wasser-Schneide- und Walkmühle.	Mittelmark	Ruppin	A. Alt-Ruppin		
New-Zittau	Col. Dorf, mater.	Churmark	Bees- und Storkow.	A. Stansdorf	Storkow	der König
Zohlow	Dorf, Filia von Drenzig	Neumark	Sternberg	Amt Neuendorf	Drossen	der König
Zol	einzelner Hof	Altemark	Seehausen	ein Freyhof		
Zolchow	Dorf, Filial-Kirche von Sternhagen	Ukermark	Ukermärk. Kreis	Adelich	Prenzlow	der Besitzer des Orts
Zolchow	Vorwerk bey Plessow	Mittelmark	Havelländ. Kreis	Adelich		
Zollen	Dorf, Filia von Wutenow	Neumark	Soldin	Adelich	Soldin	der Besitzer des Orts
Zorndorf	Dorf, mater.	Neumark	Königsberg	Amt Quartschen	Küstrin	der König
Zossen	Stadt, Vorstädte, Kietz und Weinberge. Vorwerk, welches der Sitz des Amts ist. Schäferey an der Heide vor Zossen. Drey Windmühlen.	Mittelmark	Teltow	Immediat. Der Magistrat hat die Civilgerichtsbarkeit, das Amt die Criminalgerichtsbarkeit.	Zossen	Patr. der Pfarrkirche der König.
Zozen	Dorf, Filia von Gadow	Mittelmark	Ruppin	Amt Goldbeck	Wittstock	
auf dem Zozen	ein Wald in welchem vier verschiedene Jägerhäuser.	Mittelmark	Havelland	Adelich		

Name des Orts.	Stadt, Flecken, Dorf, Adelich Gut, Vorwerk 2c.	Provinz.	Kreis.	Adelicher Ort, Königl. Amtsort, Immediat-Stadt.	Geistliche Inspection.	Patron der Pfarr- und Filial-Kirche. Gerichts-Obrigkeit.
Zogen	Col. Ort, eingepfarrt zu Ruthenberg	Ukermark	Ukerm. Kr.	Amt Badingen	Templin	
Zschernow siehe Tschernow						
Zuchow	Dorf, Filia von Gutsdorf	Neumark	Dramburg	Adelich	Dramburg	der Besitzer des Orts
Züchelrade oder Züggeliade od. Zuckerode	Dorf, eingepfarrt zu Bochin	Prignitz	Lenzen	Amt Eldenburg	Lenzen	
Züchow s. Zichow						
Zühlen	Dorf, Filia von Genzin	Altemark	Arendsee	Amt Arendsee	Salzwedel	der König
Zühlen	Dorf, mater.	Mittelmark	Ruppin	Amt Zechlin	Lindow	der König
Züblichendorf ob. Zielichendorf	Dorf, eingepfarrt zu Felgentreu	Churmark	Luckenwalde	Amt Zinna	Pechül	
Zühlsdorf	Dorf, Filial-Kirche von Zehlendorf. Wasser- und Schneidemühle. Torfofen.	Mittelmark	Nied. Baru.	A. Oranienburg	Bernau	der König
Zühlsdorf	Dorf, mater.	Neumark	Arenswalde	A. Reetz	Arenswalde	der König
Zühlshagen	Dorf, Filia von Butholz	Neumark	Dramburg	Adelich	Dramburg	der Besitzer des Orts
Zühlskamp	Vorwerk bey Dietersdorf	Neumark	Dramburg	Adelich		
Züllichow	Stadt. 1) Luther. Stadt-Kirche 2) Reform. Kirche	Neumark	Züllichow	Immediat	1) hiesige Insp. 2) Cottbus	2) der König
Züsedom	Adel. Gut u. Dorf, Filial-Kirche von Schmiarsow	Ukermark	Ukermärkische Kreis		Prenzlow	der Besitzer des Guts
Zützen	Adel. Gut u Dorf, Filial-Kirche von Crieven	Ukermark	Stolpische Kreis		Neu-Angermünde	der Besitzer des Orts

Name des Orts.	Stadt, Flecken, Dorf, adelich Gut, Vorwerk ꝛc.	Provinz.	Kreis.	Welcher Ort, Königl. Amtsort, Immediat-Stadt.	Gestliche Inspection.	Patron der Pfarr- und Filialkirche. Gerichts-Obrigkeit.
Zyggelrade siehe Zuchelrade						
Zweynert	Dorf, Filia von Seefeld	Neumark	Sternberg	A. Frauendorf	Frankfurt	der König
Zwischenteich od. Zwischendieck	Dorf, eingepfarrt zu Gr. Beuster	Altemark	Seehausen	Adelich	Seehausen	

Oerter

Oerter
des
Zauchischen Kreises der Mittelmark,
welche 1773
zu
dem Herzogthum Magdeburg
gelegt worden.

Als der König 1772 bey der gewöhnlichen Musterung der Truppen, zu Pizpuhl war, bemerkte Er, daß die meisten Dörfer des Zauchischen Kreises der Mittelmark, zu weit von Berlin entfernt, hingegen der Stadt Magdeburg viel näher wären. Er urtheilte also, daß es zur Erleichterung der Unterthanen dienen würde, wenn man sie unter die Collegia des Herzogthums Magdeburg legte. Und da es mit dem Luckenwaldischen Kreise des Herzogthums Magdeburg, eine ähnliche Bewandniß hat, indem derselbige vom Herzogthum Magdeburg abgesondert, hingegen von der Mittelmark grossentheils eingeschlossen ist, auch schon seit unterschiedenen Jahren unter der churmärkischen Kriegs- und Domainenkammer stehet: so beschloß der König, ihn anstatt des von dem Zauchischen Kreise abgesonderten Districts, hinwieder zu der Churmark zu schlagen. Der Plan zu dieser Veränderung, wurde zu Magdeburg bey der Kriegs- und Domainenkammer, in Gegenwart eines Königl. Finanzministers, angefangen, und zu Berlin durch eine Commißion aus der churmärkischen Kriegs- und Domainenkammer weiter ausgearbeitet, hierauf vom Generaldirectorio vollendet, und dem Könige zur Unterschrift vorgelegt. Den am 18ten Sept. unterschriebenen Königl. Cabinetsbefehl, welcher dieserwegen an das Justiz- und geistliche Departement ergangen ist, liefere ich hier vollständig. Derjenige, welcher unter dem 17ten Sept. an die churmärkische Kriegs- und Domainenkammer ergangen, vom König eigenhändig unterschrieben, auch von den Königl. Finanzministern Herrn von Derschau und Herrn Baron von der Schulenburg unterzeichnet ist, enthält außer der allgemeinen Anzeige, welche mit der an das Justiz- und geistliche Departement ergangenen übereinstimmig ist, annoch die besonderen Verfügungen in Finanz- und Cameralsachen, und eben so ist auch der an die Magdeburgische Kriegs- und Domainenkammer ergangene Königliche Befehl beschaffen. Es folget nun zunächst der

Unmittelbare Königl. Befehl an das Justiz- und geistliche Departement.

Demnach Se. Königl. Majestät in Preußen, unser allergnädigster Herr, allerhöchst Selbst bemerket haben, daß verschiedene Districte, Ortschaften und Gegenden der Churmark, besonders des dazu gehörigen Zauchischen Kreises, nahe bey der Stadt Magdeburg, und in dem dortigen Herzogthum belegen; von hier aus aber zu weit entfernt sind, als daß darauf die gehörige Aufsicht gehalten werden könne, woraus denn nichts als Inconvenienzen, Verzögerungen und Nachtheil im Dienst bisher entstanden: so haben höchstgedachte Se. Königl. Majestät bey diesen Umständen, und da der Luckenwaldische Kreis eben so weit von Magdeburg ab, und der Churmark näher gelegen ist, in Gnaden resolviret, daß, um allen Irrungen fürs künftige abzuhelfen, und damit alles mit mehr Aufsicht und promtitude tractiret werden möge, vorgedachter Luckenwaldischer Kreis von Trinitatis künftigen 1773sten Jahrs an zur Churmark, und dagegen der Theil des Zauchischen Kreises, welcher jenseits der sogenannten Bache bey dem sächsischen Dorf Briesen, inclusive Gröningen und Wollin bis an die Buckau liegt, und worinn die in anliegender Specification benannte Oerter befindlich sind, zum

Herzogthum **Magdeburg** verleget, und also diese Districte in Landes- und Hoheitssachen von den resp. Landescollegiis der Provinzien, wozu selbige geleget worden, respiciret werden sollen. Und befehlen daher Allerhöchstdieselben Dero Justiz- und geistlichen Departement hiemit in Gnaden, hiernach an die Justizcollegia und Consistoria das nöthige zu verfügen, jedoch aber denenselben dabey aufzugeben, in den Erkenntnissen sich nach den in jeder Provinz hergebrachten Rechten zu achten. Potsdam den 18. Sept. 1772.

                                                             Friederich.

    Ich will zur Erläuterung noch einige Nachrichten beyfügen.

    Der **Adel**, welcher in dem aus Herzogthum Magdeburg gekommenen Theil des Zauchischen Kreises, welcher nun der **Ziesarsche Kreis** heißet, ansäßig ist, bleibt nach wie vor in Verbindung mit der churmärkischen Landschaft, und soll an seinen Gerechtsamen *nichts verlieren*, wie in dem Königl. Rescript an die Magdeburgische Kriegs- und Domainenkammer, versehen ist.

    Obgleich das ganze Amt **Ziesar** mit seinen Forsten und übrigen Zugehör, völlig an das Herzogthum Magdeburg gekommen ist, auch künftig dabey verbleiben soll; so bleiben doch die im Havelland liegende und zu diesem Amt gehörige Oerter, **Retzin, Prinerbe, Etzin, Foebrode, Verchesar, Knoblauch, Wesseram** und **Moeggelin**, auch das bey dem Zauchischen Kreis verbliebene Dorf **Rietz**, in Steuer- und Polizeysachen unter der churmärkischen Kriegs- und Domainenkammer: Und obgleich die Magdeburgische Kammer alle Domainengefälle aus denselben einziehet, so liefert sie doch dieselben alle Vierteljahr an die churmärkische Domainencasse ab.

    Die zu der Churmark gelegte Stadt **Luckenwalde**, bringt nicht die Hälfte des Servisgeldes auf, welches die Stadt Ziesar erleget: daher auch die mehr aufzubringende Summa zur churmärkischen Sublevationscasse geliefert wird.

    Der churmärkischen Landschaft gehöret der **Schoß**, aus dem zum Herzogthum geschlagenen District des Zauchischen Kreises; daher berechnet ihn die Magdeburgische Kammer besonders, und überliefert ihn dem Landrath des Zauchischen Kreises, dieser aber der churmärkischen Landschaft.

    Sollten die extraordinaria der Churmark, bey der Landschaft derselben, wider Vermuthen erhöhet werden, so thut der abgetretene District des Zauchischen Kreis dazu einen verhältnißmäßigen Beytrag: und eben so der Luckenwaldische Kreis zu den extraordinariis des Herzogthums Magdeburg.

    Sämmtliche Steuergefälle des **Luckenwaldischen Kreises**, ziehet die churmärkische Kammer ein, und zahlt dieselben an die Magdeburgische Obersteuercasse aus.

    Ziesar und **Leitzkau** sind Medlatstädte des Zauchischen Kreises, und müssen also zu den Fuhren des Kreises ihren Beytrag thun: daher muß die Magdeburgische Kammer von allen Fuhren, welche der abgetretene District des Zauchischen Kreises geleistet hat, der churmärkischen Kammer Anzeige thun, damit der Landrath des Zauchischen Kreises bey der churmärkischen Landschaft den Beytrag der Fuhrgelder, welche Ziesar und Leitzkau der Kreiscasse schuldig sind, liquidiren könne.

    Die vom Zauchischen Kreise an Magdeburg abgetretene Oerter, sollen künftig zu der Naturallieferung und Grasung ihren Beytrag an Magdeburg, und hingegen der Luckenwaldische Kreis seinen Beytrag an die Churmark thun.

    Die altmärkischen Dörfer **Erxleben, Uxleben, Eimersleben, Bregenstedt, Ost-Ingersleben** und **Hoersingen**, liegen von Stendal ziemlich weit entfernet, und mitten im Herzogthum Magdeburg, haben aber zu demselben nicht füglich gelegt werden können, weil in Ansehung der Fourageliefferung keine Schadloshaltung für die Altmark ausfindig zu machen war.

    Die altmärkischen adelich-Biemarkischen Dörfer **Schönhausen** und **Fischbeck**, liegen mitten im Jerichowschen Kreise, haben aber eben dieselbe Schwierigkeit, liegen auch nur 1½ Meile von Stendal, doch ist die Elbe dazwischen.

                                                                                      Bardeleben.

Name des O.tö.	Stadt, Flecken, Dorf, Adelich Gut, Vorwerk ꝛc.	Königl. Adelich.	Geistliche Inspection.	Patron und Gerichts-Obrigkeit.
Bardelebens-Hof	Adelich Gut, eingepfarrt zu Ziesar			
Berkenrieß Mühle	Wasser- und Schneidemühle.	Amt Ziesar		
Blockhaus	Vorwerk	Adelich		
Böke	Dorf, mater.	Amt Ziesar	Ziesar	der König
Borgens-Hof	Adelich Gut, eingepfarrt zu Ziesar			
Bramsdorf	Dorf, eingepfarrt zu Buckow	Amt Ziesar	Ziesar	
Buckow	Dorf, mater. Wasser- u. Schneidemühle.	Amt Ziesar	Ziesar	der König
Bückenitz	Dorf, Filia von Ziesar. Wassermühle.	Amt Ziesar	Ziesar	der König
Cöpernitz	Dorf, Filia von Ziesar. Oelmühle.	Amt Ziesar	Ziesar	der König
Crüssow	Vorwerk. Wassermühle.	Adelich		
Dahlen	Adelich Gut und Dorf, Filia vagans, jetzt von Gräben. Ziegelscheune.		Ziesar	der Besitzer des Guts
Dretzen	Vorwerk	Amt Ziesar	Ziesar	
Egelinde oder Eglin	Vorwerk	Adelich		
Ehlingsmühle oder Eligsche Mühle	Schneidemühle	Adelich		
Eulen-Mühle	eine Wassermühle nicht weit von Ziesar	Amt Ziesar		
Friesdorfer-Mühle	eine Papiermühle	Amt Ziesar		
Gesundbrunn	zwischen Buckow und Berkenrieß-Mühle.			

Tt 3   Glinicke

Name des Orts	Stadt. Flecken. Dorf. Adelich Gut. Vorwerk ec.	Königlich. Adelich.	Geistliche Inspection.	Patron und Gerichts-Obrigkeit.
Glinicke	Dorf, Filia von Böse	Amt Ziesar	Ziesar	
Gollmengelin	Adelich Gut. Ist von dem Anhalt-Zerbstschen umschlossen.			
Gottesfohrt	Papiermühle, nicht weit v. Schobsdorf	Amt Ziesar		
Grabow	Adelich Gut und Dorf, mater. Wassermühle.		Stegelitz	die Besitzer des Orts
Grabowsches Vor-Grabow	Forsthaus Adelich Gut	Adelich		
Gräben	Adelich Gut und Dorf, Filia von Wollin. Wasser-u. Schneidemühle.		Ziesar	die Besitzer des Orts
Grebs	Vorwerk	Vom Amt Ziesar mit Colonisten besetzt.		
Gröningen	Dorf, Filia von Wollin	Amt Ziesar	Ziesar	der König
Hansens-Mühle	Wasser-u. Walkmühle.	hat einen Eigenthümer		
Helleholz	Forsthaus	Adelich	Ziesar	
Herren-Mühle	eine Wassermühle unweit Ziesar	Amt Ziesar		
Hobeck	Adelich Gut und Dorf, mater. Windmühle.		Stegelitz	der Besitzer des Guts
Hohespring-Mühle	eine Schneide- und Papiermühle, eingepfarrt zu Neu-Werbig.	Adelich		
Jürgens-Mühle	eine Wassermühle.	Adelich		
Kähnert	Adel. Gut, eingepfarrt zu Stresow		Stegelitz	
Riesel oder Rüsel	Adel. Gut u. Dorf, mit Kirche, eingepfarrt zu Rietzel. Wasser- und Walkmühle.			

Name des Orts.	Stadt Flecken. Dorf. Adelich Gut. Vorwerk ꝛc.	Königlich. Adelich.	Geistliche Inspection.	Patron und Gerichts-Obrigkeit.
Klapper-Mühle	Wassermühle bey Leitzkau	Adelich		
Klapper-Mühle	Wasser- u. Walkmühle bey Nesendorf	Adelich		
Klitzke oder Klin, oder Klitsche	Vorwerk	Adelich	Stegelitz	
Ladeburg	Dorf, Filia von Leitzkau Windmühle.	Adelich	Stegelitz	der Besitzer des Orts
Leitzkau	Flecken, die Kirche ist mater. Adel. Güter Alt- u. Neu-Leitzkan, welche zu ihrem Gebrauch auf dem Schloß eine eigene Kirche haben. Windmühle.		Stegelitz	die Besitzer der adel. Güter
Lochau	Vorwerk	Adelich		
Klein-Lübars	Dorf, mater. Wassermühle.	Adelich	Stegelitz	der Besitzer des Orts
Gros-Lübars	Adel. Gut u. Dorf. Fil. von Kl. Lübars. Wassermühle.		Stegelitz	der Besitzer des Orts
Madel	Vorwerk	Adelich	Stegelitz	
Magdeburgische Furth	Dorf, Försterhaus, Wasser u. Schneidemühle, eingepfarrt zu Ziesar	Amt Ziesar	Ziesar	
Nonnenheide	ein Jägerhaus	Amt Ziesar		
Neue Papiermühle	zwischen Schobsdorf und Räbedorf	Amt Ziesar		
Papiermühle	in der Heide, zwischen Dretzen und Rosenkrug.	Amt Ziesar		
Pleßpuhl	Adelich Gut, Filia von Stegelitz		Stegelitz	der Besitzer des Orts
Polzun	Vorwerk. Wassermühle	Adelich		
Pufs-Mühle	Wassermühle.	Amt Ziesar		
Puhlmanns-Mühle	Wasser und Schneidemühle, unweit Rottstock.	Amt Ziesar		
Prabmsdorf siehe Bramsdorf				Räbedorf

Name des Orts	Stadt, Flecken, Dorf, Adelich Gut, Vorwerk ꝛc.	Königlich, Adelich.	Geistliche Inspection.	Patron und Gerichts-Obrigkeit.
Rähsdorf	Dorf 1) Luther. Einwohner, sind eingepfarrt zu Ziesar. 2) Reformirte Kirche.	Amt Ziesar		
Reckendorf	Zwey adeliche Güter und Wassermühle.		Stegelitz	
Rosenkrug	Wirthshaus und Teer-ofen.	Amt Ziesar		
Rothe-Haus	Jägerhaus, unweit Struwenberg	Adelich		
Rottstock	Dorf, Filia von Buckow.	Amt Ziesar	Ziesar	der König
Schobsdorf	Colonistendorf, eingepfarrt zu Ziesar, Papiermühle.	Amt Ziesar	Ziesar	
Spulkrug	Wirthshaus unweit Reckendorf	Adelich		
Stegelitz	Dorf, mater. Sitz einer geistl. Inspection.	Adelich	hiesige Inspection	der Besitzer des Orts
Steinberg	Colonistendorf, Filia von Böle	Amt Ziesar	Ziesar	
Stresow	Adelich Gut und Dorf, Filia von Grabow. Ziegelscheune.		Stegelitz	der Besitzer des Orts
Struwenberg	Adelich Gut und Krug			
Topfmühle oder Pottmühle	Wassermühle, nicht weit von Ringelsdorf	Amt Ziesar		
Verlorenwasser	Vorwerk und Wassermühle, eingepfarrt zu Neu-Werbig.	Adelich		
Walkmühle	zwischen Schobsdorf und Ringelsdorf	Amt Ziesar		

Name des Orts.	Stadt. Flecken. Dorf. Adelich Gut. Vorwerk ⁊c.	Königlich. Adelich.	Geistliche Inspection.	Patron und Gerichts-Obrigkeit.
Wenzlow	Dorf, Filia von Löst. Wassermühle.	Amt Ziesar	Ziesar	der König
Wrbig	Dorf, mater.	Adelich	Ziesar	die Besitzer des Orts
Wolfshagensche Mühle	eine Wassermühle.	Kämmerey zu Burg		
Wollin	Dorf, mater.	Amt Ziesar	Ziesar	der König
Wugenhütte	Vorwerk	Adelich		
Ziegelsdorf	Adelich Gut, Ziegelscheune, eingepfarrt zu Grabow		Stegelitz	
Ziesar	Stadt. Vorwerk, welches der Sitz eines Amts. Schäferey vor der Stadt. 1) Luthersche Stadtkirche. 2) Reformirte Kirche.	hiesiges Amt	hiesige geistliche Inspection	der König
Zitz	Dorf, mater.	Amt Ziesar	Ziesar	der König

Oerter

338 Oerter in Ansehung deren etwas zu verbessern ist, und welche eingetragen werden müssen.

Name des Orts.	Stadt. Flecken. Dorf. Adelich Gut. Vorwerk ꝛc.	Provinz.	Kreis.	Adelicher Ort. Königl. Amtsort. Immediat-Stadt.	Geistliche Inspection.	Patron der Kirchen und Filial-Kirchen-Gerichts-Obrigkeit.
Bernhöhe oder Bernhöfe	Col. Ort von einigen Häusern, eingepfarrt zu Zehlendorf.			hat einen Eigenthümer		
Bernzow bey Berge	Meyerey.	Mittelmark	Havelland	A. Nauen		
Besewege	Dorf, Filia von Garlip	Altemark	Stendal	Universität zu Frankfurt	Stendal	die Universität
Beutel	eingepfarrt zu Röddelin	Ufermark	Ufermärk. Kreis			
Biegenbrück	Col. Dorf. — Forsthaus.			Adelich		
Billberg	Adelich Gut, Filia vagans von Staffelde.		Tangerm.			der Besitzer des Guts
Birkenwerder	— Zwey Wasser- und eine Schneidemühle.		Nieder-Bar.			
Birkholz oder Berkholz			Nied. Barn.			
Birkholz	Vorwerk, eingepfarrt zu Diebersdorf		Teltow			
Birkhorst oder Claasdorfsche Mühle siehe diesen Artikel.		Mittelmark	Zauchische Kreis	A. Saarmund		
Blankenberg		Mittelmark	Ruppin			
Blankenburg	mater. Ist 1774 zu einer Filia von Lindenberg gemacht worden.		Nieder-Barnim. Kr.			
Bockshagen	Meyerey zu Lichtenberg	Mittelmark	Nied. Barn.	Magistrat zu Berlin		
Boddin	Soll zu Sarnau gelegt werden.					
Böddensell	eingepfarrt zu Wegenstedt.					
Hohen oder Wendisch-Böddenstäde						
Böhmer Heyde	Vorwerk, eingepfarrt zu Cappe	Mittelmark	N. Barnim.	die Eigenthümer		
Boisterfelde oder Biesterfelde	Vorwerk u. Glashütte.		Uferm. Kr.			
Boltenhagen	eingepfarrt zu Rützenhagen					

Berlin.

Name des Orts.	Stadt, Flecken, Dorf, Adelich Gut, Vorwerk ꝛc.	Provinz.	Kreis.	Adelicher Ort, Königl. Amtsort, Immediat Stadt.	Geistliche Inspection.	Patron der Pfarr- und Filial-Kirche. Gerichts-Obrigkeit.
Borkermühle auf dem Lerchow	eing:pfarrt zu Teetze	Prignitz	Wittstock	A. Wittstock	Wittstock	
Bornemanns Pfuhl	Forsthaus, eingepfarrt zu Neustadt-Eberswalde.	Mittelmark	Ober-Barnim. Kr.			
Bornim gemeiniglich Borne	Dorf, — Forsthaus, Schäferey. Sitz des Amts Potsdam.					
Bornow	Dorf, Filia von Kuckow					der König
Bornstädt	— Drey Wind- u. eine Roßmühle. Schäferey und Vorwerk.			des Waisenhauses zu Potsdam hiesiges Amt.		Ser Oberst.das Kön Waisenhaus,Patron der Magistrat zu Potsdam durch Königl. Schenkung.
Borstorf oder Borgstorf			Nieder-Barnim.			
Bothenhagen	—			Magistrat zu Schievelbein		
Botz	Vorwerk bey Garlin.	Prignitz	Lenzen	Adelich		
Brackmühle	bey Berge	Altmark	Arneburg	Adelich		
Brahme			Cottbus	Adelich		
Brandenburg	— Vier Wasser- Vier Walk-, Zwey Loh-, Zwey Schneide- und eine Oelmühle.					
Bredereiche	Filia v Rutenberg					
Bresen am Ende	der 30sten Seite, ist auszulöschen					
Bresen unten	S. 31			Commenthurey zu Lagow		
Briesen	Vorwerk bey Friesack.	Mittelmark	Havell. Kr.	Adelich		
Brodewin			Stolpirsche Kreis			
Brünkendorf	Adelich Vorwerk bey Neckenthin					
Brüssow	Schäferey zu Prötlin gehörig	Prignitz		Adelich		

Uu 2   Brügge

Name des Orts.	Stadt, Flecken, Dorf, Adelich Gut, Vorwerk ꝛc.	Provinz.	Kreis.	Adelicher Ort, königl. Amtsort, Immediat Flecht.	Geistliche Inspection.	Patron der Pfarr- und Filial-Kirche, Gerichts Obrigkeit
Brügge anstatt Brugge	Dorf, mater.	Neumark				
Brunkau	Schäferey					
Buchholz		Mittelmark	Zauch. Kr.		Potsdam	
Buchholz			Sternberg		Sonnenburg	
Buchholz	Dorf, Lutherische Filial-Kirche, ehedessen von Blankenburg, seit 1744 von Weissensee ꝛc.	Mittelmark	Nieder-Barnim. Kr.			
Vorderst-Buchhorst	Haus in der Rüdersdorfer Heide, eingepfarrt zu Marktgrafpiesk		Ober-Barnim. Kr.			
Budenhagen	Col. Dorf, eingepfarrt zu Freyenstein.				gehört dem Flecken Freienstein.	
Bullendorf	Dorf und Vorwerk, eingepfarrt zu Kahstorf. Wassermühle.	Prignitz		Adelich		
Burg	Adel. Gut u. Dorf, eingepfarrt zu Werben	Neumark	Cottbus			
Burg oder Buck Burschen	Dorf, mater.				Commenthurey zu Lagow	
Buschhof	Vorwerk	Mittelmark	Lebus	Adelich		
Buschschäferey	Vorwerk, eingepfarrt zu Tamsel	Neumark	Landsberg		Küstrin	
Büssow anstatt Bussow						
Carlsburg	Colonistendorf	Mittelmark	Lebus	Adelich		
Carlsfelde siehe Sirzing						
Carlshof	Vorwerk bey Custrin.	Mittelmark	Lebus	Adelich		
Carnsow oder Carnzow	Adelich Gut, eingepfarrt zu Dorf	Prignitz	Kyritz			
Carpzow bey Buchow	Dorf u. Schäferey. Windmühle.					
Carrig	Adel. Gut u. Dorf.					
Carrlow NB. nicht adelich Gut sondern	Dorf, Filia von Semperow	Neumark		Adelich	Schievelbein	der Besitzer des Orts
						Castuhn

Name des Orts.	Stadt, Flecken, Dorf, Adelich Gut, Vorwerk ꝛc.	Provinz.	Kreis.	Adelicher Ort. Königl. Amtsdorf. Immediat-Stadt.	Christliche Inspection.	Patron der Pfarr- und Filial-Kirche. Gerichts-Obrigkeit.
Cassuhn	Dorf, Filia von Schernickow					
Cattenhorst			Landsberg			
Charlottenhof	Vorwerk bey Bindfeld					
Clausdorf	— eingepfarrt zu Zossen	Mittelmark	Teltow			
Coppenbrügge	Die Lutherfche Gemeine ist eingepfarrt zu Lobin					
Cöffin nicht Coffin						
Cremzow	Adelich Gut und Dorf, —					
Cunersdorf	Dorf, mater. Drey Mühlen, Schäferey.	Neumark	Sternberg	Magistrat zu Frankfurt		
Cunersdorf	Dorf, eingepfarrt zu Papitz	Neumark	Cottbus	Adelich	Cottbus	
Cunitz	Dorf, eingepfarrt zu Reitzig					
Cussenow					Schievelbein	
Dahlitz	eingepfarrt zu Kolkwitz					
Damsendorf	Schäferey zu Flechtingen gehörig.	Altemark	Salzwedel	Adelich		
Dauer			Uckerm. Kr.			
Demerttin	Adelich Gut und Dorf, —	Prignitz				
Deutschhof	Vorwerk	Mittelmark	Havelland	A. Königshorst		
Doberfaul anstatt Dobberfaul						
Drentzig					Frankfurt	
Drewitz	eingepfarrt zu Doberfaul					
Eickhof	Adelich Gut mit einer Kapelle					
Einwinkel					Osterburg	
Eisenhammer	unten auf der Col. Ort	73sten Seite ist aufzuführen.				
Elswerder		Mittelmark	Havelland	Amt Spandow		
Faulenhorst	Dorf, eingepfarrt zu Wernstedt	Altemark			Calbe	
Fechnow unten Segfeuer	auf der 78sten Seite Schäferey bey Nikrinchen	ist auszulöschen. Uckermark	Uckerm. Kr.	Adelich		
Feld Vorwerk		Uckermark		Adelich		
Hohen-Sinow	Adel. Gut u. Dorf.					

Frauen-

Name des Orts.	Stadt, Flecken, Dorf, Adelich Gut, Vorwerk ꝛc.	Provinz.	Kreis.	Adelicher Ort, Königl. Amtsort, Immediat-Stadt.	Geistliche Inspection.	Patron der Pfarr und Filial-Kirche. Gerichts-Obrigkeit.
Frauenhagen			Stolpirsche Kreis			
Freienwalde	Stadt. — Vor-Papen und Kiesmühle.					
Fresdorf oder Freydorf	Filial von Stücken.					
Freyenbrink	Col. Haus am Spreebord in der Rüdersdorfer Heide, eingepfarrt zu Neu Zittau.		Ober-Barn. Kreis			
Frideberger Stadt Bruch						der Magistrat
Friderichsfelde		Mittelmark				Prinz Ferdinand von Preußen präsentirt, der König ist Patron.
Friderichshof od. Wangenheimsche Vorwerk	Vorwerk bey Beelitz.	Mittelmark	Zauchsche Kreis	Adelich		
Gablenz, brandenb. Hälfte			Crossen			
Gablenz	Dorf		Cottbus			
Alt-Galow			Stolpirsche Kreis			
Neu-Galow	Vorwerk, eingepfarrt zu Stützkow.		Stolpirsche Kr.			
Gandenitz	Teerofen, welcher zum Herzogthum Mecklenburg gehört.					
Galow		Mittelmark	Havelland			Patron, der Besitzer der adel. Guts Groß Gimicke.
Gellmersdorf			Stolpirsche Kr.			
Georgenthal	Vorwerk	Mittelmark	Lebus	Adelich		
Gerickens-Berg	Col. Dorf, im Hohen-Busch.	Mittelmark	Lebus			
Gersdorf oder Görsdorf	Dorf, Filia von Selchow	Churmark	Bees- und Storkow.	Prinzlich Amt Plössin	Storkow	Pr. v. Preußen Giesens-

Name des Orts.	Stadt, Flecken, Dorf, Adelich Gut, Vorwerk ꝛc.	Provinz.	Kreis.	Adelicher Ort, Königl. Amtsort, Immediat Stadt.	Geistliche Inspection.	Patron der Pfarr- und Filial-Kirche. Gerichts-Obrigkeit.
Giesensdorf	Dorf, Filia von Wulfersdorf	Churmark			Beeskow	Pr. v. Preußen
Giesenhagen			Prignitz			
Gieshof	Vorwerk	Mittelmark	Lebus	Amt Zellin		
Glambeck	— — Forsthaus auf der Cavel-Heide, Forsthaus auf der König Heide.		Stolpirsche Kreis			
Glau	Dorf	Churmark	Luckenwalde	Adelich		
Glembach	Dorf, eingepfarrt zu Dobersaul					
Reinsberg-Glienicke	Vorwerk	Mittelmark	Ruppin	Prinz Heinrich		
Gühlen-Glienicke	Vorwerk	Mittelmark	Ruppin	Adelich		
Göritz	Adel. Gut u. Dorf.	Ukermark				
Goldbeck S. 99	— Filia von Sadow					
auf dem Gosedahl	Forsthaus und Colonie bey Sey	Prignitz	Lenzen			
Gottesgabe	Schäferey und Meyerey bey Friedland.	Mittelmark	Ober-Barn.	Adelich		
Gottschimb			Friteberg			
Greiffenberg			Stolpirsche Kreis			
Grubau oder Grube			Havelland	Amt Bornstädt		
der Grund	eingepfarrt zu Rüdersdorf					
Gühlen	Colonistendorf	Mittelmark	Ruppin			
Günterberg		Ukermark	Stolpirsche Kreis			
Guhden	Vorwerk, eingepfarrt zu Morin.					
Gulsdorf	Adel. Gut u. Dorf.					
Gumrow	Dorf, ꝛc.			die Commenthurey Schievelb, gehört halb nach Gurkow, und halb nach Neu-Mecklenburg.		
Gurkowsche Bruch	eine Holländerey ꝛc.					
Hänchen						
Häsewig	Dorf, Filia von Gr. Schwechten.					

Hammel

Name des Orts.	Stadt, Flecken, Dorf, Adelich Gut, Vorwerk 2c.	Provinz.	Kreis.	Adelicher Ort, königl. Amtsort, Immediat-Stadt.	Geistliche Inspection.	Patron der Pfarr und Filial Kirche. Gerichts-Obrigkeit.
Hammelstall	Vorwerk bey Brüssow	Ukermark		Adelich		
auf dem Hammer	eingepfarrt zu Müllerose. Wassermühle.	Mittelmark	Lebus	hat einen Eigenthümer		
Havelhausen	Vorwerk	Mittelmark	Nied. Barn.	Kämmerey zu Oranienburg		
Hedwigshof	Vorwerk bey Carmzow	Ukermark		Adelich		
Helenen-Ruh	Vorwerk	Mittelmark	Lebus	Adelich		
Hesselwinkel	Vorwerk bey Rahnsdorf	Mittelmark	Nieder-Barnim. Kr.			
Hildesheim					Sonnenburg	
Hirschfelde	— Filia vagans, jetzt von Gielsdorf.					
Höckendorf	Dieser Artikel wird ausgestrichen.					
Hohenwulsch	Adel. Gut u. Dorf.					
Holbeck	Dorf	Churmark	Luckenwalde	Adelich		
Holzhausen in der Jägelitz	Altemark. Die bey Forsthaus bey Börnicke.	Mittelmark	den Windmühlen werden ausgestrichen Glien-u. Löwenberg.	Königlich	chen.	
Illmersdorf	Dorf, eingepfarrt zu Stebritz				Cottbus	
Isernschnibbe	Die Worte,	zuget mit Werteritz, müssen		ausgestrichen	werden.	
Kagar	Die Lutheraner sind eingepfarrt zu Zechlin.					
Kahmen für Kahmen					Probstey S. Andreä bey Crossen.	
Kalkgrund	Col. Ort	Mittelmark	Ober-Barn.	A. Rüdersdorf		
Kaltenhausen	Dorf	Churmark	Luckenwalde	Adelich		
Kaltzig	Dorf, unicum.	Neumark	Züllichow	Adelich	Züllichow	der Besitzer des Orts
Kehnert	Dorf, Filia vagans von Cobbel	Altemark	Tangerm.	Adelich	Tangermünde	der Besitzer des Orts
Kerkow		Ukermark	Stolpirsche Kreis			
Kieckmahl	Col. Dorf					
Kiessen	— Filia von Görden oder Görne.					
Kloppitz				Ordens-Amt Sonnenburg		
Könkendorf	Col. Dorf	Prignitz	Pritzwalk	das Stift zum heil. Grabe.	Pritzwalk	

Königs-

Name des Orts.	Stadt, Flecken, Dorf, Adelich Gut, Vorwerk ꝛc.	Provinz.	Kreis.	Adelicher Ort. Königl. Amtsort. Immediat-Stadt.	Geistliche Inspection.	Patron der Pfarr- und Filial-Kirche. Gerichts-Obrigkeit.
Königsberg						Patron des Pastorats der König, der Diaconate der Magistrat und Ober-Prediger.
Kohlow unten Leskow	auf der 142sten Seite, wird ausgestrichen.					
Lehmannshöfel Lieben	Col. Dorf, Filia von Bieberteich.	Mittelmark	Lebus	Königlich		
‒benthal	Col. Dorf, eingepfarrt zu Pupenbruch.	Prignitz			Wittstock	
Liepe ‒pz	Adel. Gut u. Dorf. — eingepfarrt zu Landow		Luckenwalde			
Limmeritz	Dorf, mater.					
Liskische Holländer	Col. Dorf. Filia von Guschk				Landsberg	der Besitzer des Orts
Löwendorf	Dorf	Churmark	Luckenwalde	Adelich		
Lotzro oder Lutzrow	Vorwerk			Königlich		
Maulbeerwalde	Col. Dorf und Vorwerk. Ist unicum v:gans, hat ein Bethaus, und wird seit 1774 von dem Prediger zu Saadenb:ch versehen.					
Menzendorffscher Michzwinkel	Freyhof bey Pollitz	Altmark	Seehausen		Landsberg	
Mietgendorf	Abel. Gut u. Dorf.	Churmark	Luckenwalde		Landsberg	
Neu-Mühlendorf						
Naulin, Nauelin, Neuelin	Dorf				Soldin	
Neubrügge					Arenswalde	
Neuhaus oder Neuhäuser	Vorwerk bey Büssow	Neumark	Frideberg	Adelich		
Neuwalde	Dorf, eingepfarrt zu Töltschen					
Niepölzig	— Filia v. Clauksdorf					Nosberg

346

Name des Orts.	Stadt, Flecken, Dorf, Adelich Gut, Vorwerk ꝛc.	Provinz.	Kreis.	Adelich-Orts-Königl. Amedert. Immediat-Stadt.	Erißliche Inspection.	Nahm des und Fuß s. re Ger. 2b. lst.
Noeberg	Dieser Artikel wird	ausgestri-	chen.			
Oblath				Adelich		
Osterwalde					Drossen	
Ostrow					Cottbus	
Panzerin				Commenthurey-Schievelbein		der Commenthur
Pennick	Col. Dorf. Dieser Artikel wird	ausgestri-				
Pillarpuhl	Dieser Artikel ist zu zustrei-	chen.				
Pleißhammer	— eingepfarrt zu Doberzaul					
Polschleben	— eingepfarrt zu Panzerin					
Prelchow				Amt Crossen und adelich		
Das Prinzergut	in Dramburg					
Raackow NB. ein neuer Artikel	Dorf	Neumark	Cottbus	Adelich	Cottbus	
Radenedorf					Cottbus	
Radung bey Viene				Adelich		
Ragöser Schleif- mühle	Dieser Artikel wird	weggestri-	chen.			
Ranckow	Dieser Artikel wird	ausgestri-	chen.			
Alt Reetz				A. Butterfelde und adelich.		der König und der adeliche Mitbesitzer.
Gr. Reßne						
Reichenwalde	Holländerey					der Besitzer des Orts
Ressen	Dorf, Filia von Greiffenhagen in Sachsen.					
Rohrsdorf					Landsberg	
Rubnow					Dramburg	
Rützow				Commenthurey Schievelbein		der Commenthur
Ruwen				der Marggraf zu Schwedt		
Sacaene				Amt Peitz	Cottbus	
Salz Cofflchen					Landsberg	
Schafsfelde	— eingepfarrt zu Berlenbrügge					
Scheune	in der Schmitzer Heide					
Schlabendorf					Cottbus	
Schlößgen unterm Walde	Vorwerk bey Ray					
						Schöneberg

Name des Orts.	Stadt, Flecken, Dorf, Edlich Gut, Vorwerk ꝛc.	Provinz.	Kreis.	Adelicher Ort, Königl. Amtsort, Immediatstadt	Geistliche Inspection.	Patron der Pfarr- und Filial-Kirche. Gerichts-Obrigkeit.
Schöneberg Schönefeld		Neumark	Friedeberg	Amt Driesen		der König.
Schönhagen Schuttenburg	Adel. Gut u. Dorf.	Churmark	Luckenwalde		Landsberg	
Scudow	Dieser Artikel ist wegzustreichen.					
Scyren oder Schyren						
Semmeley	Teerofen	Mittelmark	Teltow	Pr. v. Preußen Amt Buchholz		
Seydlitz	Dorf, eingepfarrt zu Kermin					
die Sorge NB. ein anderes als S. 265 stehet.	Vorwerk zu Ciemersborn gehörig.	Neumark	Crossen	Adelich		
Spanbrügge od. Spanbrug, nicht Sparbrügge	Vorwerk bey Zuchow					
Sprechtsdorf	Dorf, unicum.					
Spiegel	Colonistendorf, Fil von Wartebruch					
Splinterfelde	abgebautes Vorwerk					
Sprengenfelde nicht Sprengerfelde	— eingepfarrt zu Rahnwerder					
Steinhöfel Steinitz					Landsberg Cottbus	
Stölpchen	Vorwerk, nicht Dorf					
Straube Streitwall	— zu Dobersaul das Wort mater, wird ausgestrichen.					
Technow	Dorf, eingepfarrt zu Falkenberg	Neumark	Schievelbein	Adelich	Schievelbein	
Tepchinsche Bleiche	Cattunbleiche	Mittelmark	Teltow	hat einen Eigenthümer		
Tobelhof Topper	Vorwerk, —					die Besitzer des Orts
Trackensee Trebichow	Dieser Artikel wird ausgestrichen. — Curtschow					
Dosberg	Vorwerk bey Büssow	Neumark	Friedeberg	Adelich		

Wahlen

348

Name des Orts.	Stadt, Flecken, Dorf, Adelich Gut, Vorwerk ꝛc.	Provinz.	Kreis.	Städtscher Ort, Königl. Amtsort, Immediat-Stadt.	Geistliche Inspection.	Patron der Pfarr- und Filial-Kirche, Gerichts-Obrigkeit.
Wahlendorf	— nach Walsleben, und 1774 nach Darritz eingepfarrt worden.					
Weissenschwan						
Wernickow		Prignitz	Wittstock			
Wossinne nicht Wossinke	Vorwerk zu Alt-Beutnitz gehörig Col. Dorf					
Zanzhausen	— eingepfarrt zu Zanzhausen					
Zanzthal						
Zegensdorf				A. Reetz		

Noch einige Druckfehler.

In den vorläufigen Hauptstücken S. 18. Z. 4. von unten, Perwer ein Dorf vor Salzwedel und noch 15 —
S. 22. Z. 29. Domkapitel zu Brandenburg 19 Dörfer und Vorwerke. S. 33. Z. 11. von unten, von welchen. S. 42. Z. 4. Martin von Jagow.

www.ingramcontent.com/pod-product-compliance
Lightning Source LLC
Chambersburg PA
CBHW030550300426
44111CB00009B/928